城市轨道交通运营与维修技术丛书

城市轨道交通通信系统运行与维修

(第二版)

蔡昌俊 主编

中国建筑工业出版社

图书在版编目(CIP)数据

城市轨道交通通信系统运行与维修/蔡昌俊主编. —2版. —北京：中国建筑工业出版社，2020.8
(城市轨道交通运营与维修技术丛书)
ISBN 978-7-112-25278-7

Ⅰ.①城… Ⅱ.①蔡… Ⅲ.①城市铁路-铁路通信-通信系统-运行②城市铁路-铁路通信-通信系统-维修 Ⅳ.①U239.5

中国版本图书馆CIP数据核字(2020)第112454号

本书包括13章，分别是：概述、传输系统、电话系统、无线集群调度系统、时钟系统、视频监控系统、广播系统、乘客信息显示系统、电源系统、通信集中告警系统、光缆和电缆、通信系统维护检修的通用规定、城市轨道交通通信系统的发展等内容。本次修订新增了传输MSTP、公务软交换、LTE集群系统、线网视频监控系统、线网广播系统、乘客信息显示系统等内容，贴合城市轨道交通通信系统应用技术的发展方向，并结合实际工作经验，增加了设备的运行与维护、故障处理章节的篇幅。全书内容系统完整，描述全面简洁。

本书可作为城市轨道交通运营管理部门的技术与行政人员、维修人员使用。也可作为城市轨道交通管理及相关专业人员的培训教材使用，还可供城市轨道交通企业通信检修人员使用。

责任编辑：胡明安
责任校对：李美娜

城市轨道交通运营与维修技术丛书
城市轨道交通通信系统运行与维修
(第二版)
蔡昌俊　主编
*
中国建筑工业出版社出版、发行（北京海淀三里河路9号）
各地新华书店、建筑书店经销
北京科地亚盟排版公司制版
北京建筑工业印刷厂印刷
*
开本：787×1092毫米　1/16　印张：19¼　字数：465千字
2020年10月第二版　2020年10月第七次印刷
定价：**59.00**元
ISBN 978-7-112-25278-7
(35988)

本书编委会

主　　编： 蔡昌俊
副 主 编： 龚小聪　王　海
第 1 章　蔡昌俊　王　海
第 2 章　蔡昌俊　肖丽华　高丽芳
第 3 章　王　海　董武军　罗俊辉
第 4 章　龚小聪　廖红中　詹　荣
第 5 章　刘立元　肖丽华　姜　强
第 6 章　刘　粤　李　琦
第 7 章　刘　伟　彭　慧
第 8 章　龚小聪　钟　飞　姜　强
第 9 章　刘　伟　彭　慧
第 10 章　肖丽华　蔡昌俊
第 11 章　李　琦　龚小聪
第 12 章　何其光　廖红中
第 13 章　蔡昌俊　王　海

前　言

城市轨道交通的高速发展，对促进城市经济发展、改善现代城市交通困扰局面、调整和优化城市区域布局、促进国民经济发展发挥了重要作用。同时，伴随科技水平的不断进步和发展，大量新设备、新技术在城市轨道交通生产中得到了广泛应用，新形势下对城市轨道交通专业人才提出了更高要求，现场关键岗位急需大量专业技能精湛，综合业务能力强的技能人才，这就迫切需要能够适应新形势需求，更加切合本专业特色的教材。

考虑到第一版《城市轨道交通运营与维修技术丛书》已成书十余年，在这十余年间，城市轨道交通技术的发展日新月异，大量的新技术、新方法和新工艺在通信运维过程中得到了广泛的应用。不可避免地，原“丛书”的部分内容已不适应城市轨道交通运营的实际情况，针对这一情况，为了使本书能够更好地贴合当前城市轨道交通运维的实际情况，我们组织修订了这套《城市轨道交通运营与维修技术丛书》。

《城市轨道交通通信系统运行与维修》是在当前最新一代地铁技术应用成就基础上，以上海地铁及广州地铁的模式为依托，结合国内、外同行业的先进技术经验，对投入运营的轨道交通项目，应怎样通过科学的运营管理手段，保持不同专业技术系统的可靠性和安全运转，进行了系统的论述。同时，我们通过直接和间接的实践经验，将有关资料归纳汇总上升到理论上，在同行业中作一抛砖引玉的尝试，希望能在运营管理与维修领域里，起到一定的作用。

在本次修订过程中，编者根据城市轨道交通发展的最新成果，对文中的部分老旧、过时的内容进行了删减和替换。同时，新增了传输 MSTP、公务软交换、LTE 集群系统、线网视频监控系统、线网广播系统、乘客信息显示系统等内容，贴合城市轨道交通通信系统应用技术的发展方向，并结合实际工作经验，增加了设备的运行与维护、故障处理章节的篇幅。全书内容系统完整，描述全面简洁，既可作为城市轨道交通通信检修专业、运输专业的教材，也可作为城市轨道交通管理及相关专业人员的培训教材，还可供城市轨道交通企业通信检修人员参考。

本“丛书”的修订，是在建设部科技发展促进中心的主持和指导下得以完成的，并得到了上海申通地铁集团有限公司和广州地铁集团有限公司的大力支持，在此，谨向支持本“丛书”的所有人表示诚挚的感谢！

由于我国城市轨道交通通信系统发展日新月异，书中的资料和数据与实际设备存在个别的差异，仅供参考。鉴于编者水平所限，疏漏及不足之处在所难免，期待广大读者和同行多提宝贵意见。

编者

目　　录

第1章　概　　述

城市轨道交通是多种专业有机结合的统一体，而通信设备是城市轨道交通的主要技术装备，随着通信技术的高速发展，城市轨道交通信息化建设的日益加快，通信系统在城市轨道交通的运营管理中的作用更加凸显，它担负着为旅客提供必要的信息服务、为运营管理和设备维修提供通信条件、传送各种调度命令信息的重要任务，是保证列车安全、快速、高效运行的一种不可缺少的信息化、自动化、智能化的综合系统。

城市轨道交通通信系统允许运营、管理及维修人员或其他系统设备通过传输诸如语音、数据、图像等电信号在一定的距离进行通信。这些通信的服务范围包括运营控制中心、车站、车辆段、隧道及列车。

1.1　系统组成

通信系统不是单一的子系统，而是多个独立的子系统的组合。这些子系统在设计上能协调工作，在不同的运营环境下正确地相互作用。各子系统应能对各自子系统内的故障进行检测和报警，从而确保整个通信系统的可靠性。通信系统主要包括无线通信子系统、交换子系统（包括公务电话子系统、有线调度子系统和站内及轨旁电话子系统）、传输子系统、时钟子系统、视频监控子系统、广播子系统、通信不间断电源子系统、乘客信息显示系统（PIDS）。其中传输系统、时钟系统除了为各通信（子）系统提供服务外，还能为其他系统提供信息传输服务及标准的GPS时间信号。典型的城市轨道交通通信系统如图1-1所示。

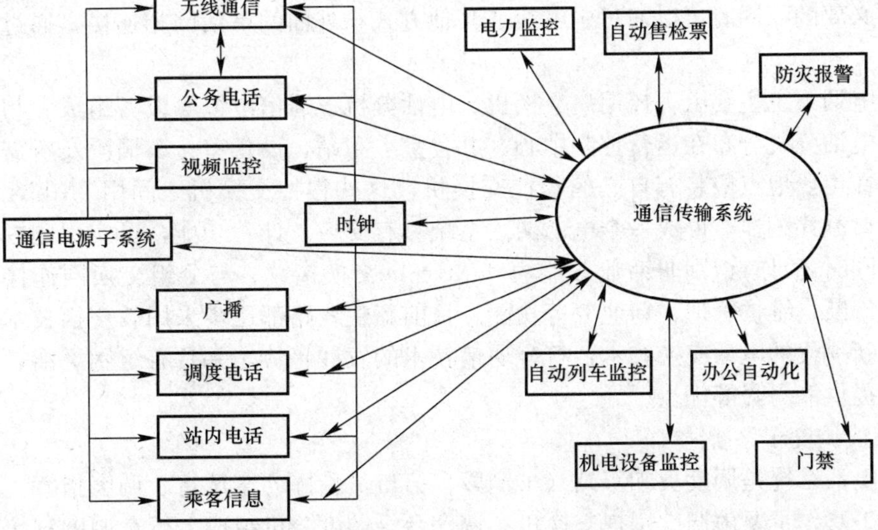

图1-1　典型城市轨道交通通信系统

1.2 各子系统功能

1.2.1 传输子系统

传输子系统是城市轨道交通通信系统中的重要子系统，它将分布于不同地理位置的线网各车站、车辆段（停车场）、控制中心以及不同线路链接成为一个整体以实现信息交换，从实现城市轨道交通综合自动化的角度出发，传输系统应以数字化、综合化和智能化为基础，具有可靠性高、功能齐全、扩展方便、组网灵活、集中维护管理的特点。它不仅为通信本专业的其他子系统提供语音、数据、图像的传输通道，还能为其他专业（如：信号、自动售检票等）提供可靠、灵活的通信信道，是城市轨道交通系统运行所必需的信息传输载体，也是城市轨道交通通信网的基础网络。

城市轨道交通通信网的主干是一个基于光纤的传输系统。它能为各专业提供丰富的接口类型，如10/100Mbps以太网接口、2Mbps接口、RS422/RS232/RS485接口、语音接口（具有2线/4线、12线语音接口等）、高品质音频接口（15kHz带宽）等。除了传输通信系统所需的语言、数据、图像等各种信息外，还可以传输电力监控（SCADA）、自动售检票（AFC）、自动列车监控（ATS）、防灾报警（FAS）、机电设备监控系统（EMCS）、门禁（ACS）、办公自动化（OA）等其他系统的信息。此外，它还为各条轨道交通线间信息的互联与交互提供通道。目前国内城市轨道交通领域，采用的传输制式主要有：西门子OTN和MSTP、PTN等制式。

1.2.2 电话子系统

城市轨道交通交换子系统根据业务类型主要分为三类，公务电话子系统、有线调度子系统和站内及轨旁电话子系统，具体情况如下。

1. 公务电话子系统。

主要用于企业内部各个业务部门之间，经常要进行的电话联络。但这些电话联络一般仅限于公司内部，对外的电话联系相对少些。因此，构建城市轨道交通公司专门的公务电话系统是必要的，同时可以通过中继线或其他方式与外面的市话网相连接，通过拨特殊号码出局。

公务电话系统主要由程控用户交换机、电话分机、通信电缆等设备组成。与程控交换机相连的电话分机分布在运营控制中心、办公室、车站、设备室、车辆段及所需电话的其他区域，在主要地点应装有自己的程控交换机，这些程控交换机之间用2Mbps接口或其他通信接口方式相连，形成一个电话网。系统具有交换、计费功能，可实现国内、国际长途直拨，同时还具有识别非话业务能力和2B＋D交换接续、与分组交换网连接、会议电话、自我诊断、维护管理、新业务等功能。目前新建线路都逐步采用软交换技术。软交换技术作为新一代的电话交换技术，符合通信技术的发展趋势，并具有组网灵活、可扩展性好、业务提供能力强等优点。

2. 有线调度子系统

调度电话系统是调度员和车站（车辆段）值班员指挥列车运行、调度指挥、设备维护等的重要工具，主要由调度用户交换机、调度台、调度分机组成。行车调度直接关系到行车安全，需要设备高度可靠和操作方便。在调度员发布调度命令时，对实时性有着很高的要求。

调度电话系统可为控制中心指挥人员，如行调、电调、环调、维调等提供与各站、车辆段、变电所等地专用直达通信，并具有双重热备用功能、数字环自愈功能。调度总机可对单个用户、一组用户或具有接收选叫信号能力的全体用户分别进行单呼、组呼或全呼3种不同的操作，并在任何情况下不发生阻塞现象。同时，总机侧可对通话进行自动或人工控制录音。所有具有呼出能力的用户均可对总机进行一般呼叫和紧急呼叫，总机能显示呼出（呼入）分机的号码、呼叫类别，紧急呼叫应具有能引起调度员听、视觉注意的功能。各调度员之间可互相呼叫。分机摘机即直接呼叫总机，分机之间不能直接进行通话。分机呼叫总机遇忙时有忙音，并具有紧急呼叫手段。总机可对分机间的通话进行监听、插话、强拆等功能。

3. 站内及轨旁电话子系统

站内及轨旁电话子系统通常包括车站电话交换机、维护终端、车站值班台、轨旁电话和电话分机等设备，并通过相应的通信电缆连接而成。站内及轨旁电话系统可为站内各有关部门提供与车站值班员之间的直达通话，车站值班员还可以呼叫其他相关车站的车站值班员。其中轨旁电话可选择相邻站或接入公务电话系统，为在轨道线路上维修作业人员提供便利的通信手段，同时作为列车在区间故障停车时司机和车站值班员的辅助通话手段。轨旁电话机一般每150～200m设置一处。

1.2.3 无线集群调度子系统

无线集群调度系统（以下简称无线系统）在城市轨道交通通信系统中作为内部固定工作人员与移动工作人员，以及机车之间提供语音、短信息数据、视频图像的通信工具，它在城市轨道交通通信系统中的作用非常重要，是保障调度与司机通信的有效手段，同时也是移动中的运营人员和维修人员实现通信的重要手段。

无线系统主要为运营控制中心的行车调度员、环控调度员、公安值班员、维修调度员及车辆段内的车厂调度员对诸如列车司机、运营人员、维护人员和现场人员等无线用户分别实施无线通信；车辆段值班员对车辆段内的无线用户实施无线通信；以及相应的无线用户之间必要的无线通信。同时还具有相应的单呼、群呼、降级模式通信、对列车广播、通话录音、呼叫信息存储、显示、检测和优先权等功能。

如果采用公用的移动通信网络，例如采用中国移动通信或中国联通的网络等来作为调度与司机的通信手段，则在可靠性、实时性及功能上均较难满足调度要求。因此，为了确保调度与司机通话的确实可靠及多种功能需求，需构建城市轨道交通专用的无线调度通信网。

在目前国内的城市轨道交通领域，专用无线调度通信系统早期建设主要以TETRA为主，新建线路开始逐步采用LTE技术系统，该系统不仅仅具备语音通信调度功能，还能够实现实时的视频调度功能，调度能够更加直观、有效地指挥现场工作。按工作频道的使用方式则可分为专用频道方式和共用频道方式两大类。

1.2.4 时钟子系统

时钟为通信各子系统、信号系统、电力监控系统、自动售检票系统、防灾报警系统、门禁系统、计算机系统等各有关系统的设备及中心调度员、车站值班员等运营管理的主要工作场所提供统一、标准时间信号，并且为乘客提供标准的时间信息。时钟系统由GPS/

北斗时钟信号接收单元、一级母钟、监控设备、二级母钟、子钟组成。

GPS/北斗标准时钟信号接收单元设于控制中心，接收卫星时间，向一级母钟的主、备母钟提供同步时钟源信号；一级母钟设于控制中心，由时钟系统主机、转换单元等组成，时钟系统主机包括显示单元、主用母钟、备用母钟，输出接口等。转换单元检测主母钟的工作状态，实现母钟主、备的自动转换；在控制中心设置时钟系统的监控设备，能够实时监控时间系统主要设备运行状态。

一级母钟由时钟系统主机、转换单元等组成，时钟系统主机包括显示单元、主用母钟、备用母钟，输出接口等。转换单元检测主母钟的工作状态，实现母钟主、备的自动转换；在控制中心设置时钟系统的监控设备，与一级母钟相连，能够实时监控时钟系统主要设备运行状态。时钟子系统的一级母钟具有接收标准时间信号的功能，如接收 GPS/北斗或 CCTV 时间信息。

二级母钟系统设于各车站、车辆段（综合基地）的通信设备机房内。二级母钟由时钟系统主机、转换单元等组成。二级母钟是一个独立的系统，可以接收一级母钟发来的标准时间信息和命令信息并控制子钟的运行，也可以独立于一级母钟单独运行。

子钟安装于各车站站厅、站台、车站（场）值班室、车辆段值班室、控制中心调度室等需要显示时间信息的场所。子钟可以选择两种类型：数子式子钟和指针式子钟。

1.2.5 视频监控子系统

视频监控系统是城市轨道交通运营管理现代化的配套设备，系统可为车站值班员提供对车站的站厅、站台等主要区域进行监视；为列车司机提供对相应站台的旅客上、下车等情况进行监视；为中心调度员提供对各车站的集中监视。三方监视员是相互独立的，其中车站值班员、中心调度员具有人工和自动选择显示画面的功能，系统还具有录像功能。

视频监控系统采用三级监视方式，即车站一级监视、中心一级监视及线网指挥中心一级监视。当前各城市轨道交通采用的视频监控系统主要有两种，一种是早期的模拟视频技术方案，另一种是当前主流的数字视频技术方案。

在模拟视频传输方案中，每站需要占用 1～2 根光纤，另设视频传输设备（光端机），控制指挥中心需设大容量的视频切换设备。

在数字视频传输方案中，可以经由传输子系统网络的信道传输视频信号，不单独占用光纤，在控制指挥中心不需设大容量的视频切换设备。

1.2.6 广播子系统

广播子系统（以下简称广播系统）可为中心调度员、车站值班员提供对车站相应区域进行有线广播的功能；具有自动和人工广播，以及相应的选择功能和优先级功能。车辆段内的广播系统允许车厂调度员对车辆段内的部分重要区域进行广播。

广播系统由正线广播、车辆段广播两个独立的系统组成，其中正线广播又分为中心广播和车站广播两部分。

1. 正线广播系统

正线广播系统由控制中心各调度员和各车站的值班员使用，为乘客播放列车信息、向导及紧急状态的安全等服务音讯，以及工作人员播放作业命令及管理音讯。平时以车站广播为主，发生灾情时可强制转为防灾广播，发生紧急情况时按优先级顺序广播。

第一级　控制中心环（防灾）调、行调、维调、总调；

第二级　车站值班员；

第三级　站务员。

2. 车辆段广播系统

车辆段广播系统由各自信号楼值班员、车厂值班员向现场工作人员播放车辆调度、安全提示等有关作业音讯。

其优先级顺序如下：

第一级　车厂值班员、信号楼值班员；

第二级　车厂外勤人员。

1.2.7　乘客信息显示系统

乘客信息显示系统是一个基于通信技术和计算机多媒体技术的综合服务性系统，主要包含两大类：乘客信息显示及车载视频监控。

乘客信息显示面向乘客，在车站和列车等城市轨道交通范围内的各类显示终端为乘客提供各种列车服务、安全、票务等多方面的自编辑信息（运营信息），也可实时转播新闻、天气预报、股市行情等外部信息，以提高城市轨道交通运营服务水平和质量，增加运营收入。

车载视频监控的功能定位是及时监控车厢状况，在紧急情况下为调度及司机等提供指挥工作的依据，为事件调查取证提供方便。列车监控系统对城市轨道交通安全运营具有重要意义。一方面，列车正常运营时司机需实时监控列车车厢情况，掌握车上的各种动态，确保行车安全，一旦车厢内发生紧急情况可及时采取应对措施；另一方面，车上乘客发生冲突或有突发情况时，可为有关部门提供录像取证，保证事件有因可查有证可取。

乘客信息显示系统分为三层架构，由总编播中心、分线控制中心、车站及轨旁\列车\车辆段三层架构组成。各类信息、视频节目可以通过总编播中心或分线控制中心统一下发至车站及列车上的终端进行显示，并且还可以通过通信网络及车地无线网络将列车上视频监控图像回传到控制中心，以便调度随时掌握列车车厢的安全状况。

1.2.8　通信不间断电源子系统

为保证通信系统正常工作，一个安全可靠的通信电源及接地系统是必不可少的。电源子系统主要由UPS及蓄电池组组成。UPS是一种含有储能装置，以逆变器为主要组成部分的恒压、恒频的不间断电源，当市电正常时，UPS将市电稳压、稳频后供负载使用，同时向蓄电池组充电；当市电中断或异常时，UPS立即在4～10ms时间内或无间断地将蓄电池的电源通过逆变转换的方式向负载继续供应电力，使负载维持正常的工作，蓄电池组的容量配置，应保证连续供电不少于2h。

各车站、车辆段、控制中心的通信电源系统，由各处变电所引入的两路独立的三相五线制交流电源至各通信电源室的交流配电柜，其中一路为主用，另一路为备用。

当外电停电时，电源设备则通过配备的蓄电池组经逆变器向负载连续供电一段时间。电源设备具有手动/自动旁路功能。当负载端发生过载（在一定的许可范围内）或者温度过高以及逆变器发生损坏的情况下，电源设备将自动无间断地切换到电子旁路继续供应负载；当电源设备内部的电子部件损坏需维修时，为了不影响对负载的供电，可人为临时将电源设备切换到手动旁路，待设备修复后再切换回正常回路对负载供电。电源设备能显示工作状态和报警状态，并提供本地和远端监控功能的通信接口。

第2章 传输系统

2.1 概述

城市轨道交通传输网络主要用于实现迅速、准确、可靠地传送城市轨道交通运营管理所需要的各种信息，一般采用光纤数字传输设备组网，构建可承载语音、数据及图像的多业务传输平台，并具有自愈环保护功能。

城市轨道交通传输网络是轨道交通通信系统的骨干，它应具有可靠、冗余、可扩展、可重构和灵活的特性。构建传输网络的光纤环路一般具有双环路功能。当主用环路出现故障时，能够自动切换到备用环路上，保证传输网络不中断，切换时不应影响正常使用。当主、备用光纤环路的线路在某一点同时出现故障时，两端的网络设备应自动形成一条链状的网络。当某个传输节点箱设备出现故障时，除受故障影响的节点设备外，其他传输节点箱设备应能保持正常工作。为提高环网冗余能力，环网每个光线路接口一般由独立的线路板卡分别提供。

一般城市轨道交通传输网络需承载以下业务：

(1) 公务电话系统；

(2) 专用电话系统；

(3) 无线通信系统；

(4) 视频监视系统；

(5) 广播系统；

(6) 时钟系统；

(7) 通信电源系统；

(8) 计算机网络系统；

(9) 自动售检票系统（AFC）；

(10) 列车自动监控系统（ATS）；

(11) 电力监控系统（PSCADA）；

(12) 其他运营管理信息。

目前主流的城市轨道交通传输网络主要有西门子 OTN 和 MSTP 两种制式，网络带宽以 10G 为主。在用户带宽需求激增的推动下，向 PTN、增强型 MSTP 等适应 20G、40G、甚至 100G 带宽需求制式演进。

2.1.1 西门子 OTN 简介

OTN 是一种面向专网应用的产品，所有的数据通过各种业务板卡直接输入到网络上，无需中间转换设备，采用环形光网络进行数据传输。通过 OTN 网络可以建立点到点、点到多点、多点总线结构的数据类型。

OTN 是一个传输接入一体化的分插复用器。通过可管理的节点单元，各种业务接口被直接复用到光载体上。它的网络拓扑是一个同心的双光纤环，其工作方式如同一个快速保护的自愈环。OTN 系统满足所有相关的国际标准，接口符合 ITU，EIA 和 CCITT 的标准和建议。OTN 的电磁兼容性，电磁干扰和电的安全性符合相关的国际标准。OTN 的管理系统利用项目中要求的定制协议向集中告警系统提供告警信息的接口。

OTN 可提供模拟和数字语音传输（4 线 E&M、2 线 FXO、2 线 FXS、E1 支路、So ISDN），高质量的声频（15kHz 声频），窄带数据信号传输［RS232（点到点，点到多点，多点下传）、RS422（点到点，点到多点，多点下传）、RS485（多点总线）、G703 64kbps 双向（点到点）］，以太网分组业务［快速以太网（点到点和多点 LAN）、千兆以太网（点到点和多点 LAN）］

2.1.2　MSTP 简介

基于 SDH 的 MSTP 是指基于 SDH 平台，实现 TDM、ATM 及以太网业务的接入处理和传送，并提供统一网管的多业务综合传送设备。MSTP 将传统的 SDH 复用器、光波分复用系统终端、数字交叉连接器、网络二层交换机以及 IP 边缘路由器等各种独立的设备合成为一个网络设备，进行统一控制和管理。MSTP 充分利用了 SDH 技术的优点——给传送的信息提供保护恢复的能力以及较小的延时性能，同时对网络业务支撑层加以改造，利用 2.5 层交换技术实现了对二层技术（如 ATM、帧中继）和三层技术（如 IP 路由）的数据智能支持。MSTP 技术既能满足某些实时交换业务的高 QoS 的要求，也能实现以太网尽力而为的交互方式；在同一个网络上，它既能提供点到点的传送服务，也可以提供多点传送服务。MSTP 技术是为适应城域综合传送网建设要求，从 SDH 技术发展起来的一种新兴综合传送技术，是传统 SDH 技术的延续和发扬，它的出现延长了 SDH 技术的寿命。

MSTP 技术具有如下几个主要特点。

(1) 支持多种业务接口：MSTP 支持话音、数据、视频等多种业务，提供丰富的业务（TDM、ATM 和以太网业务等）接口，并能通过更换接口模块，灵活适应业务的发展变化。

(2) 带宽利用率高：具有以太网和 ATM 业务的透明传输和二层交换能力，支持统计复用，传输链路的带宽可配置，带宽利用率高。

(3) 组网能力强：MSTP 支持链、环（相交环、相切环），甚至无线网络的组网方式，具有极强的组网能力。

(4) 可实现统一、智能的网络管理，具有良好的兼容性和互操作性：可以与现有的 SDH 网络进行统一管理（同一厂家），易于实现与原有网络的兼容与互通。

本章将通过对目前城市轨道交通应用的主流传输系统，西门子 OTN 和 MSTP 两种传输制式的运营经验，简要介绍系统的设备运行、维护及故障处理。至于其他形式的传输系统设备运行、维护及故障处理，可参照本章所述的原则、方法自行制定。

2.1.3　传输网特性

为确保系统运作高效、可靠及用户友好，传输网络一般应具备以下的功能。

1. 确保最大网络可利用性

无论是环路故障还是系统节点故障，或者两种情况同时发生，系统都应能够自动恢复并工作。因此由于系统故障而导致的信息（数据、语音、视频等）传送时延的扩大被限制到了尽可能小。例如：有人正通过传输网络通话，这个通话不会因环路重组而中断。

在系统扩充，整改或修理期间，网络可以维持其所有的运作，不应该因上述动作导致系统在相当长一段时间无法使用。系统应具备以下几点功能，以保证系统的抗干扰能力。

（1）系统自动重组

在故障情况下，传输网络采取何种方式的反应来应对，一般由网络的拓扑结构决定。

（2）采用通用的节点

系统应采用通用的节点以实现分布式管理。

（3）自动启动程序

已经设置好的系统的网络拓扑，应能被存储起来。当系统发生电源故障、环路重组或一个节点重新安装返回环内等情况时，网络会根据事先存储的设置自动地启动网络开始工作。

（4）系统老化自动告警

系统的光学部分是易于老化的。因此，可能会发生系统在投入运行一段时间后，因光学部分老化而导致节点不能收到有效的信息帧。传输系统为避免因系统光学部分老化而导致的系统信息传送故障，应在节点上设置老化状态告警功能，以便系统可采取重组等手段避免此类故障。

（5）用户接口卡的设计

传输网络的用户接口卡在设计上应支持热插拔，以便在系统不中断电源的情况下更换用户接口卡。用户接口卡宜设置本卡的工作开关，插拔用户接口卡时只需关闭本接口卡上的工作开关即可。插拔用户接口卡时影响的仅仅是通过这些用户接口卡连接的本地用户，网络的其余部分应能保持正常工作。

2. 简易的网络访问

在任何时候，传输网络应能保证任一用户可直接访问网络。

3. 可靠的信息传输

传输网络应保证无论是在办公室、工厂还是移动的环境中都具有可靠的信息传输能力，由于系统部件老化或光学器件的损坏而导致的信息传输故障，应能被系统实时检测到并生成报告，进而提请系统采取相应的故障回避机制。

（1）采用光纤作为传输介质

传输网络推荐使用光导纤维作为传输介质，相对普通的铜导体来说具有不受电磁干扰（雷达信号的传输、大电流电机的开关、邻近的电缆、高压电缆等的影响）的优点，保证了在各种环境下非常可靠的信息传输；光纤相对于普通电缆具有更低的比特误码率，保证了非常可靠的信息传输。

（2）光传输错误检测

当光收发器接收的光功率降到系统设定的临界值时，光收发器应能产生告警，但信息传输在此时应仍然正常。告警表示光学器件老化或光纤、熔接点、连接头质量下降。所有的光收发器都可检测到传输错误（编码错误），如果该告警在接收光功率充足时发生，说明是前一节点的发送故障或本节点的接收故障。

4. 用户接入

为适应各种协议的应用，传输系统应提供各种类型的用户接口卡。使传输系统的用户节约了各种各样的传输设备，如协议转换器和转换设备。

传输系统应能为数据、语音、视频及局域网用户提供相关的用户接口卡或接入方案。

5. 网络的地域扩展

对使用传输系统的用户而言，传输网络的地域扩展功能意味着用户拥有了一个经济的信号调制解调器和一个信号放大器，信息以很高的速率传送，原有的采用铜导体为传输介质的设备在不加任何辅助设施的情况下，传输距离可从几十米扩展到几公里。

6. 灵活的网络配置

（1）灵活的带宽分配

网络应具有各种类型的可选带宽，允许多个低速链路复用，满足不同的用户需求。

网络中用于传送用户数据信息的有效传输信道，可单独应用于数据、语音或局域网的信息传送，或根据用户需要将数据信道按需分配给数据、语音或局域网。传输信道的分配工作由网络管理中心软件实现。

在网络中如需建立新的链路，只需要在系统带宽允许的情况下，添加相应的用户接口卡，并由传输信道中为链路分配相应的带宽。

（2）简单的网络调整

由于传输系统一般采用的是模块化的结构，系统的扩展变得非常的容易。无论是在地理上（添加节点数目）还是用户数量（添加连接数量）的扩展，都没有必要再另外敷设长途光/电缆。

1）节点数目的扩展

系统的扩展可通过在网络中添加新节点的方式实现。系统扩展时只需将原网络闭合光环断开，将新节点接入网络，构成新的闭合环路。传输系统自身应具有自动恢复功能，在执行断开原有环路的操作时，事前已接入传输系统并处于运行状态的设备间的信息传输仍然能够保持正常运作。

2）扩展或改变连接

在用户进行扩展时，假如在现有设备上没有多余的连接可用，扩展时只需在系统中加装相应用户接口卡既可。在执行网络的扩展或改编工作时，网络上已存在的所有运作都不应因此而受到影响。

3）网络控制中心

网络控制中心应能够监控网络上节点和用户接口卡的分布情况和网络的配置。所有网络配置的改变，如节点扩展、节点重置、添加或移除用户接口卡等各种涉及网络的操作，都应处于监测中。

在网络控制中心应能设置网络中的连接，系统应能自动为新建立的传输信道分配所需的带宽。

在网络控制中心进行连接编程操作时，网络的其他部分不会因此而受到影响，可保持正常运作。

7. 快速的故障检测和简单的网络恢复

任何可能出现的故障，不论是环路运作故障或用户接口卡故障，都应在网络控制中心上显示详细的告警信息，并在本地能以状态指示灯形式作简单显示。

(1) 网络控制中心

系统的中央级告警由网络控制中心负责。它起到实时监控整个网络，并通过光环路获得各个节点和用户接口卡的运行数据作用。网络控制中心的告警信息应能指明可能的故障类别和故障位置，实现快速的故障定位，提高系统维护人员的故障反应能力。

节点箱在连续执行了一定次数的自检后，如果仍不通过，应能自动退出服务。很显然，这种情况下网络控制中心不能监测到该节点的信息。这时自检的结果将会在该节点的管理模块以特定的代码显示。如果用网络控制中心在本地连接上该节点，应可看到更详细的信息。

(2) 可视化的信息指示

节点箱如发生故障，应能在本地生成故障报告，并以状态指示灯等方式指示节点和环路运作的情况。

(3) 模块化结构

模块化结构的好处在于，一旦确认用户接口卡故障，则可通过更换发生故障的用户接口卡来迅速地将故障排除。更换发生故障的用户接口卡后，传输系统应能自动地恢复故障发生前的链路而完全不需要人工干涉。

2.2 传输系统组成及拓扑结构

2.2.1 OTN 系统的组成

OTN 传输网络一般由 4 大部件组成：构成系统骨干的光纤，OTN 节点箱，系统功能板卡，OTN 接口模块，网络管理系统，机柜、配线架等辅助材料。如图 2-1 所示。

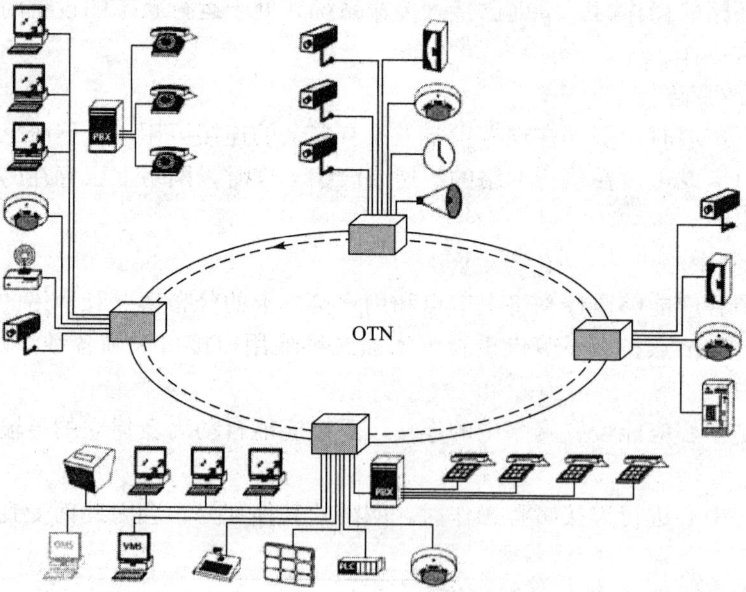

图 2-1 OTN 系统组成

1. 光纤骨干

OTN 传输网络一个最重要的基本构成单元就是贯穿整个网络的光纤。最终采取何种方式来构造 OTN 节点箱，取决于节点间的连接介质、节点间的距离及网络拓扑。

（1）节点间的连接介质

节点间的连接可采用电缆或光纤，电缆一般用于短距离的连接。光纤的类型一般可选用多模 50/125 光纤、多模 62.5/125 光纤及单模 9/125 光纤等，还可根据用户的实际需求另行选取。

（2）节点间的距离

在短距离的连接中，可使用多模光纤以及成本较便宜的 LED 光源。这样，在满足系统需求的同时可节省大量的成本，避免造成不必要的浪费。

在长距离的连接中，只可以选用单模光纤，这样能为系统的信息传送提供可靠的保障。

传输系统一般可提供 820nm、1300nm 及 1550nm 等波长的光发送接收器，光源则根据具体需求可选用 LED 光源或激光光源。

（3）网络的拓扑

网络的拓扑对最终决定网络的构造有非常重要的影响，这将在下面的章节中介绍。

2. OTN 节点箱

节点箱，即 OTN 的设备机框，可以提供各种功能的插槽，用于承载各种系统功能板卡，如：电源模块和网络控制卡等，以及各种类型接口板卡。

3. OTN 接口模块

OTN 接口模块的作用是 OTN 对外接口的实现，根据系统要求可配置不同的接口板卡来提供项目所需的功能接口。为满足用户在数据、语音、视屏以及局域网等各种类型应用上的要求，OTN 能提供 RS422、RS485、语音、以太 10M/100M/1000M、E1/T1 等类型的接口卡，以适应用户的不同需求。用户仅需根据自身的运行参数，选择相应的用户接口卡，并做好相应的设置即可使用。

用户接口卡的设置一般分两部分，即硬件及软件。硬件的设置是通过板卡自身的跳线或微动开关实现；软件的设置则通过网络管理中心软件实现。

4. 网络管理系统

传输设备的网络管理系统应基于主流的、成熟的操作系统。且供货商应提供后续的升级服务。

传输设备的网络管理系统，应具备强大的功能及友好的操作界面。通过该系统，用户可以轻松地对传输网络实现配置、扩展、管理及维护等功能。

2.2.2 MSTP 系统组成（以中兴 ZXMP S385 为例）

ZXMP S385 整机配置如图 2-2 所示。从左至右是高度为 2000mm 和 2200mm 的机柜。两种规格机柜的配置相似，其基本配置单元包括子架、机柜、电源分配箱、防尘单元。

1. 电源分配箱

电源分配箱用于接入外部输入的主、备用电源。电源分配箱对外部电源进行滤波和防雷等处理后，分配主、备用电源各 4 对（标准配置）至各子架。电源分配箱外形尺寸为：132.5mm（高）×482.6mm（宽）×269.5mm（深）（图 2-3）。

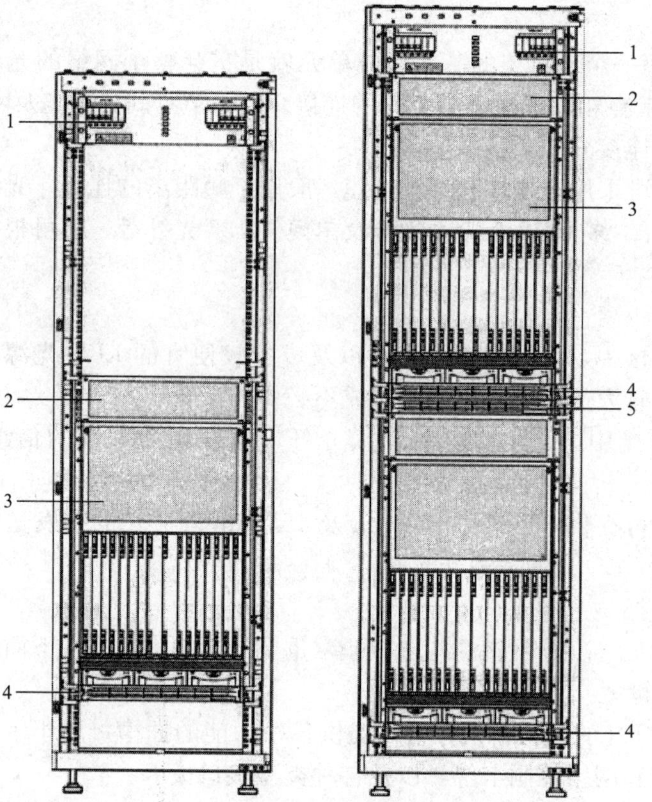

图 2-2　ZXMP S385 整机配置图

1—电源分配箱；2—走线区；3—子架；4—防尘单元；5—导风单元

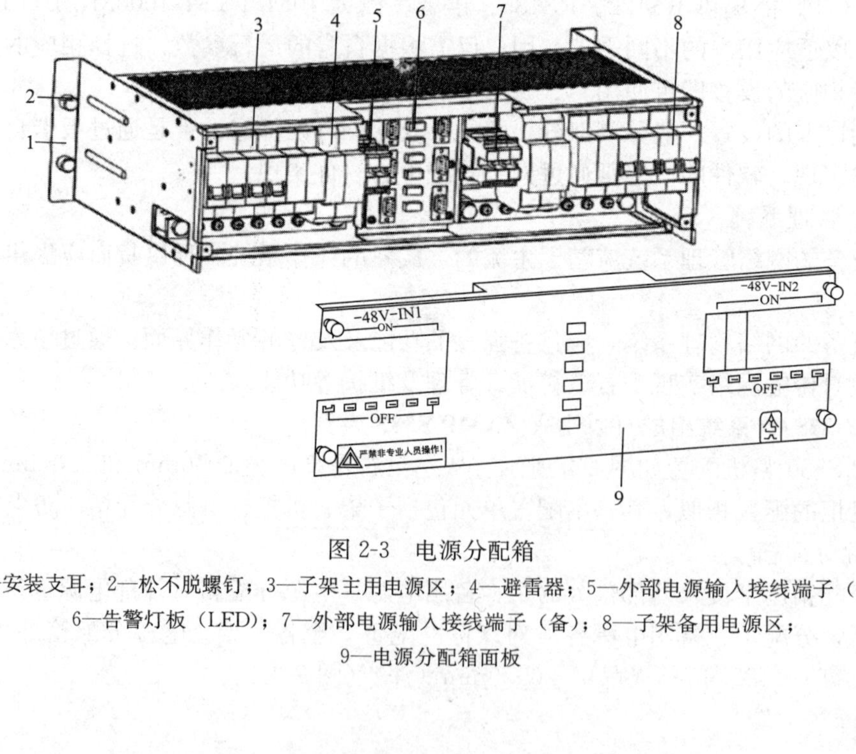

图 2-3　电源分配箱

1—安装支耳；2—松不脱螺钉；3—子架主用电源区；4—避雷器；5—外部电源输入接线端子（主）；6—告警灯板（LED）；7—外部电源输入接线端子（备）；8—子架备用电源区；9—电源分配箱面板

2. 子架

子架由插板区、走线区、风扇插箱等组成，可同时完成散热、屏蔽功能（图 2-4）。

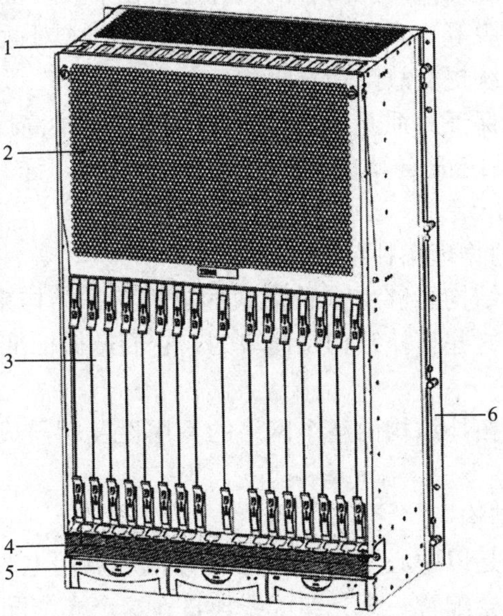

图 2-4　ZXMP S385 IEC 子架

1—上出线口；2—装饰门；3—插板区；4—下走线区；5—风扇插箱；6—安装支耳

1）装饰门，子架上层插板区，可灵活拆卸，具有装饰、通风、屏蔽的功能

2）插板区，子架中部，插板区分为上、下两层，上层插业务/功能接口板，下层插业务/功能板。插板区上层有 15 个槽位，下层有 16 个槽位

3）风扇插箱，子架下部，用于对设备进行强制风冷散热。风扇插箱装有 3 个独立的风扇盒，每个风扇盒单独和风扇背板（FMB）连接，维护方便

3. 网络管理

网络管理主要实现以下功能：

（1）业务配置，包括设备部署、接口/协议配置、隧道配置等；

（2）故障监控，包括及时告警、快速定位；

（3）确保数据安全；

（4）设备性能监控；

（5）提供用户权限管理。

2.2.3　网络的拓扑结构

1. OTN 网络的拓扑结构

OTN 网络的拓扑结构可分为两方面的内容：逻辑拓扑和物理拓扑。网络的逻辑拓扑描述的是信息流在网络中流通的路径，网络的物理拓扑描述的是结点及连接节点的光纤介质的实际分布及连接方式。

（1）OTN 传输网络的逻辑拓扑

OTN 是一种面向专网应用的产品，所有的数据通过各种业务板卡直接输入到网络上，无需中间转换设备，利用环形光网络进行数据传输。通过 OTN 网络可以建立点到点、点到多点、多点总线结构的数据类型。

这种拓扑结构在故障情况下可提供更好的系统恢复能力。当传输网络设置为双环结构时，系统的光纤环路是闭合的，一旦闭合的光纤环路在某种情况下出现开路状态，如光纤破损或光纤活动连接头松脱等，系统应能够采取迂回的方式对此事件做出反应，使信息流避开故障点，并自动向系统提交故障信息报告。

双环路的逻辑拓扑能保证高质量的服务，可为用户提供高度可靠，高度有效的网络。采用双环路逻辑拓扑的系统能自动的修复网络多种故障，详细的故障回避机制将在第2.3.2章节中做进一步地介绍。

(2) OTN传输网络的物理拓扑结构

一种形式的逻辑拓扑结构能够由多种形式的物理拓扑结构来实现。例如：点对点形、星形、环形及总线形等。这些拓扑结构是简单的，它们遵循标准的安装惯例并且可以根据需要灵活地搭配使用。

采取何种形式的物理拓扑结构由整个网络的实用性及所需成本决定。以下分别介绍4种物理拓扑结构。

1) 物理的星形拓扑结构

物理的星形拓扑结构是以中心节点为中心，其他节点用电/光缆以放射状与中心节点相连。在中心节点处常常会配置一个光缆配线架，在这个光缆配线架上，任一节点的接收光纤总是连接到另一节点的发送光纤。这种拓扑结构允许用户使用已有的电缆、电缆盘、电缆管道。但是，与环形的拓扑结构相比较，星形的拓扑结构需要更多的设备来安装，由此带来更高的成本，而且，受地理环境的影响较大。

2) 物理的环形拓扑结构

物理的环形拓扑结构的安装所需电缆较物理的星形拓扑结构要少，同时，采用双环路结构的环形网络在故障发生时会自动地在两个环路中选择路由完整的路径传送信息流。环形网应用得较广泛，如：校园网、铁路、机场等。

3) 物理的点对点形拓扑结构

当物理的点对点形拓扑结构采用两个环路连接，并且其中任一环路是作为备用环路存在时，这种拓扑结构具有与物理的环型拓扑结构相同的容错能力。

4) 物理的雏菊链形拓扑结构或总线形拓扑结构

采用物理的雏菊链形拓扑结构或总线形拓扑结构的网络，对于光纤破损等光开路情况不具备自动路由能力。当光纤破损等造成光开路情况发生时，可采用光旁路的方式应对。这样，故障节点（例如由节点电源故障、系统自检时发生内部故障引致时）将会从网络中被旁路掉。采用物理的雏菊链形拓扑结构或总线型拓扑结构组网会受地理条件的限制。

(3) OTN传输网络的拓扑结构及设置之间的关系

网络的拓扑结构对最终的网络配置有着决定性的影响。如果在较短的距离内使用了较多的连接器（如物理星形网络），或使用了损耗较大的连接器，都要求系统配置较大功率的光收发器，以确保系统信息的正常传送。

网络的拓扑结构还决定了是否需在系统中配置光旁路开关以确保系统有较强的容错能力。

2. MSTP 网络的拓扑结构

MSTP 传输网络的基本结构

ZXMP S385 的逻辑结构包括网元控制平台、时钟处理平台、业务交叉平台、开销处理平台、电源支撑平台及业务接入平台。

网元控制平台，网元设备与后台网管的接口，其他平台均通过网元控制平台接收或上报网管信息。

电源支撑平台，采用分散供电方式，各单板所需电源由安装在各自单板内的电源模块提供。

业务接入平台，完成 SDH、PDH、以太网、ATM 等业务的接入，并转换为相应的格式送入业务交叉平台进行业务的汇集和分配。

开销处理平台，利用 SOH 的开销字节，在传输净负荷数据的同时，提供公务话音通道和若干辅助数据通道。

时钟处理平台，为设备内所有平台提供系统时钟，是硬件平台的核心之一。

业务交叉平台，接收来自业务接入平台和开销处理平台的业务信号以及各种信息，完成业务流向及信息的汇集、分配和倒换。

图 2-5 为硬件平台关系。

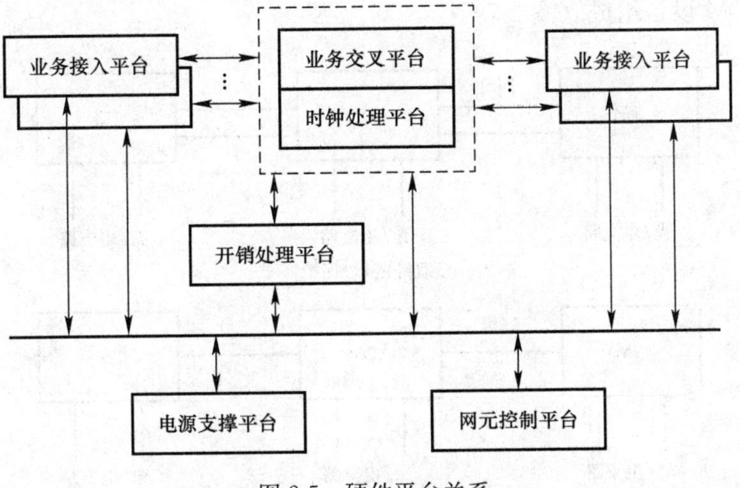

图 2-5　硬件平台关系

网络是由网元设备通过光缆互连而成的，网络节点（网元）和传输线路的几何排列就构成了网络的拓扑结构。网络的有效性（信道的利用率）、可靠性和经济性在很大程度上与其拓扑结构有关。

（1）点到点组网

点到点组网的群路速率包括 STM-1、STM-4、STM-16 和 STM-64。双 TM 配置设备可以构成 1+1 保护或无保护方式，单 TM 配置设备无保护。

1）当配置为 1+1 保护方式时，两个群路板互为保护，可以提高业务传送的可靠性，缺点是会降低业务接入能力。

2）当配置为无保护方式时，能够提高业务接入能力，但降低了业务传送的可靠性。

点到点组网适用于大容量局间中继、局间扩容。

图 2-6 为点到点组网。

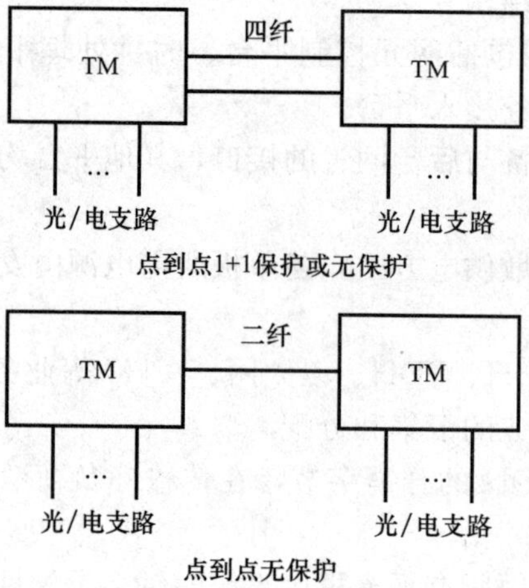

图 2-6　点到点组网

（2）链形网

进行链形组网时的群路速率包括 STM-1、STM-4、STM-16 和 STM-64。链形网由 TM 设备和 ADM 设备组成（图 2-7）。

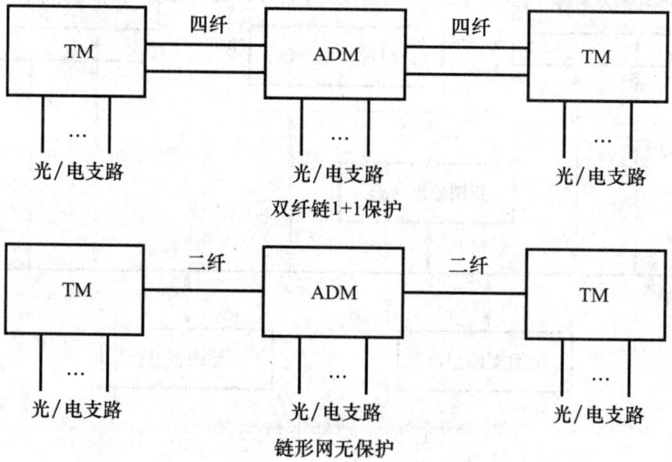

图 2-7　链形网

对于四纤链，可以配置为通道保护和复用段保护，对于二纤链，可以配置为复用段保护。

双 TM 设备和 ADM 设备可以构成 1＋1 保护链，单 TM 设备和 ADM 设备可以构成无保护链网。

1）当配置为 1＋1 保护方式时，两个群路板互为保护，可以提高业务传送的可靠性，缺点在于会降低业务接入能力。

2）当配置为无保护方式时，双 TM 设备和 ADM 设备的组网可以提高业务接入能力，缺点在于会降低业务传送的可靠性。

链形网适用于长途干线网，业务量呈链形分布的通信网，以及环网侧的链形分支网络。

（3）环形网

环形网的线路接口具有自封闭特性，网元间的支路业务可以通过两个方向（东向、西向）进行端到端传输，这种网络拓扑具有很强的生存性和自愈能力，适用于大容量光纤网络（图 2-8）。

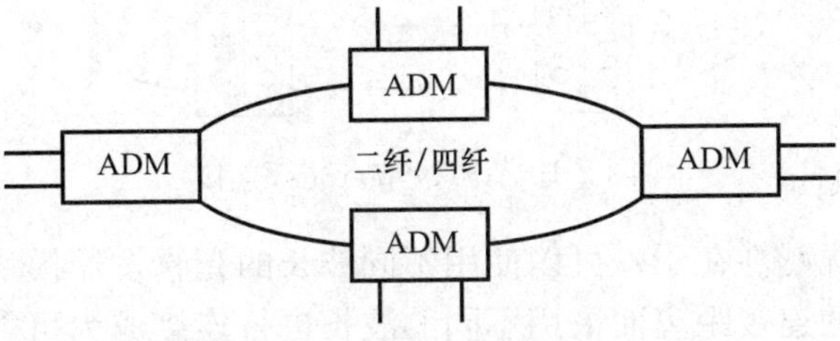

图 2-8　环形网

自愈环结构可以划分为两大类，即通道倒换环和复用段倒换环。从抽象的功能结构观点来划分，通道倒换环和复用段倒换环分别属于子网连接保护和路径保护。

2.3　网络的运行方式及自愈机制

2.3.1　网络运行方式

1. OTN 传输网运作

OTN 传输系统采用双环路运作方式时，在正常情况下只有其中一个环路运作，负责传送系统信息，另一环路则处于备用状态。两个环路在功能上完全一致，但在默认情况下系统加电启动时将启用主环路传送系统信息。主环路的信息流向一般设为顺时针方向，次环与主环相反，即为逆时针方向。系统运行时，应不断地监测处于备用的环路状态，以确保备用环路随时能够被启用，环路连接方式如图 2-9。

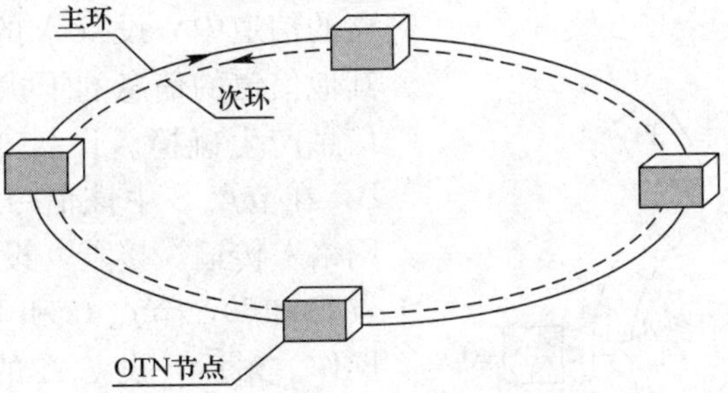

图 2-9　环路连接方式

在主用环路发生故障时，备用环路应能立即激活，取代主用环路传送系统信息。除非有特别的事件发生，要求改变系统的配置，否则，启用的备用环路能够一直运作下去。

(1) OTN 传输网光纤的链接

当光/电收发器模块使用环路连接方式时，每一个光/电收发器模块分别与前一节点和后一节点进行通信，图 2-10 为 OTN 节点光纤连接。

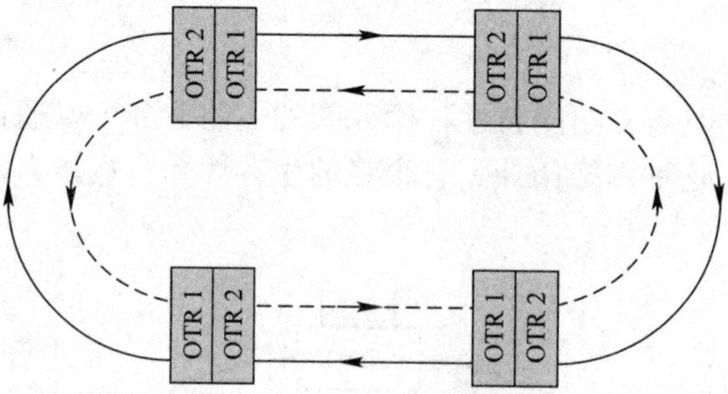

图 2-10 OTN 节点光纤连接

这种连接方式的优越性在于：可以使用不同波长的光收发器模块，可安装在同一节点中，这样，针对不同的连接距离而采用不同的波长进行连接成为可能。例如：在短距离连接中使用 1310nm 的光收发器模块，而长距离连接中使用 1500nm 的低衰减光收发器模块。

(2) OTN 传输网传输机制

1) OTN 信息传输机制

OTN 环中节点之间的通信是基于 TDM（时分复用）的，这就可使环上多用户共享传输媒介。TDM 将时域划分成周期性的叫帧的时间段，再把这些时间段细分为一个个时隙。这些时隙是一比特长。接入传输网络的用户会分配到一个固定的传输信道，保证了用户在任何时候都可以直接访问网络而无需等待。

任两个设备或局域网如通过该传输网络连接，只需简单地在网络中分配相同的传输信道给它们，所需的连接就可建立起来。

任两个设备/局域网假如在该传输网络中分配了相同的传输信道，它们之间的连接就已建立。这样，在网络中每一相关节点上，信道的设置信息就被传送到已建立连接的设备上，这些设备间的数据信息传送则通过已分配的信道进行。通过这种方式，该网络只需简单地为两个设备分配相同的传输信道，即可为两个设备建立起虚拟的点对点的链路。

如图 2-11 所示，设备 A 发送的信息首先进入节点 A，并在节点 A 中被复用进预先建立的信道中。设备 A 的信息在此信道中不会受其他信道的信息的干扰，也不会与其他信道的信息产生碰撞。设备 A 的信息随后到达节点 B，在节点 B 中该信令仅仅被放大，并继续在网络上传输。接着，设备 A 的信息依次经过节点 C 和 D，节点 C 和 D 执行与节点 B 相同的操作。最后，设备 A 的信息到达节点 E，这里设置了与节点 A 相同的传输信道，信息由节点 E 接收，并由设备 E 解复用后接收。随后，设备 E 的响应信息被复用进相同的信道中，继续在环路上依照信息传输方向传输，在经过节点 F 的放大后，该信道在环上运行一周回到节点 A，在节点 A 处被解复用后由设备 A 接收。整

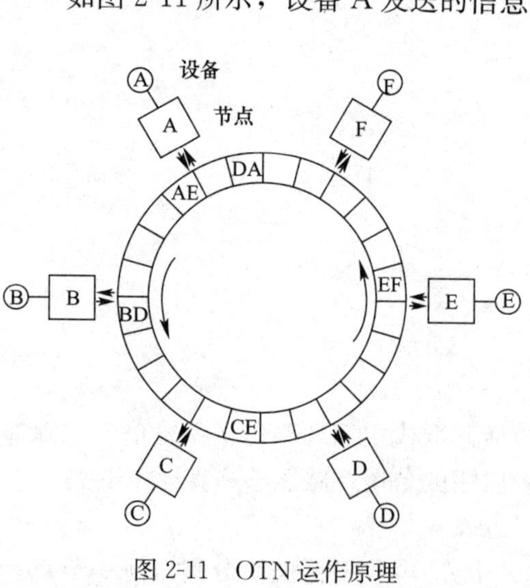

图 2-11 OTN 运作原理

个信息传输过程实现了全双工的操作。

在某些特定类型的链路中，允许同时分配相同的传输信道给超过两个设备，如点对多点或广播链路。

2）OTN 帧结构（以 OTN-X3M-2500，OTN-X3M-10G 为例）

① OTN-X3M-2500

OTN-X3M-2500 网络比特率为 2359.296Mbps。OTN-X3M-2500 的帧可表示成一个 2304 个环时隙×32 位的矩阵。在背板的某一时隙，帧中的任一比特和字节可分插到接口板卡上，OTN-X3M-2500TDM 帧在工作环和备用保护环上以 2359.296Mbps 的速率循环。一个帧周期为 31.25μ_s，包含 73728 比特用于 OTN-X3M-2500（图 2-12）。

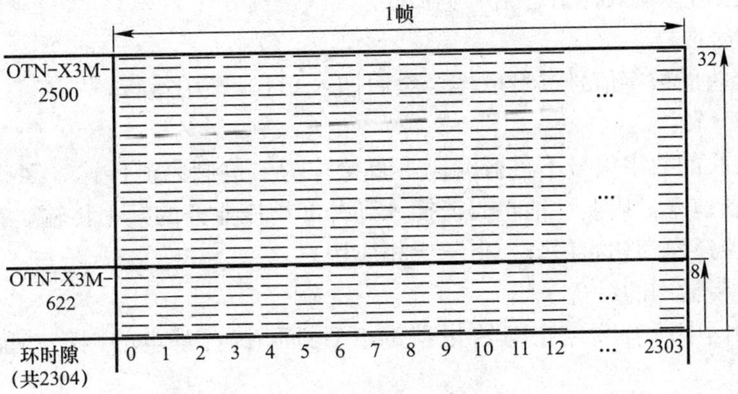

图 2-12　OTN2500 帧结构

② OTN-X3M-10G

OTN-X3M-10G 网络比特率为 9.285Gbps（图 2-13）。

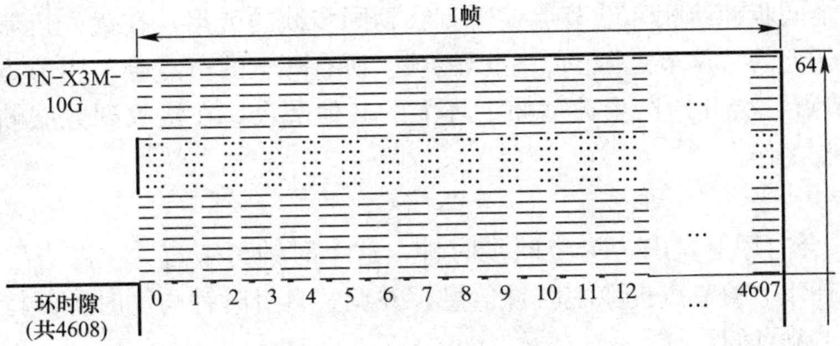

图 2-13　OTN-X3M-10G 帧结构

OTN-X3M-10G 的帧可表示成一个 4608 个环时隙×64 位的矩阵。在背板的某一时隙，帧中的任一比特和字节可分插到接口板卡上，OTN-X3M-10G TDM 帧在工作环和备用保护环上以 9437.184Mbps 的速率循环。一个帧周期为 31.25μ_s（频率为 32K）并包含 294912 比特用于 OTN-X3M-10G。

在 OTN-X3M-10G 中每帧的比特数（294912 比特）理论上决定了节点在网络中同时可设置的最大连接带宽，每一个比特位对应 32kbps 的带宽。

由此得出每秒传输的速率为：4608 × 64（bit/帧）× 32000（次/s－频率）＝

9437.184Mbps。

3）带宽分配

业务所需带宽，由帧中分配给这个业务所需的字节数决定。由于帧速是 31.25μ_s，因此帧中每一比特对应 32kbps 的系统带宽。业务带宽分配由 OMS 实施。

4）编码转换

通过接口卡输入到 OTN 网中的信号被转换为二进制数字格式，插入帧中运行。有以下几种不同的方法。

① 模数转换

模拟语音信号，采用标准的 PCM 方式，编码成每 8 位字节的字符插入到 OTN 帧中。其他类型的模拟信号输入与语音信号类似。

② 数字信号取样

OTN 对接收的数字信号进行取样，然后插入 OTN 帧中运行。

③ 数字信号转换

OTN 对接收的数字信号不进行编码，直接作为二进制码流传输。某些情况下，OTN 会通过缓存调整速率，周期性地将码流插入到分配给该业务的帧中传输。在接收端，通过转换器，将码流还原为初始信号，传送给相应用户。

（3）OTN 传输网的运行

OTN 传输网中所有节点在初始化和重组后即可执行基本的网络功能，该过程无需 OMS 的干预。

当重启或环上有故障发生时，OTN 传输网能通过比特时钟或帧时钟重新同步。

1）同步，含以下两种：

① 帧同步

通过这个过程，环上所有节点的帧取得了共同的解析。当节点重新上电，或同步丢失，会发送一个同步帧给相邻的节点。所有收到同步帧的节点，在优先机制的干预下，会自主决定成为环上的“从节点”，或“主节点”。所有环上的节点会与主节点同步。一旦同步完成，“主节点”会开始产生数据帧，环上的其他节点，在接收到数据帧后，可以开始数据发送和接收工作。

② 位同步

“主节点”会向环上发出一个位同步时钟，这个时钟可来自“主节点”内部或外部同步时钟源。所有环上的节点提取主时钟信息，并调整自身时钟与主时钟保持同步。

2）OTN 主节点的选择

在一个 OTN 环上，所有的节点都是潜在的主节点，但一个环网上，同时只能存在一个主节点。在每一个节点上，都内置了运算规则，决定运作后（如掉电重启或同步丢失重组），是否成为主节点。这个选择是基于每一个环上，设置在通用逻辑板上唯一地址码。在环上运作的节点，具有最低地址码的，成为主节点。

3）节点运作

当节点启动，或断电重启后，节点会执行一个自检程序，以便重新进入环路工作。在节点自检期间，节点与环上的通信中断。

自检完成后，节点上的通用逻辑卡会产生一个同步帧。节点上的通用逻辑卡会将自身地址码暂时作为节点地址写入同步帧中。当节点接收到环路上传输的同步帧，会提取同步帧中的地址信息，与自身节点地址比较。如果自身节点地址比接收到的地址高，本节点会停止同步帧产生，并将接收到的同步帧原封不动地传送到下一节点。如果自身节点地址比接收到的节点地址低，则本节点持续产生同步帧。如果接收到的地址信息与本节点地址信息一致，则表示环路已经闭合，本节点即为环上最低地址节点；这时，该节点成为主节点，并开始在环上产生信息帧。其他节点从接到信息帧开始，环路开始运作。当信息帧回到主节点，进入主节点的弹性缓冲区，表示完整的帧可以开始在环上运作。

图 2-14 演示了一个简单的环路运作，当节点处于初始化状态，未开始传送数据帧，状态显示为无地址。当开始运作后，节点 5、6、1 和 2 开始产生帧，节点 5 发送的帧到达节点 6，当节点 6 接收 4 个有效帧后开始自检。节点 5 发出的帧带有 5 的数值，作为本节点地址，节点 6 发出的帧带有 6 的数值，作为本节点地址，这样，节点 6 的优先权较低，只把接收的帧转发。节点 1 在接收到 4 个有效帧后，开始自检，并对比地址信息。由于节点 1 优先级高，节点 1 持续发出带有本节点地址信息的帧。节点 2 接收到节点 1 的帧，并开始自检后，会得出结论，节点 1 的优先级比自身高，节点 2 会将收到的节点 1 的数据帧原封不动地转发。启动流程完成后，所有的节点都进入环路，环上只有主节点会持续发出数据帧。

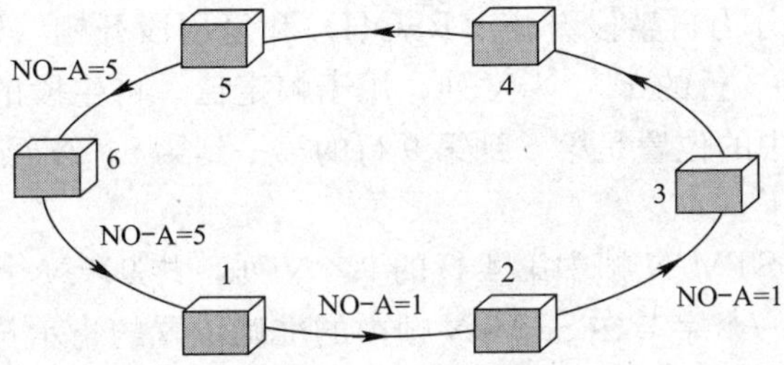

图 2-14 节点运作示例

2. MSTP 传输网运作

MSTP 是基于 SDH 平台的多业务综合传送设备。

SDH 传输网是由不同类型的网元通过光缆线路的连接组成的，通过不同的网元完成 SDH 网的传送功能：上/下业务、交叉连接业务、网络故障自愈等。

(1) SDH 帧结构

ITU-T 规定了 STM-N 的帧是以字节 8bit 为单位的矩形块状帧结构，如图 2-15 所示。

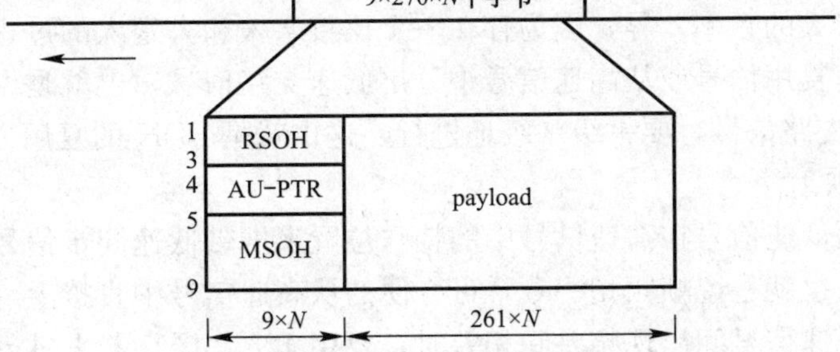

图 2-15 SDH 帧结构

STM-N 的信号是 9 行×270×N 列的帧结构。此处的 N 与 STM-N 的 N 相一致，取值范围：1、4、16、64……表示此信号由 N 个 STM-1 信号通过字节间插复用而成。由此可知，STM-1 信号的帧结构是 9 行 270 列的块状帧，当 N 个 STM-1 信号通过字节间插复用成 STM-N 信号时，仅仅是将 STM-1 信号的列按字节间插复用，行数恒定为 9 行。

信号在线路上传输时是一个 bit 一个 bit 地进行传输的。SDH 信号帧传输的原则是，帧结构中的字节（8bit），从左到右，从上到下一个字节一个字节（一个比特一个比特）的传输，传完一行再传下一行，传完一帧再传下一帧。

ITU-T 规定，对于任何级别的 STM 等级，帧频是 8000 帧/s，也就是帧长或帧周期为恒定的 125s。由于帧周期的恒定，使 STM-N 信号的速率有其规律性，例如 STM-4 的传输数速恒定的等于 STM-1 信号传输数速的 4 倍，STM-16 恒定等于 STM-4 的 4 倍，等于 STM-1 的 16 倍。SDH 信号的这种规律性使高速 SDH 信号直接分/插出低速 SDH 信号成为可能，特别适用于大容量的传输情况。

STM-N 的帧结构由 3 部分组成：段开销，包括再生段开销（RSOH）和复用段开销（MSOH）；管理单元指针（AU-PTR）；信息净负荷（payload）。

1）段开销

段开销区域用于存放帧定位、运行、维护和管理字节，以保证主信息净负荷正确灵活地传送。段开销进一步分为再生段开销（RSOH）和复用段开销（MSOH）。再生段开销位于 STM-N 帧中的 1～3 行的 1～9×N 列，用于帧定位、再生段的监控和维护管理。复用段开销在 STM-N 帧中的位置是第 5 到第 9 行的第一到第 9×N 列共 5×9×N 个字节。

2）管理单元指针

管理单元指针位于 STM-N 帧中第 4 行的 9×N 列，共 9×N 个字节。AU-PTR 是用来指示信息净负荷的第一个字节在 STM-N 帧内的准确位置的指示符，以便收端能根据这个位置指示符的值（指针值）正确分离信息净负荷。

（2）复用

1）概述

SDH 的复用包括两种情况：一种是低阶的 SDH 信号复用成高阶 SDH 信号；另一种是低速支路信号（例如 2Mbit/s、34Mbit/s、140Mbit/s）复用成 SDH 信号 STM-N。

第二种情况用得最多的就是将 PDH 信号复用进 STM-N 信号中去。传统的将低速信号复用成高速信号的方法有两种：

① 比特塞入法

这种方法利用固定位置的比特塞入指示来显示塞入的比特是否载有信号数据，允许被复用的净负荷有较大的频率差异，因为存在一个比特塞入和去塞入的过程，而不能将支路信号直接接入高速复用信号或从高速信号中分出低速支路信号，也就是说不能直接从高速信号中上/下低速支路信号，要一级一级地进行，这也就是 PDH 的复用方式。

② 固定位置映射法

这种方法利用低速信号在高速信号中的特殊位置来携带低速同步信号，要求低速信号与高速信号同步，也就是说帧频相一致，可方便的从高速信号中直接上/下低速支路信号，但当高速信号和低速信号间出现频差和相差时，要用 125μ_s 缓存器来进行频率校正和相位对准，导致信号较大延时和滑动损伤。

SDH 网的兼容性要求 SDH 的复用方式既能满足异步复用，又能满足同步复用，而且能方便地由高速 STM-*N* 信号分/插出低速信号，同时不造成较大的信号时延和滑动损伤，这就要求 SDH 需采用自己独特的一套复用步骤和复用结构。在这种复用结构中，通过指针调整定位技术来取代 125μ_s 缓存器用以校正支路信号频差和实现相位对准，各种业务信号复用进 STM-*N* 帧的过程都要经历映射、定位、复用三个步骤。

ITU-T 规定了一整套完整的复用结构，通过这些路线可将 PDH 的 3 个系列的数字信号以多种方法复用成 STM-*N* 信号。ITU-T 规定的复用路线见图 2-16。

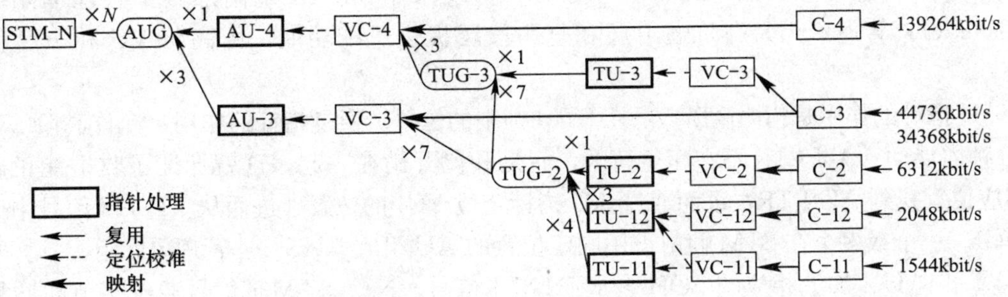

图 2-16 G.709 复用映射结构

我国的光同步传输网技术体制规定了以 2Mbit/s 信号为基础的 PDH 系列作为 SDH 的有效负荷，并选用 AU-4 的复用路线，其结构见图 2-17 所示。

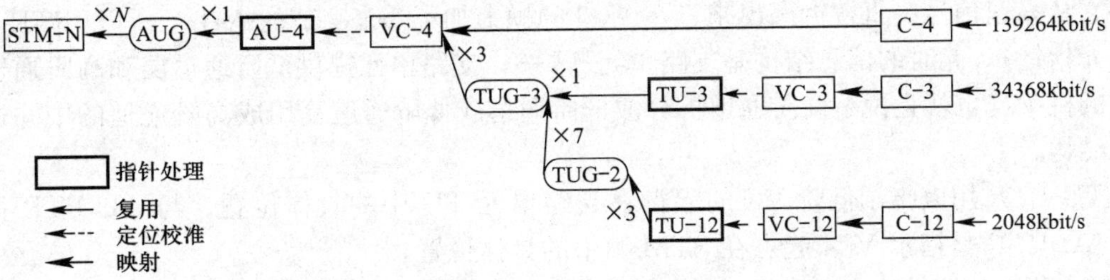

图 2-17 我国的 SDH 基本复用映射结构

2）2Mbit/s、34Mbit/s、140Mbit/s 的 PDH 信号具体复用

下面我们分别介绍 2Mbit/s、34Mbit/s、140Mbit/s 的 PDH 信号是如何复用进 STM-*N* 信号中的。

① 140Mbit/s 的 PDH 信号复用

A. 首先将 140Mbit/s 的 PDH 信号经过码速调整适配进 C4，C4 是用来装载 140Mbit/s 的 PDH 信号的标准信息结构。参与 SDH 复用的各种速率的业务信号都应首先通过码速调整适配技术装进一个与信号速率级别相对应的标准容器：2Mbit/s——C12、34Mbit/s——C3、140Mbit/s——C4。容器的主要作用就是进行速率调整。140Mbit/s 的信号装入 C4 也就相当于将其打了个包封，使 140Mbit/s 信号的速率调整为标准的 C4 速率，C4 的帧结构是以字节为单位的块状帧，帧频是 8000 帧/秒，经过速率适配，140Mbit/s 的信号在适配成 C4 信号时已经与 SDH 传输网同步。

C4 信号的帧有 260 列×9 行，E4 信号适配速率后的信号速率为：8000 帧/s×9 行×

260 列×8bit＝149.760Mbit/s。

B. 为了能够对 140Mbit/s 的通道信号进行监控，在复用过程中要在 C4 的块状帧前加上一列通道开销字节，此时信号成为 VC4 信息结构。

VC4 是与 140Mbit/sPDH 信号相对应的标准虚容器，此过程相当于对 C4 信号再打一个包封，将对通道进行监控管理的开销（POH）打入包封中去，以实现对通道信号的实时监控。

虚容器（VC）的包封速率与 SDH 网络同步，不同的 VC 是相互同步的，而虚容器内部却允许装载来自不同容器的异步净负荷。

C. 标准的包封可以往 STM-N 上装载，SDH 采用在 VC4 前附加一个管理单元指针（AU-PTR），管理单元为高阶通道层和复用段层提供适配功能，由高阶 VC 和 AU 指针组成。

AU 指针的作用是指明高阶 VC 在 STM 帧中的位置。通过指针的作用，允许高阶 VC 在 STM 帧内浮动。AU-PTR 不在净负荷区，而是和段开销在一起，这就保证了收端能正确的在相应位置找到 AU-PTR，进而通过 AU 指针定位 VC4 的位置，进而从 STM-N 信号中分离出 VC4。一个或多个在 STM 帧由占用固定位置的 AU 组成 AUG——管理单元组。

D. 将 AU-4 加上相应的 SOH 合成 STM-1 信号，N 个 STM-1 信号通过字节间插复用成 STM-N 信号。

② 34Mbit/s 复用进 STM-N 信号

A. 34Mbit/s 的信号经过码速调整，将其适配到相应的标准容器——C3 中，加上相应的通道开销 C3 打包成 VC3，此时的帧结构是 9 行×85 列。为了便于收端定位 VC3，以便能将它从高速信号中直接拆离出来，在 VC3 的帧上加了 3 个字节的指针——TU-PTR（支路单元指针）。此时的信息结构是支路单元 TU-3，支路单元提供低阶通道层和高阶通道层之间的桥梁，也就是说是高阶通道拆分成低阶通道或低阶通道复用成高阶通道的中间过渡信息结构。

TU-PTR 用以指示低阶 VC 的起点在支路单元 TU 中的具体位置。与 AU-PTR 很类似，AU-PTR 是指示 VC4 起点在 STM 帧中的具体位置。

B. TU3 的帧结构有点残缺，通过塞入的伪随机信息，这时的信息结构为 TUG3——支路单元组。

C. 三个 TUG3 通过字节间插复用方式复合成 C4 信号结构。因为 TUG3 是 9 行×86 列的信息结构，所以 3 个 TUG3 通过字节间插复用方式复合后的信息结构是 9 行×258 列的块状帧结构。而 C4 是 9 行 260 列的块状帧结构。于是在 3×TUG3 的合成结构前面加两列塞入比特，使其成为 C4 的信息结构。

D. 将 C4→STM-N 中，过程同前面所讲的将 140Mbit/s 信号复用进 STM-N 信号的过程类似：C4→VC4→AU-4→AUG→STM-N。

③ 2Mbit/s 复用进 STM-N 信号

A. 将 2Mbit/s 的 PDH 信号经过速率适配装载到对应的标准容器 C12 中，4 个 C12 基帧组成一个复帧。C12 基帧结构是 9×4−2 个字节的带缺口的块状帧，4 个基帧组成一个复帧。复帧可容纳有效信息负荷的允许速率范围是：

$$\text{C-12 复帧}_{max}=(1023+1+1)\times 2000=2.050\text{Mbit/s}$$

$$\text{C-12 复帧}_{min}=(1023+0+0)\times 2000=2.046\text{Mbit/s}$$

当 E1 信号适配进 C12 时，只要 E1 信号的速率范围在 2.046～2.050Mbit/s 的范围内，就可以将其装载进标准的 C12 容器中，经过码速调整将其速率调整成标准的 C12 速率：2.176Mbit/s。

B. 为了在 SDH 网的传输中能实时监测任一个 2Mbit/s 通道信号的性能，需将 C12 再打包——加入相应的通道开销（低阶通道开销），使其成为 VC12 的信息结构。VC 可看成一个独立的实体，因此我们以后对 2Mbit/s 的业务调配是以 VC12 为单位的。一个 C12 复帧装载的是 4 帧 PCM30/32 的信号，因此一组 LP-POH 监控的是 4 帧 PCM30/32 信号的传输状态。

C. 为了使收端能正确定位 VC12 的帧，在 VC12 复帧的 4 个缺口上再加上 4 个字节的 TU-PTR，这时信号的信息结构就变成了 TU12，9 行×4 列。TU-PTR 指示复帧中第一个 VC12 的起点在 TU12 复帧中的具体位置。

D. 3 个 TU12 经过字节间插复用合成 TUG-2，此时的帧结构是 9 行×12 列。

E. 7 个 TUG-2 经过字节间插复用合成 TUG3 的信息结构，7 个 TUG-2 合成的信息结构是 9 行×84 列，为满足 TUG3 的信息结构 9 行×86 列，则需在 7 个 TUG-2 合成的信息结构前加入两列固定塞入比特。

F. TUG3 信息结构再复用进 STM-N 中的步骤则与前面所讲的一样。

（3）SDH 常见网元

1）TM——终端复用器

终端复用器用在网络的终端站点上，例如一条链的两个端点上，它是一个双端口器件，如图 2-18 所示。

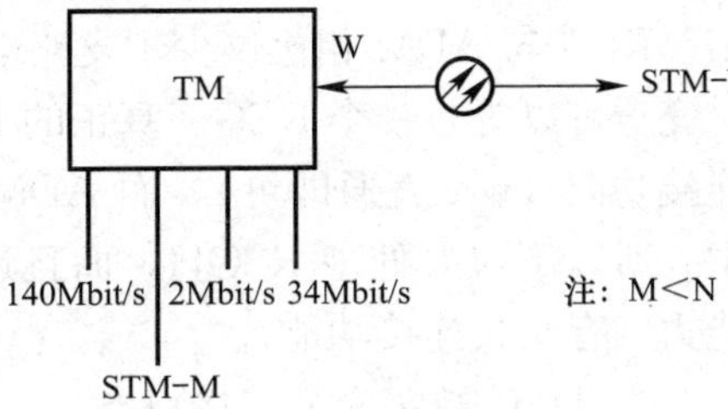

图 2-18　TM 模型

它的作用是将支路端口的低速信号复用到线路端口的高速信号 STM-N 中，或从 STM-N 的信号中分出低速支路信号。请注意它的线路端口输入/输出一路 STM-N 信号，而支路端口却可以输出/输入多路低速支路信号。在将低速支路信号复用进 STM-N 帧上时，有一个交叉的功能，例如：可将支路的一个 STM-1 信号复用进线路上的 STM-16 信号中的任意位置上，也就是指复用在 1～16 个 STM-1 的任一个位置上。将支路的 2Mbit/s 信号可复用到一个 STM-1 中 63 个 VC12 的任一个位置上去。

2）ADM——分/插复用器

分/插复用器用于 SDH 传输网络的转接站点处，例如链的中间结点或环上结点，是 SDH 网上使用最多、最重要的一种网元，它是一个三端口的器件。如图 2-19 所示。

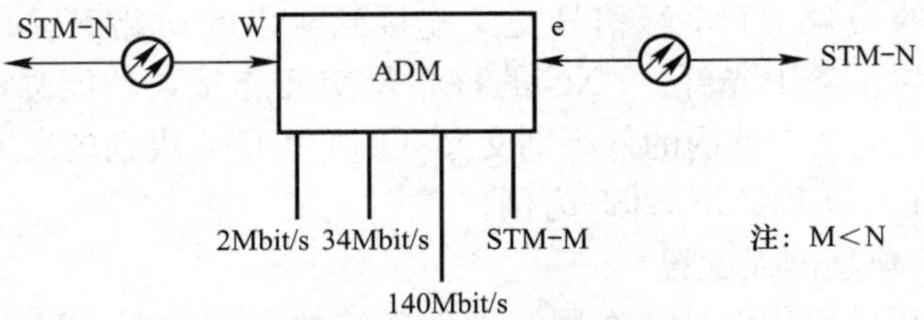

图 2-19　ADM 模型

ADM有两个线路端口和一个支路端口。两个线路端口各接一侧的光缆，为了描述方便我们将其分为西（W）向东向（E）两个线路端口。ADM的作用是将低速支路信号交叉复用进东或西向线路上去，或从东或西侧线路端口收的线路信号中拆分出低速支路信号。另外还可将东/西向线路侧的STM-N信号进行交叉连接，例如将东向STM-16中的3号STM-1与西向STM-16中的15号STM-1相连接。ADM是SDH最重要的一种网元，通过它可等效成其他网元，即能完成其他网元的功能，例如：一个ADM可等效成两个TM。

3）REG——再生中继器

光传输网的再生中继器有两种，一种是纯光的再生中继器，主要进行光功率放大以延长光传输距离；另一种是用于脉冲再生整形的电再生中继器，主要通过光/电变换、电信号抽样、判决、再生整形、电/光变换，以达到不积累线路噪声，保证线路上传送信号波形的完好性。此处讲的是后一种再生中继器，REG是双端口器件，只有两个线路端口W、E。如图2-20所示。

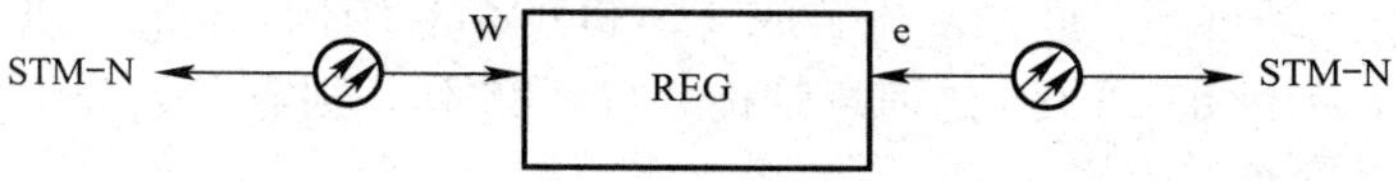

图2-20　电再生中继器

它的作用是将w/e侧的光信号经O/E、抽样、判决、再生整形、E/O在e或w侧发出。REG与ADM相比仅少了支路端口，所以ADM若本地不上/下话路支路不上/下信号时完全可以等效一个REG。真正的REG只需处理STM-N帧中的RSOH，且不需要交叉连接功能（w-e直通即可），而ADM和TM因为要完成将低速支路信号分/插到STM-N中，所以不仅要处理RSOH，而且还要处理MSOH；另外ADM和TM都具有交叉复用能力（有交叉连接功能）。

4）DXC-数字交叉连接设备

数字交叉连接设备完成的主要是STM-N信号的交叉连接功能，它是一个多端口器件，它实际上相当于一个交叉矩阵，完成各个信号间的交叉连接，如图2-21所示。

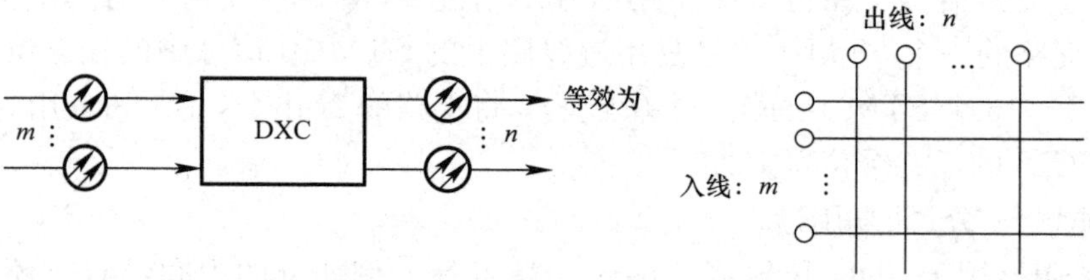

图2-21　DXC功能图

DXC可将输入的m路STM-N信号交叉连接到输出的n路STM-N信号上，图2-21表示有m条入光纤和n条出光纤。DXC的核心是交叉连接，功能强的DXC能完成高速（例STM-16）信号在交叉矩阵内的低级别交叉（例如VC12级别的交叉）。

（4）MSTP网元（以ZXMP S385为例）

1）ZXMP S385典型网元配置

ZXMP S385采用模块化设计，在同一硬件系统中可以实现TM、ADM、REG功能，各种类型的单板无须更改硬件，只需修改网管配置即可实现TM、ADM、REG不同系统功能。在同一个子架内实现多个 TM、ADM、REG 功能。系统的设备类型及在网络中的应用方式如图 2-22 所示。

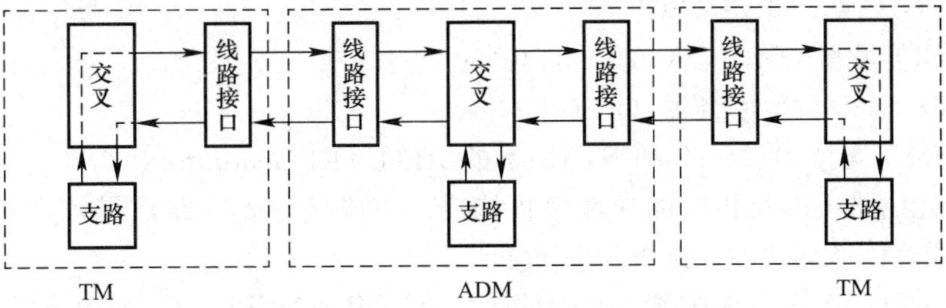

图 2-22 ZXMP S385 网络中的应用方式

2）ZXMP S385 终端复用设备（TM）

TM（Terminal Multiplexer，终端复用器）设备由光线路板、支路板以及相应的功能单板构成，SDH 开销在光线路板侧终结不再传递。配置说明如下。

① 根据群路光方向的速率判断 TM 设备的级别。

② 对于 STM-64 等级的 TM 设备，必须配置一块 OL64×2/OL64/OL64FEC，同时根据需要还可以配置其他业务单板。

③ 对于 STM-16 等级的 TM 设备，必须配置一块 OL16/OL16×4/OL16×8，同时根据需要还可以配置其他业务单板。

④ 对于 STM-4 等级的 TM 设备，必须配置一块 OL4×2/OL4×4，同时根据需要还可以配置其他业务单板。

⑤ 对于 STM-1 等级的 TM 设备，必须配置一块 OL1×8/OL1×4，同时根据需要还可以配置其他业务单板。

⑥ 根据需要配置相应的接口板、接口桥接板和接口倒换板。

⑦ 所有 TM 设备必须配置相应的功能单板：NCP/ENCP/ANCP/ANCPB、CSA/CSE/CSF/CSG/CSC、Q×I、SCI。

⑧ 根据需要配置 OW、OA 或 OAD 板。

3）ZXMP S385 分插复用器（ADM）

ADM（Add/Drop Multiplexer，分插复用器）设备由两块以上相同速率的光线路板、支路板以及相应的功能单板构成。SDH 段开销在一个光方向的接收侧终结，又在同一个光方向的发送侧重新插入。配置说明如下：

① 根据群路光方向的速率判断 ADM 设备的级别。

对于 STM-64 等级的 ADM 设备，至少配置两块 OL64/OL64FEC 或一块 OL64×2，同时根据需要还可以配置其他业务单板。

② 对于 STM-16 等级的 ADM 设备，至少配置一块 OL16×8/OL16×4 或两块 OL16，同时根据需要还可以配置其他业务单板。

③ 对于 STM-4 等级的 ADM 设备，至少配置一块 OL4×2/OL4×4，同时根据需要还可以配置其他业务单板。

④ 对于 STM-1 等级的 ADM 设备，至少配置一块 OL1×8/OL1×4，同时根据需要还可配置其他业务单板。

⑤ 根据需要配置相应的接口板、接口桥接板和接口倒换板。

⑥ 所有 ADM 设备必须配置相应的功能单板：NCP/ENCP/ANCP/ANCPB、CSA/CSE/CSF/CSG/CSC、Q×I、SCI。

⑦ 根据需要配置 OW、OA 或 OAD 板。

4）ZXMP S385 再生中继器（REG）

ZXMP S385 支持 STM-16 和 STM-64 的 REG（REGenerator，再生器）设备配置。REG 设备由光线路板以及相应的功能单板构成，完成接收光线路信号，将其再生，并往下一段光纤线路传送的功能。配置说明如下：

① 所有 REG 设备必须配置 NCP/ENCP/ANCP/ANCPB、Q×I、SCI、CSA/CSE/CSF/CSG/CSC。

② 根据需要配置 OW 板。

③ 对于 STM-64 等级的 REG 设备，至少配置两块 OL64/OL64FEC。

（5）多业务节点组网应用

1）EPL 组网

当 ZXMP S385 设备配置有 TGE2B、SEE/SEEU、RSEB、SEC、TGSA×8 板时，设备不仅具有传统 SDH 设备的功能，还具有多业务节点设备的以太网数据处理功能。可以提供 EPL（Ethernet Private Line，以太网专线）业务，并根据具体需要提供相应的流量监管、CoS（Class of Service，服务类别）和 QoS（Quality of Service，服务质量）能力。

EPL 具有两个业务接入点，对用户以太网 MAC 帧进行点到点的透明传送。每个 EPL 用户的业务由专用的 SDH 通道承载，不同用户不需要共享 SDH 带宽，因此具有与 SDH 完全相同的带宽保障和安全性能。EPL 业务通过点到点传送，不需要 L2 交换功能和 MAC 地址学习。

典型的 EPL 组网示意图如图 2-23 所示，用户 X 和 Y 之间的以太网业务通过 MSTP（Multi-Service Transport Platform，多业务传送平台）设备 A 和 J 以及中间站点 B、C、D、E、F、G、H 进行透传。

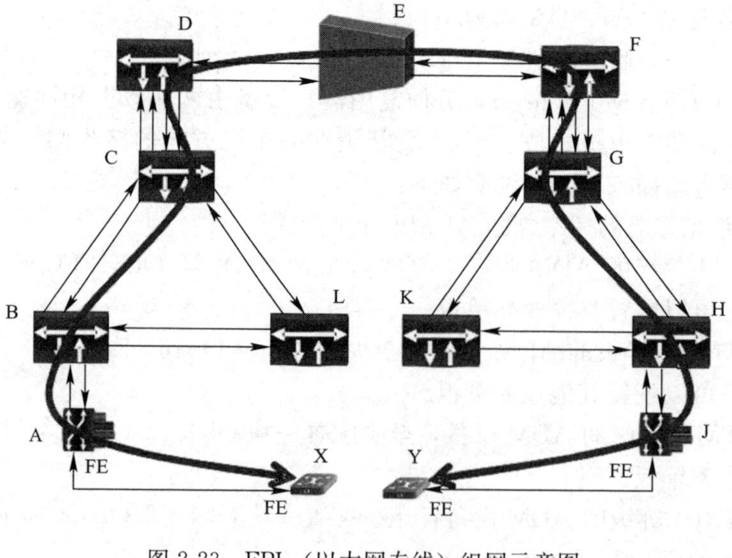

图 2-23　EPL（以太网专线）组网示意图

2）EVPL 组网

当 ZXMP S385 设备配置有 SEE/SEEU、RSEB、SEC 板时，设备不仅具有传统 SDH 设备的功能，还具有多业务节点设备的以太网数据处理功能。可以提供 EVPL（Ethernet Virtual-Private Line，以太网虚拟专线）业务，并根据具体需要提供相应的流量监管、CoS 和 QoS 能力。

EVPL 与 EPL 的区别是不同的用户需要共享链路带宽。因此需要使用 VLAN ID 或其他机制来区分不同用户的数据。如果需要对不同用户提供不同的服务质量，则需要采用相应的 QoS 机制。由于是逻辑上的用户隔离，因此安全性比 EPL 差，也属于点到点业务。

典型的 EVPL 组网示意图如图 2-24 所示。FE1 和 FE3 为用户 X 的业务，FE2 和 FE4 为用户 Y 的业务。用户 X 和用户 Y 在业务经由站点 A、B、C、D、E、F、G、H、J 时实现了隔离。

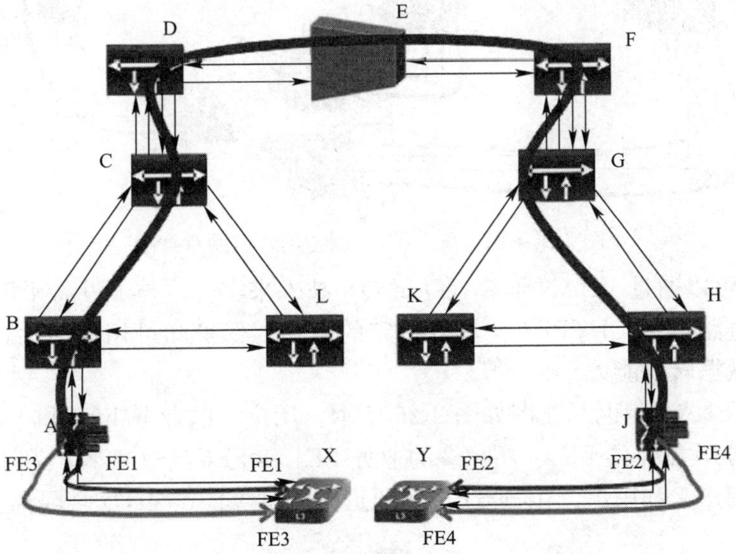

图 2-24　EVPL（以太网虚拟专线）组网示意图

3）EPLAN 组网

当 ZXMP S385 设备配置有 SEE/SEEU、RSEB、SEC 板时，设备不仅具有传统 SDH 设备的功能，还具有多业务节点设备的以太网数据处理功能。可以提供 EPLAN（Ethernet PrivateLAN，以太网专网）业务，并根据具体需要提供相应的流量监管、CoS 和 QoS 能力。

EPLAN 属于多点到多点的以太网业务。不同用户不需要共享 SDH 带宽，因此具有严格的带宽保障和用户隔离机制，不需要采用其他的 QoS 机制和安全机制。由于具有多个节点，因此需要基于 MAC 地址进行数据转发，需要具有 MAC 地址学习和 L2 交换的能力。

典型的 EPLAN 组网示意图如图 2-25 所示。用户的两个分支节点 Y 和 Z 的业务，通过由 SDH 时隙链路构成的网络，汇聚到总部节点 X。每个分支到总部的链路带宽是独占的。

4）EVPLAN 组网

当 ZXMP S385 设备配置有 SEE/SEEU、RSEB、SEC 板时，设备不仅具有传统 SDH 设备的功能，还具有多业务节点设备的以太网数据处理功能。可以提供 EVPLAN（Ethernet VirtualPrivate LAN，以太网虚拟专网，）业务，并根据具体需要提供相应的流量监管、CoS 和 QoS 能力。

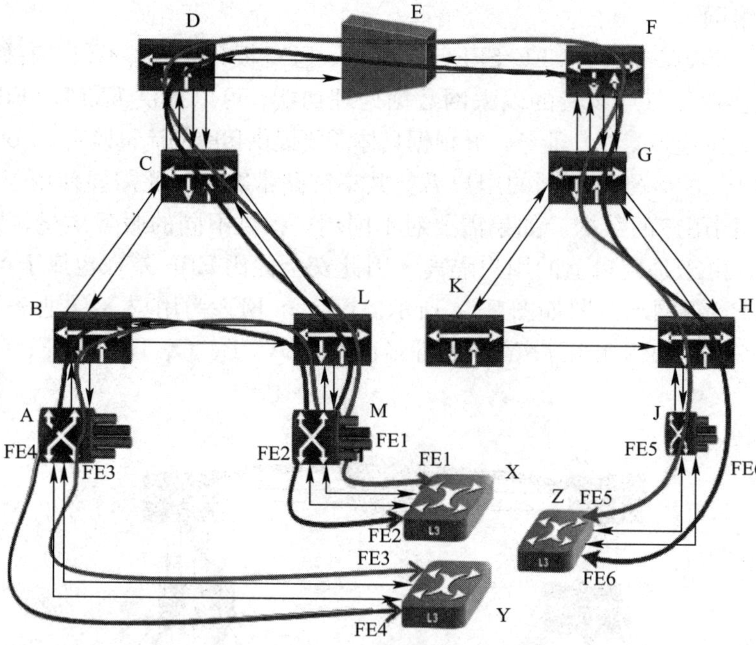

图 2-25 EPLAN（以太网专网）组网示意图

EVPLAN 可以通过 VLAN 堆叠（Q-in-Q）技术来实现。与 EPLAN 相比，EVPLAN 业务需要共享链路带宽。EVPLAN 具有特定的带宽、保护和可用性属性，以及 MAC 地址学习能力和数据转发能力。

典型的 EVPLAN 组网示意图如图 2-26 所示。用户 1 的业务 FE3 和 FE5 通过 A 站点和 J 站点汇聚到 M 站点的 FE1。用户 2 的业务 FE4 和 FE6 通过 A 站点和 J 站点汇聚到 M 站点的 FE2。用户 1 和用户 2 在 SDH 传输通道中通过 VLAN ID 实现隔离。

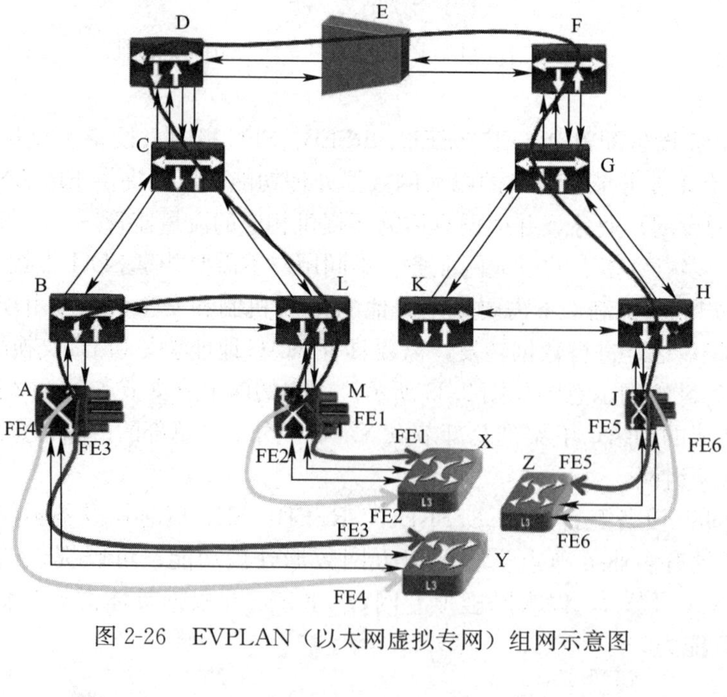

图 2-26 EVPLAN（以太网虚拟专网）组网示意图

5）EPTREE组网

当ZXMP S385设备配置有SEE/SEEU板时，设备可以提供EPTREE（Ethernet Private Tree，以太网专树）业务，并根据具体需要提供相应的流量监管、CoS和QoS能力。EPTREE是点到多点的业务，业务的连通性在两个或多个点之间，其拓扑结构是多个点到点的连接汇聚到中心节点的一个以太网物理接口。每个点到点的连接均为以太网专线（EPL）。中心节点为根节点，其他节点为叶节点。叶节点只能与根节点通信，叶节点之间不能互相通信。根节点与每个叶节点通过MAC地址学习查找目标。

典型的EPTREE组网示意图如图2-27所示。用户X与用户Y的FE业务通过网络汇聚到D站点。用户X的FE业务通过站点A、B、C、D透传。用户Y的业务通过站点J、H、G、F、E、D透传。

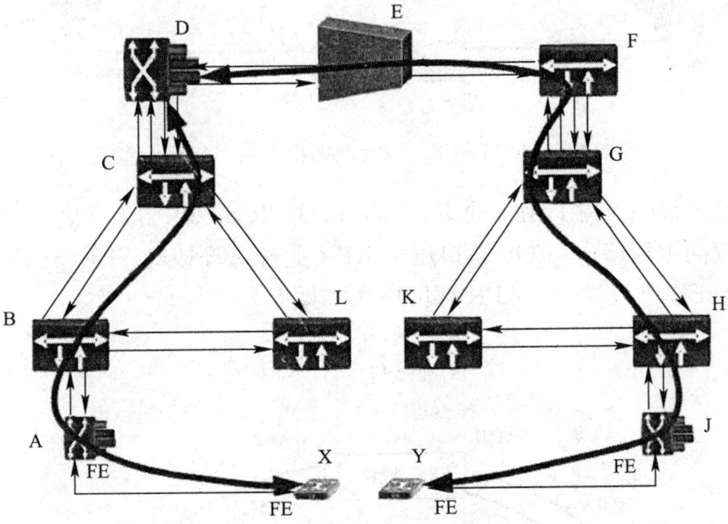

图2-27　EPTREE（以太网专树）组网示意图

6）EVPTREE组网

当ZXMP S385设备配置有SEE/SEEU板时，设备可以提供EVPTREE（Ethernet Virtual PrivateTree，以太网虚拟专树）业务，并根据具体需要提供相应的流量监管、CoS和QoS能力。

EVPTREE也是点到多点的业务。EVPTREE与EPTREE的主要区别是EVPTREE的点到点连接由以太网虚拟专线（EVPL）构成，因此可以实现带宽共享。

典型的EVPTREE组网示意图如图2-28所示。FE1和FE3为用户X的业务，FE2和FE4为用户Y的业务。用户X与用户Y的FE业务通过网络汇聚到D站点。用户X的FE1和FE3业务在经由站点A、B、C、D时实现带宽共享。用户Y的FE2和FE4业务在经由站点J、H、G、F、E、D时实现带宽共享。

7）RPR业务组网

当ZXMP S385设备配置有RSEB板时，能够实现以太网业务到RPR（Resilient Packet Ring，弹性分组环）的映射，完成RPR特有的功能，并利用SDH/MSTP环网的通道带宽资源，提供RPR所需的双环拓扑结构，完成RPR节点的环形互连。RSEB板系

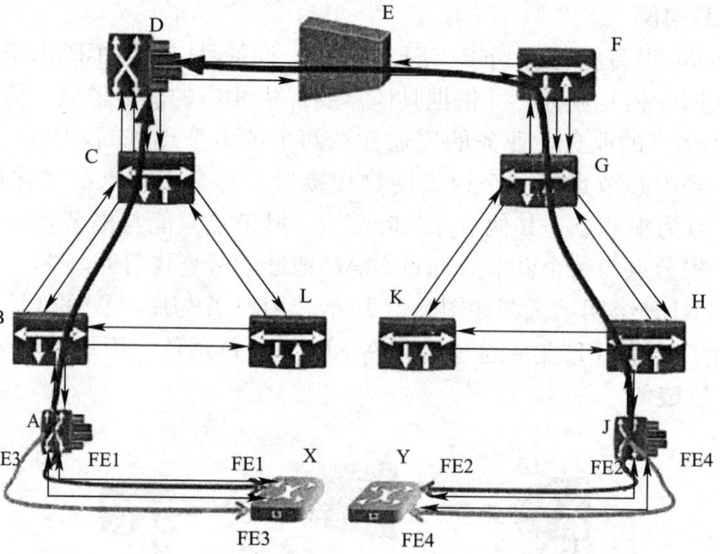

图 2-28　EVPTREE（以太网虚拟专树）组网示意图

统侧提供 2 个 RPR SPAN 端口和 4 个 EOS 端口。RPR SPAN 端口联结一个 155 Mbit/s 至 1.25 Gbit/s 的双向 RPR 环。EOS 端口用于 RPR 业务过环或与 SEE/SEEU、SEC 等 EOS 单板互通。以 RSEB 单板为例，RPR 环网应用如图 2-29 所示。

图 2-29　RPR 环网应用

8）ATM 业务组网

当 ZXMP S385 配置有 AP1×8 板时，具有城域网设备的 ATM 数据处理功能。AP1×8 板在 ATM 侧提供 8 个 155 Mbit/s 的光接口，用于接入 ATM 业务，通过本板的交换模块可以实现 VP/VC 等级的本地交换。在系统侧，AP1×8 板提供一路 622Mbit/s 速率的系统接口，通过网管的配置，使 ATM 业务能够通过 SDH 光网络实现远距离传输。AP1×8 板的典型组网如图 2-30 所示。

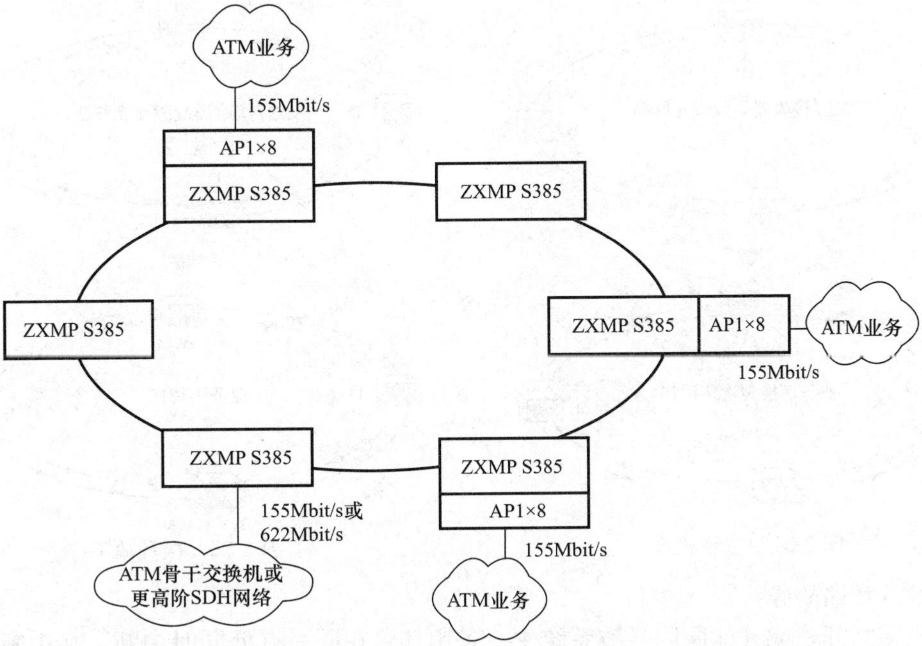

图 2-30　AP1×8 板组网示意图

2.3.2　传输网络的自愈

自愈是指在网络发生故障（例如光纤断）时，无需人为干预，网络自动地在极短的时间内（ITU-T 规定为 50ms 以内）使业务自动从故障中恢复传输，使用户几乎感觉不到网络出了故障。其基本原理是网络要具备发现替代传输路由并重新建立通信的能力。替代路由可采用备用设备或利用现有设备中的冗余能力，以满足全部或指定优先级业务的恢复。

1. OTN 传输网络的自愈

在网络进行重新配置的过程中，网络控制中心的存在与否不应对此造成任何影响。但是，网络控制中心应能够从系统中得到最详细的故障信息并生成相应的故障报文。在网络控制中心，故障和错误部分以不同的颜色直观地指示出来。

图 2-31～图 2-35 描述了某工程实例中传输网络在各种故障情况下网络自身的故障回复机制是如何使网络重新工作的。

（1）主环故障

当主环路（正在担负系统信息传输任务的环路）发生如光纤链路破损或光收发器功能受损等影响光纤环路故障时，系统会自动将信息传输通道切换到备用环路上。网络上所有的节点会持续地在主环路上接收到同步信令丢失的信息，这样所有的节点会自主地将系统信息传输通道由主环切换到与之保持反向运转的次环路上，如图 2-31 所示。

（2）次环故障

当次环路（正处于“热备份”状态的环路）发生如光纤链路破损或光收发器功能受损

等影响光纤环路故障时，系统不会因此而采取任何有关网络重组的动作，主环路如常运作。但系统会将次环路的状况报告给网络控制中心，并在控制中心软件上直观地显示，如图 2-32 所示。

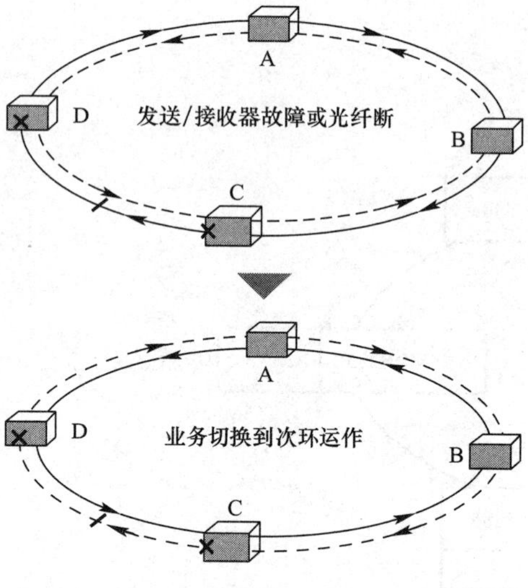

图 2-31　主环故障

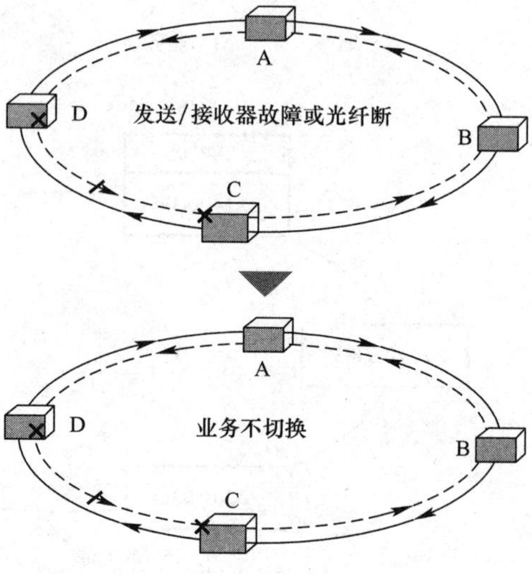

图 2-32　次环故障

（3）双环路故障

当光缆断开，或其他原因导致系统主、备用环路在同一点处同时中断，在中断点两端的节点会检测到（光缆断开）这种故障，它们会同时采取“回环”措施，其中一节点会将输出的主环路信息通过“回环”措施使之接入到次环，另一节点会执行与之相反的操作，这样，整个系统网络通过两节点的“回环”操作构成了闭合环路。新配置的环路在逻辑上与原来的环路没有任何的区别，它仍然保留了原有逻辑环路的全部功能。这个新配置的环路要两次经过大多数的节点，如图 2-33 所示

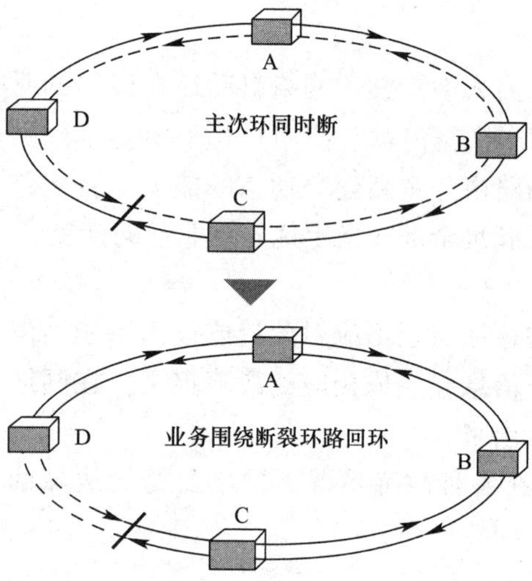

图 2-33　双环路故障

（4）节点故障

当系统中某一节点发生故障时，与该节点相邻的两个节点会在自身采取“回环”操作。与光缆断开的情况类似，其中一节点会将输出的主环路信息通过“回环”措施使之接入到次环，另一节点会执行与之相反的操作。这样，整个网络除故障节点外构成了一个闭合环路。而故障节点则被隔离，如图 2-34 所示。

（5）多个故障同时发生

当网络中有多个故障同时发生时，例如，主环路在某处断裂，而次环路在另一处也同时断裂。这时，传输网络在节点的自动故障回复机制执行下，会分隔成若干独立的子环路。在任一个子环路内部，系统信息的传输都可正常操作。子环路在功能上与原有的环路

没有区别，如图 2-35 所示。

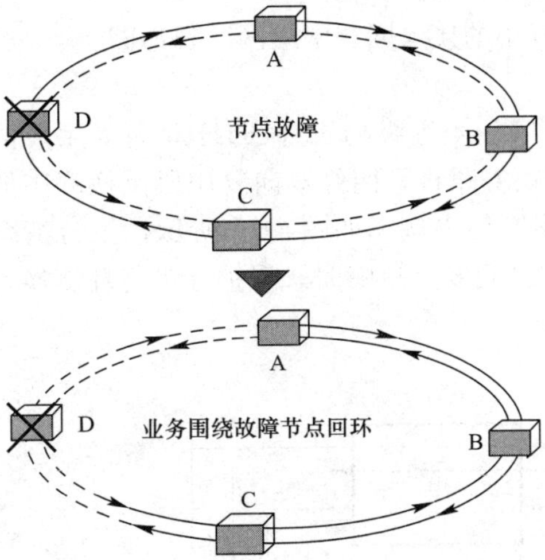

图 2-34　节点故障

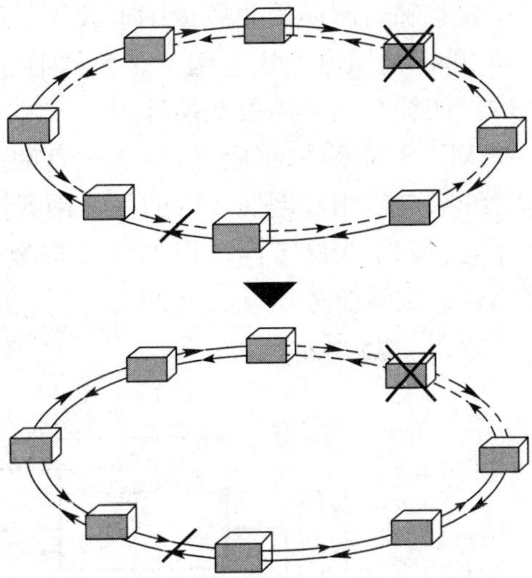

图 2-35　双环路在不同地点同时发生故障

（6）网络的重组及网络控制中心的作用

传输网络在重新配置及重新启动过程中，会在一个短暂的时间内不可使用。系统会在网络同步完成后才为各用户接口卡分配传输带宽。

在本节所描述的网络回复机制中，并没有网络控制中心的参与。在网络控制中心的参与下，传输网络应可提供更加高级的故障回避机制。

2. MSTP 传输网的自愈

环形网的线路接口具有自封闭特性，网元间的支路业务可以通过两个方向（东向、西向）进行端到端传输，这种网络拓扑具有很强的生存性和自愈能力，适用于大容量光纤网络。

自愈环结构可以划分为两大类，即通道倒换环和复用段倒换环。

（1）二纤单向通道倒换环

如图 2-36 所示，工作通道和保护通道位于方向相反的两个光发送群路中，其时隙在网管中配置。

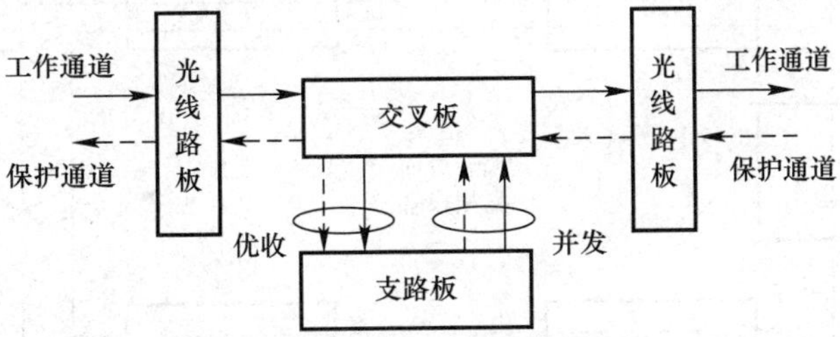

图 2-36　二纤单向通道倒换环

1）通道倒换环的优点：具有很快的保护倒换速度，倒换灵活，能够提供各种容量等级的倒换。倒换工作由本地决定，与网络拓扑无关，可适用于各种复杂的网络拓扑，而不限定于环，因而更适合于在动态变化的网络环境工作，如蜂窝通信网。

2）通道倒换环的缺点：环网中所有支路信号采用“并发优收”的结构，即所有支路信号都要经过两个方向传到接收节点，相当于通过整个环网进行传输，因而各网元上下业务容量的总和，即环的业务量小于或等于设备等级所能容纳的容量。

3）单向通道倒换环适用于业务集中且容量较小的接入网、中继网、长途网。

（2）四纤双向复用段倒换环

ZXMP S385 可以组成 STM-4、STM-16、STM-64 等级的二纤/四纤双向复用段倒换环。二纤双向复用段倒换环中的每个网元配置两块群路板，四纤双向复用段倒换环中的每个网元配置四个光路方向。以四纤双向复用段倒换环为例，如图 2-37 所示，正常情况下节点 A、D 之间业务经节点 B、C。当节点 B、C 之间发生故障时，保护环进行环倒换，业务路由如图 2-38 所示。

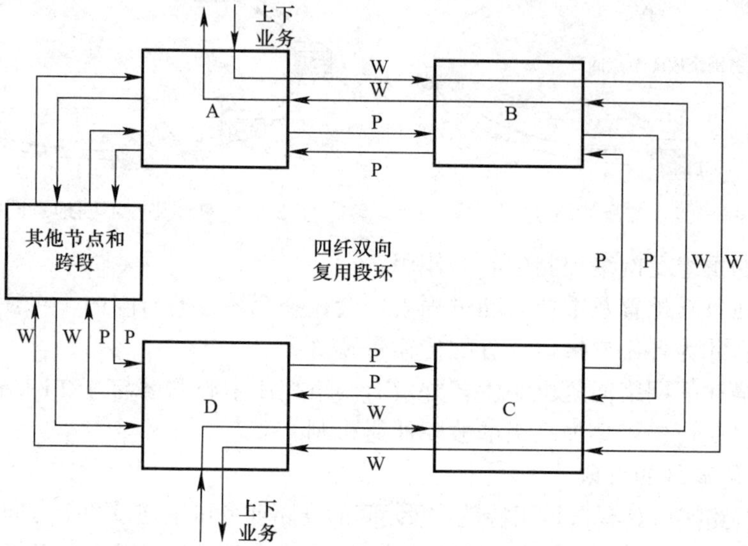

图 2-37　四纤双向复用段倒换环正常业务路由

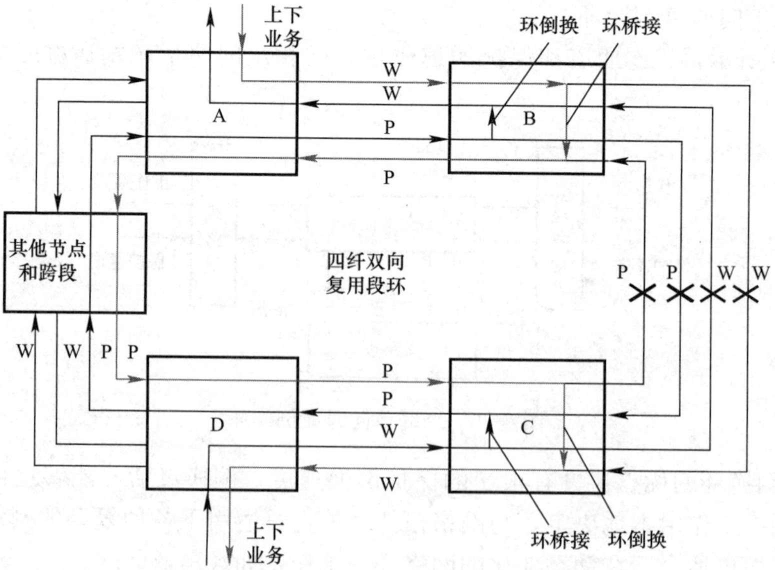

图 2-38　四纤双向复用段倒换环倒换时业务路由

1）ZXMP S385 配置二纤/四纤双向复用段倒换环时，可以选择带额外业务和不带额外业务两种方式。

2）二纤/四纤双向复用段倒换环具有大业务量的传输能力。以不带额外业务为例，二纤双向复用段倒换环最大业务量可以达到 K/2×STM-N，四纤双向复用段倒换环的最大业务量可以达到 K×STM-N，其中，K 为环网节点数，STM-*N* 为环网最高速率。

3）复用段倒换环的优点：业务传输容量大，倒换灵活。

4）复用段倒换环的缺点：由于倒换时需要处理 APS（Automatic Protection Switching，自动保护倒换）协议，导致故障响应/恢复时间较长。

5）二纤/四纤双向复用段倒换环通常应用于 STM-16/STM-64 速率等级的大业务量传输，适用于业务量分散的中继网、长途网。

2.4 业务的配置与接口

2.4.1 OTN 传输网业务的配置与接口（参考某轨道交通某一线路）

1. 业务网络拓扑

本方案采用 OTN-X3M-2500 设备来进行组网，网络利用 2 根光纤将所有车站、控制中心及车辆段连接成一个大的 2 纤光传输自愈环网。网管放置在控制中心，实现对全网的管理。网络拓扑图见图 2-39。

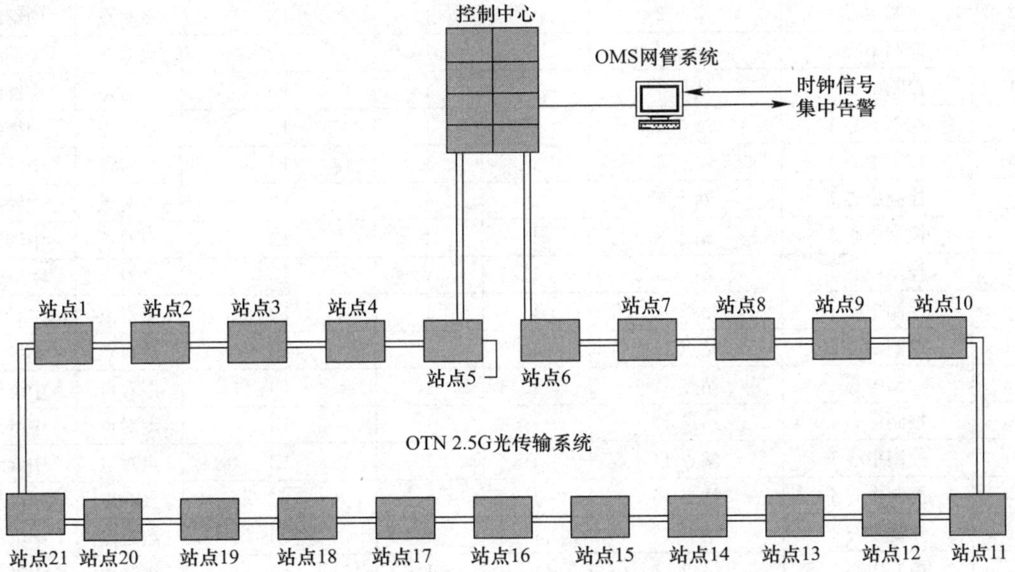

图 2-39　OTN 传输网络拓扑

2. OTN 传输网络可提供的业务

（1）模拟和数字语音传输

4 线 E&M、2 线 FXO、2 线 FXS、E1 支路、So ISDN。

（2）高质量的音频

15kHz 音频

（3）窄带数据信号传输

RS232（点到点，点到多点，多点下传）、RS422（点到点，点到多点，多点下传）、RS485（多点总线）、G703 64kbps 双向（点到点）。

（4）以太网分组业务

快速以太网（点到点和多点 LAN）、千兆以太网（点到点和多点 LAN）。

（5）视频数字信号传输

MPEG（固定的多点下传或点到点通道和交换通道）、MPEG 2/4（固定的多点下传或点到点通道和交换通道）、H. 264（固定的多点下传或点到点通道和交换通道以及 IP 流媒体）

3. 本方案各种应用

调度电话，公务及站内、站间电话，无线系统信息，视频信息，有线广播信息，时钟信息，通信各子系统网管信息，传输系统本身的维护管理信息，计算机综合信息系统信息，自动售检票（AFC）信息，电力监控（SCADA）信息，安防系统信息，其他运营维护数据或信息。

4. 本方案接口类型及数量。

（1）程控电话（表 2-1）

传输系统程控电话接口类型及数量　　表 2-1

序号	始点	终点	信道数量	接口数量	接口类型	信道类型	用途
1	控制中心 1	站点 1	1	1	E1	点对点	中继线
2	控制中心 1	站点 2	1	1	E1	点对点	中继线
3	控制中心 1	站点 3	1	1	E1	点对点	中继线
4	控制中心 1	站点 4	1	1	E1	点对点	中继线
5	控制中心 1	站点 5	1	1	E1	点对点	中继线
6	控制中心 1	站点 6	1	1	E1	点对点	中继线
7	控制中心 1	站点 7	1	1	E1	点对点	中继线
8	控制中心 1	站点 8	1	1	E1	点对点	中继线
9	控制中心 1	站点 9	1	1	E1	点对点	中继线
10	控制中心 1	站点 10	1	1	E1	点对点	中继线
11	控制中心 1	站点 11	1	1	E1	点对点	中继线
12	控制中心 1	站点 12	1	1	E1	点对点	中继线
13	控制中心 1	站点 13	1	1	E1	点对点	中继线
14	控制中心 1	站点 14	1	1	E1	点对点	中继线
15	控制中心 1	站点 15	1	1	E1	点对点	中继线
16	控制中心 1	站点 16	1	1	E1	点对点	中继线
17	控制中心 1	站点 17	1	1	E1	点对点	中继线
18	控制中心 1	站点 18	1	1	E1	点对点	中继线
19	控制中心 1	站点 19	1	1	E1	点对点	中继线
20	控制中心 1	站点 20	1	1	E1	点对点	中继线
21	控制中心 1	站点 21	1	1	E1	点对点	中继线
22	控制中心 1	控制中心 2	6	6	E1	点对点	中继线
23	控制中心 1	控制中心 3	6	6	E1	点对点	中继线
24	控制中心 1	各车站	1	1	ETH（10Mb/s）	总线	电话网管

（2）调度电话信道及数量（表 2-2）

调度电话接口类型及数量 **表 2-2**

序号	始点	终点	信道数量	接口数量	接口类型	信道类型	用途
1	控制中心 1	站点 1	10	10	模拟	点对点	调度电话
2	控制中心 1	站点 2	10	10	模拟	点对点	调度电话
3	控制中心 1	站点 3	10	10	模拟	点对点	调度电话
4	控制中心 1	站点 4	10	10	模拟	点对点	调度电话
5	控制中心 1	站点 5	10	10	模拟	点对点	调度电话
6	控制中心 1	站点 6	10	10	模拟	点对点	调度电话
7	控制中心 1	站点 7	10	10	模拟	点对点	调度电话
8	控制中心 1	站点 8	10	10	模拟	点对点	调度电话
9	控制中心 1	站点 9	10	10	模拟	点对点	调度电话
10	控制中心 1	站点 10	10	10	模拟	点对点	调度电话
11	控制中心 1	站点 11	10	10	模拟	点对点	调度电话
12	控制中心 1	站点 12	10	10	模拟	点对点	调度电话
13	控制中心 1	站点 13	10	10	模拟	点对点	调度电话
14	控制中心 1	站点 14	10	10	模拟	点对点	调度电话
15	控制中心 1	站点 15	10	10	模拟	点对点	调度电话
16	控制中心 1	站点 16	10	10	模拟	点对点	调度电话
17	控制中心 1	站点 17	10	10	模拟	点对点	调度电话
18	控制中心 1	站点 18	10	10	模拟	点对点	调度电话
19	控制中心 1	站点 19	10	10	模拟	点对点	调度电话
20	控制中心 1	站点 20	10	10	模拟	点对点	调度电话
21	控制中心 1	站点 21	10	10	模拟	点对点	调度电话

（3）无线通信信道类型及数量（表 2-3）

无线通信接口类型及数量 **表 2-3**

序号	始点	终点	信道数量	接口数量	接口类型	信道类型	用途
1	控制中心 1	各车站	1	1	E1	点对点	无线中继
2	控制中心 1	各车站	1	1	ETH（10Mb/s）	总线	基站网管
3	控制中心 1	各车站	1	1	ETH（10Mb/s）	总线	直放站网管

（4）视频监控信道类型及数量（表 2-4）

视频监控接口类型及数量 **表 2-4**

序号	始点	接口数量	接口类型		信道类型	用途
			输入	输出		
1	控制中心	19	0	19	交换	视频信号
2	各车站	13	8	5	交换	

（5）广播信道类型及数量（表 2-5）

广播接口类型及数量 **表 2-5**

序号	始点	终点	信道数量	接口数量	接口类型	信道类型	用途
1	控制中心	各车站	1	1	ETH（10Mb/s）	总线	广播语音
2	控制中心	各车站	1	1	ETH（10Mb/s）	总线	广播网管

（6）时钟、信息网络和电源信道类型及数量（表 2-6）

时钟、信息网络、电源接口类型及数量 **表 2-6**

序号	始点	终点	信道数量	接口数量	接口类型	信道类型	用途
1	控制中心	各车站	2	2	RS422	点对点	二级母钟信号
2	控制中心	各车站	1	1	ETH（10Mb/s）	总线	电源网管
3	控制中心	各车站	1	1	ETH（100Mb/s）	总线	EMIS 信息

（7）ATS 信道类型及数量（表 2-7）

ATS 接口类型及数量 **表 2-7**

序号	始点	终点	信道数量	接口数量	接口类型	信道类型	用途
1	控制中心	各站	2	2	2/4 音频（64kb/s）	点对点	信号控制
2	控制中心	各站	1	1	RS422（9.6kb/s）	点对点	信号对时

（8）自动售检票（AFC）系统的信道类型及数量（表 2-8）

AFC 接口类型及数量 **表 2-8**

始点	终点	信道数量	接口数量	接口类型	信道类型	用途
控制中心	各车站	1	1	ETH（100Mb/s）	总线	AFC

（9）门禁系统（ACS）系统的信道类型及数量（表 2-9）

门禁接口类型及数量 **表 2-9**

始点	终点	信道数量	接口数量	接口类型	信道类型	用途
控制中心	各车站	1	1	ETH（10Mb/s）	总线	ACS

（10）电力监控信道类型及数量（表 2-10）

电力监控接口类型及数量 **表 2-10**

始点	终点	信道数量	接口数量	接口类型	信道类型	用途
控制中心	各车站	2	2	RS422	点对点	对时

（11）预留信道类型及数量（表 2-11）

预留接口类型及数量 **表 2-11**

序号	始点	终点	信道数量	接口数量	接口类型	信道类型	用途
1	控制中心	各车站	10	10	RS422	点对点	备用
2	控制中心	各车站	4	4	E1	点对点	备用
3	控制中心	各车站	5	5	ETH（10Mb/s）	总线	备用
4	控制中心	各车站	2	2	ETH（100Mb/s）	总线	备用

2.4.2 MSTP 传输网业务的配置与接口（参考某轨道交通某一线路）

1. 业务网络拓扑

本传输系统在控制中心、车站、车辆段采用基于 SDH 的多业务传送平台（MSTP）设备 ZXMP S385。网络拓扑如图 2-40 所示。

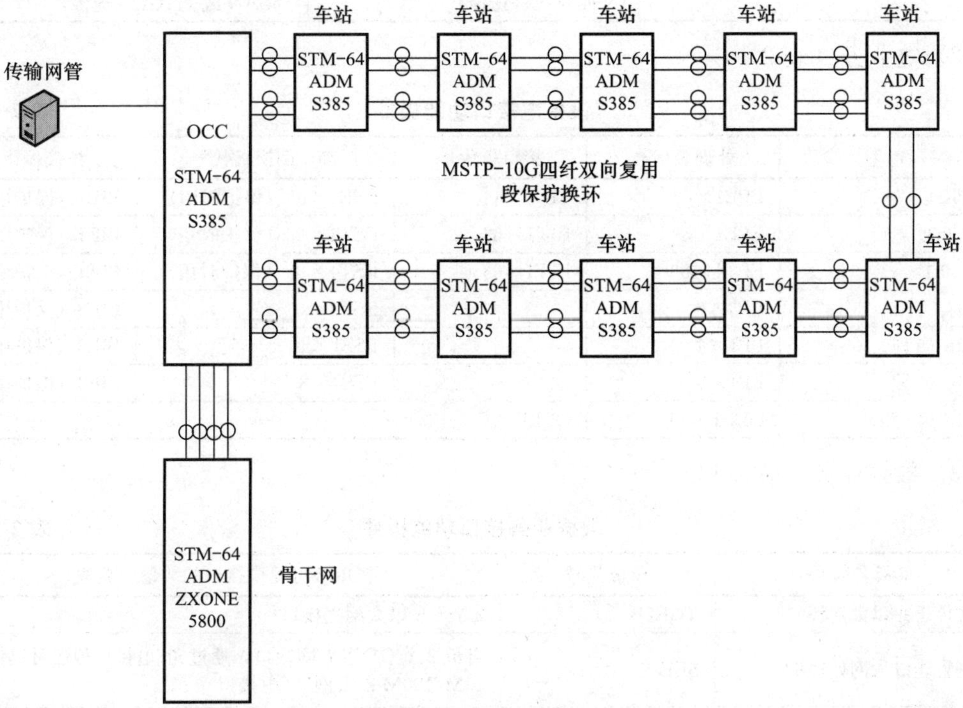

图 2-40 SDH 传输网络拓扑

2. MSTP 传输网络可提供的业务（以 ZXMP S385 为例）

（1）单板（表 2-12）

ZXMP S385 主要单板接入能力和集成度 **表 2-12**

单板名称或接口类型	端口密度	最大接入能力
STM-64	1/2	18
STM-64FEC	1/2	18
STM-16	1/4/8	72
STM-4	2/4	56
STM-1	4/8/16	112（处理板区）+64（接口板区）
STM-1 电	4/8/16	112（处理板区）+64（接口板区）
E1/T1	63	630
E1 光	8/16	176
E3/T3	6	48
SEE	8FE+2GE（L2）	64FE+28GE（L2）
RPR	8FE+2GE（L2）	64FE+16GE（L2）
TGE2B	2GE（透传）	28GE（透传）
SE10G	4GE+2×10GE（L2）	6×10GE+12GE

续表

单板名称或接口类型	端口密度	最大接入能力
SEG4	8FE+4GE（L2）	64FE+56GE（L2）
SEEU	8FE+2GE（L2）	64FE+28GE（L2）
SAN	4SAN 或 8GE（透传）	56SAN 或 112GE（透传）

（2）电业务（表 2-13）

设备电接口功能板件 **表 2-13**

接口速率	处理板代号	接口板代号	接口倒换板代号	桥接板代号
E1（75Ω）	EPE1×63	EIE1×63	ESE1×63（保护时用）	BIE1（保护用）
E1（120Ω）	EPE1×63	EIT1×63	EST1×63（保护时用）	BIE1（保护用）
T1（100Ω）	EPT1×63	EIT1×63	EST1×63（保护时用）	BIE1（保护用）
E3/T3	EP3×6		ESE3	BIE3（保护用）
STM-1e（4 路）	LP1×4		ESS1×4	BIE3（保护用）
STM-1e（8 路）	LP1×8		ESS1×8	BIE3（保护用）
STM-1e（16 路）	OEL1×16	OEIS1×8	—	—

（3）数据业务（表 2-14）

数据业务接口功能板件 **表 2-14**

单板名称	单板代号	单板可提供接口的数量和类型
双路透传千兆以太网板	TGE2B	2 个 GE 以太网光接口
增强型智能以太网处理板	SEE	自带 2 个 GE 以太网接口，通过光/电接口板还可提供 8 个 10M/100M 以太网光/电接口
万兆以太网汇聚板	SE10G	支持 4 个 GE 接口和 2 个 10GE 接口
4GE 智能以太网处理板	SEG4	支持 8 个 FE 接口和 4 个 GE 接口
兼容型智能以太网处理板	SEEU	支持 8 个 FE 接口和 2 个 GE 接口
内嵌 RPR 处理板	RSEB	自带 2 个 GE 光接口，通过 ESFE×8 或 OIS1×8 可以提供 8 个 10M/100M 以太网光或电接口
SAN 处理板	TGSA×8	提供 8 个 1000Mbit/s 光接口，前 4 个端口提供 GE 或 SAN 业务，后 4 个端口提供 GE 业务

3. 本方案各种应用

专用电话，公务电话，无线系统信息，视频信息，有线广播信息，时钟信息，通信各子系统网管信息，计算机综合信息系统信息，自动售检票（AFC）信息，电力监控（SCADA）信息，门禁、列车自动监控系统（ATS），其他运营维护数据或信息。

4. 本方案接口类型及数量

（1）E1 点对点业务（表 2-15）

E1 点对点业务 **表 2-15**

序号	站点名称	调度电话	无线中继	其他预留	通道类别（2Mb/s）	合计
1	控制中心	8	20	42	点对点	70
2	车站	4	2	4	点对点	10
3	车辆段	0	2	6	点对点	8

（2）以太网接口及数量（表 2-16）

以太网业务 **表 2-16**

归属系统	公务电话系统	无线通信		视频监控	广播系统	时钟	电源系统	信息网络	ATS信道	自动售检票（AFC）	门禁系统ACS	电力监控	其他预留			端口合计		
通道名称	声视频、网管信号	基站网管	直放站网管	视频信号，网管控制	广播语音、网管	二级母钟信号	电源网管	网络	信号控制	AFC	ACS	SCADA对时						
接口类型	1000M	10M	10M	1000M	100M	100M	100M	1000M	100M	100M	10M	10M	10M	100M	1000M	10M	100M	1000M
通道类别	总线	总线	总线	总线	总线	总线	总线	总线	总线	总线	总线	总线	总线	总线	总线	总线	总线	总线
控制中心	1	1	1	2	1	1	1	1	2	2	1	1	5	5	2	9	12	6
各车站	1	1	1	2	1	1	1	1	2	2	1	1	5	5	2	9	12	6
车辆段	1	1	1	2	1	1	1	1	2	2	1	1	5	5	2	9	12	6

2.4.3 骨干传输网配置的业务与接口

1. 业务网络拓扑

在骨干层传输网络，配置 10GMSTP 设备作为骨干层业务提供的节点设备，同时提供 2M 业务中继、10M/100M/1000M 数据业务的传输（图 2-41）。

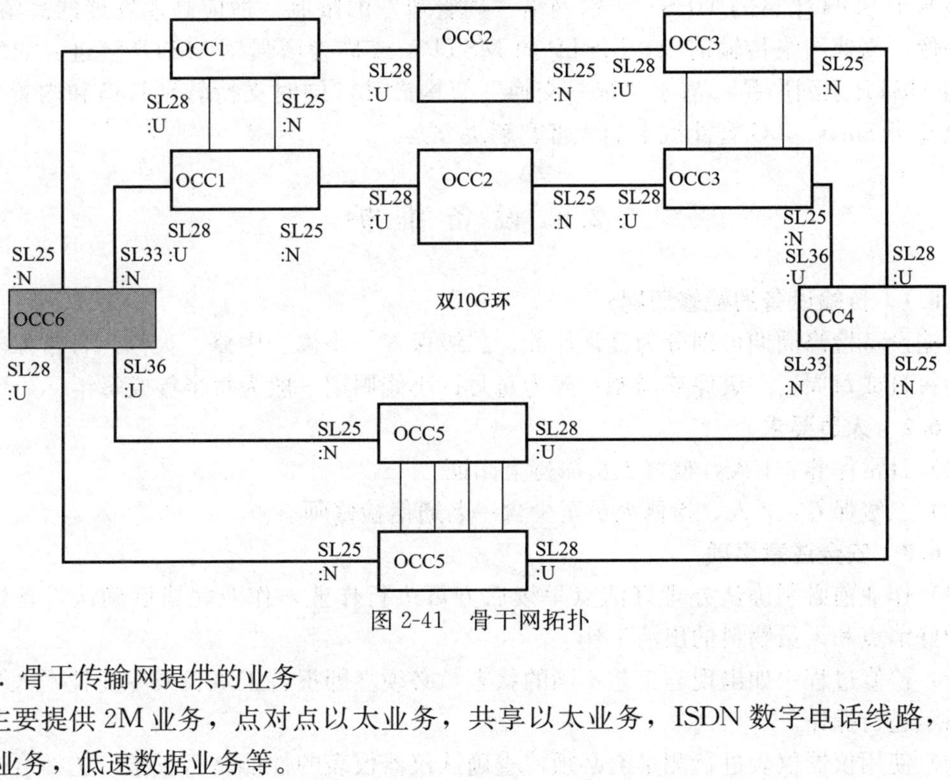

图 2-41 骨干网拓扑

2. 骨干传输网提供的业务

主要提供 2M 业务，点对点以太业务，共享以太业务，ISDN 数字电话线路，2/4 线 E/M 业务，低速数据业务等。

2.5 传输系统的发展

2.5.1 行业背景

随着大容量业务需求的推动，如视频监控、高速网络、视频通话、视频会议等，对传统承载网络从接口、容量、网络架构、技术方面都提出了需求。

OTN 传输网络及 SDH 传输网络均基于传统的 TDM 机制，采用块状帧的刚性管道传输信息，造成了实际网络运行中大量的空闲可用资源释放不出来，效率低的状况。

在业务的驱动下，支持更高带宽（20G、40G、100G）制式的 PTN 和增强型 MSTP 技术开始进入城市轨道交通领域。

2.5.2 OTN 传输网络的演进

OTN 的 N50/N70 系列节点，实际上就是专门用来传输以太网业务的 OTN 节点。N50 用于 OTN-X3M-2500，N70 用于 OTN-X3M-10G，这两种节点可以与 OTN-X3M 产品的接口卡和以太接口用于同一网络。该产品能够提供侧重稳定性和可预测性的网络传送层、侧重灵活和独立性的业务层（SLAN），以及侧重易用性和可控性的静态管理控制层（OTN 网管系统 OMS）。

在此基础上，OTN 传输网络继续向支持 MPLS 技术的 XTran 方向演进，目前已推出 XT-2210、XT-2206、XT-1104 等一系列产品。

2.5.3 MSTP 传输网络的演进

传统的 SDH 设备，为能同时实现 SDH、ATM、以太网业务的接入，演进为 MSTP；为突破基于 SDH 平台的 MPST 传输网络“硬管道”的限制，适应高速发展的高清视频，高清图像、高速网络传输需求，MSTP 向 MSTP＋或称为增强型 MSTP 演进。如华为的增强型 MSTP 系列产品，基于“统一交换”架构设计，同时支持软硬管道和内置 PCM，并提供基于 Smart 40G 智能线卡的大带宽解决方案。

2.6 设 备 维 护

2.6.1 传输设备的检修周期

传输设备检修周期可划分为日常保养、二级保养、小修、中修、大修。日常保养周期一般为每日或每周；二级保养周期一般为每月；小修周期一般为每半年或每年。

2.6.2 人员要求

（1）日常保养：1 人，检修人员需持上岗证。

（2）二级保养：2 人，检修人员至少含一名通信检修师。

2.6.3 安全注意事项

（1）作业前必须确认办理好清点手续后方可进行作业，作业完毕后确认设备恢复正常，做好消点和人员物料的出清工作。

（2）检修过程中如出现与工艺不同的状态，必须立即报告工班长或专业技术人员，按相关指示进行操作。

（3）使用仪器仪表进行测量前必须检查确认仪器仪表的性能是否正常，选择合适的挡位和量程。

（4）使用螺丝刀等尖利工具时要注意安全，做好防护防止刮伤。

（5）严禁使用趟水的湿布擦拭机柜机框。

（6）清洁板卡时必须佩戴防静电手环。

（7）劳保用品：防尘口罩。

2.6.4 物料消耗（单套设备）

物料消耗见表 2-17。

物料消耗 **表 2-17**

序号	物资编码	名称	规格型号	单位	数量	备注
1	1831206001	抹布	抹布：不少于 55×20 及 50g 重	条	1	
2	1537004004	油刷	油刷：25mm，椰树牌	把	0.1	
3	1831102014	扎带	扎带：4×180mm，500 条/袋	条	5	

2.6.5 工具（单套设备）

工具见表 2-18。

工具 **表 2-18**

序号	名称	规格型号	功能作用	备注
1	防静电手环	防静电手腕带：SATA03310	清洁板卡时使用	
2	测温仪		测空开温度	

2.6.6 检修规程（节选）

维修规程见表 2-19～表 2-20，传输系统年检表见表 2-21，传输系统月检表见表 2-22。

OTN 维修规程 **表 2-19**

OTN 传输系统维修规程

设备名称	修程	检修周期	维修内容	检修标准	作业关键点
OTN 机柜及附属设备	二级保养	每月	同日常保养内容	同日常保养内容	
	二级保养	每月	检查 OTN 机柜（含 MDF、DDF、ODF）、节点、板卡安装是否牢固	（1）节点及各模块安装牢固； （2）光纤终端盒安装平稳； （3）DDF 端子安装牢固； （4）MDF 内各端子排安装牢固整齐	
			检查 OTN 节点、DDF、ODF、MDF 上各类线缆及机柜地线的连接状态	（1）电源线缆、光纤、各类用户线缆、DDF 线缆、节点地线连接牢固； （2）尾纤接头、跳纤接头安装牢固，光纤弯曲半径符合设计要求； （3）各类线缆无破损、变色、脆化等老化现象； （4）各类线缆标牌内容完整，标牌绑扎牢固； （5）机柜地线连接牢固，地线完好，无破损	
	小修	每年	同二级保养内容	同二级保养内容	
			检查 OTN 机柜（节点、ODF、MDF、DDF）各类线缆及紧固件的状态及整治	（1）线缆无破损、变色、脆化等老化现象； （2）各类线缆连接牢固； （3）各地线螺丝固定，无生锈	

MSTP 维修规程 **表 2-20**

MSTP 传输系统维修规程					
设备名称	修程	检修周期	维修内容	检修标准	作业关键点
节点机柜，含配线架、HS-OPT101 4E1 光端机	二级保养	每月	同日常保养内容	同日常保养内容	
			检查节点风扇运转是否正常，有无异响，清洁风扇防尘网	(1) 风扇转速正常，运转无异响	
				(2) 风扇防尘网清洁无积尘	
			检查 220V 交流转 DC-48V 直流电源模块输入输出连接线路是否完好，无破损，电源模块工作状态正常	输入输出连接线路以及连接处完好无异常	
				模块输出电压 DC40.8～DC55.2V，风扇运行正常，无异响	
			检查线缆标识是否准确、齐全	线缆标识准确、齐全	
			整理、更新配线表	配线表准确、清晰明了	
	小修	每年	同二级保养内容	同二级保养内容	
			整治机柜和 MDF 的线缆	机柜和 MDF 的线缆齐整、连接牢固	
			检查机柜、ODF、DDF、线缆、螺丝、地线的状态及整治	线缆无老化现象	
				线缆完好	
				各地线螺丝固定，无生锈	
			测试主备用倒换	能正常倒换	

传输系统年检表 **表 2-21**

系统设备	项目	检修标准	检查结果	
			传输机柜 1	传输机柜 2
MSTP ＋ PTN 节点机柜	检查节点风扇运转是否正常，有无异响，清洁风扇防尘网	风扇转速正常，运转无异响/风扇防尘网清洁无积尘	是□ 否□	是□ 否□
	测试复用段倒换	正常倒换	是□ 否□	
S151 配电柜	检查 S151 配电柜内电源分配盘上各空气开关是否完好无损、温度正常	空气开关完好无损、工作温度正常，－5～40℃	输入总开关：是□ 否□	
			传输 1-1：是□ 否□	
			传输 1-2：是□ 否□	
			传输 2-1：是□ 否□	
			传输 2-2：是□ 否□	
	检查 220V 交流转 DC-48V 直流电源模块输入输出连接线路是否完好，无破损，电源模块工作状态正常	输入输出连接线路以及连接处完好无异常、模块输出电压 DC40.8～DC55.2V，风扇运行正常，无异响	是□ 否□	
	检查电池极耳保护罩	电池极耳保护罩数量完整、无松脱	是□ 否□	
	检查电池外壳有无变形无渗液、温度	电池外壳无变形、无裂纹，极柱、盖体连接处无渗液，0℃＜电池温度＜40℃	是□ 否□	

续表

系统设备	项目	检修标准	检查结果	
			传输机柜 1	传输机柜 2
S151 配电柜	清洁电池表面	电池表面无积尘、无污迹	是□ 否□	
	检查电池连接线	电池连接线紧固、无松动	是□ 否□	
	记录电池组电压	电压为 DC51.36～57.6V（25℃时）	___V	
	测量单体电池内阻	电池内阻≤8mΩ	是□___否□（电池 1：___电池 2：___电池 3：___电池 4：___）	
设备机械检查	传输机柜（含 DDF、ODF）、节点、板卡安装是否牢固	节点及各模块安装牢固	是□ 否□	
		光纤终端盒安装平稳	是□ 否□	
		DDF 端子安装牢固	是□ 否□	
	检查设备及终端各类线缆、接头、紧固件是否连接固定、完好无破损，线缆标识是否准确、齐全	电源线缆、光纤、各类用户线缆、DDF 线缆连接牢固	是□ 否□	
		尾纤接头、跳纤接头安装牢固，光纤弯曲半径符合设计要求	是□ 否□	
		各类线缆无破损、变色、脆化等老化现象	是□ 否□	
		各类线缆标牌内容完整，标牌绑扎牢固	是□ 否□	
	检查机柜、ODF、DDF、线缆、螺丝、地线的状态及整治	线缆无老化现象、线缆完好、各地线螺丝固定，无生锈	是□ 否□	
维护终端	检查终端时间是否正常	终端时间与时钟系统时间一致	是□ 否□	
	检查主机、显示器及其附属设备工作是否正常	显示器能够清晰地看到显示内容，主机、附属设备灵活有效	是□ 否□	
	检查全线各节点状态	节点业务正常，无异常告警	是□ 否□	
	备份故障报警及日志信息	在非安装盘指定路径下按月新建文件夹，并保存当月的日志文件	是□ 否□	
	检查终端时钟同步功能	终端时钟是否能够时钟同步	是□ 否□	
清洁工作	清洁传输机柜、ODF 架、DDF 架、维护终端及附属设备表面	设备清洁无积尘、无污点、无水迹、无杂物	是□ 否□	
	清洁维护终端可拆卸的部件	清洁无积尘	是□ 否□	
	对主机电源、风扇、主板电池、硬盘等部件需要进行检查，并更换达不到使用要求部件	主机运行正常	是□ 否□	
	检查供电线路使用情况，整理状态达不到使用要求的线路，并更换老化的连线	供电线路无其他系统设备使用，线路状态良好	是□ 否□	
	备份系统数据	备份系统数据库文件，保存至指定硬盘	是□ 否□	
备注				

传输系统月检表 **表 2-22**

系统设备	项目	检修标准	检查结果	
			传输机柜 1	传输机柜 2
MSTP ＋ PTN 节点机柜	检查节点风扇运转是否正常，有无异响，清洁风扇防尘网	风扇转速正常，运转无异响/风扇防尘网清洁无积尘	是□ 否□	是□ 否□
S151 配电柜	检查 S151 配电柜内电源分配盘上各空气开关是否完好无损、温度正常	空气开关完好无损、工作温度正常，−5～40℃	输入总开关：是□ 否□ 传输 1-1：是□ 否□ 传输 1-2：是□ 否□ 传输 2-1：是□ 否□ 传输 2-2：是□ 否□	
	检查 220V 交流转 DC-48V 直流电源模块输入输出连接线路是否完好，无破损，电源模块工作状态正常	输入输出连接线路以及连接处完好无异常、模块输出电压 DC40.8～DC55.2V，风扇运行正常，无异响	是□ 否□	
	检查电池极耳保护罩	电池极耳保护罩数量完整、无松脱	是□ 否□	
	检查电池外壳有无变形无渗液、温度	电池外壳无变形、无裂纹，极柱、盖体连接处无渗液，0℃＜电池温度＜40℃	是□ 否□	
	清洁电池表面	电池表面无积尘、无污迹	是□ 否□	
	检查电池连接线	电池连接线紧固、无松动	是□ 否□	
	记录电池组电压	电压为 DC51.36～57.6V（25℃时）	＿V	
设备机械检查	传输机柜（含 DDF、ODF）、节点、板卡安装是否牢固	节点及各模块安装牢固	是□ 否□	
		光纤终端盒安装平稳	是□ 否□	
		DDF 端子安装牢固	是□ 否□	
	检查设备及终端各类线缆、接头、紧固件是否连接固定、完好无破损，线缆标识是否准确、齐全	电源线缆、光纤、各类用户线缆、DDF 线缆连接牢固	是□ 否□	
		尾纤接头、跳纤接头安装牢固，光纤弯曲半径符合设计要求	是□ 否□	
		各类线缆无破损、变色、脆化等老化现象	是□ 否□	
		各类线缆标牌内容完整，标牌绑扎牢固	是□ 否□	
	地线	节点及机柜地线连接牢固，地线完好，无破损	是□ 否□	
维护终端	检查终端时间是否正常	终端时间与时钟系统时间一致	是□ 否□	
	检查主机、显示器及其附属设备工作是否正常	显示器能够清晰地看到显示内容，主机、附属设备灵活有效	是□ 否□	
	检查全线各节点状态	节点业务正常，无异常告警	是□ 否□	
	备份故障报警及日志信息	在非安装盘指定路径下按月新建文件夹，并保存当月的日志文件	是□ 否□	

续表

系统设备	项目	检修标准	检查结果	
			传输机柜 1	传输机柜 2
维护终端	检查终端时钟同步功能	终端时钟是否能够时钟同步	是□ 否□	
清洁工作	清洁传输机柜、ODF 架、DDF 架、维护终端及附属设备表面	设备清洁无积尘、无污点、无水迹、无杂物	是□ 否□	
备注				

2.6.7 故障类型及处理措施

1. OTN 故障类型及处理措施（表 2-23）

OTN 故障类型及处理措施 **表 2-23**

故障类型	故障现象	影响范围	处理方法
OTN 机柜节点故障	OTN 节点无法运行，退出服务。该站点的 OTN 网络服务中断	该站点的 EMIS、电力监控、AFC、ACS 和 ATS、通信广播、时钟、CCTV 系统设备与其他站点设备联系中断； UPS、无线网管信息与控制中心通信中断； 该站点交换系统的调度电话全部中断，公务电话与其他站点通话中断； 该站无线调度系统基站进入单站集群模式，进入该站范围的无线用户不能与其他站点通信	检查输入电源电压； 检查节点设备，确定故障点； 更换故障电源； 更换故障模块； 更换故障机框
以太网板（或接口板）故障	该站点的以太网业务板或接口板不能正常运行，以太网服务中断	该站点的 EMIS、电力监控、AFC、ACS 系统设备与其他站点设备联系中断； 通信、无线、CCTV、UPS 网管信息与控制中心通信中断； 以上故障现象只会部分出现，由故障以太模块连接的设备决定	检查以太网业务板或接口板，确定故障点； 更换出现故障的以太网业务板或接口板
E1 业务板（或接口板）故障	该站点的 E1 业务板或接口板不能正常运行	该站点公务电话可与相邻站点部分保持通话； 该站无线调度系统基站进入单站集群模式，进入该站范围的无线用户不能与其他站点通信； 以上故障现象部分或全部出现，由故障模块所连接的设备决定	检查 E1 业务板或接口板，确定故障点； 更换出现故障的 E1 业务板或接口板
RSXMM 业务板（或接口板）故障	该站点的 RSXMM 业务板或接口板不能正常运行	该站点电力监控系统与 OCC 联系中断、ATS 系统收不到时间信息； 以上故障现象部分或全部出现，由故障模块所连接的设备决定	检查 RSXMM 业务板或接口板，确定故障点； 更换出现故障的 RSXMM 业务板或接口板
语音业务板（或接口板）故障	该站点的语音业务板或接口板不能正常运行	该站点与其他站点调度联系中断	检查语音业务板或接口板，确定故障点； 更换出现故障的语音业务板或接口板
OTN 网络光纤多处中断	OTN 网络被分成多个独立的 OTN 子网，各个子网之间不能通信	大部分经 OTN 传输信息的设备与其他站点设备的通信中断	检查光纤链路，确定故障点； 熔接断裂的光纤

2. MSTP 故障类型及处理措施（表 2-24）

MSTP 故障类型及处理措施 **表 2-24**

故障类型	故障现象	影响范围	处理方法
机柜节点故障	节点无法运行，退出服务该站点的网络服务中断	该站传输节点承载的以太业务，如信号 ATS、AFC、门禁、OA、SCADA、视频监控、公务电话、无线系统、广播系统、时钟系统等业务与其他站点联系中断；通信子系统网管信息与控制中心中断； 该站点公务电话不能出局； 该站无线调度系统基站进入单站集群模式，进入该站范围的无线用户不能与其他站点通信	检查输入电源电压； 检查节点设备，确定故障点； 更换故障电源； 更换故障控制模块； 更换故障矩阵模块； 更换故障光模块； 更换故障机框背板
以太网交换板（或接口板）故障	该站点的某以太网业务板或接口板不能正常运行，以太网服务中断	该站点的无线、公务、视频监控、SCADA、AFC、OA、门禁、信号 ATS 系统设备与其他站点设备联系中断，无线系统进入单站集群模式，公务电话不能出局； 通信子系统网管信息与控制中心通信中断； OCC 不能对该站点进行车站广播 该站点二级母钟不能与 OCC 一级母钟通信； 以上故障现象只会部分出现，由故障以太模块连接的设备决定	检查以太网业务板或接口板，确定故障点； 更换出现故障的以太网业务板或接口板
网络光纤多处中断	网络被分成多个独立的子网，各个子网之间不能通信	大部分经 MSTP 传输信息的设备与其他站点设备的通信中断，形成孤岛的 MSTP 节点所负责的站点及区域无线单站集群，进入该区域范围的无线用户不能与其他站点通信；公务电话不能出局，该站传输节点承载的以太业务，如信号 ATS、AFC、门禁、OA、SCADA、视频监控、公务电话、无线系统、广播系统、时钟系统等业务与其他站点联系中断；通信子系统网管信息与控制中心中断	检查光纤链路，确定故障点； 更换故障光板/光模块或熔接断裂的光纤

本章参考文献

[1] 何一心主编，文杰斌、王韵、朱永平、林燕编. 光传输网络技术-SDH 与 DWDM. 北京：人民邮电出版社，2008.

[2] 王健、魏贤虎、易准、张敏锋、俞力、鞠卫国等，编著. 光传送网（OTN）技术、设备及工程应用. 北京：人民邮电出版社，2016.

缩略语：

（1）MSTP 缩略语

ASON：Automatically Switched Optical Network，自动交换光网络。

ATM：Asynchronous Transfer Mode，异步传输模式。

CIDR：Classless Inter-Domain Routing，无类别域间路由。

CMOS：Complementary Metal-Oxide-Semiconductor，互补金属氧化物半导体存储器。

ECC：Embedded Control Channel，嵌入控制通路。

EPS：Ethernet Protection Switching，以太网保护倒换。

FLSM：Full Length Subnetwork Mask，定长子网掩码。
IP：Internet Protocol，因特网协议。
LOS：Loss of Signal，信号丢失。
MAC：Media Access Control，媒介接入控制。
MODEM：Modulator-Demodulator，调制解调器。
NTP：Network Time Protocol，网络时间协议。
OSPF：Open Shortest Path First，开放最短路径优先。
PCB：Printed Circuit Board，印刷电路板。
PDH：Plesiochronous Digital Hierarchy，准同步数字系列。
SDH：Synchronous Digital Hierarchy，同步数字体系。
VLSM：Variable Length Subnet Mask，可变长子网掩码。
（2）西门子 OTN 缩略语
AC：Alternating Current 交流。
BR：Bit Rate error 比特误码率。
BORA：Broadband Optical Ring Adapter 宽带光环路适配器。
DIN：Deutsche Industrie Norm 德国工业标准。
EBP：ESD Bound Point 防静电 ESD 连接孔。
EMC：ElectroMagnetic Compatibility 电磁兼容性。
EOW：Engineering Order Wire 工程联络线。
EPLD：Erasable Programmable Logic Devices 可擦除可编程逻辑器件。
ESD：Electro Static Discharge 静电放电。
FDX：Full Duplex 全双工。
GND：Ground 地。
HDLC：High-LevelData Link Control protocol 高级数据链路控制协议。
HDX：Half Duplex 半双工。
HS：High Speed 高速。
I/O：Input/Output 输入/输出。
IEEE：Institute of Electrical & Electronics Engineers：电子工程师学院。
IFC：InterFace Card 接口板卡。
IGMP：Internet Group Management Protocol 因特网组管理协议。
IP：Internet Protocol 因特网协议。
La：Link Activity 链路激活。
LAN：Local Area Network 本地网。
LC：Lucent Connector 尾纤 LC 连接头。
LED：Light Emitting Diode 发光二极管。
LOS：Los of Signal 信号丢失。
LS：Low-Speed 低速。
LSB：Least Significant Bit 最低位（有效位）。
MSTP：Multiple Spanning Tree Protocol 多个生成树。

MTBF：MeanTime Between Failure 平均无故障时间。
NTSC：National Television System Committee 国家电视系统协会。
OMS：OTN Management System OTN 管理系统。
OMS-FEM：OMS Front End Manager OMS-前端管理器。
OSPF：Open Shortest Path First 优先开放最短通道。
OTN：Open Transport Network 开放式传输网络。
OTP：OverTemperature Protection 温度超标保护。
OTR：Optical Transmitter and Receiver 光收发器。
PCM：Pulse Code Modulation 脉冲编码调制。
PD：Power Device 功率器件。
PGND：Protective Ground 保护地。
PIM-SM：Protocol Independent Multicast-Sparse Mode：稀疏模式独立组播协议。
PoE：Power Over Ethernet 通过以太供电。
PSE：Power Sourcing Equipment 电源设备。
PSU：Power Supply Unit 电源单元。
RAM：Random Access Memory 随机接入内存。
RS：RETMA Standard 无线电、电子、电视设备制造商协会标准。
RX：Receive 接收。
SLAN：Segmented LAN 段的本地网。
SDH：Synchronous Digital Hierarchy 同步数字系统。
SFP：Small Form Factor Pluggable 小型可拔插。
SG：Signal Ground 信号地。
SNMP：Simple Network Management Protocol 简单网络管理协议。
SONET：Synchronous Optical Network 同步光网络。
STP：Spanning Tree Protocol 生成树协议。
TRM：Transceiver Module 收发模块。
TX：Transmit 发射。
UTP：Unshielded Twisted Pair 非屏蔽双绞线。
VDC：Volts Direct Current 直流电压。
VAC：Volts Alternate Current 交流电压。
VLAN：Virtual LAN 虚拟本地网。
VMS：Video Management System 视频管理系统。
VRRP：Virtual Router Redundancy Protocol 虚拟路由器冗余协议。
WEEE：Waste of Electrical and Electronic Equipment 电子电器设备的消耗。
XFP：10G Small Form Factor Pluggable 10G 小型可拔插。

ACL：Access Control List 接入控制列表：是路由器和交换机接口的指令列表，用来控制端口进出的数据包。

第3章 电话系统

电话系统主要为城市轨道交通管理、运营及维修人员提供语音通信。从运用和功能上电话系统可分为三个子系统。

（1）公务电话子系统

该子系统是以数字程控交换机或软交换设备为核心，与交换机相连的电话分机分布在城市轨道交通各办公管理部门、运营控制中心（OCC）、车站、设备室、车辆段及所需电话的其他区域。

（2）调度电话子系统

该子系统可为控制中心（OCC）指挥人员，如行调、电调、环调、维调等提供专用直达通信，并且具有单呼、组呼、全呼、紧急呼叫和录音等功能。

（3）站内及轨旁电话子系统

该子系统可为车站站内各有关部门提供与车站值班员之间的直达通话，并且车站值班员可以呼叫其他相关车站的车站值班员。其中轨旁电话可选择相邻站或接入公务电话系统。

下面对三个子系统的功能和应用作具体描述。

3.1 公务电话子系统

在城市轨道交通系统中，公务电话子系统作为专网进行网络构建，以满足对内和对外的语音通信的需求。由于公务电话子系统为城市轨道交通人员的信息沟通、运营组织管理、维修组织管理提供高效、便捷的电话语音通信，因此，在城市轨道交通系统应用中占有较重要的位置。下面介绍公务电话子系统在城市轨道交通系统的应用。

3.1.1 系统构成

图 3-1 以某市城市轨道交通线路为例介绍公务电话系统的网络拓扑。

从图 3-1 可以看出，该公务电话网按三级结构进行组网，采用“汇接交换局＋线路控制中心交换机＋车站/车辆段交换机”的方式组成。

汇接交换局，就是汇聚转接来自其他交换机出局通话需求的交换局。汇接交换局作为线网公务电话系统交换中心，通过数字中继/IP 中继与市话公网对接，实现城市轨道交通内部电话和公网电话之间相互通话的功能。如图 3-1 所示，设置在控制中心 1 和控制中心 2 的交换机或软交换设备即为汇接交换局角色，通过数字中继与市话公网对接，实现线网公务电话市话出局功能。其中，两条出局中继链路互为冗余，当任意一条汇接交换局的出局传输线路出现中断，可以通过迂回转接到另一台汇接交换局的出局传输线路出局，保证电话出局的畅通。图 3-1 中，实线表示常规出局路由 1，虚线表示迂回出局路由 2，当路由 1 出现链路故障时，可通过自动或手动的方式将出局电话切换到路由 2，实现冗余出局功能，从而保证了网络较高的可靠性。

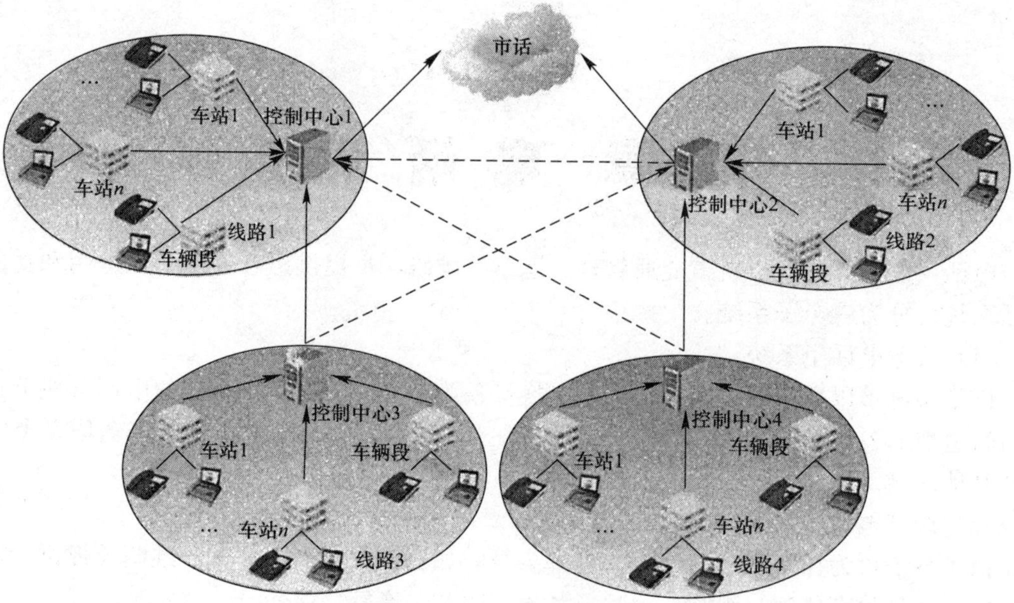

图 3-1　公务电话的网络拓扑

线路控制中心交换机，其功能主要是负责转接处理本线路车站电话和车辆段电话之间的通话，以及转接处理本线路公务电话与其他线路公务电话之间的通话。如图 3-1 所示，设置在控制中心 3 和控制中心 4 的交换机或软交换设备即为线路控制中心交换机角色。

车站/车辆段交换机，其功能主要是负责提供各车站/车辆段的电话接入端口，并通过电话线缆延伸到各个电话安装点。如图 3-1 所示，各线路的车站/车辆段均设置有电话交换机或软交换接入节点设备。

用同一厂家设备组网称同类网，它的最大特点是终端之间的联接是采用相同方式。

通常以办公集中地并兼顾沿线用户的原则设置交换机的位置和容量。一般在车辆段、控制中心和沿线用户集中的某站。车辆段的电话用户通过直埋通信电缆线路进行连接，控制中心及其办公集中点通过楼内敷设通信电缆方式实现。各车站一般分配 30～40 部，通过传输系统的节点实现在各站的话路集中分配，再通过电缆线路连接到站内用户和隧道电话。

数字程控交换机间一般采用 2M 数字中继连接，软交换与车站接入设备间一般采用 IP 中继连接。本网和市话局（PTT）间采用全自动呼出呼入方式，通过 2M 数字中继电路工作。本网出局一般直接进入 PTT 程控交换机的选组级（DODI），入局由 PTT 程控交换机的选组级直接出并以 DID 方式拨入城市轨道交通用户。

通信房内所有与公务电话系统相关的设备，都由通信系统公用的不间断电源（UPS）提供 220V、50Hz 的供电。如果不间断电源（UPS）发生故障，后备蓄电池组一般能保证交换机 2h 运营。

3.1.2　公务电话系统功能

（1）电话交换功能

（2）计费功能

（3）非话业务功能

实现识别用户数据、用户传真等非话业务的能力，并提供 2B+D 等数字用户多种接口与分组交换网连接。

(4) 复原控制方式功能

实现系统普通用户之间的呼叫设置为互不控制，本局用户呼叫市话特种业务时，可根据市话局要求确定复原控制方式。

(5) 号码的存储和译码功能

(6) 电路的选择和释放功能

(7) 新业务功能

系统可提供缩位拨号、热线服务、出局呼叫限制、免打扰、转移呼叫、三方通话、60 方会议、叫醒服务、缺席用户服务、遇忙回叫、恶意呼叫追查、呼叫等待、强插/强拆等功能。

(8) 维护管理功能

配有维护终端，实现维护管理人员对交换设备、数据的维护管理。

(9) 传输功能

(10) 过压和过流保护与抗干扰功能

1) 系统过压和过流保护符合相关标准；

2) 对交换系统的保护措施有设备防雷击和高压（二级保护）；

3) 具有抗电磁干扰能力。

3.1.3 信号方式和接口

为了保证通信网的正常运行，完成网路各部分之间信息正确传输和交换，以实现任意两个用户之间的通信，必须要有完善的信号方式。信号方式是通信网中各个交换局在完成各种呼叫接续时所采用的一种通信语言。有关信号分类及其基本含义、结构在多本专业书籍上皆可以方便地查阅到，在此不赘述。下面结合某城市轨道交通系统公务电话设备介绍其信号方式和接口。

1. 模拟用户信号及接口

本系统具有 DP/DTMF 兼容的用户信号方式，其用户接口的技术指标和传输特性符合国家标准《电话自动交换网用户信号方式》GB 3378—1982 的有关规定。

2. 数字用户信号及接口

系统的数字用户接口符合 ITU-T 的 I、V 和 X 的有关规定和要求。

3. 局间信号方式及接口

本网络内局间采用 CORNET 共路信令，系统的接口特性符合 ITU-T 和《数字网系列比特率电接口特性》GB/T 7611—2016 的有关规定。

系统与市话局的信号方式采用中国 1 号信号方式或 CCITT 7 号信号系统，应符合市话局有关要求，并满足《程控用户交换机进网检测方法》YD/T 729—1994 的有关规定。

4. 铃流和信号音

符合国家标准《电话自动交换网铃流和信号音》GB 3380—1982 的有关规定。

3.1.4 网同步

1. 数字系统中的同步

数字程控交换机组成一个数字网，它们通过数字传输系统互相连接。为提高数字信号传输的完整性，必须对这些数字设备中的时钟速率进行同步。对一个数字网则要进行网同步。所谓网同步指的是：通过适当的措施使全网中的数字交换系统和数字传输系统工作于相同的时钟速率。

2. 数字网的网同步方式

在数字通信网中采用的网同步方式有主从同步法，互同步法，水库法。

3. 应用实例

如图 3-1，公务电话网由汇接局交换机与市电信局对接入网，采用主从同步方式。正常情况下控制中心 1 的汇接局交换机从市电信局提取时钟信号，接受同步控制，并控制本网内其余电话交换机的同步信号。当控制中心 1 的汇接局交换机与市电信局间链路发生故障时，则在内部构成以控制中心 2 的汇接局交换机为主局，其他交换机为从局的同步系统。

程控交换机同步设备应具有监视、控制和告警功能，当同步的中继链路发生故障时，同步单元应能自动转换或再同步。

3.2 调度电话子系统

调度电话子系统在城市轨道交通系统中发挥重要作用，为运营组织、电力供应、设备维修和防灾救护等提供有效的通信手段。该系统为控制中心调度人员，如行调、电调、环调、维调等提供专用直达通信，并具有单呼、组呼、全呼、紧急呼叫和录音等功能。下面结合工程实例介绍调度电话子系统在城市轨道交通系统中的应用。

3.2.1 系统构成

城市轨道交通调度电话子系统主要有调度总机、调度台、调度分机三部分，并通过传输系统或相应的通信缆线连接而成，其系统构成如图 3-2 所示。

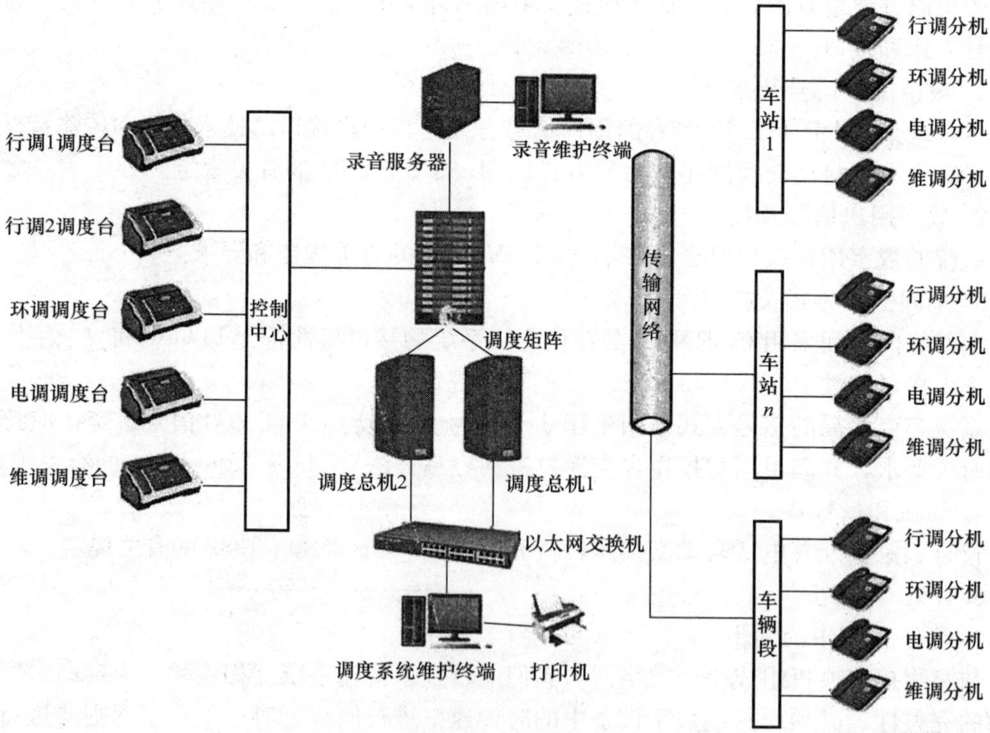

图 3-2　调度电话子系统构成图

1. 调度总机

调度总机是调度电话子系统的核心部分，由具有交换功能的交换机或交换模块组成，可组成 7 个以上的独立调度系统（如行调、电调、环调、维调等）；其用户线配置一般不少于 200 端口；用户板与传输系统一般以模拟接口对接；配维护终端一套（含打印机），完成各类维护管理任务。此外，调度总机一般还配有数字录音设备一套，以完成各类调度业务的实时录音及话音文件的存档。

2. 调度台

调度台设在中央运营控制中心（OCC）。它是调度业务的操作控制台，一般为按键式，并配置手柄式话机。

3. 调度分机

调度分机为普通电话机，总机与分机通过传输系统提供的点对点式专用音频话路连接。分机呼叫调度台，按热线功能方式，无需拨号，摘机即通。分机对调度台的呼叫可区分为一般呼叫和紧急呼叫。紧急呼叫时，调度台上发出相应信号，以示发生紧急呼叫。

调度总机可以采用在公务电话子系统交换机内镶入硬件模块的方式，或设置独立数字交换机的方式实现其功能。采用镶入硬件模块的方式，其优点是设备紧凑，可以有效共享硬件和软件资源；其缺点是一旦交换机出现系统故障，势必对有线调度系统的正常运行造成影响甚至中断。因此，系统的可靠性与公务电话子系统交换机的可靠性有直接联系；而采用独立设置数字交换机克服了它的缺点，可靠性得到了有效的保障。

3.2.2 实际应用中的系统功能

1. 通话功能

OCC 各调度系统的中心调度员与各站（段）相应系统的分机用户、OCC 各调度员之间可直接呼叫通话，各分机之间不允许通话。

2. 选叫功能

调度台呼叫分机时可单呼、组呼、全呼，分机呼叫调度台时可区分为一般呼叫和紧急呼叫。

3. 会议功能

调度台可以方便地召集电话会议，会议参加方由调度台灵活设置；系统一般支持≥1+48（60）方会议电话；调度员可指定会议成员发言，会议成员也可向调度员提出发言请求。

4. 录音功能

调度员与分机的通话及各调度员之间的通话能以数字方式自动记录在多信道录音设备上，平均每信道记录时长不小于规定小时；录音设备记录的通话文件一般保存在计算机硬盘上，通话文件包括用户名、分机号码、通话时长及起止时间等信息，录音设备具有删除、保留、提取和放音功能；录音设备记录的话音信息可转录长期保存。

5. 维护管理功能

调度总机应具有较强的维护管理功能，能进行一般性管理（显示系统拓扑结构、实时反映所有通道和设备的连接及运行状态）、故障管理（设定告警等级及报警方式、清除告警、生成告警信息的统计报表等）、配置管理（系统设定等）、安全管理（设置管理权限，进行分级管理等）。

故障发生时，控制中心有可闻、可视告警信号（灯光、铃响），告警信号也能引至有关的值班室或上一级集中告警终端。

调度总机的重要工作板发生故障，系统发出告警显示，以便维护人员能迅速判定故障，进行处理。

3.3 站内和轨旁电话子系统

站内和轨旁电话子系统为站内各有关部门提供与车站值班员之间的直达通话，并且车站值班员可以呼叫其他相关车站的车站值班员。轨旁电话可选择相邻站或接入公务电话系统。下面以一实例介绍车站及轨旁电话子系统在城市轨道交通系统的应用。

3.3.1 组成和功能

1. 站内电话子系统的功能

站内电话是为了适应一个车站内部各岗位之间频繁的内部联系而建立的相对独立的电话系统。

在一个车站内有站厅、站台、售票亭、值班室、站控室等各个不同的岗位，这些岗位之间通常需要大量而频繁的联系，为使这些内部联系能够快速而不受干扰地准确建立，需要每一个车站内部设立一套相对独立的电话系统，建立独立的车站电话系统也可以减少车站内部通信对城市轨道交通整体电话系统资源的占用，从经济上较为节省和实用。

站内电话系统的主要功能是满足车站内部通话及与相邻车站、联锁站之间的直达联系，另外也可根据实际情况的需要通过中继线路与城市轨道交通公务电话网联系。

内部通话的建立方式可根据需要设置成普通的拨号方式；也可设置成分机与站控室主机的热线方式，这时分机之间的通话由主机转接建立。

2. 站内电话子系统的组成

由车站电话交换机、车站值班台（值班员电话机）、电话分机共同组成站内电话系统，实现站（段）内重要部门有关人员的点对点的直接通话、相邻车站值班人员之间及轨旁作业人员的直接通话。

（1）车站电话交换机

站内电话是一个相对独立的内部电话系统，车站电话交换机一般可以用小型程控交换机来实现，也可用大型交换系统的远端模块来实现。

（2）车站值班台

站内电话系统一般包括一部车站值班台（主机），设置在车站控制室，供车站值班员使用。车站值班台可用功能比较强的数字话机来实现，具有话务转接台的作用，还可起到维护控制终端的作用；

（3）电话分机

分机与普通的电话分机并无任何区别，一般一个车站有几十门分机。

车站内部用户可用普通电话线相连接，站间的中继一般可用隧道电缆连接，如需和城市轨道交通系统内部公务电话建立中继，可经由传输系统实现，但一般站内电话系统作为独立的车站内部电话，是不需要和外部建立中继互连的。根据列车运行的需要，在相邻的车站之间，以及大区间闭塞区两端的车站之间，建立中继互连即可。

（4）轨旁电话子系统

1）轨旁电话子系统的功能

在轨道两旁以及城市轨道交通隧道里，列车司机和维修人员，在紧急情况下，可及时地建立和车站以及有关部门的联系。

2）轨旁电话子系统的组成

轨旁电话一般通过轨旁（隧道）电缆与站内电话交换机相连，通过轨旁（隧道）电缆安装，用插座或开关在站内电话和公务电话之间进行转换。在区间内每 150～200m 左右安装一部，通常使用同线并接一个车站的电话号码，一般以区间中心为分隔，分别使用本站或邻站的号码。

3.3.2 站内电话和轨旁电话的配置

1. 站内电话的配置

作为一个车站内部的电话系统，用户数量一般在几十门以内，但作为车站内部通信的最后保障，可靠性要求较高，所以站内电话子系统一般可使用独立的小型程控交换机，也可用大型交换机的远端模块来实现，但出于可靠性的考虑，一般使用独立的小型交换机来实现。

由于站内电话要求热线功能，所以在交换机的选型时要充分考虑热线功能的可实现性。站内电话的中继主要是用来连接相邻车站和大区间值班台之间的直达通信，可用 E&M 中继，也可用环路中继。站内电话的主值班台一般用数字话机实现，所用的数字话机必须有足够的直选按键，用来设定相邻车站和大区间站的值班台号码。

2. 轨旁电话的配置

轨旁电话的功能与普通电话并没有太大区别，但因为轨旁电话安装在轨道两旁或隧道里，所以要求轨旁电话机要具有抗冲击性和防潮湿、防鼠噬等特性。因为轨旁电话的使用率较低，从经济的角度考虑，一般 3～4 部轨旁话机同线并接使用一个号码。为了便于维修人员对外联系，一部轨旁电话一般可同时接站内电话和公务电话两个号码，可用不同的插座或转换开关来实现两个号码之间的转换。

3.4 软交换技术概述及其应用

3.4.1 电话交换技术的发展历程

从 1876 年贝尔发明电话至今，已经过了 140 多年，电话交换技术在不断变革和发展。从交换技术角度看经历了电路交换技术、IP 交换技术、软交换技术三个阶段。

1. 电路交换技术

其工作原理是，在双方通信前，先为通信双方分配一条固定带宽的通信链路，在通信期间，该链路资源将被一直占用，直到通信结束才会释放链路资源，这个过程利用相关的信令协议控制。这种方式的优点是在通信过程中可以保证为用户提供足够的带宽，并且实时性强，时延小，交换设备成本较低，但没有充分利用带宽资源。

2. IP 交换技术

即基于 IP 协议的分组交换技术。在基于 IP 协议的分组交换网络中，每个分组包含路由信息和网络状况，可独自在网络中进行路由的选择和传输。虽然该技术主要使用在 Internet 网络的数据传输业务，但当前基于 IP 的语音和视频技术已经应用十分广泛，传统的运营商开始尝试利用该技术发展 IP 电话技术。

3. 软交换技术

随着 IP 电话技术的发展，针对其存在的缺点，从技术角度进行了改进，将网关呼叫控制和媒体交换功能相分离，最终提出了软交换技术理念。虽然软交换技术仍然采用分组网络作为承载网络，但从技术角度讲，这是交换技术的一项重大突破。由于高速、宽带的需要，软交换技术得到广泛关注，在未来网络发展中必将发挥重要作用。

同时，在电话交换技术的不断变革和发展进程中，电话交换机经历了从人工到程控、从模拟到数字的过程，通信网络中传输和交换的信号也由模拟信号转向数字信号，即由模拟（空分）交换向数字（时分）交换发展。其中，模拟（空分）交换，即交换模拟信号，其技术难度低，易于实现，但有保密性差、抗干扰能力弱、不易大规模集成等缺点。因此提出了数字（时分）交换，其具有抗干扰能力强、易于加密、易于存储、便于集成等优点。

3.4.2 软交换技术的功能及特点

软交换技术的功能丰富，支持的业务有视频会议、可视电话、即时消息、网络连接、邮件短信息等，基本涵盖了城市轨道交通通信系统的大部分需求，还具有向下兼容、组网灵活、构网简便、协议通用等特点，可促进话音网和数据网的融合，是“多网合一”的关键技术所在。

由于软交换的技术优势和突出功能，城市轨道交通通信行业对其越加重视。目前，全国新建城市轨道交通线路公务电话系统，优先考虑采用软交换技术组网，下面将结合城市轨道交通线路公务电话系统分析软交换技术几个主要特点。

1. 集中管理、接入灵活

软交换体系结构的最大优势在于将应用层和控制层与核心承载网络完全分离，具有集中智能的网络管理能力、接入方式灵活、能快速引入新业务等特点。城市轨道交通用户较少且分散，理论上更适合采用软交换技术，同时软交换技术能够提供更多的新型业务，满足城市轨道交通行业不断增长的新业务需求。

2. 网络扩展性好

基于软交换网络体系结构采用层次化的结构，每一层与其他层之间采用标准协议进行通信。同时，网络功能部件化，各部件间采用标准协议进行通信，因此各部件之间既能独立发展，又能互联互通。可见，软交换系统的网络扩展性好、实现功能强大，可满足城市轨道交通公务电话用户对系统维护管理、扩展新业务等方面的需求，能够更好地服务于城市轨道交通。

3. 具有强大的业务能力

可以利用标准开放式应用平台，为城市轨道交通通信公务电话系统提供各种新业务或综合业务，包括语音、数据和多媒体等各种业务，同时在业务提供的速度上，还能最大限度地满足城市轨道交通通信系统需求。

4. 可靠性高

软交换系统的分布式控制架构，淡化了电话交换中心平台，具有较高的容错能力，采用软交换系统的城市轨道交通通信系统可靠性更高、抗灾能力更强。作为一个分布式的软交换系统，能够在基于多种不同协议和设备的网络之间提供无缝互操作性。

3.4.3 软交换技术的发展前景

软交换技术未来的发展前景广阔，支持下一代 NGN 网络，支持无缝接入互联网和统一通信平台，能顺应未来全网全 IP 的发展趋势，同时在网络和业务的策略化管理、对多媒体业务的支持、对移动网络和移动业务的支持、提供丰富灵活的新业务等方面相对传统程控交换系统有很大的技术优势。

1. 统一通信平台

随着城市轨道交通信息化业务的发展，需要将计算机技术与传统电信技术进行整合，将固定网络与移动网络进行融合，建设一套完整的统一通信服务系统，为用户提供公务通信录、公务短信、公务邮箱、公务通信等企业统一通信功能。并与已有应用系统有机融合，形成一体化的通信服务整合方案，使用者可以在任何时间、地点，通过设备、网络，获得所需要的声音、数据和图像，从而丰富使用者的沟通方式，提高日常工作便利性，提升使用者的沟通效率，提高后续线路的可扩张性，做到资源共享、功能统一、资金节约。

2. 支持下一代 NGN 网络

未来不仅仅是简单的统一通信平台，也对下一代网络（NGN：Next Generation Network，以下简称 NGN）提出更高的要求，即支持集语音、视频、数据为一体的多媒体综合业务。而软交换正是构建下一代网络的核心技术，能够满足 NGN 业务快速生成、灵活计费、业务融合等要求。同时，由于 NGN 的特点及优势，正逐步应用于轨道交通综合通信网，其优势主要表现在以下方面。

（1）资源利用率高，NGN 的控制与承载分离，就成本和效益而言，对于新建线路及网络，可以大大降低运营商的初期设备投资成本，并方便系统扩容。同时，对于旧线改造，可以对现有网络挖潜增效，提高现有分组网络的利用率。

（2）系统可靠性高，网络单点或局部故障对 NGN 网络基本没有影响。NGN 的业务与呼叫分离，将呼叫控制从业务中分离出来，可以保持网络核心的稳定和可控，并且不会妨碍业务的接入；可以通过业务服务器（Application Server）的方式，不断延伸用户的需求。

（3）支持多业务接入，提供多种新业务，NGN 网络可实现不同技术、各自建网的业务（如乘客信息向导系统）纳入综合通信网，避免各业务独自建网的弊端。同时，能够迅速部署面向某一部门、某一终端用户或整个系统的新型业务，充分利用现有资源，避免重复投资。

（4）统一平台管理，解决各线之间互联互通问题，实现资源共享及远程集中监控，以提高效率，进行科学化管理。综合通信网网络架构是基于统一协议的数据网络，所有网络管理与维护工作可以全部交由专业技术人员承担，便于统一维护管理，缩减管理与维护队伍。

3. 顺应未来全网全 IP 的发展

从统一通信平台，再到下一代网络建设的推进，全网 IP 化是一个必然的趋势。软交换设备从核心网到无线接入网全面引入 IP 承载，奠定了移动网络整体平滑演进到全 IP 网络的基础。同时，全 IP 软交换也催生了许多新的网络部署策略、路由组织策略，便于部署更多的新技术。因此，采用基于全 IP 网络的城市轨道交通通信系统，使话音、视频、数据等不同业务类型在统一的核心网络进行控制管理，以获得更高的频率利用率、更快的反应部署速度、更强的保密性和更低的运行维护成本。

3.4.4 常见软交换系统的构成

常见的软交换系统包含四个独立的层次，从下到上分别是接入层、传输层、控制层、业务层，是一个全开放的体系结构。常见软交换系统的结构见图 3-3，各层功能作用介绍如下。

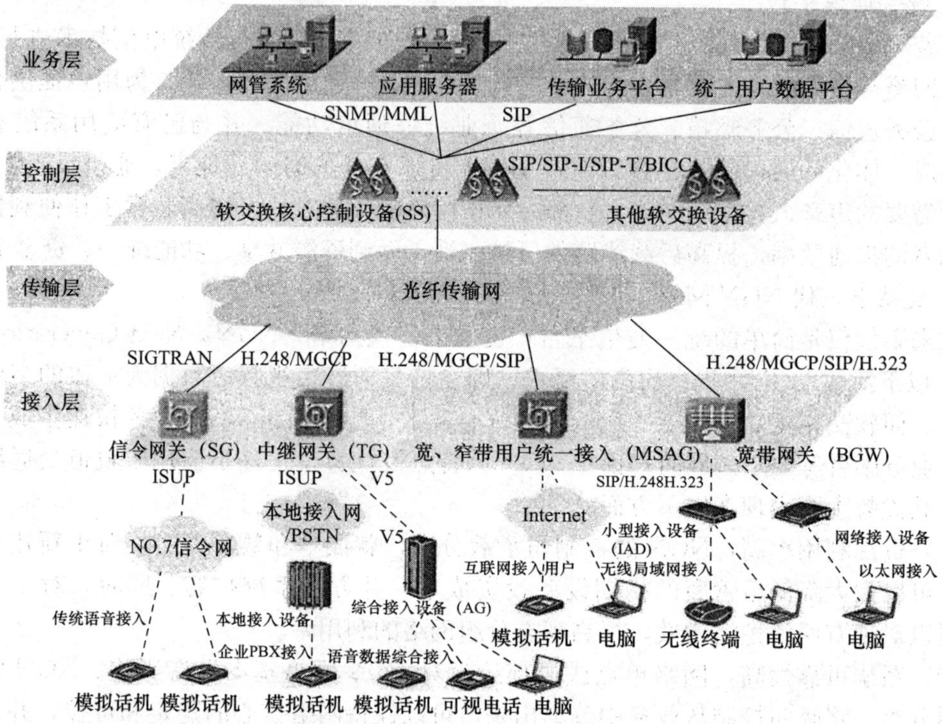

图 3-3 常见软交换系统的结构图

1. 接入层

该层是固定/移动电话等数据终端访问软交换网络资源的入口，终端利用网关等接入设备接入软交换网络。

2. 传输层

该层采用分组交换网络作为软交换网络的核心传送网，主要功能为传输数据业务。传送层不区分业务类型，电话呼叫、Web 会话、数据传输、视频会议和数字电影等业务数据均通过分组传输网络传送。

3. 控制层

控制层的核心是软交换，该层提供开放的 API 给业务层，或采用标准协议与业务层进行通信，向业务层设备提供业务能力或特殊资源。

4. 业务层

核心是创建和管理软交换网络增值业务及处理业务流程，该层主要体现在应用服务器、媒体服务器、AAA 服务器、目录服务器以及策略服务器等。主要目标是：与服务器协作，为客户提供更为丰富的增值业务，使业务易运营、易维护和易管理。

如图 3-3 所示，软交换设备（SS）作为系统的控制核心，完成协议适配、呼叫处理、资源管理、业务代理等，并作为系统的对外接口完成和其他系统的互连互通功能。信令网关（SG），完成电路交换网信令与包交换网（基于 IP）之间的信令的转换功能。中继网关（TG），主要用于中继（如 SS7 信令，PRI 信令）接入，连接 PSTN 局向。综合接入设备（AG），用于终端用户接入，负责本区域范围内公务通信。宽、窄带用户接入设备（MSAG），完成宽、窄带用户统一接入功能。宽带网关（BGW），用于公私网络的互联，提供地址转换、流量统计以及流控、业务优先级、拥塞控制等特色功能。

3.4.5 软交换系统组网的应用实例

图 3-4 为某市轨道交通软交换公务电话系统的整体系统结构图。

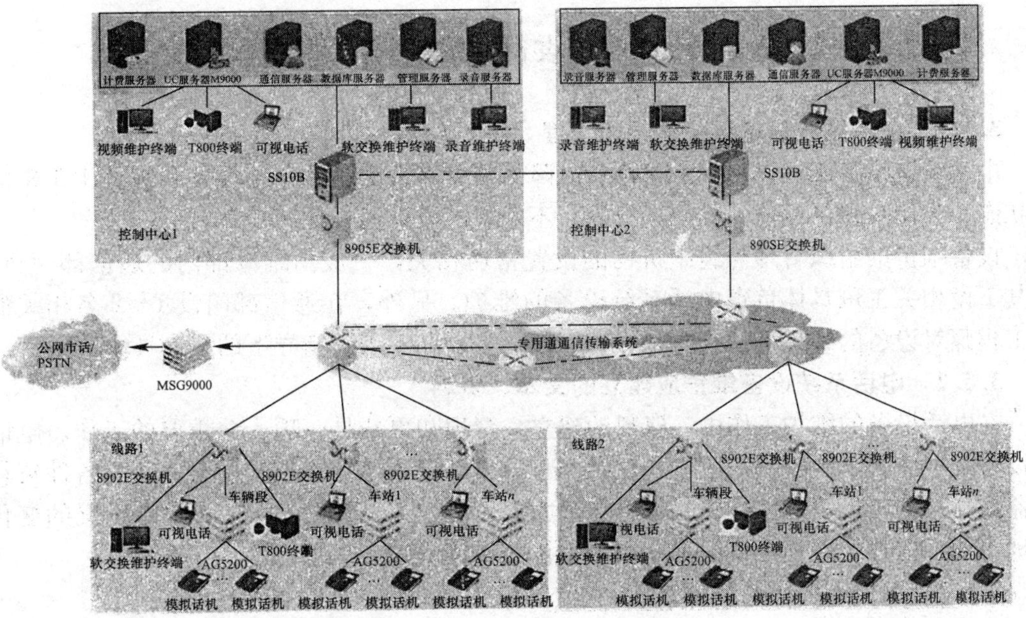

图 3-4 某市轨道交通软交换公务电话系统的系统结构图

城市轨道交通通常一条线路里会设置一个控制中心、一个车辆段/停车场和若干个车站。从图 3-4 可见，在线路 1 控制中心和线路 2 控制中心分别配置一套中兴通讯 SS10B 软交换设备，两套 SS10B 设备之间组成异地容灾模式，一旦控制中心 1 的 SS10B 出现故障，控制中心 2 的 SS10B 可自动接替控制中心 1 的 SS10B 的业务，以保证系统的正常运行，反之亦然，此举可大幅提高系统可靠性。每套软交换设备内部采用“中心交换节点+接入节点”结构进行组网，如图 3-4 所示，控制中心 1、控制中心 2 作为该城市轨道交通线网中心交换节点，正线车站、车辆段通过星形组网方式分别接入到所属线路的控制中心，两个控制中心之间的 SS10B 实时同步数据，从而实现异地容灾功能。

各主要部件/设备功能如下：

（1）软交换核心设备（中兴通讯 SS10B）：其主要负责控制中心和各个车站用户的呼叫控制、语音调度、视频通话、信令处理等，核心板件包括主控板、协议处理板以及电源板等。

（2）多媒体服务器（中兴通讯 M9000）：为用户提供远程异地召开实时、双向、交互式的可视会议。

（3）综合接入设备（中兴通讯 AG5200）：主要负责车站和车辆段的公务电话接入服务，提供电话接入端口，以及与 OCC 的核心交换设备 SS10B 对接。

（4）中继网关（中兴通讯 MSG9000）：主要负责与市话网络/电信公网对接，实现城市轨道交通线网公务电话出局功能。

（5）为了更好的管理和维护，在控制中心还设置了计费服务器、数据库服务器、录音服务器、网管服务器等设备。

该软交换网络体系结构，即具有 PSTN 的可靠性，又具有数据网的灵活性，两者结合为用户提供更优质的服务，是一种符合电信级要求的系统，充分发挥了网络整体性能。

3.5 电话系统设备的维护与故障处理

3.5.1 电话系统设备维护的组织管理

电话系统设备维护包括日常检修和故障处理，其目的是使系统设备始终处于正常的运行状态，为用户提供迅速、准确、可靠、不间断的电话通信保障。

设备维护的组织管理与组织机构的设置密切相关，一般由维修部门的通信部门负责，在其下设相关工班具体负责电话系统设备的维护。另外，在通信部门设 1～2 名相关的专业工程师对设备的维护进行技术指导，可以称为专业工程师指导下的工班具体负责制。

3.5.2 电话系统设备维护应建立的文本、资料

在电话设备的维护工作中，资料的建立、管理和更新是一项十分重要的工作。电话通信设备维护应建立的资料一般包括配线资料、设备检查记录、技术手册、备品备件资料和工器具材料的资料等，这些资料不但应该完善地建立、保管好，更应该随着情况的变化及时地更新。资料的格式可根据不同型号设备的特点确定。

3.5.3 程控交换机的日常维护

对于程控交换机设备日常检修维护工作，目前一般采取计划性作业的方式进行。加强日常维护是减少交换机故障的重要措施。实践证明，日常维护工作是系统正常运行的基础。加强日常的定期测试和维护，是提高系统稳定性和减少故障发生的重要因素。某些交换机故障的起因，就是日常维护薄弱所致。

1. 程控交换机主要的日常维护工作

（1）保持机房合适的温度、湿度，以及机房的清洁和低静电的环境。

（2）保证设备有正常的一次电源供应。

（3）接收设备各种告警信息，并及时进行处理。

（4）对设备各种故障的处理。

（5）接收用户申告，并及时进行处理。

（6）定期对设备进行清洁。

（7）对通过终端输入的所有指令进行记录。

（8）对有双备份的电路和模块进行定期人工转换，以检查备用电路、模块是否处于正常状态。

（9）定期测试、检查设备地线的接地，配线架上的保安器是否有效。

（10）定期将已修改的用户数据、局数据存盘备份。

（11）对保存在磁带、软硬盘、光盘中的各种后援信息定期检查，以免丢失、损坏。

（12）进行话务统计，一般为出、入中继话务量统计。

2. 检修周期与工作内容

表 3-1 是某运营单位正在应用的程控交换系统设备检修周期与工作内容，供参考。

程控交换系统设备检修周期与工作内容 **表 3-1**

序号	设备（数量）	修程	检修工作内容	周期
1	公务电话交换机终端	日常保养	（1）对终端及打印机进行清洁。 （2）检查终端及打印机的电源。 （3）检查键盘的灵敏度及使用情况。 （4）输入指令检查终端的工作情况。 （5）检查故障历史记录内容	每周
		二级保养	（1）同日常保养内容。 （2）检查键盘的设置情况。 （3）检查终端的接线是否牢固。 （4）打印故障历史记录内容。 （5）检查硬盘及磁光盘中的数据和信息。 （6）将最新的有关数据存入硬盘。 （7）检查并更换打印机的油墨	每月
		小修	（1）同二级保养内容。 （2）对公共控制部分进行倒换。 （3）检最新的有关数据及信息存入磁光盘	每半年
2	公务电话交换机机柜	日常保养	（1）对机柜内外进行清洁。 （2）检查配线架配线情况。 （3）防雷器是否插在端子排上，状态是否正常。 （4）服务层各板卡状态显示是否正常。 （5）控制层各板卡状态显示是否正常。 （6）中继板状态显示是否正常。 （7）配线架上的地线连接情况是否牢固	每周
		二级保养	（1）同日常保养内容。 （2）检查机柜连线是否牢固。 （3）检查机柜地线是否生锈。 （4）测量设备一次电源是否正常。 （5）测量各个用户层电压是否正常	每月
		小修	（1）同二级保养内容。 （2）对地线进行涂黄油。 （3）更换模板及部件、防雷器、配线端子模块	每月 需要时
3	站内电话交换机机柜	二级保养	（1）对机柜内外进行清洁。 （2）对配线架进行清洁。 （3）检查配线架上的地线连接是否牢固。 （4）检查电路板的状态显示是否正常。	每月

续表

序号	设备（数量）	修程	检修工作内容	周期
3	站内电话交换机机柜	二级保养	（5）检查备用线对的情况。 （6）检查机柜地线有无生锈	每月
		小修	（1）同二级保养内容。 （2）地线进行涂钙基脂。 （3）更换有关用户板	每半年
4	站内电话交换机主机台	二级保养	（1）检查主机有无缺损。 （2）检查主机接线是否松动。 （3）检查站间通话是否清晰。 （4）主机功能键是否可以正常使用。 （5）询问站务员了解有关使用情况	每季度
5	调度台	二级保养	（1）检查主机有无缺损。 （2）检查与各站的通话是否正常。 （3）主机功能键使用是否正常。 （4）对群呼进行测试。 （5）询问调度员了解有关情况	每月
6	数字录音机	二级保养	（1）检查设备接线是否牢固。 （2）对设备进行清洁。 （3）检查播音是否正常。 （4）检查磁带历史记录情况	每月
7	电话计费器	二级保养	（1）检查设备接线是否牢固。 （2）对设备进行清洁。 （3）检查状态显示及打印机状态。 （4）检查计费器的存储容量	每月
8	轨旁电话	二级保养	（1）检查与站内电话主机通话是否正常。 （2）检查与公务电话话机通话是否正常。 （3）插头最后是否插在站内电话插孔上。 （4）检查接地扁钢是否破损及起锈。 （5）对接地扁钢接头涂钙基脂	每季
9	隧道电缆	二级保养	（1）检查电缆是否破损、变形、积压。 （2）电缆位置是否正确。 （3）电缆托架有无脱落。 （4）电缆是否绑扎固定	每季
10	电缆井	二级保养	（1）清除井盖上的泥土和杂物。 （2）电缆有无绑扎好。 （3）井内积水是否符合标准。 （4）井内托臂有无生锈及脱落	每季
11	直埋电缆线路	二级保养	（1）巡视电缆路径有无异状和外界影响，发现问题及时处理。 （2）巡视检查电缆标石及标识、人井盖板有无异状。 （3）巡视检查分线箱、盒是否牢固、布线整齐、干燥清洁	每月

续表

序号	设备（数量）	修程	检修工作内容	周期
11	直埋电缆线路	小修	(1) 同二级保养内容。 (2) 电缆标石扶正、培固、补充和标识油饰。 (3) 径路一般下沉地段培土、捣固。 (4) 人井盖板修理、更换。 (5) 人井内缆线整理、绑扎固定，电缆托架、托臂扶正、整修。 (6) 分线箱、盒的整理、清扫。 (7) 电缆环路电阻、不平衡电阻、线间、对地绝缘电阻、地线测试。	每年
			(8) 电缆埋深不够整修。 (9) 径路塌陷填充。 (10) 人井渗水、漏水整修。 (11) 电缆接头腐蚀检查整修。 (12) 保安装置及地线整修。 (13) 电缆分线箱、盒整修	需要时
12	用户电话机	小修	(1) 摘机、拨号、通话、复原性能检查。 (2) 室内配线检查。	每半年
			(3) 电话机机电性能测试、检修 (4) 室内配线及不良部件的检修。 (5) 检查设备房内有无鼠迹	需要时

3. 检修要求

(1) 日常保养（日检、周检）

1) 检查机柜、机柱、基础是否稳固，安装是否完好，有无破损。

2) 检查箱体、盒、盘、柜有无破损，密封是否良好，有无破损、漏水。

3) 检查各种指示灯、仪表指示是否正常。

4) 检查设备运行是否正常。

5) 检查各种紧固件、螺丝是否紧固。

6) 设备外部清洁。

(2) 二级保养（月检、季检）

1) 同日常保养全部内容。

2) 开箱、开盒检查，测试工作电压、电流等是否正常。

3) 检查杆件、紧固件、螺丝是否松动。

4) 检查配线、连线是否良好，有无松脱。

5) 调整动作部件动作是否良好。

6) 检查表示、显示是否正常。

7) 各部件检查、清洁、紧固。

8) 进行设备功能测试、动作、运行正常。

9) 更换不良部件。

10) 涂油、防锈、整修。

11）清洁、注油。

（3）小修

1）同二级保养（月检、季检）内容。

2）修复、更换不良部件。

3）系统测试、试验。

4．日常检修维护工作内容的表格化

将繁杂的日常检修维护工作的主要内容制作成表格，既可使日常工作程序化、规范化，又便于一线的工作人员操作实施，同时也便于管理，是设备维修工作中常用的方法。表 3-2～表 3-6 列出部分某运营单位电话系统设备日常检修维护常用的表格，供参考。

公务电话交换机系统年检表 **表 3-2**

		+5V	+12V	0	−5V	−12V	−60V
控制层	1						
	2						
主控制层							
服务层							
用户层	1						
	2						
	3						
	4						
	5						
	6						
	7						

站内电话系统检查表 **表 3-3**

地点	机柜表面是否完好	机柜内外、配线架是否清洁	三块板的状态显示是否正常	机柜地线有无生锈	背板接头是否紧固	主机使用是否正常	站间电话通话是否清晰
	是□/否□	是□/否□	是□/否□	有□/无□	是□/否□	是□/否□	是□/否□
	是□/否□	是□/否□	是□/否□	有□/无□	是□/否□	是□/否□	是□/否□
	是□/否□	是□/否□	是□/否□	有□/无□	是□/否□	是□/否□	是□/否□
	是□/否□	是□/否□	是□/否□	有□/无□	是□/否□	是□/否□	是□/否□
	是□/否□	是□/否□	是□/否□	有□/无□	是□/否□	是□/否□	是□/否□
	是□/否□	是□/否□	是□/否□	有□/无□	是□/否□	是□/否□	是□/否□
	是□/否□	是□/否□	是□/否□	有□/无□	是□/否□	是□/否□	是□/否□
	是□/否□	是□/否□	是□/否□	有□/无□	是□/否□	是□/否□	是□/否□
	是□/否□	是□/否□	是□/否□	有□/无□	是□/否□	是□/否□	是□/否□
	是□/否□	是□/否□	是□/否□	有□/无□	是□/否□	是□/否□	是□/否□
	是□/否□	是□/否□	是□/否□	有□/无□	是□/否□	是□/否□	是□/否□
	是□/否□	是□/否□	是□/否□	有□/无□	是□/否□	是□/否□	是□/否□
	是□/否□	是□/否□	是□/否□	有□/无□	是□/否□	是□/否□	是□/否□
	是□/否□	是□/否□	是□/否□	有□/无□	是□/否□	是□/否□	是□/否□
	是□/否□	是□/否□	是□/否□	有□/无□	是□/否□	是□/否□	是□/否□
	是□/否□	是□/否□	是□/否□	有□/无□	是□/否□	是□/否□	是□/否□

续表

地点	机柜表面是否完好	机柜内外、配线架是否清洁	三块板的状态显示是否正常	机柜地线有无生锈	背板接头是否紧固	主机使用是否正常	站间电话通话是否清晰
	是□/否□	是□/否□	是□/否□	有□/无□	是□/否□	是□/否□	是□/否□
	是□/否□	是□/否□	是□/否□	有□/无□	是□/否□	是□/否□	是□/否□
	是□/否□	是□/否□	是□/否□	有□/无□	是□/否□	是□/否□	是□/否□
	是□/否□	是□/否□	是□/否□	有□/无□	是□/否□	是□/否□	是□/否□

公务电话交换机系统月检表 **表 3-4**

<table>
<tr><td colspan="4">温度　　　　　　　　　　　　　　湿度</td></tr>
<tr><td>系统名称</td><td colspan="3">检　　查　　内　　容</td></tr>
<tr><td rowspan="15">公务电话交换机</td><td>硬盘</td><td>光盘</td><td>处理器板</td></tr>
<tr><td>中继板</td><td>时钟板</td><td>接口板</td></tr>
<tr><td>振铃板</td><td>链路板</td><td>用户控制板</td></tr>
<tr><td colspan="3">控制层　　　　左　　　　右</td></tr>
<tr><td colspan="3">主备间有无倒换：　有　　　　无</td></tr>
<tr><td colspan="3">数据有无备份：　　　有　　　　　无</td></tr>
<tr><td colspan="3">维护终端是否正常：　　是　　　　　否</td></tr>
<tr><td colspan="3">打印机是否正常：　　是　　　　　否</td></tr>
<tr><td colspan="3">有无故障现象　　　　有　　　　　无</td></tr>
<tr><td colspan="3">故障记录</td></tr>
<tr><td>时间</td><td>故障内容</td><td>处理方法</td></tr>
<tr><td></td><td></td><td></td></tr>
<tr><td></td><td></td><td></td></tr>
<tr><td colspan="3">处理人：</td></tr>
<tr><td colspan="3"></td></tr>
<tr><td colspan="4">检查时间：　　　　年　　　月　　　　日
检查人：</td></tr>
</table>

公务电话交换机系统季检表 **表 3-5**

<table>
<tr><td rowspan="10">公务电话交换机</td><td colspan="2"></td><td>+5V</td><td>+12V</td><td>0</td><td>−5V</td><td>−12V</td><td>−60V</td></tr>
<tr><td colspan="2">服务层</td><td></td><td></td><td></td><td></td><td></td><td></td></tr>
<tr><td rowspan="2">控制层</td><td>1</td><td></td><td></td><td></td><td></td><td></td><td></td></tr>
<tr><td>2</td><td></td><td></td><td></td><td></td><td></td><td></td></tr>
<tr><td rowspan="6">用户层</td><td>1</td><td></td><td></td><td></td><td></td><td></td><td></td></tr>
<tr><td>2</td><td></td><td></td><td></td><td></td><td></td><td></td></tr>
<tr><td>3</td><td></td><td></td><td></td><td></td><td></td><td></td></tr>
<tr><td>4</td><td></td><td></td><td></td><td></td><td></td><td></td></tr>
<tr><td>5</td><td></td><td></td><td></td><td></td><td></td><td></td></tr>
<tr><td>6</td><td></td><td></td><td></td><td></td><td></td><td></td></tr>
</table>

公务电话交换机系统半年检表 **表 3-6**

一、电压测量					
	+12V	+5V	0	−5V	−60V
控制层上					
控制层下					
用户群 1 左					
用户群 1 右					
用户层 1					
用户层 2					
用户层 3					
用户层 4					
用户层 5					
用户群 2 左					
用户群 2 右					
用户层 1					
用户层 2					
用户层 3					
用户层 4					
二、地线检查					
接线固定点	牢固	松动	脱落		
有无锈蚀现象	有	无	其他		
是否有防护措施	有	无			
三、数字录音机					
连线是否牢固	牢固	松动	其他		
播音是否正常	正常	异常	其他		
硬盘容量	已满	未满	其他		
时钟同步	同步	不同步	其他		
报警频率	无	1～10 次 50 次以上	10～30 次	30～50 次	
四、会议服务器					
连线是否牢固	牢固	松动	脱落		
能否完成会议电话功能	能	不能	其他		
五、计费器					
连线是否牢固	牢固	松动	脱落		
告警窗颜色	红	黄	绿		
硬盘容量百分比					
以往计费记录是否完整准确					
打印机工作是否正常、是否需要更换色带					

3.5.4 电话系统设备的故障处理

1. 程控交换机的故障分类和基本检修方法

程控交换机的故障可分为软件故障和硬件故障两大类。其中软件故障多发生在早期版本的软件运行中，主要原因是软件的先天不足、容错性能差等。硬件故障多发生在程控交换机运行的初期和后期，这与元器件的初期和后期失效率高有关。另外，雷电击坏设备的情况亦时有发生。硬件故障是最常见的故障。

程控交换机的故障处理，是指故障发生后，维修人员凭借设备的自检功能或检修经验，找出故障部件（一般是故障电路板），换上备用部件，使设备恢复正常运行的过程。如果有条件的话，也可以对更换下来的故障部件进行修复。

当设备发生某些故障时，设备能在自动发出声、光告警的同时，显示相应的故障信息。维护人员还可通过维护终端进一步查询故障的相关信息。对少数自检功能发现不了的故障，则需凭借维护人员的经验找出故障部件。

当诊断为软件故障时，如局部被系统封锁、通信出错、出现某些非法数据或地址、程序进入死循环等，需进行人工的系统再启动处理。

当诊断为硬件故障时，应及时切除故障部件，换上备用部件。

2. 程控交换机的一级维修与二级维修

当程控交换机发生故障时，维修人员可运用交换机自身的自测试、自诊断功能（自检功能），或维修人员的经验，判断出故障电路板所在位置，然后将故障板用备用的电路板换上。一般将更换电路板的修理为一级维修。对换下来的故障板进行更换元器件的修理，修复故障电路板，称为二级维修。对于通信维护人员来说，一般只要求做到一级维修。

3. 程控换机软件故障的处理

程控交换机的程序在运行中遇到一些非常情况，如用户误操作、外界干扰，以及程序运行中遇到了设计软件时未考虑到的情况时，程序会出现不正常运行或“死机”，这时需要进行程序的重新启动来排除这些软件故障（软故障）。程控交换机发生软件故障的原因主要有：

（1）硬件设计先天不足；

（2）维护人员、用户误操作；

（3）某些干扰，例如：

1）处理机负荷过高；

2）数据总线上传输数据出错而未被系统校验出来；

3）外界干扰，如闪光灯等；

4）人机接口输入错误命令；

5）用户特服功能的误操作；

6）用户分机产生频次过密的拍叉信号；

7）插拔电路板时引起 RAM 中程序或数据库混乱。

万一出现了软件故障，最好在夜间停运收车后话务量低时进行人工再启动。程序的再启动可分为四类：

第一类再启动（热启动）。从主程序中的某一段开始重新启动程序。热启动仅影响处理机现行的处理（如扫描、内部处理、驱动等），并不影响已建立的通话。这是最低级别的软件再启动。

第二类再启动（冷启动）。从 0 地址开始重新启动主程序。它包括了运行初始化程序。冷启动会使已建立的通话中断。

第三类再启动。同第二类再启动，但在再启动前局数据库与用户数据库的数据重新写入 RAM。这类再启动不仅中断了已建立的通话，而且使所有通过人机命令更改过的局数据、用户数据的更改部分、故障纪录、未输出的计费信息等全部消失。

第四类再启动。系统程序、局数据、用户数据全部刷新后，再从 0 地址开始重新启动主程序。这是最高级别的软件再启动。

在硬件无故障的前提下，若出现用户或中继闭塞、话音单向、杂声加大、全部或部分用户振铃不止、话务台、维护终端、打印机“死机”、大量接错电话或串话，直到整机瘫痪。这些软故障均可通过软件再启动来排除。一般，先用较低级别的再启动，若排除不了软故障，则逐步升高再启动级别，总能排除软故障（除非保存在外部的系统程序或局、用户数据库出错）。

再启动的方法可以人工亦可自动进行。人工再启动，一般通过人机命令或按主 CPU 板上的复位按钮来进行；自动再启动，则是在出现软故障后自动进行的。在自动再启动无法排除软故障时，需用人工方法产生更高级别的再启动来排除故障。

4. 部分常见故障的处理

电话系统设备可能出现的故障形式多种多样，故障的原因也很复杂，故障处理能力提高的根本途径是加强学习培训，不断加深对设备原理、结构的了解，以及通过实践不断积累实际问题的处理经验，下面列举部分在电话系统设备维护中经常遇到的故障及其处理方法，供参考。

(1) 端口电路软件故障的检修

1) 用户配置错误的故障检修。交换机对普通电话机提供脉冲和双音多频两种拨号方式，但某些系统定义时只允许一个用户端口对应一种拨号方式。所以，如果发现某个电话机切不断拨号音时，应用用户配置命令检查拨号方式的设置是否正确。

2) 中继配置错误的故障检修。有时发现某个出中继端口占用不上，但使用中继端口配置命令查看，该中继端口已配置。再用中继组命令查看，可发现在中继组里没有该端口。经分析可知，原来在输入命令时，中继端口配置命令的参数值未输入，于是系统就不能占用该端口。将中继端口配置命令的参数值重新输入后，该中继端口就可被占用了。

(2) 模拟用户电路板故障的检修

1) 用户无拨号音

① 故障现象：用户摘机后无拨号音，长时间听忙音。

② 故障诊断：模拟用户电路板发生故障造成：用户分机摘机无拨号音；假忙现象，即使该用户未摘机，但其他用户拨打该用户时也听忙音；电话机不能振铃；单向通话，甲乙双方通话，甲方能听到乙方讲话，乙方听不到甲方。

③ 故障处理：可首先断开外部线路，使用人机命令关闭该用户所在的电路板，然后将电路板拔出后重新插入，再用人机命令打开该用户板。如果故障现象重现，则应更换该电路板。

④ 故障分析：模拟用户电路板直接通过电缆连接用户分机，用户的某些误操作或其他一些干扰，容易引起被自动关闭的现象。一般经人工恢复处理可解除。如果仍然不能排除故障，则应采取硬件故障处理方法，包括用户线路问题、机内电路板等问题的故障

处理。

2）用户端口被反复关闭

① 故障现象。某用户分机反复发生被系统自动关闭的现象，经多次用命令恢复，未能彻底排除。

② 故障诊断：经更换该用户所在的电路板，也未能彻底排除故障，对用户线路进行检查，发现线路有破损现象，随温度和气候变化时好时坏，说明线路绝缘不好。

③ 故障处理：更换用户线路，故障彻底排除。

④ 故障分析：程控交换机对用户线路有一定的要求，当用户线路绝缘下降不稳定时，系统自动检测发现后，会自动将该用户端口关闭。

（3）数字用户电路板故障的检修

1）故障现象：数字用户分机摘机后无拨号音，或话务台无信息显示，无法工作。

2）故障诊断：经检查，数字用户电路板硬件正常，判断应为数字端口电路的软件故障。

3）故障处理：经诊断后认为这类故障与该数字端口的呼叫处理状态有关，经使用人机命令对该电路板进行重新激活后，故障排除。

4）故障分析：因数字话机通过电缆与数字电路板相连，一般情况下，该电路板处理的是数字信号，所以很少出现硬件故障，通常采用人工软件处理的方法即可恢复正常。

（4）中继电路故障的检修

中继电路，特别是模拟中继电路故障率较高，而且影响也较大，下面对模拟中继的几种常见故障进行一些分析。

1）来话没人接，出中继假忙

① 故障现象：外线打入时长时间听回铃音，无人接听；分机拨外线时听忙音，而实际无人占用出中继。

② 故障诊断：模拟中继电路板通过电缆连接市话，对市话局来说，该板上每一个端口相当于一部市话分机。应首先检查中继线是否正常，然后处理模拟中继电路板的问题。

③ 故障处理：根据检修经验，软件故障的可能性较大，可用人机命令关闭故障板，再将该板拔出后重新插入，最后用人机命令打开该板，一般情况下就可排除故障。

如果经过上述检修未能排除故障，则说明模拟中继电路板存在硬件故障，应更换电路板。

④ 故障分析：交换机由于在运行中受到各种干扰，中继端口容易发生软件故障，导致系统对端口的自动封闭。这种故障通常需要人工输入命令进行恢复。在主备用状态公共控制单元发生自动转换后，也可自动排除此类故障。

2）打外线掉线

① 故障现象：在刚完成中继线施工后，用户打外线经常发生掉线现象，计费也经常出错。

② 故障诊断：根据故障现象，判断可能是中继线路问题，检查配线架时发现，有一些反极性模拟中继的 a、b 线极性接错。

③ 故障处理：将反极性模拟中继的 a、b 线极性调整后，用户打外线正常，计费出错

现象也消失。

④ 故障分析：某些交换机对中继线 a、b 线的极性有严格的要求，中继板的 a、b 线极性不能接反，如果接反，用户分机选上这些线路时，就会发生掉线现象，计费也会不正常。

3）分机占不上中继线

① 故障现象：进行主机清洁后，重新开机，发生分机占用不上中继线的情况。

② 故障诊断：检查中继电路板所在用户层的电源、中继电路板都无异常；测试发现该用户层的所有用户分机无拨号音；检查该层控制板，发现控制板松动。

③ 故障处理：重新拔插用户层控制板后，故障排除。

④ 故障分析：控制板是用户层中所有模块电路板与交换网络的接口，为被占用的端口分配时隙，向各个模块传送控制层的控制信号。如果控制板工作不正常，必然使整个用户层的所有端口处于瘫痪状态。从上述故障可见，维修人员对设备进行维护时，容易发生一些误操作，导致一些人为故障。

（5）电话分机故障的检修

1）电话无振铃音。

① 故障现象：电话能正常打进打出，但无振铃音。

② 故障诊断：

A. 话机上振铃音量调整错误，导致振铃音最小，因而听不到。

B. 话机振铃电路坏。

C. 交换机铃流板故障，无铃流输出。

③ 故障处理：

A. 调整话机上振铃音量开关。

B. 更换话机。

C. 检查交换机上对应故障分机的铃流板，更换新的 RG 板。

2）电话分机不能打进打出。

① 故障现象：摘机无拨号音，无法打进、打出。

② 故障诊断：

A. 电话话机坏。

B. 电话插头接触不良或损坏。

C. 在配线架上用测试话机检测，如果正常，则说明出现断路、短路故障；如测试话机也不能打进打出，说明故障出在交换机这一级。

D. 用人机指令检查该分机所在用户模块内的状态，如果正常则说明问题在于用户控制板。

E. 检查用户控制板。

③ 故障处理：

A. 更换电话话机。

B. 重做电话插头。

C. 测试线路环阻、对地电阻

如果环阻为无穷大，则逐级到分线盒处检查，确定线路断路位置，条件许可则接续，条件不许可则更换线路；如果对地电阻为零，则说明线路短路，一般短路位置均在出线盒处，经查证后，排除故障。

D. 用人机命令对用户控制板进行复位

如果故障不能排除，则更换该控制板；如果仍未排除故障，检查控制板在后背板的连线，看是否有松动，重新插好；如果存在故障，则检查是否大面积用户无法正常使用，说明交换机控制层出现严重故障，应立即报有关技术人员，共同分析解决。

3.5.5 软交换设备的日常维护及故障处理

1. 软交换设备维护概述

(1) 日常维护。

按照维护周期的长短，分为“日常保养”、“二级保养”和“小修”。通过它可以帮助维护人员随时了解设备的运行情况，达到“尽早发现隐患”、“预防事故发生”和“发现故障早排除”的目的。

(2) 告警与通知。

软交换设备除了本身具有的各种应用和业务处理能力外，还具有完备的故障通知体系和功能，这就是告警和通知。需要说明的是，对于一些告警故障，系统具有自动纠错机制，并不都需要用户去人为处理。

(3) 故障处理。

软交换设备的故障处理是指发现故障或者接到故障申述后，对故障进行分析和处理，最终解决故障的过程。

2. 检修周期及内容介绍

表 3-7 是某运营单位软交换系统设备的检修周期与工作内容，供参考。主要分为公务电话机柜、公务电话交换机维护终端两大类进行维护保养。

软交换系统设备 SS10B 的检修周期与工作内容　　表 3-7

序号	设备（数量）	修程	检修工作内容	周期
1	软交换设备 SS10B	日常保养	(1) 清洁机柜外部； (2) 检查系统各类连线； (3) 检查系统各模块指示灯状态； (4) 记录主用核心交换机模块状态； (5) 检查各服务器运行状态； (6) 检查各模块风扇运行状态； (7) 检查三层交换机指示灯状态	每日
		二级保养	(1) 同日常保养； (2) 清洁机柜内外部； (3) 检查和紧固线缆及其标识； (4) 检查系统模块状态并测试通话状态； (5) 抽样测量用户电压和铃流电压； (6) 清洁配线架； (7) 检查防雷器； (8) 检查配线架接地线； (9) 整理配线架跳线	每月

续表

序号	设备（数量）	修程	检修工作内容	周期
1	软交换设备SS10B	小修	（1）同二级保养； （2）紧固机柜固定螺丝； （3）紧固机柜接地线； （4）对有锈蚀的螺丝除锈涂油或予以更换； （5）核对端口号码，全面更新配线表； （6）检查防雷端子性能； （7）检查电源线缆、接头及电源插槽（插座）； （8）检查端子排； （9）检查电缆标牌和配线架地线； （10）备份三层交换机配置数据； （11）测试各服务器功能； （12）核心交换机主备工作状态切换测试	每年
2	软交换设备SS10B维护终端	日常保养	（1）清洁各终端外部； （2）检查各终端连接线； （3）检查维护各终端的连接运行状况； （4）检查故障报警信息记录，终端时间是否与时钟系统时间一致； （5）检查视频、录音、计费、调度、统一通信服务器各服务器运行状态； （6）检查各终端网管运行状态	每日
		二级保养	（1）同日常保养； （2）系统数据备份； （3）检查各终端各类连线； （4）测试视频服务器的会议组织功能； （5）记录录音服务器录音情况； （6）检查鼠标、键盘、显示器的使用情况	每月
		小修	（1）同二级保养； （2）整理设备之间的各种连线； （3）检查维护终端的运行状态，更换达不到使用要求部件； （4）系统数据备份	每年

3. 设备检修维护表格

表3-8、表3-9为某运营单位软交换系统设备二级保养及小修表格，供参考。

软交换系统设备SS10B二级保养表格 **表3-8**

系统	设备名称	检查内容	标准	检查结果	备注
公务电话系统	软交换设备SS10B	清洁机柜内外部及设备外部	清洁无积尘	是□ 否□	
		检查配线架端子排、跳线及防雷端子、电源线、地线状态	线缆及跳线整齐美观，连接牢固，无腐蚀	是□ 否□	
			防雷端子无烧焦无变色	是□ 否□	
			端子排牢固无松动	是□ 否□	
		检查机柜电源空开及插排状态	在用空开闭合到位，外表完好无烧黑，固定稳固	是□ 否□	
			电源插排外表完好，固定稳固	是□ 否□	

续表

系统	设备名称	检查内容	标准	检查结果	备注
公务电话系统	软交换设备 SS10B	检查风扇运转状态	风扇运转正常，无明显机械噪声	是□　否□	
		记录主用核心交换机模块状态	记录机柜 1 主用 GISB 板位置	左□　右□	
			记录机柜 2 主用 GISB 板位置	左□　右□	
		检查单板运行状态	POWER 板：[－48V，＋5V，＋5VJ，－5V]灯常亮，RING（绿闪）	是□　否□	
			主用 GISB 板：RUN（绿闪）、MS（常亮）、NACT（常亮）	是□　否□	
			备用 GISB 板：RUN（绿闪）	是□　否□	
			主用 GISE 板：RUN（绿闪）、MS（常亮）		
			备用 GISE 板：RUN（绿闪）		
			ALC 板：RUN（常亮），板上任一用户摘机，HOOK（亮）	是□　否□	
			TSLCE 板：RUN（绿闪）、ALM（灭）、TSLC（灭）	是□　否□	
		抽样测量用户电压和铃流电压	用户电压：DC－55.2～DC－40.8V	测量值：	
			铃流电压：AC60～AC90V	测量值：	
	网络交换机	检查网络交换机运行状态	正常时，使用端口亮绿灯，各模块指示灯状态正常	是□　否□	
	视频会议终端	检查视频终端各类连线	电缆无老化破损，接口牢固	是□　否□	
		测试视频会议终端功能	功能正常使用	是□　否□	
	软交换设备 SS10B 维护终端	清洁各终端外部	清洁无积尘	是□　否□	
		检查各终端连接线及标牌标识	线缆连接牢固，无腐蚀，无老化破损，标牌齐全，字迹清晰	是□　否□	
		检查各维护终端附属设备的性能	维护终端外观有无破损或变形，鼠标和键盘按键灵活、有效，显示屏显示正常	是□　否□	
		检查维护终端的连接运行状况	正常登录，正常连接	是□　否□	
		检查终端时钟同步功能	更改当前系统时钟，系统能自动更正时钟	是□　否□	
		检查故障报警信息记录	查询当前告警信息，故障报警信息正确，无异常告警	是□　否□	
		测试视频服务器的会议组织功能	会议功能正常	是□　否□	
		记录录音服务器录音情况	记录录音服务器硬盘剩余空间，保存三个月的内录音文件	是□　否□	
		备份数据	正常备份各车站交换机数据及网管软件的告警信息	是□　否□	
作业地点					
作业人员签名/日期：			互控人员签名/日期：		
工班长签名/日期：			各级人员签名/日期：		

软交换系统设备 SS10B 小修表格　　**表 3-9**

系统	设备名称	检查内容	标准	检查结果	备注
公务电话	软交换设备SS10B	清洁机柜内外部及设备外部，对可拆卸的部件拆卸清洁	清洁无积尘	是□　否□	
		检查电源线缆、接头及电缆标牌，紧固机柜门螺丝及接地线，对有锈蚀的螺丝除锈涂油或予以更换	线缆紧固，无破损，接头无氧化、无松动	是□　否□	
			标牌齐全，字迹清晰	是□　否□	
			机柜门螺丝及接地线连接牢固，无腐蚀现象	是□　否□	
		检查配线架端子排、跳线及防雷端子，整理线混乱的跳线并重新卡紧，更换无法卡牢的防雷端子	端子排安装牢固、无缺失、无破损	是□　否□	
			跳线整齐美观，连接牢固，无脱落	是□　否□	
			防雷端子无松脱或缺失、无烧毁变黑色	是□　否□	
		检查机柜电源空开及插排状态	在用空开闭合到位，外表完好无烧黑，固定稳固；插排外表完好，固定稳固	是□　否□	
		检查风扇运转状态	风扇运转正常，无明显机械噪声	是□　否□	
		记录主用核心交换机模块状态	记录机柜 1 主用 GISB 板位置	左□　右□	
			记录机柜 2 主用 GISB 板位置	左□　右□	
		检查单板运行状态	POWER 板：[−48V，+5V，+5V]，−5V]灯常亮，RING（绿闪）	是□　否□	
			主用 GISB 板：RUN（绿闪）、MS（常亮）、NACT（常亮）	是□　否□	
			备用 GISB 板：RUN（绿闪）	是□　否□	
			主用 GISE 板：RUN（绿闪）、MS（常亮）		
			备用 GISE 板：RUN（绿闪）		
			ALC 板：RUN（常亮），板上任一用户摘机，HOOK（亮）	是□　否□	
			TSLCE 板：RUN（绿闪）、ALM（灭）、TSLC（灭）	是□　否□	
		抽样测量用户电压和铃流电压	用户电压：DC−55.2～DC−40.8V	测量值：	
			铃流电压：AC60～AC90V	测量值：	
		主控板卡（GISB）主备切换测试	主备用切换正常	是□　否□	
		层控板卡（GISE）主备切换测试	主备用切换正常	是□　否□	
		测试各服务器功能	视频、网管、录音、计费、调度、统一通信服务器功能正常	是□　否□	
		核对端口号码，全面更新配线表	配线资料准确无误	是□　否□	
	网络交换机	检查网络交换机运行状态	正常时，使用端口亮绿灯，各模块指示灯状态正常	是□　否□	
	视频会议终端	检查视频终端各类连线	电缆无老化破损，接口牢固	是□　否□	
		测试视频会议终端功能	功能正常使用	是□　否□	
	软交换设备 SS10B 维护终端	清洁维护终端表面，对可拆卸的部件拆卸清洁	清洁无积尘	是□　否□	
		检查终端连线及电缆标牌，整理交错叠压或走线混乱的连线	线缆紧固，无破损，接头无氧化、无松动	是□　否□	
		检查各维护终端附属设备的性能	各类连线标识清晰准确，终端外观有无破损或变形	是□　否□	

续表

系统	设备名称	检查内容	标准	检查结果	备注
公务电话	软交换设备 SS10B 维护终端	检查维护终端的连接运行状况	鼠标和键盘按键灵活、有效，显示屏显示正常；终端正常登录，正常连接	是□　否□	
		检查终端时钟同步功能	更改当前系统时钟，系统能自动更正时钟	是□　否□	
		检查故障报警信息记录	查询当前告警信息，故障报警信息正确，无异常告警	是□　否□	
		测试视频服务器的会议组织功能	会议功能正常	是□　否□	
		记录录音服务器录音情况	记录录音服务器硬盘剩余空间，保存三个月内的录音文件	是□　否□	
		备份数据	正常备份各车站交换机数据	是□　否□	
		优化维护终端操作系统	操作系统正常运行	是□　否□	
作业人员签名/日期：			互控人员签名/日期：		
工班长签名/日期：			各级人员签名/日期：		

4. 故障产生的主要原因

软交换出现故障，一般有以下几种原因导致：

(1) 硬件或设备出现故障

1) 单板故障，硬件单板出现故障。

2) 其他硬件故障，例如：系统电源故障、风扇故障、硬盘存取故障等。

3) 硬件功能不满足，如：单板、CPU、内存、硬盘等无法满足日益增长的实际需要。

(2) 软件和系统出现故障

1) 操作系统故障，操作系统内存管理及安全方面的问题。

2) 数据库故障，数据库设置和使用不当造成。

3) 程序或软件故障，使用了不一致软件版本导致的故障。

(3) 环境变化引起的故障

1) 当温度、湿度不满足时，系统会产生报警。

2) 自然灾害或意外事件引起报警。例如：雷电、火灾和红外引起系统报警等。

(4) 设置和配置引起的故障

1) 设置问题，设备相互之间的接口设置，系统的权限、文件或目录设置等。

2) 配置问题，配置错误或不合理导致的系统性能、容量下降，不满足系统需要。

3) 命令错误，输入了错误的命令，或执行有错误脚本的程序等。

(5) 网络引起的故障

1) 本地无法连接，单板插错或没插好、网线接口问题、IP 地址等错误。

2) 网络设备故障，路由器、交换设备或中间链路出现故障。

3) 网络应用问题，FTP、NTP 等服务不可用、网络风暴引起的拥塞和语音质量问题等。

(6) 对端设备出现故障

对端设备出现故障，需要检查对接设备的运行情况。

5. 故障的常用处理方法

下面针对前面故障产生因素，介绍故障问题的常用分析方法和处理方法。

(1) 故障问题的常用分析方法

1) 如果系统产生告警信息，仔细阅读系统产生的告警信息、故障描述。

2) 对于网络问题。可以借助各种网络命令，如：Ping，Telnet 等，帮助分析

3) 对于操作系统或数据库问题。可以使用系统或文件命令，查看文件路径、脚本配置、查看系统进程和状态等。

4) 对于设置、配置或性能方面的问题，可以直接查看相关数据配置，检查是否有错配、漏配或者配置不合理项。

5) 对于可能是硬件的故障。采用硬件去替换，来帮助管理人员，更快速的判断故障。

(2) 故障问题的一般处理方法

1) 对于查明是硬件或设备的故障。可修复的修复，不可修复的更换。对于存储空间不够的问题，可通过删除不必要的或冗余数据来解决。

2) 对于软件或系统出现故障。如果是操作系统的安全问题，给系统打版本补丁或杀毒或增强系统密码等。对于系统软件或版本问题，需要对软件或版本进行升级来解决。

3) 对于环境变化引起的故障。根据报警现象和信息，及时的排查并解决该故障。

4) 对于系统设置和配置问题。检查配置或设置问题之所在，修改优化。

5) 对于网络问题。修改错误网络配置、将网线重新接插、使用冗余中继来解决。

6) 对于是对端设备出现问题的故障。通知对方，并协助解决。

3.5.6 软交换常见故障处理案例

1. 硬件故障处理

(1) 故障现象

1) 单板指示灯不能正常点亮。

2) 网管告警系统提示单板离线。

3) 单板相关的业务全部中断。

(2) 故障原因

大部分单板故障的原因都是硬件问题，常见的故障器件为 FLASH、内存、硬盘、某些子卡不在位的故障，异常情况下是背板和单板之间接触不良或者其他故障导致。部分单板无法启动是因为槽位和背板的问题，定位手段是在故障槽位插入正常的物理单板，如果还是不能启动，则证明槽位或者背板存在问题。现场需要首先检查配置是否符合平台的槽位限制规范和该槽位的背板是否有物理方面的损坏。

(3) 处理步骤

1) 单板出现故障时，观察单板指示灯是比较直接的方法。

2) 对于主备用方式工作的单板，先进行主备倒换，看看故障现象是否消失。如果主备倒换不成功，可能备板有问题，需要采取复位/更换备板的方法确保备板工作正常。

3) 如果倒换无效或对于非主备用方式工作的单板，可对故障单板进行复位、拔插操作，然后观察单板是否能恢复正常。

4) 如果复位、拔插单板后，故障仍然存在，更换故障单板，然后观察故障是否消失。

2. 后台故障处理

（1）服务器故障

1）故障现象

① 服务器不能启动。

② 服务器操作系统不能启动。

③ 服务器数据库出现故障。

④ 服务器相关进程出现故障。

2）处理步骤

① 检查供电系统是否正常。确保机房的供电系统恢复正常后，启动服务器。

② 检查服务器是否可以自检。检查操作系统是否可以正常启动，必要时重装操作系统。

③ 检查服务器的网络连接状况，从终端 Ping 服务器的 IP，如果 Ping 不通，检查网线和交换机的端口。

④ 查看服务器进程、数据库是否启动，数据库服务器和网管服务器的相关进程一般在服务器启动时自动启动，如果进程没有启动，请手动启动相关进程。

⑤ 查看服务器的配置是否正确，检查服务器 IP、端口、防火墙等配置，正确修改配置文件。

（2）网管故障

1）故障现象

① 客户端无法登录网管系统。

② 无法执行各种人机命令。

③ 网管和主要网元之间无法连接。

2）处理步骤

① 检查网络是否正常。检查网口、网卡、网线等是否出现故障，IP 地址、子网掩码等配置是否正确，使用 Ping 包、设备替换等方法，检查出故障原因。

② 检查客户端和服务器的相关设置是否正确。使用其他网管客户端进行登录，查看客户端是否被设置了登录限制。

③ 检查网管进程、网管端口是否正常。检查网管服务器进程是否启动、网管端口状况是否开放。

④ 检查网元和网管连接的端口是否被防火墙封堵。

3. 业务功能故障处理

（1）两个软交换系统之间的呼叫不通，但本系统内呼叫正常

1）故障现象

两个软交换域之间的呼叫不通，但域内呼叫正常。

2）故障部件

数据配置、承载网

3）处理步骤

① 使用 Ping 命令检查两个软交换之间的网络状况。

② 通过信令跟踪，检查数据配置。进入信令跟踪设置界面。然后对两个软交换域之

间的协议进行协议跟踪，查看呼损原因，并作相应处理。

（2）分机无法进行主叫号码显示

1）故障现象

无法进行主叫号码显示。

2）故障部件

数据配置、终端设备。

3）处理步骤

① 查看用户是否配置了主叫号码业务。如没有配置，增加配置。

② 检查终端所用的设置中是否包括 FSK 包。如没有，增加配置。

③ 终端上连接的话机是否具有主叫号码显示功能，是否安装了所需的电池等。

（3）用户电话突然不能正常使用

1）故障现象

用户电话突然不能正常使用。

2）故障部件

终端设备、话机、数据配置、相关处理板、媒体网关、信令网关。

3）处理步骤

① 察看终端状态是否正常，用户摘机是否有馈电；如终端状态不正常，可更换终端测试。

② 如果用户是无法拨通某些电话，可能被设置呼出限制或加入黑名单。

③ 如果为出局电话无法接通，可以跟踪用户发给对端局的七号信令，看发给对端局的被叫号码是否正确，是否有不正确的号码变换。

④ 如果为域内电话无法接通，可以跟踪主叫和被叫的信令消息，以及主叫的业务观察，从中找出失败原因。

第4章　无线集群调度系统

4.1 概　述

城市轨道交通无线集群调度系统在城市轨道交通通信系统中作用重要，它是调度与司机通信的唯一可靠手段，同时也是移动中的作业人员，抢险人员实现通信的重要手段。国内城市轨道交通的无线通信系统主要采用以下两种集群制式：Tetra 数字集群通信系统和LTE 数字集群通信系统。

集群通信系统诞生于20世纪中后期，是一种通过动态信道分配，实现多用户共享无线信道的移动通信系统，其目的是满足行业用户指挥调度需求开发，面向特定行业应用的。其特点为大量无线用户共享少量无线信道，具备快速的语音监理和抢占能力，以指挥调度为主题应用。集群通信系统也经历了与公众移动通信系统类似的发展过程。

自20世纪50～60年代开始，集群通信系统的发展经历了3个阶段：首先是无线对讲系统阶段，以半双工的形式，通过预设的频点完成对讲机间的通信。该阶段通信方式十分简单，也不需要网络设备支持，但此时的网络通信安全无法保证，也不能实现有选择的呼叫。后来，集群通信系统进入了模拟集群系统阶段，这一时期集群通信系统引入了信道共享技术，实现了多用户共用空闲信道，大大提高了网络的资源利用率，但由于模拟信号在传输过程中容易受到环境因素的干扰，通信质量难以保障。随着数字通信技术的快速发展，集群通信业进入了数字时代，此时引入了时分多址（TDMA）技术，极大提高了系统的频谱利用率，使得网络架构更加灵活，服务和功能都更加完善，从而提升网络的服务质量和运行效率。

在20世纪90年代，国际电信联盟（ITU）为数字集群通信提出了EDACS（enhanced digital access communication system）、TETRA（terrestrial trunked radio）等7种协议标准。但是由于应用范围、关键性技术等多方面的问题，目前得到广泛应用的只有TETRA标准。TETRA是由欧洲电信标准组织提出，由于TETRA采用了空中接口，具有兼容性和开放性好、频谱利用率高、数据安全保障更加完善等优点。

目前，数字集群通信系统根据频谱分配情况可以分为窄带集群通信系统和宽带集群通信系统。TETRA系统就是典型的窄带集群通信系统，而随着移动通信技术的发展，用户对调度功能、用户群分组和管理、多媒体业务等方面的要求越来越高，窄带的TETRA系统已经无法满足用户的需求，因此，宽带集群通信系统成为集群通信系统的发展方向，以TD-LTE（time-division long-term evolution）为代表的宽带集群通信技术正逐步走向市场。

4.1.1 基于TETRA标准的数字集群系统

据了解，从1998年意大利Marconi公司400MHz频段的TETRA系统的一个小型实验网带到中国进行展示后，TETRA 系统开始进入中国。到 2000 年 12 月 28 日，信息产业部正式批准和发布了我国《数字集群移动通信系统体制》电子行业推荐性标准，即《数字集群移动通信系统体制》SJ/T 11228—2000，这个标准确立了两种体制，即 A 为 TETRA，B 为 IDEN。目前主流的数字集群无线系统主要有欧宇航公司的 TETRA 系统和摩托罗拉公司的 IDEN 系统。

这两种标准都使用 TDMA 多址技术，大部分都工作在 800MHz 频段，具有同样的信道宽度，能够适应不同场景的应用，同时也都采用了数字话音编码技术、数字调制技术以及抗衰落技术，以减少信号在传播过程中受到干扰以致通信质量下降。对比起来，由于 TETRA 在系统采用空中接口，在兼容性和开放性上有一定的优势，同时其调度功能和安全性上更加完善，因此 TETRA 系统比较适合应用于专网，iDEN 系统的频率利用率以及在信号的处理上优势更加明显，更加适合于公网的建设。

4.1.2 基于 LTE 技术的数字集群系统

随着第四代移动通信技术的广泛应用，LTE 技术以其高速率传输、分组传送、延迟降低、广域覆盖和向下兼容等特点引起人们的普遍关注并将其引入到集群通信技术。LTE 作为下一代移动通信系统的演进目标，是 3GPP 在移动通信网络基础上进行宽带化研发的无线技术，目前在全世界范围内已大规模的商用。LTE 技术具有高可靠、大容量、低时延、多优先级、高频率资源利用率的特点。具体体现在如下几点：

1. LTE 数字集群调度可实现与 TETRA 集群调度 1∶1 响应的功能。

2. LTE 系统采用了全 IP 组网方式，网络结构扁平化，减少了系统时延；

3. LTE 存在 FDD LTE 和 TDD LTE（即 TD-LTE）两种模式，FDD 模式需要使用上下行对称频率，频率之间需要一定的频率间隔进行保护。TDD 模式的发送和接收信号在同一频率信道的不同时隙中进行，不需要对称的频率，在进行不对称的数据传输时，可充分利用有限的频谱资源。

4. TD-LTE 是我国自主知识产权的技术，完全国产化。

5. LTE 在 20MHz 频宽下，可以提供下行峰值 100Mbit/s、上行 50Mbit/s 的超高速数据通道，支持列车高速度运行，现今在建的部分轨道线路已考虑将 LTE 作为专用无线集群语音及列车视频图像传输的综合承载网。

6. LTE 系统采用了 OFDM 和 MIMO 的先进空口技术，提高了频谱效率、数据速率和抗干扰的能力。

4.1.3 TETRA 数字集群与 LTE 数字集群的技术对比

TETRA 和 LTE 两种集群通信技术，基于技术特点的不同，同时也具备其业务功能、使用环境等各自的优缺点，可以对这两种体制技术进行对比分析，如表 4-1。

LTE 和 TETRA 的对比分析　　　　**表 4-1**

参数	TD-LTE	TETRA
信道带宽	3M、5M、10M、15M、20M。灵活配置	25kHz
无线速率	20MHz 带宽下：上行 50Mbps、下行 100Mbps	28.8kbps
业务类型	语音集群、视频图像、宽带数据	语音集群、短信息
城市轨道交通业务	语音集群、视频通话、 图像实时上传、远程运维、列车信息上传	语音集群、低速数据

续表

参数	TD-LTE	TETRA
支持厂家	华为、中兴、鼎桥、普天、大唐、烽火、爱立信、阿尔卡特等	摩托罗拉、空中客车、海能达等
国产化程度	我国自主知识产权技术，完全国产化	国外技术，需进口
互联互通性	2012年11月，中国通信标准化协会CCSA启动基于TD-LTE的B-TrunC宽带集群系统系列标准制定，以实现同系统不同厂家间的互联互通	背靠背、通过音频落地的方式来实现，仅能支持有限数量的互联通话组语音业务，漫游用户不能获得数据业务的支持。互联互通性差
技术先进性	LTE是无线通信技术发展趋势，宽带通信，多业务平台	技术受限，窄带通信，业务单一
调度功能	调度功能已得到试验	调度功能完整，已得到广泛的应用，成熟稳定
调度功能应用案例	目前广州城市轨道交通已运营、埃塞俄比亚轻轨已运营、温州S1线正在实施过程中	既有轨道交通线路广泛运用

通过对比，可以发现TETRA集群调度可以满足语音调度的需求，目前在城轨系统使用更加广泛。LTE技术则更加适用于高速数据传输，特别是对于视频传输，可以从原来的语音调度跨越到可视化调度，是将来集群调度技术的发展趋势。

4.2 集群通信系统的组网

由于集群通信系统是专用指挥调度通信系统，所以从其发展来看，最早是建立基本系统的单区网。因为它的用户数要比公用网少得多，故通常采用大区制小容量网络。但当覆盖范围达不到时，则基本系统把单基站设计为多基站。而当覆盖区域再扩大，用户增加，就发展成为以基本系统为基本模块，把基本模块叠加成为多区的区域网。

4.2.1 集群系统的关键技术

1. TETRA标准的多信道技术与信道指配

(1) 多信道技术

为了提高无线信道的利用率和通信服务质量，配置在某一范围内的若干个无线信道，都能供该范围内所有移动用户选择和使用任意一个空闲信道，叫作多信道共用，也称多信道选址。

多信道共用技术在移动通信系统中可以明显地提高无线信道的利用率或改善通信质量，即多信道共用会使在同样多的无线用户情况下，通话的呼损率明显下降，或者说在相同的呼损率时，无线用户数明显增加。

多信道共用技术虽然可以充分发挥无线信道的作用，提高无线信道的利用率，但是多信道共用耐过载能力却变差了，尤其在共用信道数量较大时，更为严重。

当实际话务量超过设计额定值时就称为过载。虽然大量统计可以得出一个具有普遍性的通信网的日话务量和忙时话务量的曲线。然而，实际话务量将因时、因事而异，具有很大的波动性、随机性、突发性，比较难预测。因此，移动通信系统会发生过载现象，尤其是话务量和信道数设计不合理时更容易发生，所以希望所设计的系统应该具有较高的利用率和具有较强的耐过载能力。但是，当信道利用率越高，没有被利用的话务量越小，则耐过载能力也就越小，然而，对多信道共用技术来说，共用信道数越大，每个信道的利用率就越高，因此可以得出一个结论，即高利用率、大容量的多信道共用技术的耐过载的能力较低，一旦话务量出现瞬时过载，呼损的幅度就明显增长，系统的服务质量也随之质量下降。所以，不提倡采用信道数过多的大系统，而建议采用一个大区划分成几个小区的方案。但对于城市轨道交通应用来说，实际话务量较低，多信道技术更能发挥系统资源共享作用。

(2) 集群系统的信道指配

① 信道指配原则

信道指配原则是指几个信道成为一个共用信道组工作时应具备的条件，而信道指配模式则是信道组与服务区的隶属关系。

信道指配原则有两条最根本的要求，一是被指配的几个共用信道所占用的总带宽最小；二是被指配的几个共用信道受到的干扰最小。

一个单位服务区（一个发射无线所覆盖的无线服务区）需配置几个信道应具备以下一些要求：

a. 被配置的几个信道无同频干扰；

b. 被配置的几个信道无三阶互调，最好无五阶互调；

c. 被配置的几个信道无邻道干扰；

d. 被配置的几个信道中，任何两个相邻频率间具有足够的频率间隔，以防多重耦合；

e. 被配置的几个信道所占的总带宽最小。

如果在同一地区所用的通信系统中存在同频段的发射频率，则还必须考虑系统间的干扰问题。

② 信道指配模式

大体上可分为固定信道指配模式、动态信道指配模式和混合信道指配模式三种。

a. 固定信道指配模式

若一个移动通信系统含有若干个单位服务区，当将某一信道组指配给某一个单位服务区后，该信道组就永久地隶属这个单位服务区。这种信道组与单位服务区之间具有固定不变的隶属关系，即单位服务区之间不允许"互通有无"，不允许借用空闲信道的模式，叫作固定指配模式。

b. 动态信道指配模式

动态信道指配是指信道组与单位服务区之没有固定的隶属关系，只要满足通信要求，系统中的任何一个信道都可以为系统中任何一个移动用户服务。这种模式只受信道本身的质量所制约，选择信道的原则有最先使用原则、均方法、最近距离原则、最近+1原则。动态信道指配能提高信道利用率和呼叫成功率，但此优点是以系统的复杂性为代价的。

c. 混合信道指配模式

混合信道指配模式是将固定信道指配与动态信道指配混合使用的模式。这种模式是将系统的总信道分为A和B两组，假定A为固定信道指配，B为动态信道指配，则按固定模式将A组信道指配到各个单位服务区，而B组信道为系统中各基地站所共用。

集群通信系统通常采用固定指配模式。

2. LTE 标准的关键技术

LTE 在技术发展方面，表现出了很大的先进性，LTE 的关键技术主要包括 OFDM 技术、MIMO 技术和高阶调制技术。

(1) OFDM 技术

OFDM 技术作为 LTE 技术的主要特点，其主要作用就是要降低时延，减少码间干扰的影响。

1) OFDM 基本原理

OFDM 是一种基于正交多载波的频分复用技术，属于多载波调制。将一个宽频信道分成若干正交子信道，将高速串行数据流经串/并转换成并行的低速子数据流，调制到每个子信道上进行传输。如图 4-1 所示。

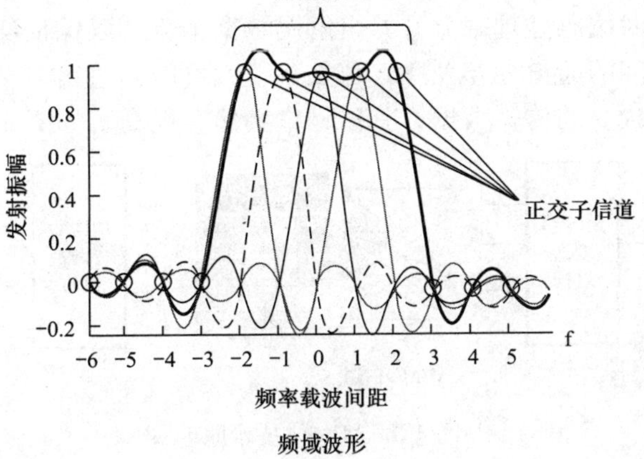

图 4-1　OFDM 基本原理

2) OFDM 与传统的 FDM 的区别

传统的 FDM 是在载波间保留一定的保护间隔来减少不同载波间频谱的重叠（结合滤波），从而避免各载波间的相互干扰，大大降低了频谱效率。而 ODFM 则不同载波间的频谱是重叠在一起的，各子载波间通过正交特性来避免干扰，有效地减少了载波间的保护间隔，提高了频谱利用率。如图 4-2 所示。

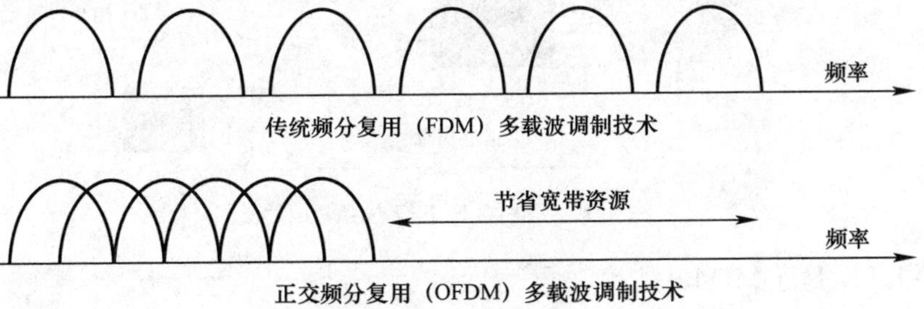

图 4-2　FDM 和 PFDM 的带宽利用率的比较

3) OFDM 的重要特点：

低速并行传输：高速串行数据流经串/并转换后，分割成若干低速并行数据流；每路并行数据流采用独立载波调制并叠加发送。

抗衰落与均衡：OFDM 技术具有系统大带宽的抗衰落特性和子载波小带宽的均衡简单的特性。

抗多径时延引起的码间干扰：引入循环前缀消除码间干扰的影响。

多用户调度：利用信道的频率选择性进行多用户调度，用户可以选择最好的频域资源进行数据传输，从而获得频域调度的多用户分集增益。

基于 DFT 的实现：采用离散傅里叶变换进行 OFDM 信号的调制和解调，从而解决了 OFDM 的技术实现问题。

（2）MIMO 技术

MIMO 技术，多入多出（Multiple Input Multiple Output），主要用于提高系统的传输率。在发射端和接收端，MIMO 技术都采用的是多天线和多通道。在发送端和接收端均使用多根天线进行数据的发送和接受，同时在发送端每根/多根天线上发送不同的数据比特，多天线接收机通过空时编码处理来分开并且解码数据子流，以保证实现最佳的效果。如果各个发射接收天线之间的通道相互独立，那么系统就可以创造出多个并行空间信道。通过这些并行信道，进行独立的传输数据，其传输率必然会提高。如图 4-3 所示。

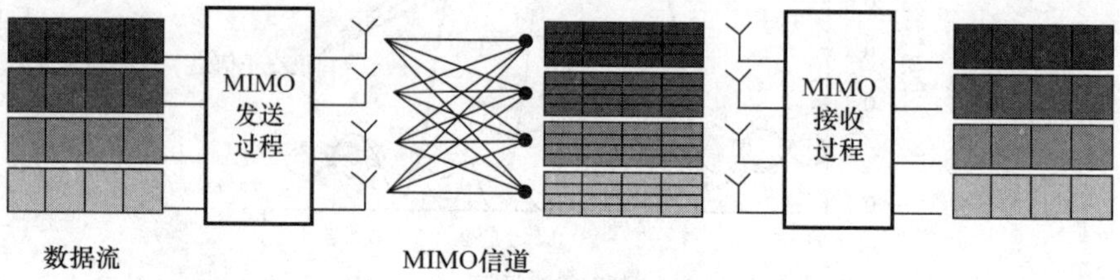

图 4-3　MIMO 技术原理

1）TD-LTE 下行 MIMO 技术

TD-LTE 下行支持 MIMO 技术进行空间维度的复用。空间复用支持单用户的 MIMO 模式或多用户的 MIMO 模式。如图 4-4 所示。

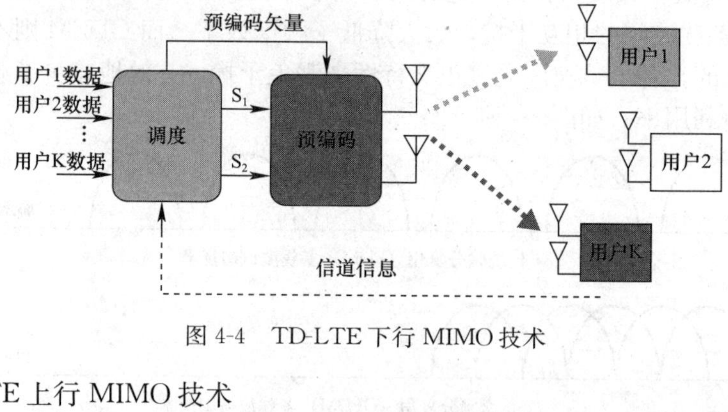

图 4-4　TD-LTE 下行 MIMO 技术

2）TD-LTE 上行 MIMO 技术

受限于终端的成本和功耗，实现单个终端上行多路射频发射和功放的难度较大。因此，TD-LTE 在上行采用多个单天线用户联合进行 MIMO 传输的方法，称为 Virtual-MIMO。

调度器将相同的时频资源调度给若干个不同的用户，每个用户都采用单天线方式发送数据，系统采用一定的 MIMO 解调方法进行数据分离。

采用 Virtual-MIMO 方式能同时获得 MIMO 增益以及功率增益（相同的时频资源允许

更高的功率发送），二期调度器可以控制多用户的数据之间的干扰。同时通过用户选择可以获得多用分集增益。如图 4-5 所示。

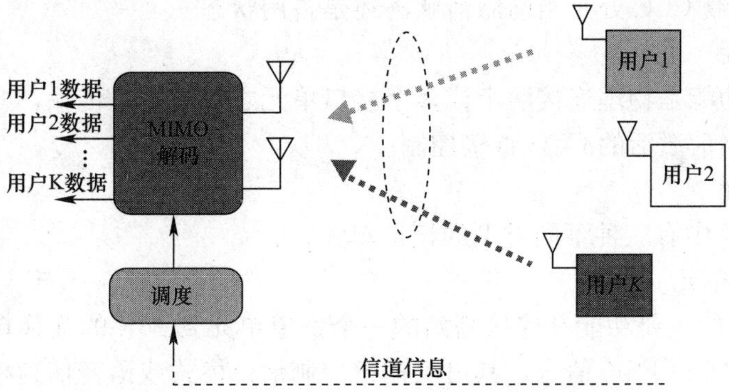

图 4-5 TD-LTE 上行 MIMO 技术

（3）高阶调制技术

LTE 系统增加了 64QAM 的高阶调制，虽然 64QAM 的频谱利用率高，但是损失了一些信号比和可靠性。采用该高阶调制可以提高 60%的信道利用率，这在 LTE 中是一个非常有效的解决方案。

4.2.2 TETEA 系统的组网方式及设备介绍

城市轨道交通无线集群调度系统的设备因采用系统型号不同而略有不同，但主要设备组成大致一样，主要包括以下四个部分：集群中央交换和控制设备，基站设备、光纤直放站或射频直放站等中继放大设备，泄漏电缆和天线等信号覆盖设备，车载电台、车站电台和手持电台等终端设备。以下主要介绍 TETRA 系统的组网方式及相关设备。

1. 集群中央交换和控制设备

集群中央交换和控制设备是系统的中心，它担负着系统参数配置、话路交换、呼叫控制、故障管理等功能。中央交换和控制设备主要包括主交换机（MX）、操作集中器（OPC）、操作维护终端（OMT）、录音机和电源。

（1）主交换机（MX）

主交换机是无线通信系统的核心部分，它负责在调度、移动台和有线电话分机（PABX）之间发送呼叫和信令。其主要功能有包括管理无线信道的分配；管理移动台注册的数据库；提供操作维护终端（OMT）、调度台（OPT）的接口；记录故障信息。

（2）中央控制计算机（CCC）

中央控制计算机 CCC 是交换系统中最关键部分，控制所有与呼叫处理有关的决定，因此，双重保护是为了提高系统可靠性。两个中央控制计算机分别为 CCCA 和 CCCB，其中一个 CCC 作为激活系统运行而另一个 CCC 作为备用系统运行。MX 有一个完整的自我诊断，如果当前 CCC 的任何一个单元出现故障，MX 就会自动切换保护，备用 CCC 自动进入激活状态。另外当前激活和备用 CCC 可通过 OMC（操作维护计算机）的主控制切换单元板上的开关人工切换。

（3）操作维护计算机（OMC）

OMC 用于调试时形成 MX 参数和运行模式。在正常运行时，它负责连续监控主交换机各部件的工作状态，其中 MSU 板上有故障状态指示灯，并通过与其连接的维护终端和打印机输出打印故障信息。如果要访问 OMC 参数，可通过操作维护终端 OMT 的操作实现。OMC 还可控制 CCC 处于当前激活状态还是备用状态。

（4）交换单元

交换单元的功能是物理连接两个或多个接口单元之间的语音传输，实现用户之间的通信，交换单元由当前激活的 CCC 直接控制。

（5）接口单元

无线系统 MX 中有三种不同类型的接口单元。

1）基站接口单元（BSIU）

MX 中 BSIU 的主要功能是连接基站的一个信道单元到 MX 的交换单元，通过 4 芯平衡线传输语音信号和 FFSK 信号，其可工作于控制信道模式或语音信道模式，根据是来自当前激活的 CCC 指令。

2）控制点接口单元（CPIU）

MX 中 CPIU 的功能是连接调度台到 MX。调度台用 2×4 芯线连接到 CPIU，其中一组 4 芯线传输语音信号，另一组 4 芯线传输 RS422 控制信息。

3）有线接口单元（SSIU）

MX 中 SSIU 的功能是连接 PABX 用户到 MX，采用 E&M 信令。

（6）电源模块（±5V 和±12V）

MX 中每个机柜有两个±5V 和两个±12V 电源模块，两个±5V 电源采用并联输出，如果一个电源模块发生故障，单独一个电源模块也可满足设备需要。±12V 电源模块也是一样。

（7）操作集中计算机（OPC）

OPC 在硬件上是一台兼容 PC 机，其完成下列功能：

1）管理系统应用的数据库。

2）提供与信号自动列车监控系统（ATS）的接口。

3）是时钟分配系统的中央节点，确保系统所有单元处于同步状态。

4）为维护人员提供故障诊断信息。

5）OPC 数据库提供单独标识符，例如列车组或移动台代号用于代替 MPT1327 地址，OPC 提供这个数据库服务于局域网上的每个 OPT。通过跟 ATS 的接口，接收 ATS 传输过来的列车信息，实现行调和车厂调度对列车的管理。

（8）操作和维护终端（OMT）及打印机

OMT 通过 RS232 串行口直接跟 MX 上的 OMC 中的 MSU 板连接，其功能是给维护人员提供人机接口，实现对 MX 配置数据库的管理；用户数据库管理；MX、基站和其他设备和控制；收集告警、故障，打印机输出有关设备控制的修改记录和告警故障信息打印。

（9）录音机

借助于录音机，所有调度员跟移动台和 PABX 分机之间的通话将被录音，另外还对通信广播系统的中央广播进行录音。

（10）电源单元

系统一般都有两个 48V 电源单元，采用并联输出方式提供给 MX，即单独一个电源单元也可供应 MX 设备。

2. 基站设备、光纤直放站和中继放大器

(1) 基站

基站是无线通信系统的关键重点设备，如果基站出现严重故障，则此时系统的降级模式也将无法运行。基站负责无线信号的发射与接收。

基站设备包括基站收发信机及其他接口模块（如线路接口模块等）、光发射模块、光接收模块、电源等。

(2) 光纤直放站

光纤直放站主要由光纤发射接收单元、放大器等设备组成，完成将基站来的光信号转换为电信号、并进行放大。同时将从天线或漏缆接收的射频信号转换为光信号发射到基站去。

(3) 中继放大器

中继放大器的作用是将上行或下行的信号放大，发射到天线或传送到与其相连接的光纤直放站。

3. 泄漏电缆和天线

(1) 泄漏电缆

泄漏电缆是一种特殊的电缆，电缆铠甲的特殊开孔结构，使得信号能够从电缆中均匀泄漏出来，实现了无线信号的覆盖。泄漏电缆是实现隧道区间无线信号均匀覆盖的理想选择。

(2) 天线

天线是无线通信系统的特殊重要设备，它的作用是实现高频电能与电磁波的相互转化。天线是所有需要接收和辐射电磁波的无线技术设备中不可缺少的组成部分。天线的形式很多，按其用途可以分为通信天线、雷达天线、广播天线和电视天线等；按所用波段可以分为长、中波天线、短波天线、超短波天线和微波天线等；按其特性可以分为强方向性天线、弱方向性天线、定向天线、全向天线、针状波束天线、扇形波束天线。

城市轨道交通无线通信系统使用的天线主要有以下 5 种。

1) 棒状天线：属全向天线，主要用于覆盖车辆段等较大范围的区域；

2) 耦合天线：属全向天线，主要用于覆盖站厅层或其他（如车库）面积较小的区域；

3) 八木天线：属定向天线，主要用于覆盖某些有特殊要求的区域（如正线上某一段轨道区域）；

4) 鞭状天线：属全向天线，主要用于无线手持台收发天线用；

5) 圆盘天线（吸顶天线）：属定向天线，主要用于无线车载台收发天线用。

4. 车载电台、车站电台和手持电台

(1) 车载电台

城市轨道交通列车的前后两端驾驶室各安装有一台电台。该车载电台主要由收发机、控制及接口电路、控制头、话筒、天线等组成，其中收发机和控制及接口电路安装在一个固定的箱内，控制头和话筒分别安装于司机座位前方的右边和左边，天线安装于车顶。司机可通过操作控制头的按键，发出各种通信需求，并通过话筒收听语音，通过系统跟 ATS 的连接，控制头会显示列车所属范围和车次。

（2）车站台

车站台安装于每个车站的车控室，车站值班站长可通过它跟行调联系，经行调转接还可与司机通话。

（3）手持电台

手持电台主要是提供给站务人员、维修人员等不固定地点作业人员跟调度通话。

这些移动台的通信功能主要有一般呼叫、紧急呼叫、短信息收发，调度台对移动台的群呼，对列车的广播等。

4.2.3 LTE系统的组网方式及设备介绍

TD-LTE宽带多媒体数字集群系统，系统的内部数据处理和交换全部基于IP，包括调度台在内的中心设备也全部采用IP数据交换。由于采用了IP化核心设备，有很高的数据吞吐率，用户和基站接入能力高，使得系统具备更平滑的扩容能力，通过不断地扩容可以实现多条城市轨道交通线路共享整个系统，同时，系统支持话音和数据的VPN服务，为不同线路适度保持其相互独立提供了保证，分别由不同线路的网络管理终端管理各自的设备和用户，而完全互不干扰。

在OCC配置调度台，各车辆段/停车场配置车厂调度台，用于各调度员完成各种调度通信操作和显示功能。同时在各车站、车辆段和停车场专用通信系统设备室设置eNB530（BBU＋RRU）分布式基站设备，基站通过传输系统提供的以太网传输链路与控制中心的交换机相连，分别接入两个核心网。每个车站配置固定台；移动人员配置手持台；列车上配置车载台，构成一个以行车调度功能为主的包括防灾环控、维修、车辆段等多个用户群并存的链状专用无线通信网络。

在中心、车站专用通信系统设备室设置BBU/RRU设备，每个站厅、出入口通道、车控室、侧式站台及高架站台通过吸顶天线覆盖相关区域；地下岛式站台和区间通过漏缆进行覆盖，正线上、下行线路的外侧各敷设一条漏泄同轴电缆，隧道区间漏泄同轴电缆固定在隧道壁上，距轨面3.6m左右，高架线路区间安装在轨面0.1m处。

高架区间：同一地域的上下行的漏缆采用共用RRU设备；地下区间：上下行独立设置漏缆和RRU设备。对于长大区间，需要在区间增设RRU设备进行信号延伸覆盖。

车辆段及停车场通信机房内设BBU，在机房楼顶设置天线杆塔，RRU设备和天线均安装于杆塔上，对于封闭空间等弱信号场区增加RRU进行覆盖，车库内及上盖物业等区域采用室内天线实现场强覆盖。

控制中心调度大厅及主要设备用房和办公区域采用室内天线进行覆盖。

TD-LTE宽带数字集群系统的具有VPN虚拟专网功能，将整个网络划分为多个调度子系统，各调度子系统共享核心网资源，但是调度运行分别独立并互不干扰，满足城市轨道交通运营、维护的要求。

在各车站通信设备室，预留合路器及相关接口，保证800MHz TETRA政务网基站射频信号能够通过合路器（政务网提供）进入专用通信室内、室外分布式系统和区间漏泄同轴电缆，从而完成政务网基站信号对区间、站内、车辆段、停车场的无线信号覆盖。

可通过网关互通或融合平台方案，实现与已有的800MHz TETRA系统间的互联互通；通过软交换的方案，实现与有线公务电话系统间的互联互通。

TD-LTE宽带数字集群系统主要由中心设备、基站设备、泄漏电缆和天线、终端设备组成。下面将以基于 LTE 标准的鼎桥公司的产品进行具体介绍。

1. 中心设备

中心设备主要由核心网、核心交换机、调度机、CAD 服务器、1588V2 时钟服务器、录音录像服务器、网管服务器组成、负责整个系统的签约数据管理、鉴权管理、移动性管理、会话管理、承载管理及数字集群业务、录音录像、网管维护管理、系统录音录像存储等工作。

(1) 核心网

无线集群系统的核心网设备，采用集中方式部署，提供签约数据管理、鉴权管理、移动性管理、会话管理、承载管理及数字集群业务等相关功能，并通过外接 eAPP 系统实现集群系统的调度功能。

(2) 核心交换机

核心交换机作为 LTE 系统网络架构的中间点，与内部核心网、调度机、传输系统，外部系统实现互联。核心交换机具有三层路由功能，根据业务的不同划分 VLAN，方便管理和数据分流。

(3) 调度机

调度机主要负责整个 LTE 集群系统的各项业务进行控制、完成媒体流的处理、录音录像服务设置、用户群组管理、互联互通配置等问题。

(4) CAD 服务器

CAD 作为二次开发系统的核心设备，具有 ATS 接口、时钟接口等功能。CAD 服务器将获取的用户信息与登录信息进行鉴权，鉴权通过，登录成功后，CAD 服务器主动连接集中网管，向集中网管发送调度台连接状态及故障告警信息。

(5) 时钟服务器

为系统基站提供标准的同步时钟，通过传输系统实现时钟服务器与基站之间的高精度频率同步和时间同步。主要网元包括基站节点、时钟服务器和中间传输设备，构成一个独立的时钟域。

(6) 录音录像服务器

录音录像软件部署在服务器上，通过以太网与中心 LTE 核心网设备进行通信。核心网设备上的语音、视频数据记录并保存到磁盘阵列上。

(7) 网管服务器

LTE 集群系统有核心网管和二次开发的网管两套。原系统的核心网管负责核心网、基站、调度机、录音录像设备、手持台的维护和管理；二次开发的网管负责调度台、车载台、固定台设备的操作和管理。

2. 基站设备

基站采用分布式架构，由两种基本功能模块组成：基带控制单元 BBU 和射频拉远单元 RRU，基带与射频单元之间采用 CPRI 接口，通过光纤相连接，传输 CPRI 信号，以适应无线网络建设的要求

(1) BBU 设备

BBU 设备提供基带信号处理、操作维护控制等功能。主要功能包括：

1) 集中管理整个基站系统，包括操作维护和信令处理。

2）提供系统时钟。

3）完成上、下行数据处理功能。

4）实现与传输网络的信息交互。

5）与射频模块进行通信。

6）提供与本地维护终端或集中操作维护系统连接的维护通道。

为了实现基站单站集群功能，每个车站安装一台副 BBU（主控板与主 BBU 不同），主副 BBU 通过二层交换机相连，主 BBU 故障或传输故障情况下，实现单站集群功能。

（2）RRU 设备

RRU 设备是分布式基站的射频模块部分，主要功能包括：

1）接收或发送基带数据，实现与 BBU 的通信。

2）完成基带信号和射频信号的调制解调、数据处理、功率放大等功能。

3）提供射频通道接收信号和发射信号复用功能和滤波功能。

4.3 无线调度功能

4.3.1 通用调度功能

无线集群通信系统是一种专业指挥调度系统，它必须在使用、系统入网、系统维护管理及多区联网上具有较齐全的功能，且要求操作方便、运行可靠、组网灵活。

1. 使用功能

集群通信系统要求具备的使用功能有：

（1）基本通话功能；

（2）调度与移动台用户之间的短信息传送功能；

（3）调度与移动台用户之间紧急呼叫功能；

（4）列车在车厂与正线之间组别自动及手动转换功能；

（5）动态构组功能；

（6）组呼及全呼功能

（7）调度台与有线电话转接功能。

2. 系统入网功能

（1）基本功能

1）入网时间短。任一用户按下按压对讲键（PTT）开关 0.5s 后，即可接入话音信道。

2）呼叫申请自动重发。主呼移动台用户按下 PTT 开关呼叫发送。由于某些原因，未被系统控制器确认，则当移动台释放 PTT 开关后，移动台继续发出数次信道请求。

3）遇忙排队自动回叫。当所有话务信道都在使用时，请求入网的用户进入排队等候。当有空闲信道时，中央控制器将自动依先来先服务的原则向排在队首的用户发接通提示音，让他通话。

4）紧急呼叫。遇有紧急情况，用户按紧急呼叫键，系统将保证开放一条信道用于紧急呼叫。同时在监视终端显示紧急呼叫者的身份码，并发出特殊声光提示。开放紧急通话信道有以下两种方式：

① 强拆式：紧急呼叫发出而又无空闲信道时，中央控制器将根据紧急呼叫需要提供话务信道，分配给紧急呼叫用户；紧急呼叫用户争用此信道，直到紧急用户释放发话键。

② 队首式：紧急呼叫发出而又无空闲信道时，这个紧急用户将被排在队首，一旦有空闲就分配信道给紧急用户使用。

5）限时通话。为了保证信道有效利用，缩短用户等待时间，对用户的通信时间进行限制，限时时间由系统控制中心设定。

（2）可任选功能

1）新近用户优先。该功能是为了向那些刚刚脱离话音信道的用户提供信道，以便重返系统完成通话以保证话务量忙时的通话完整性，而优先于其他有相同优先等级而未入网的用户得到信道。一般情况下，当用户释放信道 10s 后不再使用，则此新近优先状态结束。另外，新近用户优先数应限制，以防止少数用户组（群）垄断系统。

2）动态重组。组呼的设置是通过对用户台编程来实现的，因此，用户台配发后，重新进行编程有难度，这时就需要动态重组技术。动态重组就是能够随时对用户进行动态地重新编组。可以把某些单个用户重新编成一个大组。动态重组一般是操作员通过管理终端输入指令，由中央控制器通过控制信道或话音信道发布指令，移动台用户收到指令后自动改变设置；也有的系统是通过动态重组终端来完成的。

3）位置登记及漫游。多区网或区域网等联网工作时，用户可在大网内进行位置登记和漫游。

4）连续信道指配更新。一旦一个话音信道分配给一个通话组使用，只要该组仍在使用该信道，控制信道就一直发送信道分配信息。个别成员（因正与别的用户通话，或因干扰未能接收到呼叫信令，或因刚刚开机）未能及时进入本组通话时，他可在控制信道收到连续分配信令，而进入本组的通信。这就保证了移动台正确地直接进入到正确的信道，以便加入到本组其他成员的通话中。

5）误导移动台保护。由于在分配的话音信道上转发器发出一串包含使用该信道的用户的识别码，因而可以保证使意外误导到该话音信道上的用户因收不到正确的识别码，而会自动退回到信令信道上去，从而保证了在该信道用户通话的私密性。

6）遥毙。可消除由丢失或可能落入他人被窃的移动台所引起的潜在危险，并能防止非法用户进入系统工作。系统一般通过中央控制器定时或不定时地发送控制信令来“遥毙”某移动台；也可以在用户发起呼叫时，系统通过核对用户档案来“遥毙”该移动台。“遥毙”的方式一般分为两种。其中一种相当于“禁用”，只是对移动台的使用进行限制并不破坏移动台的程序；另一种可称为真正的“毙掉”，是把移动台的程序清除。

7）系统容错。系统容错是为了保证系统高度可靠地运行而采用的技术。它包括中央控制器热备份、备用控制信道、分散控制和故障弱化等。

① 中央控制器热备份

如果中央控制器出现故障，系统将不能正常工作，话音交换将不能进行。中央控制器热备份能够保证在中央控制器出现故障时，能自动切换到备用的中央控制器上工作，使得系统能正常运行，并且保持原有功能。采用热备份的优点是可以保证在中央控制器出现故障时，能迅速地切换到备份控制器上，而冷备份须人工切换；热备份的备份控制器与主控器之间的数据在实时交换，使得备份控制器与主用控制器之间的系统数据、用户数据保持一致。主用控制器与备份控制器可以设置为定时轮流工作，如每个两周自动切换一次，或设置为在主用控制器出现故障时，自动切换到备份控制器。

② 备用控制信道

这是集中式控制方式系统普遍采用的技术。采用此项技术的系统所有或大部分的话音信道均可以作为控制信道。在控制信道出现故障时，系统会自动指定某一条话音信道作为控制信道。这样就可以避免因为某一控制信道的故障而造成整个系统的瘫痪，在更换控制信道后，移动台能够自动识别新的控制信道。控制信道的选用也可以实行定时轮换的方式，这样也可以保证信道不会因为长期作为控制信道，设备温度过高而加速老化。

③ 故障弱化

是指当系统中央交换控制设备或中央交换控制设备与基站的连接中断时，系统将进入降级模式运营。在此情况下，将仍能保证调度的通话需求，但部分用户通话的私密性将不能实现，而且，这时无线调度台将都不能使用，只有降级模式备用调度台才能使用，承担所有的调度功能；或者通过移动台的设置，使得在降级模式下，该用户承担某一组的临时调度功能。

3. 系统维护管理功能

（1）主要功能

1）修改运行参数

可根据业务需要，修改运行参数，如增加或删除用户、用户分组、用户限时参数、优先级别和接续权限等。

2）统计功能

主要统计每一信道的话务量、每条中继线话务量、系统内不同组（群）用户的话务量等。

3）监视信道忙闲状态

可通过操作终端显示出系统内各信道的忙闲。

4）基站无人值守。

5）系统自我诊断

包括周期性地检验控制器的运行情况、周期性地检验基站收发信机及接口的运行情况和周期性地检验供电状况等。若有故障，则在系统管理终端上有声、光告警信号，同时还可把故障显示打印记录下来。

（2）可选功能

1）通话记录和计费。对于特定客户，计费功能可不考虑。

2）发射机故障关闭。当发射机输出功率降低到某一电平，系统将自动切断该信道，避免用户使用有故障的发射机工作。

3）接收机干扰关闭。当控制器检测到某信道接收的不是该系统成员发生的载频超过一个特定时间后，该信道将被关闭以免受干扰，直到干扰消除。

4）多区联网功能

① 具有单区网扩展为多区网的能力。

② 具有自动搜索信令信道的能力。

③ 多区信令信道的管理。可采用多区同频信令信道，也可异频信令信道。

④ 多区动态使用信道。根据不同业务状况，可进行动态分配，调节后备信道的使用。

5）多区业务管理，包括区间漫游话务量统计及计费等。

无线集群通信系统的功能视不同单位生产的系统而定，有的单位的系统功能齐全一些，有的少一些。集中控制式的系统功能也比分散式控制方式的系统功能多一些。而有些功能也不一定都需具备，但是一些基本的功能则是每个集群通信系统一定要具备的。

4.3.2 用户组别配置及转换

因为无线集群调度系统在为运营行车和维修作业提供调度指挥的功能时，主要是通过组呼来实现的，所以用户组别的配置是否合理和转换是否顺利将影响到调度指挥的有效性和及时性。对于数字集群无线通信系统，其组呼功能非常强大，下面进行说明。

1. 城市轨道交通集群系统用户组别配置

集群通信系统在城市轨道交通应用中的用户主要有正线运营列车车载电台、车厂列车车载电台、车站电台、车站人员手持电台、车厂人员手持电台、工程车司机手持电台、维修人员手持电台、环控人员手持电台、保安人员手持电台，它们分属于行车调度台、车厂调度台、维修调度台、环控调度台、保安调度台 5 个调度台。其中行车调度台应有正线运营列车车载电台、车站台、车站人员手持电台、工程车司机手持电台等用户；车厂调度台有车厂列车车载电台、车厂人员手持电台、工程车司机手持电台等用户，维修调度台有维修人员手持电台用户；环控调度台有环控人员手持电台用户；保安调度台有保安人员手持电台用户。这些用户的配置是针对各个调度的调度指挥的对象类别来定义的，只定义了调度台下属用户的类别，实际上调度与这些用户的通信是通过选呼这些用户的组别来实现的。

2. 5 个调度台的通信对象的用户组别具体配置

（1）行车调度台可分为正线运营列车组、站长组、车站组、工程车组、行车安全组，其中正线运营列车组包括所有在正线的列车车载电台；站长组包括所有的车站电台；车站组由各车站的车站电台和本站车站人员手持电台组成各车站组；工程车组包括所有的工程车司机手持电台；行车安全组包括车长手持电台、列车备用手持电台和安全人员手持电台。正线运营列车组又可分为上行列车小组和下行列车小组。站长组又可以分为所有联锁站小组、各联锁站区间小组、各大闭塞区间小组。车站组又可以合成所有联锁站小组、各联锁站区间小组、各大闭塞区间小组。

（2）车厂调度台可分为车厂列车组、车厂管理组和车厂维修组，其中车厂列车组包括所有在车厂的列车车载电台；车厂管理组包括所有车厂管理人员手持电台；车厂维修组包括所有车厂维修人员手持电台。车厂管理组可再分为车务部车厂管理小组和车辆部管理小组。车厂维修组可根据各维修单位不同继续分为各维修小组，例如车厂信号小组、车厂线路检修小组、车厂接触网检修小组、车辆检修小组。

（3）维修调度台可分为设备抢修组、维修管理组、通号、机电、工建、供电等专业维修部门组。设备抢修组由单位安全部门为大组，下分维修工程部和车辆部两小组。其他具体分组和分组下的小组应根据各运营部门实际组织维修架构而定。

（4）环控调度台可按正线区段分组为所有联锁站小组、各联锁站区间小组、各大闭塞区间小组，也可根据集中供冷功能的需要按供冷区段分组。

（5）保安调度台根据保安工作的需要可分为巡查小组和紧急事故处理小组，也可按线路区段分组为所有联锁站小组、各联锁站区间小组、各大闭塞区间小组和车厂小组。

以上各调度台下属各小组及用户可根据临时工作需要，由维修调度临时派接为一组，临时工作完成后，再由维修调度取消。以上分组中车站电台和手持电台的分组都是依靠无线集群系统设备来控制分配，而列车车载电台分为正线列车组和车厂列车组则是依靠信号自动列车监控子系统（ATS）传输给无线集群系统的控制信息来控制分组。

3. 从调度台和各种用户的无线通信功能需求来考虑的各用户组别配置及其功能

（1）车载电台

1）每个车载电台设为一组，每列车的两个车体编在一起。

2）行车调度台全呼正线列车组可有两种方式的组别，第一种为ATS正常时，行调使用调度台用全呼功能键实现全呼；第二种为ATS不正常时使用，通过设置一个正线全呼组在行调台和每个车载电台上，并把这组定义在正线区域的基站为有效站点，车辆段基站为无效站点。

3）行车调度台群呼正线上行列车组，通过设置一个正线上行群呼组在行调台和每个上行车头的车载电台上，并把这组定义在正线区域的基站为有效站点，车辆段基站为无效站点。行车调度台群呼正线下行列车组，通过设置一个正线下行群呼组在行调台和每个下行车头的车载电台上，并把这组定义在正线区域的基站为有效站点，车辆段基站为无效站点。

4）车厂调度台全呼车辆段列车组有两种方式的组别，第一种为ATS正常时，车厂调度使用调度台派接功能区的全呼功能键实现全呼；第二种为ATS不正常时使用，通过设置一个车辆段全呼组在车厂调度台和每个车载电台上，并把这组定义在车辆段基站为有效站点，正线区域的基站为无效站点。

5）行车调度台或车厂调度台群呼部分列车，通过调度台的派接功能，临时把部分列车编在一组。

6）车载电台与车站电台之间的呼叫通过组呼实现，系统按基站来设置对应组。

（2）车站电台

每个车站电台设置为一个单独的组。

每个车站电台设置一个本站组，同时本站的所有手持电台都设置于此组。

所有的车站电台和行车调度台设置一个车站电台全呼组。

所有联锁站的车站电台设置一个组。

车站电台与所有车载电台设置一个组。

车站电台设置一个站务环控内部组。

群呼部分车站电台，通过调度台的派接功能，临时把部分车站电台编在一组

调度台可通过此派接组发起群呼。

（3）手持电台

手持电台用户分组情况见表4-2。

手持电台用户分组情况表 **表 4-2**

序号	组名	用户 1	用户 2	用户 3
1	行调全呼正线列车	行车调度台	车载电台	
2	行调全呼所有车站	行车调度台	车站电台	
3	车厂调度台全呼车辆段列车	车厂调度台	车载电台	
4	正线上行列车全呼	行车调度台	车载电台	
5	正线下行列车全呼	行车调度台	车载电台	
6	调度台与车载通话组	行车调度台	车载电台	车厂调度台
7	车载与车站通话组	车载电台	车站电台	手持电台
8	车站与调度台通话组	行车调度台	车站电台	手持电台
9	车站本站站务通话组	车站电台	手持电台	
10	调度台与联锁站通话组	行车调度台	车站电台	
11	车站与维修人员通话组	车站电台	手持电台	
12	后备模式与车站通话组	车载电台	车站电台	手持电台
13	各专业内部通话组	手持电台		
14	各专业通播组	手持电台		
15	维调各专业通话组	维修调度台	手持电台	
16	维调部门通播组	维修调度台	手持电台	手持电台
17	车厂调度台各专业通话组	车厂调度台	手持电台	
18	临时工作组	所有手持机		
19	行调抢修调度台组	行车调度台	手持电台	
20	车厂调度台抢修调度台组	车厂调度台	手持电台	
21	维调抢修调度台组	维修调度台	手持电台	
22	站务环控内部组	手持电台		
23	站务环控内部组	手持电台		
24	环控通播组	环控调度台	手持电台	
25	环调站务通话组	环控调度台	手持电台	
26	环控操作车站组	车站电台	手持电台	
27	环调全呼通播组	环控调度台	手持电台	
28	车辆部门内部通话组	手持电台		
29	车辆部通播组	手持电台		
30	行调车辆检修通话组	行车调度台	手持电台	
31	车厂调度台车辆检修通话组	车厂调度台	车辆检修手持电台	
32	乘务内部通话组	手持电台		
33	行调与列车手机通话组	行车调度台	手持电台	
34	行调全呼正线列车手机	行车调度台	车务乘务室手持电台	
35	车厂调度台全呼车辆段列车手机	车厂调度台	手持电台	
36	行调工程车通话组	行车调度台	手持电台	
37	车厂调度台工程车通话组	车厂调度台	手持电台	
38	站务工作组	手持电台		
39	站务事故处理组	手持电台		
40	站务通播组	手持电台		
41	列车广播组	行车调度台	车厂调度台	车载电台

无线集群通信系统用户的分组方式可按照运营和维修组织架构和方式来决定。运营和维修组织架构和方式如变动，其无线通信用户的分组也将变动。所有的分组都是为了运营组织和维修组织更加有序、更加方便、更加直接有效而设置的。

4.3.3 用户组别的转换

用户组别的转换有两种方式：一种是手动转换，用户通过操作电台，手工选择要通信的组别；第二种是列车车载电台随着列车进出车厂而在行车调度台与车厂调度台之间转换。手工转组的实现方法因各厂家的产品不同而有不同的操作方法，在这里就不介绍了，下面仅就第二种组别的转换方式做一介绍。

城市轨道交通集群通信系统中把列车车载电台分为正线运营列车车载电台和车厂列车车载电台，分属于行车调度台和车厂调度台。任一列车车载电台要么属于行车调度台，要么属于车厂调度台，即在正线的列车车载电台只能呼叫行车调度也只能被行车调度呼叫，在车厂的列车车载电台只能呼叫车厂调度也只能被车厂调度呼叫。这样列车通过车厂与正线的分界点进入正线的瞬间，列车车载电台必须从车厂调度台转换到行车调度台，此时对列车的调度指挥权也由车厂调度转移给行车调度，即该车载电台应立即从车辆段调度台中删除，并加入到正线行调台中。反之，当列车由正线进入车辆段时，该车载电台应立即从正线行调台中删除，并加入到车辆段调度台中。

1. 自动转组

当列车在进出正线与车辆段之间时，列车车载电台在行车调度台与车厂调度台之间转换，其目的是实现调度对列车的指挥权的移交，所以车载电台的转换必须与为行车指挥服务的信号系统 ATS 系统保持一致。列车在进出正线与车辆段时，通过正线与车辆段的转换轨的同时，信号 ATS 系统发送信息给无线集群通信系统，实现自动触发车载电台的动态转组。

当无线集群通信系统收到从信号 ATS 发送过来的列车由车辆段进入正线的信息时，无线集群通信系统的服务器将处理和记录该信息，实现列车车载电台从车厂调度台转换到行车调度台。这时在行车调度台的列车短消息信息列表中会显示“添加列车”，而在车厂调度台的列车短消息信息列表中会显示“删除列车”。与此同时在行车调度台上的列车列表中显示该列车的车身号码，而在车厂调度台上的列车列表中则找不到该列车车身号码。

当无线集群通信系统收到从信号 ATS 发送过来的列车由正线进入车辆段的信息时，无线集群通信系统的服务器将处理和记录该信息，实现列车车载电台从行车调度台转换到车厂调度台。这时车厂调度台的列车短消息信息列表中会显示“添加列车”，而在行车调度台的列车短消息信息列表中会显示“删除列车”。与此同时在行车调度台上的列车列表中找不到该列车的车身号码，而在车厂调度台上的列车列表中则显示该列车车身号码。

2. 调度人工转组

为了保证列车的调度指挥权的正确移交，防止信号 ATS 系统向无线集群通信系统发送信息不正常或发送错误信息，必须在设计系统功能中增加调度人工转组的功能。调度人工转组与自动转组无优先级别的限定，可相互修改。调度人工转组分为调度主动转组和司机请求转组两种情况。

（1）调度主动转组

当调度发现列车当前运行位置与列车车身号码在调度台列车列表中的显示不对应时，通过在调度台上操作，把已离开自身管辖范围的列车的车载电台进行转组，即车厂调度台把离开车辆段进入正线的列车的车载电台转组到行车调度台，行车调度台把离开正线进入车辆段的列车的车载电台转组到车厂调度台。

（2）司机请求转组

当司机发现车载电台上的组别显示错误时，即列车在正线管辖范围而车载电台显示在车辆段，或列车在车辆段管辖范围而车载电台显示在正线，可以通过操作车载电台向调度台发出请求转组的信息，这样当前显示该列车车载电台的调度台将收到该请求转组信息，由使用该调度台的调度进行人工转组。例如列车在正线运营时，如果信号 ATS 系统发送一个列车由正线进入车辆段的错误信息，该列车的车载电台将由行车调度台转组到车厂调度台，该车载电台显示在车辆段，而司机可以明显地判断列车在正线，此时司机就必须发出请求转组的信息，由车厂调度将该车载电台人工转组到该列车正确位置的行车调度台，司机也可以发现车载电台显示从车辆段改变为正线。

4.3.4 集群调度的运行方式

根据城市轨道交通运营需要，无线集群调度系统可采取如下的运行方式。以下划分 TETRA 系统和 LTE 系统的呼叫方式

1. TETRA 系统的呼叫方式

（1）调度台呼叫移动台

各调度欲呼叫下属某一用户，只需在调度台人机界面上选中该移动台的名称，系统通过 CAD 服务器可以将它转变为系统的无线标识号，经中央控制设备处理后传输到用户注册的基站，经漏缆和天线发射出去，移动台接收到控制信号后进行比较，如证实是呼叫自己，则接通振铃，用户按压通话键即可建立通话，此即个别呼叫，也叫私密呼叫。调度发出组呼亦如此。

（2）移动台呼叫调度台

移动台欲与调度通话，一种方式是向调度发出呼叫请求的短信息，调度收到此短信息再回叫该用户，操作跟前面所述一致；另一种方式是移动台私密呼叫调度台。

（3）移动台之间的呼叫

手持电台之间组呼可有三种方式。第一种是本组内的组呼，只需把移动台的组选择旋钮保持在本组组号旋钮位，按 PTT 键即可通话；第二种是呼叫另一组用户，则需把组选择旋钮调到对方组号旋钮位，按 PTT 键即可通话，实现此种通话的前提是本机应先设置对方组号；第三种是保持在本组号旋钮，可监视到对方在扫描功能的呼叫，前提是应先设置扫描功能。

移动台单呼另一移动台，如果两移动台拥有私密通信的权限，则拨出对方 ID 号或预编好的对方名称发出呼叫都可呼叫对方。

车载电台呼叫车站（车站台或车站内手持电台）可采取三种方式。第一种是把车载电台的组选择旋钮调到要呼叫的车站组按 PTT 通话即可；第二种是车载电台私密呼叫车站台；第三种是把所有车站台设于同一组中，所有车载电台设置此组号，不需呼叫车站时车载电台调到自身组中，需呼叫车站时调到这一组中。最后这种方式会造成车载电台把所有车站台都呼叫到，从而影响到无关系的车站工作。

车站（车站台或车站手持电台）呼叫车载电台采用两种方式。第一种是把所有车载电台设于同一组中，所有车站台和手持电台设置此组号，不需呼叫车载时调到本站组中，需呼叫车站时调到这一组中，这种方式会造成把所有车载电台都呼叫到，影响无关系的车运行。第二种是车载电台设优先监视功能，所有车载电台都统一设一个扫描功能，而且在车站台或手

持电台设此组号，当车站需呼叫列车时先选择此组旋钮，按 PTT 呼叫，车载电台监视到呼叫后退出当前的呼叫转向扫描功能接受呼叫，此种方式因扫描功能只在该站点的所有业务信道上发送，所以只影响到本基站内的列车，是城市轨道交通中应用的好方式。

2. LTE 系统的呼叫方式

LTE 的语音呼叫方式基本和 TETRA 相同，但因为 LTE 可供传输的带宽更高，因此支持视频呼叫功能，从而实现可视化调度，为用户提供了更多更好的呼叫选择。下面将重点讲述 LTE 系统下的视频呼叫方式等新的功能。

（1）调度台呼叫移动台

调度台视频呼叫移动台，调度台发起的，将手持台、车载台、摄像头的视频及伴音回传至调度台界面。调度用户通过点击“视频调度”按钮，进入视频调度窗口，视频对象列表中勾选需要监控的移动台，选择分辨率和是否伴音之后，点击确认便可发起视频监控，移动台收到视频监控会有振铃提示，用户选择接听后，调度台便可以看到移动台的视频图像。

（2）移动台呼叫调度台

LTE 终端具有视频上传调度的功能，终端用户通过输入调度台号码或者按压快捷键，便可以发起视频回传功能，调度台收到视频回传功能会有振铃提示，用户选择接听后，便可以看到移动台的视频图像。

（3）移动台之间的呼叫

移动台用户通过输入对方 ID 号码，选择视频点呼按键，便可发起对移动台的视频呼叫。对方移动台收到视频点呼功能后会有振铃提示，用户选择接听后，便可以看到双方移动台的视频图像，听到对方声音。

（4）手持台发起广播呼叫

LTE 系统车站固定台和车站广播系统有接口，可以实现手持台发起车站广播。手持台用户只需要将手持台群组选到对应广播区域的群组（群组名称和广播区域一一对应），按压 PPT 既可发起对于区域的车站广播。

（5）LTE 系统视频功能

LTE 系统还具有视频监控、视频点呼、视频分发的功能。

1）视频监控

用户在视频监控界面，输入对方的 ID 号码，便可以发起视频监控功能，视频监控可以选择画面的分辨率和背景声音。用户在视频监控过程中，不影响语音群组呼叫功能。调度台和固定台可直接在界面上输入监控终端号码，发起前可设置上传视频格式、前后置摄像头等。当调度台和固定台发起手持终端的视频监控时，能够支持两种模式，模式一：无需用户确认，直接发起视频监控，模式二：需用户确认后对手持终端用户实现监控，模式在调度台可配置，默认采用模式二，模式一的权限可配置。支持伴音/视频的同时回传或只回传视频，监控画面播放时支持该路监控画面伴音的打开和关闭。

2）视频点呼

移动用户在拨号界面或者电话本中输入对方 ID 号码，点击视频呼叫按钮，便可发起视频点呼功能。手持终端之间进行视频通话业务。如调度台与车载台之间的通话、调度台与车站台和手持台之间的通话、调度台与车站台和手持台之间的通话、车载台与车载台之间的通话、调度台与无线用户（车载台、车站电台、手持台）之间的通话、无线用户（车载台、车站电台、手持台）之间的通话。在手持终端之间可进行视频通话业务，在通话进行的同时，通话双方均可以看到对方的摄像头画面。

3）视频分发

调度台用户收到移动台的视频监控画面之后，可以将该视频分发给其他移动用户（手持台、车载台、固定台）和调度台。视频分发的用户收到相应的视频分发信息后会有来电提醒，用户接听后便可以实时接收第三方的视频画面。调度台可以选择一路视频，向指定的一个或多个用户终端（包括其他调度台、手持终端、车载台、固定台）、专用视频监控系统进行分发。用户终端接收分发视频后，可以对视频进行播放，并可对伴音选择是否关闭。当调度台对某个终端发起第二个视频分发业务时，支持两种模式：模式一：终端具有相应的界面供用户选择是否切换到第二路视频、拒绝第二路视频，或保持第二路视频供随后观看。该模式只支持向同一用户分发两路视频。模式二：调度台向终端分发的第二个视频直接取代第一路视频。

4）预留视频接口

LTE 系统可预留与 CCTV 系统的接口，将视频分发给 CCTV 系统。

4.4 设备维护与故障处理

4.4.1 无线集群调度系统的维修组织

1. 人员安排

为了保证系统的正常运行，及时发现故障隐患和及时排除故障，须在中央控制中心（OCC）机房设有维修人员值班。在 OCC 通信设备房的值班人员主要负责监控中央控制单元系统设备的运行状态、维护终端显示各站设备的工作状态，进行基站及 OCC 无线设备的检修，以及处理 OCC 无线调度台的故障等。OCC 通信设备房的通信值班人员负责的是系统的关键重点设备，要求值班人员具有较为全面的系统知识，有较为熟练的故障处理能力。

由于受列车运行过程中振动的影响，可能会因此造成无线车载台的设备故障，为了确保行调与司机之间的通信正常，因此车辆段的值班人员在对定期对无线车载台设备进行检修。

2. 故障处理程序

通信无线设备发生故障，有关值班及维修人员应及时准确地作出判断（判明故障位置、故障原因等），按照"先通后复"的原则，积极组织修复，缩短故障时间，把故障影响控制在最小范围内。如果通信故障影响到调度的必保设备，电路必须采取倒换、代替、迂回等应急措施，以减少影响程度。

当无线值班人员接到设备的故障后，应作出是否影响行车或将会影响行车的判断，并向上级报告，如果故障不影响行车，直接由值班人员负责处理，处理完后将处理情况向上一级指挥人员报告。如果影响或将会影响行车，值班人员要先初步判断能否快速处理而不影响行车，是否需要支援，如果需要支援，必须立即上报上一级指挥者进行支援，同时值班人员需第一时间赶赴现场进行初步处理。

3. 工器具、备件

要及时高效处理无线系统的故障，备品备件充足，工器具准备齐全是重要保障。无线系统的关键重点、易发故障设备需准备充足备件，且最好存放在离设备房不远，存放条件较好的地方。对于无线机车台、车站台、手持电台等容易损坏的用户设备必须有较多的备用机，数量最好在使用机总数的10%以上。

4.4.2 无线集群调度设备的检修周期与工作内容

无线集群调度设备的修程分为“日常保养”（一级维修）、“二级保养”（二级维修）、“小修”（三级维修）、“中修”（四级维修）、“大修”（五级维修）。下面将分别对基于TETRA标准的MOTOROLA无线集群系统，基于LTE标准的无线集群调度系统的检修周期进行简单介绍。

1. MOTOROLA Dimetra无线集群调度系统检修规程，如表4-3所示。

MOTOROLA Dimetra无线集群调度系统维修规程 表4-3

设备名称	修程	检修周期	维修内容	验收标准	作业关键点
集群主站设备	日常保养	每天	（1）检查各机柜外表、地线及通风口情况状态	（1）各机柜外壳完好，无锈蚀、破损、掉漆； （2）接地线无破损、氧化、断裂，地线压接紧固不松动； （3）机柜内外通风口畅通无污垢、无堵塞	
			（2）检查集群主站设备各个机柜和模块指示灯状态	各个指示灯的状态指示设备运行正常，无异常颜色、闪烁或灭灯	
			（3）检查各个维护终端的当前故障信息显示与指令查询情况，检查各站点基站情况	（1）确认所有维护终端故障信息显示内容为当前最新，并确认故障已恢复； （2）指令查询后确认系统运作正常与实际情况无差异； （3）各基站无故障	
			（4）录音文件选听及存储检查	（1）录音清晰、齐全； （2）如存储介质容量告警则删除3个月以前的录音信息	
			（5）检查机柜内电源分配盘上各空气开关状态、温度（仅限OCC）、空气开关输入插头状态	（1）空气开关完好无损； （2）工作温度介于−5～+40℃； （3）空气开关输入插头牢固无松动	
			（6）检查无线调度台、录音机、告警终端等各设备的时间同步情况	无线系统各用户、维护终端时间与通信时钟系统时间一致	
	二级保养	每月	（1）同日常保养内容		
			（2）检查、清洁设备机柜、各模块外表，检查以及系统终端的电缆、连接头及风扇状况	（1）设备机柜内外、部件、模块无积尘、无污垢； （2）设备内外部线缆无损坏、接头牢固； （3）风扇运转正常	
			（3）核对网管内故障信息	本系统网管的告警记录与通信集中网管告警信息进行核对，两者故障信息相对应	
			（4）系统软件数据完整性检查及备份操作（当系统数据有修改变动时才进行备份操作）	（1）确认检查系统数据是否完整、齐全； （2）设备本身硬盘备份及设备外部存储介质备份齐备，做好日期更新标识	
			（5）检查、整理录音机录音数据，并清洁录音机	（1）录音数据齐全； （2）录音机无积尘、无污垢	
			（6）检查、清洁系统维护终端及各类服务器	各维护终端及服务器设备无积尘、无污垢	

续表

设备名称	修程	检修周期	维修内容	验收标准	作业关键点
集群主站设备	二级保养	每月	(7) 检查、清洁无线调度台设备外表、接口、功能，与用户了解使用情况	(1) 调度台外表完好，设备无积尘，无污垢，通话正常，清晰； (2) 所有网络接口紧固，光电（光端机）收发器显示状态正确； (3) 用户反馈良好无隐患	
			(8) 检查、测试调度台接口服务器与 ATS、时钟接口	ATS、时钟信息接收准确，功能正常	
			(9) 检查 GPS 天线、避雷器、下引线的外观及接头情况	(1) GPS 天线、电缆外观完好，接头稳固，防水完好； (2) 避雷针及引下线完好，安装牢固，防水性能好	
			(10) 检查二级空气开关及插排状态，使用红外线测温仪确定温度并清洁	(1) 接有负载的开关均闭合，外观无变形，颜色无异常； (2) 工作温度正常，－5～＋40℃； (3) 空气开关表面无积尘、无污垢	
			(11) 微调时间，检查各终端时钟自动校准同步情况	各终端能够与时钟系统自动校准同步	
	小修	每年	(1) 同二级保养内容		
			(2) 关闭电源，清洁集群主站各模块、连线并重新上电检查	(1) 设备可关机； (2) 各模块、清洁、无积尘、无污垢，连接线无损坏，接头牢固，接触良好； (3) 重新上电后功能正常无告警	(1) 注意操作规范及防静电； (2) 拆卸设备、连线过程中要做好标记（包括跳线设置，安装次序）以便恢复； (3) 元器件尚有余温的电子设备要放置冷却后才能进行清洁，以免损坏设备； (4) 设备安装上电前须检查、清除清洁工作的残留痕迹（如棉絮、清洁剂等）
			(3) 清洁调度台等终端、服务计算机内部板件、电源、硬盘、风扇，检查内部接线情况	(1) 调度台等各终端、服务器内部清洁、无积尘、无污垢； (2) 内部连接线无损坏，接头牢固，接触良好； (3) 重新上电后功能正常无告警	(1) 元器件尚有余温的电子设备要放置冷却后才能进行清洁，以免损坏设备； (2) 设备安装上电前须检查、清除清洁工作的残留痕迹（如棉絮、清洁剂等）
			(4) 万用表检查、测试电源输入、下游配电箱空气开关情况	(1) 主站设备输入电源为 AC198～AC242V； (2) 供其他无线设备输入电源 AC198～AC242V	注意万用表挡位、量程和使用规范
			(5) 整理、备份系统服务器、维护终端、调度台、录音机数据	(1) 所有数据完整、齐全、准确； (2) 数据按时间顺序排列，有路径可查	

续表

设备名称	修程	检修周期	维修内容	验收标准	作业关键点
集群主站设备	小修	每年	(6) GPS天线、天线支架及避雷针除锈处理	(1) 天线、各部件、连线及接头无损坏; (2) 天线支架牢固可靠,无锈迹	
			(7) 检查机柜螺丝,做除锈处理	各机柜螺丝无锈蚀	
			(8) 检查设备地线、螺丝、接头状态	各部件牢固紧密,接触良好,地线无皲裂、软化、氧化,螺丝无锈蚀	
直放站设备(远端机、近端机、功分器、电源配电箱)	二级保养	每月	(1) 检查近端机(射频)直放站外表、地线及通风口情况状态并清洁	(1) 各机柜外壳完好,无锈蚀、破损、掉漆; (2) 接地线无破损、氧化、断裂,地线压接紧固不松动; (3) 机柜内外通风口畅通无污垢、无堵塞; (4) 近端机内外清洁、无积尘、无污垢	APM检查射频直放站,三号线北延线、广佛线检修近端机
		每半年	(2) 检查远端机直放站外表、地线及通风口情况状态并清洁	(1) 各机柜外壳完好,无锈蚀、破损、掉漆; (2) 接地线无破损、氧化、断裂,地线压接紧固不松动; (3) 机柜内外通风口畅通无污垢、无堵塞; (4) 远端机内外近端机内外清洁、无积尘、无污垢	APM线不执行
			(3) 检查直放站远端机各状态指示灯状态	各个指示灯的状态正常	
			(4) 检查直放站远端机各电缆、光缆和射缆及连接头状态	电源电缆、射频电缆、光纤尾纤线缆无破损,各接头连接紧固	
			(5) 利用测试手机测试区间场强覆盖情况	95%区域信号场强≥−95dBm	APM线不执行
			(6) 检查直放站远端站设备安装固定及设备箱门的锁闭情况	(1) 辅助绑扎直放站设备箱及电源配电箱的附件完好、无破损; (2) 固定直放站远端站设备箱及电源配电箱的支架及螺丝完好,安装固定稳固; (3) 设备箱及电源配电箱门锁的正常锁闭,门锁状态良好; (4) 检查后确认重新绑扎	关闭设备箱门后,一定要进行再次确认,保证设备箱门确实锁闭,并且附件的绑扎牢固、可靠
	小修	每年	(1) 同二级保养内容		
			(2) 详细检查功分器各个射频电缆、接头状态	(1) 功分器内部的各条射频电缆无损坏,无锈蚀; (2) 与功分器连接的电缆无损坏及锈蚀、接头牢固	
			(3) 详细检查直放站远、近端机(射频直放站)中各部件工作状态	(1) 直放站2m范围内手持台测试信号功率为−60~−35dBm(五号线); (2) 检查后用手持台测试通话正常、清洗	
			(4) 检查设备地线、螺丝、接头状态	各部件牢固紧密,接触良好,地线无皲裂、软化、氧化,螺丝无锈蚀	

续表

设备名称	修程	检修周期	维修内容	验收标准	作业关键点
车站电台	小修	每年	(1) 检查车站电台外表、连线及显示状态	(1) 设备外表损坏； (2) 连线正确、牢固可靠、无破损； (3) 电台显示正常	
			(2) 检查车站电台天线状态并清洁，并进行呼叫测试	(1) 电台天线及馈线无损坏、天线姿势正确； (2) 电台天线和馈线连接正确、安装稳固，无积尘、无污垢； (3) 通话效果良好，无过大的背景声及干扰	
			(3) 检查并测试车站电台电源	电台电源工作状态正常	
车载电台	日常保养	每周	(1) 检查车载电台各部件状况	(1) 车载电台控制盒完好，无破损； (2) 车载电台扬声器完好，无破损； (3) 车载电台手柄/手麦完好	
			(2) 检测车载电台各项功能，对电台进行“复位”后软件检查与呼叫	(1) 车载电台各项显示以及功能良好； (2) 车载电台“复位”操作正常； (3) 电台呼叫测试正常，通话清晰	
	二级保养	每月	(1) 同日常保养内容		
			(2) 清洁车载电台部件卫生，清洁电器柜内电台主机	(1) 车载台部件无积尘、无污垢； (2) 部件稳固可靠、连线正确、电缆无破损； (3) 悬挂部件螺丝无锈蚀，紧固	
			(3) 登车顶清洁车载电台天线	(1) 电台天线无积尘、无污垢； (2) 天线馈线连线正确、接头牢固	
			(4) 检查车载电台主机各部件内部连线	电台各接口连线正确、接头牢固	
			(5) 检查控制头、话筒、扬声器等车载电台附件	(1) 设备无积尘、无污垢； (2) 连接正确、安装牢固	
			(6) 无线列车广播功能测试	(1) 车载电台广播功能可实现； (2) 司机室、车厢内有声响	
	小修	每年	(1) 同二级保养内容		
			(2) 检查车载电台手柄/手麦	设备无积尘、无污垢	
			(3) 检查驾驶室车顶喇叭	设备无积尘、无污垢	
			(4) 检查、测试车顶天线	设备正常	
			(5) 测试车载电台控制头性能	控制头按键反应灵敏、设备菜单正常打开并选择	

2. TD-LTE TTR 无线宽带多媒体数字集群通信系统维修规程，如表 4-4 所示。

TD-LTE TTR 无线宽带多媒体数字集群通信系统维修规程　　表 4-4

设备名称	修程	检修周期	维修内容	验收标准	作业关键点
集群中央设备（含附属设备）	日常保养	每天	(1) 检查各机柜外表、地线及通风口情况状态	(1) 各机柜外壳完好，无锈蚀、破损、掉漆； (2) 接地线无破损、氧化、断裂，地线压接紧固不松动； (3) 机柜内外通风口畅通无污垢、无堵塞	
			(2) 检查中央设备各个机柜和模块指示灯状态	各个指示灯的状态指示设备运行正常，无异常颜色、闪烁或灭灯	
			(3) 检查各个维护终端的当前故障信息显示与指令查询情况，检查各站点基站情况	(1) 确认所有维护终端故障信息显示内容为当前最新，并确认故障已恢复； (2) 指令查询后确认系统运作正常与实际情况无差异； (3) 各基站无故障	
			(4) 录音录像文件选听及存储检查	(1) 录音清晰、齐全； (2) 如存储介质容量告警则删除 3 个月以前的录音信息	
			(5) 检查无线调度台、录音录像服务器、告警终端等各设备的时间同步情况	无线系统各用户、维护终端时间与通信时钟系统时间一致	
			(6) 检查各基站底噪是否正常	底噪不大于－115dBm	
			(7) 检查 CAD 状态	CAD 软件上车载台、固定台调度台、ATS、时钟接口无断链情况	
	二级保养	每月	(1) 同日常保养内容		
			(2) 检查、清洁设备机柜、各模块外表，检查以及系统终端的电缆、连接头及风扇状况	(1) 设备机柜内外、部件、模块无积尘、无污垢； (2) 设备内外部线缆无损坏、接头牢固； (3) 风扇运转正常	
			(3) 核对网管内故障信息	本系统网管的告警记录与通信集中网管告警信息进行核对，两者故障信息相对应	
			(4) 系统软件数据完整性检查及备份操作（当系统数据有修改变动时才进行备份操作）	(1) 确认检查系统数据是否完整、齐全； (2) 设备本身硬盘备份及设备外部存储介质备份齐备，做好日期更新标识	
			(5) 检查、整理录音录像数据，并清洁磁盘矩阵和录音录像服务器	(1) 录音录像数据齐全； (2) 磁盘矩阵和录音录像服务器无积尘、无污垢	
			(6) 检查、清洁系统维护终端及各类服务器	各维护终端及服务器设备无积尘、无污垢	

续表

设备名称	修程	检修周期	维修内容	验收标准	作业关键点
集群中央设备（含附属设备）	二级保养	每月	（7）检查、清洁无线调度台设备外表、接口、功能，与用户了解使用情况	（1）调度台外表完好，设备无积尘，无污垢，通话正常，清晰； （2）所有网络接口紧固，光电（光端机）收发器显示状态正确； （3）用户反馈良好无隐患	
			（8）检查、测试调度台接口服务器与 ATS、时钟接口	ATS、时钟信息接收准确，功能正常	
			（9）检查 GPS 天线、避雷器、下引线的外观及接头情况	（1）GPS 天线、电缆外观完好，接头稳固，防水完好； （2）避雷针及引下线完好，安装牢固，防水性能好	
			（10）检查二级空开及插排状态并清洁	（1）接有负载的开关均闭合，外观无变形，颜色无异常； （2）空开表面无积尘、无污垢	
			（11）微调时间，检查各终端时钟自动校准同步情况	各终端能够与时钟系统自动校准同步	
			（12）测试调度台视频功能	测试调度台手持台视频监控、分发、上大屏功能是否正常	
			（13）测试手持台调看 CCTV 视频	测试手持台调看 CCTV 视频是否正常	
			（14）检查系统服务器、防火墙设备防病毒情况	系统无病毒感染	
			（15）检查各设备的 USB 口封堵情况	USB 口已封堵	
			（16）密码有效期检查	查看密码有无过期，定期更换	
	小修	每年	（1）同二级保养内容		
			（2）关闭电源，清洁集群主站各模块、连线并重新上电检查	（1）设备可关机； （2）各模块、清洁、无积尘、无污垢，连接线无损坏，接头牢固，接触良好； （3）重新上电后功能正常无告警	（1）注意操作规范及防静电； （2）拆卸设备、连线过程中要做好标记（包括跳线设置，安装次序）以便恢复； （3）元器件尚有余温的电子设备要放置冷却后才能进行清洁，以免损坏设备； （4）设备安装上电前须检查、清除清洁工作的残留痕迹（如棉絮、清洁剂等）

续表

设备名称	修程	检修周期	维修内容	验收标准	作业关键点
集群中央设备（含附属设备）	小修	每年	(3) 清洁调度台等终端、服务计算机内部板件、电源、硬盘、风扇，检查内部接线情况	(1) 调度台等各终端、服务器内部清洁、无积尘、无污垢； (2) 内部连接线无损坏，接头牢固，接触良好； (3) 重新上电后功能正常无告警	(1) 元器件尚有余温的电子设备要放置冷却后才能进行清洁，以免损坏设备； (2) 设备安装上电前须检查、清除清洁工作的残留痕迹（如棉絮、清洁剂等）
			(4) 万用表检查、测试电源输入、输出、下游配电箱空气开关情况	(1) 主站设备输入电源为－48VDC直流；使用交直流电源模块供电； (2) 供其他无线设备输入电源AC198～AC242V	注意万用表挡位、量程和使用规范
			(5) 整理、备份系统服务器、维护终端、调度台、录音录像数据	(1) 所有数据完整、齐全、准确； (2) 数据按时间顺序排列，有路径可查	
			(6) GPS天线、天线支架及避雷针除锈处理	(1) 天线、各部件、连线及接头无损坏； (2) 天线支架牢固可靠，无锈迹； (3) 防雷器及避雷针外观，连接正常、安装稳固防水良好	
			(7) 检查机柜螺丝，做除锈处理	各机柜螺丝无锈蚀	
			(8) 检查设备地线、螺丝、接头状态	各部件牢固紧密，接触良好，地线无皲裂、软化、氧化，螺丝无锈蚀	
			(9) 检查CNPU、CNPUb和UTRP单板、服务器的FLASH占用率	磁盘空间FLASH占用率大于85%表示该检查项异常	
			(10) 进程状态和版本检查	返回报文满足条件，那么该项“通过”检查，否则“不通过”检查	
			(11) 检查主、备核心网链路状态、配置参数、可靠性工作模式是否正确	(1) 查询链路故障告警； (2) 命令查询结果中，主、备核心网的参数“可靠性工作模式”“心跳检测开关”“心跳定时器（秒）”和“心跳计数器（次）”一致； (3) 主核心网“主备状态”为“主用状态”；备核心网“主备状态”为“备用状态”满足以上所有条件，那么该项“通过”检查	
			(12) 检查S1和Tx接口	(1) 检查S1-U的时延小于20ms；丢包率小于0.1%； (2) 检查Tx-U的时延小于20ms；丢包率小于0.1%	
			(13) 配置信息、告警信息查询、密码定期更改	(1) 采集系统信息查看配置信息； (2) 查看系统有无告警； (3) 查看密码有无过期，定期更换	
			(14) 核心设备异地容灾、主备功能测试	(1) 测试1588V2主备切换功能； (2) 测试调度机异地功能； (3) 测试核心网异地容灾功能； (4) 测试与PTN对接的主备功能	

续表

设备名称	修程	检修周期	维修内容	验收标准	作业关键点
RRU设备（eRRU3232电源避雷器、光电箱、合路器箱）	二级保养	高架每季度(含车辆段)	(1) 检查RRU外表、地线及通风口情况状态并清洁	(1) 各机柜外壳完好，无锈蚀、破损、掉漆； (2) 接地线无破损、氧化、断裂，地线压接紧固不松动； (3) 机柜内外通风口畅通无污垢、无堵塞； (4) RRU外清洁、无积尘、无污垢	
			(2) 检查RRU各状态指示灯状态	各个指示灯的状态正常	
			(3) 检查RRU各电缆、光缆和射缆及连接头线槽、理线架、外围天线等附件状态；	电源电缆、射频电缆、光纤、尾纤无破损，各接头连接紧固。线槽、理线架、天线及立杆安装牢固外观无异常	
			(4) 利用测试手机测试区间场强覆盖情况	95%区域信号场强大于等于－95dBm	
			(5) 检查RRU备安装固定及设备箱门的锁闭情况	(1) 辅助绑扎RRU设备箱及电源配电箱的附件完好、无破损； (2) 固定RRU及光电箱、合路器箱的支架及螺丝完好，安装固定稳固； (3) 合路器箱及光电箱门锁的正常锁闭，门锁状态良好； (4) 检查后确认重新绑扎	关闭设备箱门后，一定要进行再次确认，保证设备箱门确实锁闭，并且附件的绑扎牢固、可靠
			(6) 检查合路器、RRU防雷盒、电源避雷器状态	检查合路器外观无异常，接地良好；RRU防雷盒外观无异常，接地良好；电源避雷器基地良好，指示卡为绿色	
	二级保养	地下每半年	(1) 检查RRU外表、地线及通风口情况状态并清洁	(1) 各机柜外壳完好，无锈蚀、破损、掉漆； (2) 接地线无破损、氧化、断裂，地线压接紧固不松动； (3) 机柜内外通风口畅通无污垢、无堵塞； (4) RRU外清洁、无积尘、无污垢	
			(2) 检查RRU各状态指示灯状态	各个指示灯的状态正常	
			(3) 检查RRU各电缆、光缆和射缆及连接头线槽、理线架、外围天线等附件状态	电源电缆、射频电缆、光纤、尾纤无破损，各接头连接紧固。天线及立杆安装牢固外观无异常	
			(4) 利用测试手机测试区间场强覆盖情况	95%区域信号场强大于等于－95dBm	
			(5) 检查RRU备安装固定及设备箱门的锁闭情况	(1) 辅助绑扎RRU设备箱及电源配电箱的附件完好、无破损； (2) 固定RRU及光电箱、合路器箱的支架及螺丝完好，安装固定稳固； (3) 合路器箱及光电箱门锁的正常锁闭，门锁状态良好； (4) 检查后确认重新绑扎	关闭设备箱门后，一定要进行再次确认，保证设备箱门确实锁闭，并且附件的绑扎牢固、可靠
			(6) 检查合路器、RRU防雷盒状态	检查合路器外观无异常，接地良好；RRU防雷盒外观无异常，接地良好	

续表

设备名称	修程	检修周期	维修内容	验收标准	作业关键点
RRU设备（eRRU3232电源避雷器、光电箱、合路器箱）	小修	每年	（1）同二级保养内容		
			（2）详细检查功分器各个射频电缆接头状态	（1）功分器内部的各条射频电缆无损坏，无锈蚀； （2）与功分器连接的电缆无损坏及锈蚀、接头牢固	
			（3）检查设备地线、螺丝、接头状态	各部件牢固紧密，接触良好，地线无皲裂、软化、氧化，螺丝无锈蚀	
			（4）检查、测试各机柜地线参数	（1）地线安装牢固，接触良好，无氧化； （2）绝缘屏蔽良好	
车站电台	小修	每年	（1）检查车站电台外表、连线及显示状态	（1）设备外表损坏； （2）连线正确、牢固可靠、无破损； （3）电台显示正常	
			（2）检查车站电台天线状态并清洁，并进行呼叫测试	（1）电台天线及馈线无损坏、天线姿势正确； （2）电台天线和馈线连接正确、安装稳固，无积尘、无污垢； （3）通话效果良好，无过大的背景声及干扰； （4）视频通话功能正常，通话清晰	
			（3）测试车站台与车站广播功能	通过手持台的特定通话组可以发起对车站广播，车站对应区域广播扬声器有声音	
车载电台	日常保养	每周	（1）检查车载电台各部件状况	（1）车载电台主机完好，无破损； （2）车载电台扬声器完好，无破损； （3）车载电台手柄/手麦完好	
			（2）检测车载电台各项功能，对电台进行“复位”后软件检查与呼叫	（1）车载电台各项显示以及功能良好； （2）车载电台“复位”操作正常； （3）车载电台呼叫测试正常，通话清晰； （4）车载电台视频通话功能正常，通话清晰	
	二级保养	每月	（1）同日常保养内容		
			（2）清洁车载电台部件卫生，清洁电器柜内电台主机	（1）车载台部件无积尘、无污垢； （2）部件稳固可靠、连线正确、电缆无破损； （3）悬挂部件螺丝无锈蚀，紧固	
			（3）登车顶清洁检查车载电台车顶天线；去车底清洁检查车载电台车底天线	（1）车载电台天线无积尘、无污垢； （2）天线馈线连线正确、接头牢固、安装稳固	
			（4）检查车载电台主机各部件内部连线	车载电台各接口连线正确、接头牢固	
			（5）检查控制头、话筒、扬声器等车载电台附件	（1）设备无积尘、无污垢； （2）连接正确、安装牢固	
			（6）无线列车广播功能测试	（1）车载电台广播功能可实现； （2）司机室、车厢内有声响	

续表

设备名称	修程	检修周期	维修内容	验收标准	作业关键点
车载电台	小修	每年	(1) 同二级保养内容		
			(2) 检查车载电台手柄/手麦	设备无积尘、无污垢	
			(3) 检查驾驶室车顶喇叭	设备无积尘、无污垢	
			(4) 检查、测试车顶天线	设备正常	
			(5) 测试车载电台控制头性能	控制头按键反应灵敏、设备菜单正常打开并选择	
eNB530基站(eBBU530、交转直电源模块、二层交换机、射频单元、光纤盒)	日常保养	每周	(1) 检查各机柜外表、地线及通风口情况状态	(1) 各机柜外壳完好，无锈蚀、破损、掉漆； (2) 接地线无破损、氧化、断裂，地线压接紧固不松动； (3) 机柜内外通风口畅通无污垢、无堵塞、风扇转动稳定，无较大噪声	
			(2) 检查机柜内电源分配盘上各空气开关状态、空气开关输入插头状态	(1) 空气开关完好无损； (2) 空气开关输入插头牢固无松动	
	二级保养	每月	(1) 同日常保养		
			(2) 清洁eNB530基站机柜、射频机柜	设备无积尘、无污垢	
			(3) 检查机柜内模块安装与指示灯情况，交转直电源状态参数，测试输入输出电压	(1) 各模块安装稳固，部件外表无破损； (2) 指示灯正常，无告警灯亮； (3) 设备输入电源AC198～AC242V；直流输出为DC−57～−DC−38.4V (4) 检查交转直设备时间，并手动校准	
			(4) 检查BBU、光纤、网线、射机电缆及连接头状况	(1) 光纤、射频电缆、网线接头连接紧固； (2) 线缆外表无破损； (3) 功分器及耦合器等无源器件安装牢固	
			(5) 检查站厅天线有无损坏、并在站厅试呼叫，测试站厅天线	(1) 站厅天线无损坏、天线安装牢固； (2) 95%区域信号场强大于等于−95dBm； (3) 通话效果良好，无过大的背景声及干扰	
			(6) 检查车辆段楼顶全向天线、控制大厅室内吸顶天线，室内吸顶天线有无损坏，并用手机试呼叫，测试天线功能是否正常	(1) 所有天线及天线馈线无损坏、天线安装及馈线连接牢固； (2) 各区域无线信号场强大于−95dBm； (3) 通话(语音、视频)效果良好，无过大的背景声及干扰	
			(7) 利用测试手机测试区间场强覆盖情况	95%区域信号场强大于等于−95dBm	

续表

设备名称	修程	检修周期	维修内容	验收标准	作业关键点
eNB530基站（eBBU530、交转直电源模块、二层交换机、射频单元、光纤盒）	二级保养	每月	（8）检查二级空开及插排状态并清洁	（1）接有负载的开关均闭合，外观无变形，颜色无异常； （2）空开表面无积尘、无污垢	
			（9）检查各设备的USB口封堵情况	USB口已封堵	
	小修	每年	（1）同二级保养内容		
			（2）检查设备机架所有连接和接口	（1）设备机柜内外所有连接电缆完好、接头牢固； （2）各天线到机柜的电缆及耦合器、功分器无损坏、连接头完好； （3）各机柜部件的工作状态	
			（3）用便携式维护终端查询基站功率、CPRI误码率、驻波、告警检查、时钟状态检查、RAM占用率检查、小区状态检查、时钟工作模式状态检查	（1）查询基站功率； （2）查询CPRI误码率； （3）驻波比（VSWR）<1.5； （4）无告警信息； （5）内存占用率大于90%，表示该检查项异常； （6）小区的实例状态不等于“正常”表示该检查项异常； （7）非单站模式，“时钟工作模式”不能是“自振”模式；钟源状态：锁相环状态不等于“锁定”表示该检查项异常	
			（4）检查机柜螺丝，做除锈处理	各机柜螺丝无锈蚀	
			（5）检查设备地线、螺丝、接头状态	各部件牢固紧密，接触良好，地线无皲裂、软化、氧化，螺丝无锈蚀	
			（6）测试故障弱化板的单站集群功能	断开传输链路、测试副BBU故障弱化板的单站集群功能	
			（7）互联互通功能测试	互联互通设备是否正常，测试互联互通组通话是否正常，录音功能是否正常	只在与TETRA线路换成的车站测试
			（8）主控板主备冗余测试	倒换主控板，测试主备板卡的冗余功能是否正常	

4.4.3 无线集群调度系统维护及常见故障处理

1. TETRA中央设备维护与故障处理

（1）修改用户号码，如表4-5所示。

修改用户号码 **表4-5**

维护/检修项目	修改用户号码
维护/检修程序	（1）通过移动台编程软件，在移动台上写入新号码
	（2）操作OMT，屏蔽旧用户号码
	（3）操作OMT，放置用户新号码
	（4）操作OPC，修改对应用户的号码

(2) 中央控制设备日常巡检，如表 4-6 所示。

中央控制设备日常巡检 **表 4-6**

维护/检修项目	中央控制设备日常巡检
维护/检修程序	(1) 检查各模块工作状态
	(2) 检查 OMT 输出故障打印结果，并记录
	(3) 检查 OPC 显示故障，并记录
	(4) 检查录音机工作状态，判断是否需更换磁带，如需要则更换

(3) 中央控制设备年度检修，如表 4-7 所示。

中央控制设备年度检修 **表 4-7**

维护/检修项目	中央控制设备年度检修
达到标准	系统工作正常、清洁，各接口连接牢固
维护\检修程序	(1) 同日常检修全部项目
	(2) 清洁 OMT、OPC、OPT 各显示器的灰尘
	(3) 清洁 OMT 打印机的灰尘并检查色带状态，如有必要，更换色带
	(4) 全面检查各电缆及连接头情况
	(5) 交换机数据库备份
	(6) 清洁录音机磁头

(4) 调度台故障处理，如表 4-8 所示。

调度台故障处理 **表 4-8**

故障名称	调度台故障
故障描述	调度台不能实现与移动台或其他调度台的通话
故障原因	(1) 调度台故障；(2) 移动台故障；(3) 信号分配单元故障
故障处理分析	(1) 呼叫该移动台使用区域的其他移动台确定是否该移动台故障
	(2) 呼叫其他区域的移动台确定是否是由于该区域信号分配单元故障的原因
	(3) 用调度台呼叫其他移动台确定是否是调度台的故障
	(4) 分析出故障设备后，参照有关手册做进一步处理

(5) 调度台接收呼叫时无提示音，如表 4-9 所示。

调度台接收呼叫时无提示音 **表 4-9**

故障名称	调度台接收呼叫时无提示音
故障描述	移动用户呼叫调度台，调度台可收到并显示呼叫信号，但无提示音
故障原因	(1) 调度台主机声卡或音频卡接口松；(2) 声卡或音频卡坏
故障处理分析	(1) 检查调度台声卡及音频卡各接口（包括连接情况及接头内部）有无松动
	(2) 进入 WIN NT 播放声音波形文件若干，如果失败则说明声卡坏
	(3) 更换声卡或音频卡

（6）调度台以太网故障，如表 4-10 所示。

调度台以太网故障 **表 4-10**

故障名称	调度台以太网故障
故障描述	调度台包括所有角色，不能放弃，“ATS 故障”键变红色
故障处理程序	（1）首先查看传输系统通道有无故障，如有，处理传输通道故障
	（2）若属硬件故障，检查以太网各接头及信号收发器状态。如故障在一定区域范围内，可利用排除法查找故障点，即将各 OPT 逐一与 OPC 连接组成单一的以太网，以简化连接方式的办法查找故障点
	（3）若属软件故障，重启 OPC，之后逐一重启各调度台（重启过程中，最好不要使用调度台，以免增加以太网数据传输负担，延迟恢复时间）

（7）更换 CPIU 板槽位操作步骤，如表 4-11 所示。

更换 CPIU 板槽位操作步骤 **表 4-11**

故障名称	更换 CPIU 板槽位操作步骤
故障描述	某一 CPIU 板指示灯无显示或显示不正确，某一调度台离线不能联机
故障原因	CPIU 板故障
故障处理程序	（1）先记下板子原槽位、连接的用户及要更换到的槽位，并对各连线做好标签。更换插槽，连好各连线
	（2）设置 CPIU 板离线
	（3）删除当前板子给定的用户号
	（4）增加 CPIU 板设置，修改有关参数
	（5）试验双向呼叫，通话，确认设置正确、所有功能正常
	（6）如录音机是根据槽位来进行连接的，则需对录音机连接线进行重新焊接
	（7）测试确认系统能正常录音

2. TETRA 无线基站设备维护与故障处理

（1）无线射频收发器 BSR 接收灵敏度测试，如表 4-12 所示。

BSR 接收灵敏度测试 **表 4-12**

维护/检修项目	无线射频收发器 BSR 接收灵敏度测试
达到标准	接收灵敏度小于－107dBm（20dB 信纳比条件下）
维护/检修程序	（1）将 LIC 设置成“LOCAL”状态
	（2）设置无线测试仪 RTS 参数。 载波频率设为 BSR 的接收频率（450M 频段）： 调制频率：1kHz； 频偏：3kHz； 电平：－100dBm； CCITT 滤波器：不用
	（3）连接 RTS 的“RF”插孔与 BSR 上的“RF”插孔
	（4）消除 LIC 的静噪功能（将“SQ OFF”插孔短接）
	（5）连接 LIC 上的“MX”插孔到 RTS 的 AF 输入端
	（6）从－100dBm 起逐步降低 BSR 的信号电平值，直到在 RTS 上得到“20dB SINAD ±1dB”的读数
	（7）记录 RTS 的电平值读数，此即为 BSR 的接收灵敏度，正常读数范围应小于－107dBm（即 20dB SINAD）
	（8）若所得数据有误，则用备用 BSR 替换有问题的 BSR，并将换下的送回厂家处理上述连接情况

（2）BSR 静噪门限值测试及调整，如表 4-13 所示。

BSR 静噪门限值测试及调整 **表 4-13**

维护/检修项目	BSR 输出功率测试及调整
达到标准	把输出功率调整 5W±0.5W
维护/检修程序	（1）将 LIC 置成“LOCAL”模式
	（2）连接 RTS 的“RF”插孔和 BSR 的“TX”输出插孔
	（3）将 LIC 置成“TX　ON”状态
	（4）通过 BSR 前面板上的“HIGH　ADJ”调节旋钮，将输出电平调制 5W±0.5W
	（5）将 LIC 置回“TX　OFF”状态，再将 LIC 置成“Remote”模式
	（6）检修后确认：利用此信道通话正常

（3）基站电源模块输出电压测试及调整，如表 4-14 所示。

基站电源模块输出电压测试及调整 **表 4-14**

维护/检修项目	基站电源模块输出电压测试及调整
达到标准	输出电压调整为＋13.5V
维护/检修程序	（1）将与所测试 PSU 相关的 LIC 置成“LOCAL”模式
	（2）用数字万用表测量 PSU 前面板上的测试端子，读数应与额定值相符
	（3）有一个端子的标准输入应为＋13.5V，若测量结果有偏差，可通过 PSU 前面板上的一个调节旋钮校正
	（4）将相关的 LIC 置成“TX ON”状态。再重复上述操作
	（5）拆线还原，将 LIC 复原
	（6）检修后确认：基站工作正常

（4）基站某一信道故障，如表 4-15 所示。

基站某一信道故障 **表 4-15**

故障名称	基站某一信道故障
故障原因	原因 1：BSR 故障； 原因 2：LIC 故障； 原因 3：从 MX 来的线路故障
故障处理程序	（1）程序 1（对应 BRS 故障） 拆下故障 BSR，装上备用 BSR，连接好所有连接线，测试及调整其输出功率及静噪门限值，使其达到标准值。（具体操作参照基站日常维护检修项目）
	（2）程序 2（对应 LIC 故障） 1）手上戴上防静电手环； 2）拆下故障 LIC 模块； 3）对照故障 LIC 和系统图纸，通过设置 DIP 开关 S2 设置 MBUS 地址，通过设置 DIP 开关 S1 和 S3 设置本地模式下的信道编号； 4）设置来自 MX 的信号电平； 5）设置到 BSR 的输出信号电平
	（3）程序 3（对应线路故障） 1）检查传输系统，用于无线系统的 4 线语音卡有无报警，如果有故障，则要求其及时维修； 2）如果 4 线语音卡无告警，检查 MX 到 OCC 的 OTN 的配线架及基站所在车站 OTN 配线架到基站的线路是否有中断，发现损坏线路并更换

（5）光接收模块故障，如表4-16所示。

光接收模块故障 **表4-16**

故障名称	光接收模块故障
故障描述	在某站两边的隧道内及某站内，调度不能听到移动用户的声音，而移动用户可听到调度的声音，基站接口单元的光接收模块（对应该站的）故障报警，OMT打印光设备故障
故障原因	BSIU中对应该站的光接收模块故障
故障处理程序	（1）关掉该站FOU电源； （2）更换基站接口单元中的故障光接收模块； （3）打开该站FOU电源； （4）测试该站与基站之间信号上行通道的功率衰减，通过该站FOU上行通道衰减器的设置，使其达到设计标准值； （5）试呼叫确认通话正常

3. TETRA无线系统移动台故障处理

（1）车载台控制头故障，如表4-17所示。

车载台控制头故障 **表4-17**

故障名称	车载台控制头故障
故障描述	车载台控制头无显示或功能按键无效
故障原因	（1）原因1：输入到电台的电源有故障。 （2）原因2：从机箱到控制头的电缆连接有故障。 （3）原因3：控制头本身故障
故障处理程序	（1）检查到电台的110V电源是否正常。 （2）如电源正常，检查机箱到控制头的连接是否紧固，紧固接头。 （3）如故障仍未消除，更换控制头并确保到控制头的连接牢固。 （4）检查机箱到控制头的电缆是否完好，更换有故障的电缆。 （5）如故障仍然存在，则更换电台

（2）车载台话筒故障，如表4-18所示。

车载台话筒故障 **表4-18**

故障名称	车载台话筒故障
故障描述	调度与司机有一方或双方不能听到对方的声音
故障原因	电台到话筒的连线故障或话筒坏
故障处理程序	（1）检查从电台到话筒的连线接头是否紧固，紧固接头。 （2）如果故障仍不能清除则更换话筒。 （3）如更换话筒后故障仍然存在，检查电台到话筒的连线是否正常，更换损坏的电缆

（3）车站台故障，如表4-19所示。

车站台故障 **表4-19**

故障名称	车站台故障
故障描述	车站台部分或全部功能不正常
故障原因	（1）原因1：车站台电源不正常。 （2）原因2：呼叫没有响应。 （3）原因3：接收点场强太低，无“SERV”显示。 （4）原因4：呼叫过早地清除。 （5）原因5：呼叫接通时，音频水平太低。 （6）原因6：通话音质太差

续表

故障名称	车站台故障
故障处理程序	程序 1（对应原因 1） （1）检查 220V AC 主电源供应是否正常。 （2）检查主电源到车站台的连接是否牢固。 （3）检查话筒到车站台的连接是否牢固。 （4）检查电源输出电压是否满足要求，如不合要求，更换电源。 （5）如故障仍然存在，更换车站台
	程序 2（对应原因 2） （1）确认话筒后的显示屏显示呼叫请求已发送。 （2）如显示已发送，表明设备没有故障，只是调度没有应答。 如显示未发送，测试车站台的发射功率是否正常。 （3）如发射功率正常，检查天线或馈线电缆是否有损坏，修复或更换。 如发射功率不正常，则说明电台故障，更换电台
	程序 3（对应原因 3） （1）测试电台接收灵敏度是否正常。 （2）如不正常，说明电台有故障，更换电台。 如接收灵敏度正常，检查天线及馈线电缆是否有故障，修复或更换
	程序 4（对应原因 4） （1）测试电台接收灵敏度是否正常。 （2）如不正常，说明电台有故障，更换电台。 如接收灵敏度正常，检查天线及馈线电缆是否有故障，修复或更换
	程序 5（对应原因 5） （1）更换话筒后，发个呼叫个调度，音频水平是否正常。 （2）如不正常，说明电台收发机有故障，更换它。 如正常，说明原先话筒或连线有问题
	程序 6（对应原因 6） （1）更换话筒，发一个呼叫给调度进行通话测试，音质是否正常。 （2）如正常，说明原先话筒有故障。 如不正常，更换车站台电源，重新进行通话测试，音质是否正常。 （3）如正常，说明原先车站台电源有故障。 如不正常，说明是车站台收发机有故障，予以更换

4. LTE 系统的故障处理

（1）中央设备故障，如表 4-20 所示。

中央设备故障 **表 4-20**

故障名称	中央设备故障
故障描述	（1）交换机系统掉电瘫痪； （2）交换机服务器退服，服务器有告警指示灯； （3）交换机和基站的连接全部中断，基站自动进入单站集群模式； （4）无线中央设备与传输 PTN 设备链路中断，基站自动进入单站集群模式； （5）1588V2 时钟服务器故障
故障原因	设备故障或断电
故障处理程序	（1）检查核心网、服务器电源供电情况，在 UPS 供电中断的情况下，采用外接市电的方法，恢复无线主站的正常供电； （2）查看核心网、交换机指示灯是否正常，查看服务器系统程序和服务程序是否正常运行，否则重新开启服务器程序，如果程序不能正常启动，则重装服务器系统，或更换服务器硬件； （3）交换机与全部基站的连接中断，判断交换机数据错误，或核心网板卡故障，正确配置交换机数据，或更换核心网故障板件后，在无线网管上检查基站连接情况，测试基站范围内通话是否正常； （4）无线中央设备与传输 PTN 设备链路中断，查看无线系统与 PTN 接口链路是否正常，接口板卡是否正常； （5）主备 1588V2 时钟服务器故障超过 24h，基站丧失功能

（2）无线基站故障，如表 4-21 所示。

无线基站故障 **表 4-21**

故障名称	无线基站故障
故障描述	（1）基站覆盖区域无信号，基站覆盖范围内的移动台和固定台都无法使用； （2）基站覆盖区域信号场强比较弱而导致通话质量不太好； （3）基站进入单站集群模式，移动台、固定台只能在单站范围内通话
故障原因	设备故障或断电
故障处理程序	（1）检查基站电源模块、基站 BBU、RRU 指示灯是否正常，否则正确配置各模块参数，或更换故障模块后重启基站，测试基站的各项功能是否正常； （2）基站与中央设备连接中断，在基站侧或中央设备侧做以太通道测试；通知传输值班人员检查 PTN 设备

（3）无线调度台故障，如表 4-22 所示。

无线调度台故障 **表 4-22**

故障名称	无线调度台故障
故障描述	（1）调度台接收呼叫无提示音、话筒不能接收或送话； （2）调度台无法呼叫某一移动台； （3）调度台无法进行组呼； （4）调度台无法进行个呼； （5）调度台无法进行通播呼； （6）调度台无法进行视频呼叫； （7）调度台无法收发短信息； （8）调度台无法收发短信息
故障原因	设备故障或断电
故障处理程序	（1）检查网管提示调度台链接断开，用万用表测量调度台侧有无 AC220V 电源输入，否则更换故障空开，并重新合闸，启动调度台运行软件并测试功能； （2）检查调度台软件是否运行正常，否则重新运行调度台软件并测试各项功能； 检查系统用户数据库，查看用户数据功能，重新开放用户数据服务功能并重启调度台软件；检查扬声器或接头是否正常，更换扬声器或连线；检查手柄或接头是否正常，更换手柄或接头；检查光端机是否正常

（4）无线车载台故障，如表 4-23 所示。

无线车载台故障 **表 4-23**

故障名称	无线车载台故障
故障描述	（1）法开机或电台无显示； （2）操作面板无信号指示； （3）筒杂声大、通话断续； （4）显示正常，但无法发出或接收呼叫； （5）车载电台扬声器不能发出声音
故障原因	车载台硬件故障
故障处理程序	（1）首先检查车载电台电源模块的输入输出电压是否正常； （2）判断为电源模块故障，则更换故障部件； （3）开机检查车载台通话情况，如通话杂声大、通话断续，则紧固车载台手柄连线以及天线接口，或更换车载台手柄或天线； （4）车载台无信号显示、多次呼叫不成功，按车载台的编程模板，对车载台重新编程，正确写入手持台个号、组号、国家码、网络码、频点、通话组等各项参数； （5）车载台扬声器不能发出声音，则紧固扬声器接口或更换故障扬声器

（5）无线车站台故障，如表 4-24 所示。

无线车站台故障 **表 4-24**

故障名称	无线车站台故障
故障描述	（1）无法开机或显示屏无显示； （2）车站电台无信号指示； （3）话筒杂声大、通话断续； （4）电台显示正常，无法发出或接收呼叫
故障原因	断电或设备硬件故障
故障处理程序	（1）首先检查车站电台电源适配器的输入输出电压是否正常； （2）判断为电源适配器故障，则更换故障部件； （3）开机检查车站台通话情况，如通话杂声大、通话断续，则紧固车站台手柄连线以及天线接口，或更换车站台手柄或天线； （4）车站台无信号显示、多次呼叫不成功，按车站台的编程模板，对车站台重新编程，正确写入手持台个号、组号、国家码、网络码、频点、通话组等各项参数

（6）无线手持台故障，如表 4-25 所示。

无线手持台故障 **表 4-25**

故障名称	手持台故障
故障描述	（1）无法开机或显示屏无显示； （2）无法充电； （3）通话杂声大、通话断续； （4）无信号显示、多次呼叫不成功
故障原因	手持电台无法完成正常的通信功能
故障处理程序	（1）首先检查手持台电池电量情况，判断是否为电量用完还是电池故障； （2）判断为电池故障，则更换故障部件； （3）开机检查手持台通话情况，如通话杂声大、通话断续，则紧固手持台天线或更换手持台天线； （4）手持台无信号显示、多次呼叫不成功，按手持台的编程模板，对手持台重新编程，正确写入手持台个号、组号、国家码、网络码、频点、通话组等各项参数

本章参考文献

[1] 广州城市轨道交通集团有限公司. 广州城市轨道交通通信系统维修规程，2017.

[2] 广州城市轨道交通集团有限公司. 广州城市轨道交通通信设备维修规程（知识城线），2017.

[3] 广州市地下铁道总公司，人力资源和社会保障部教材办公室. 通信检修工. 北京：中国劳动社会保障出版社，2009.

[4] 王映民，孙韶辉等编著. TD-LTE 技术原理与系统设计. 北京：人民邮电出版社，2010.

[5] 郑祖辉，陆锦华，丁锐，郑岚. 数字集群移动通信系统（第 3 版），电子工业出版社，2008.

[6] 成都鼎桥通信技术有限公司. eCNS210 产品文档，2016.

[7] 成都鼎桥通信技术有限公司. eNB530 产品文档，2016.

[8] 成都鼎桥通信技术有限公司. EP820 用户指南，2016.

[9] 华为技术有限公司. 华为-S7700 交换机-产品描述，2016.

[10] 西安雷迪信息技术有限公司. 车载通信终端产品概述，2015.

[11] 西安雷迪信息技术有限公司. 车站台产品概述，2015.

[12] 北京信驿科技有限公司. 精密时钟服务器硬件和安装使用手册，2016.

第5章 时钟系统

为保证轨道交通运营准时服务乘客、统一全线设备标准时间，设置了时钟系统。该系统一般采用 GPS（Globe Position System，全球卫星定位系统，简称 GPS）或北斗（北斗卫星导航系统，简称 BD）标准时间信息。本章将简要介绍该系统的设备运行、维护及故障处理。

5.1 概　述

城市轨道交通时钟系统是轨道交通运行的重要组成部分之一，其主要作用是为城市轨道交通工作人员和乘客提供统一的标准时间，并为其他各有关系统提供统一的标准时间信号，使各系统的定时设备与本系统同步，从而实现城市轨道交通全线统一的时间标准。时钟系统的设置对保证城市轨道交通运行计时准确、提高运营服务质量起到了重要的作用。

时钟系统按中心一级母钟和车站二级母钟两级组网方式设置，主要由控制中心设备，包括 GPS/北斗卫星时标接收单元、主备一级母钟系统、系统维护监控终端、电源、接口设备、车站主备二级母钟、时间显示（简称子钟）及传输通道等构成。中心一级母钟设在车辆段的控制指挥中心，沿线各车站设置二级母钟和子钟。

中心一级母钟接收来自 GPS 或北斗卫星的标准时间信号，两个外部时钟源按照一用一备设计，正常情况下以 GPS 时标信号为首选外部时钟源，北斗卫星时标信号作为备份。通过传输子系统传给车站的二级母钟，由二级母钟按标准时间信号指挥子钟统一显示标准时间，为各车站的运行管理及各车站站厅等主要工作场所的工作人员提供统一标准时间信息和定时信号，为广大乘客提供统一的标准时间，同时为其他各系统提供统一的标准时间信号，使全线其他通信系统与时钟系统同步，从而实现城市轨道交通全线统一的时间标准。

中心一级母钟通过分路输出接口，例如采用标准的 RS422 接口或其他通用标准接口与传输系统相连接，通过传输系统提供的数据通道向设置于车站/车辆段的二级母钟发送标准时间信号，统一校准各个二级母钟。当二级母钟、子钟或传输通道出现故障时，能立即向时钟系统维护终端以及控制中心集中告警设备发出告警。

5.2 时钟系统网络的组成

5.2.1 时钟系统构成

时钟系统由设置在控制中心的中心一级母钟、设置在沿线车站与车辆段/停车场的二级母钟和子钟、连接中心一级母钟和二级母钟的传输通道以及必要的系统网管终端设备等组成。

时钟系统设备主要包括GPS、北斗同步接收单元、控制中心主备一级母钟系统、中心监控计算机、车站/车辆段/停车场主备二级母钟、子钟、NTP输出接口设备、传输通道、RS422接口设备或其他通用标准接口设备和电源组成。

时钟系统构成框图如图5-1。

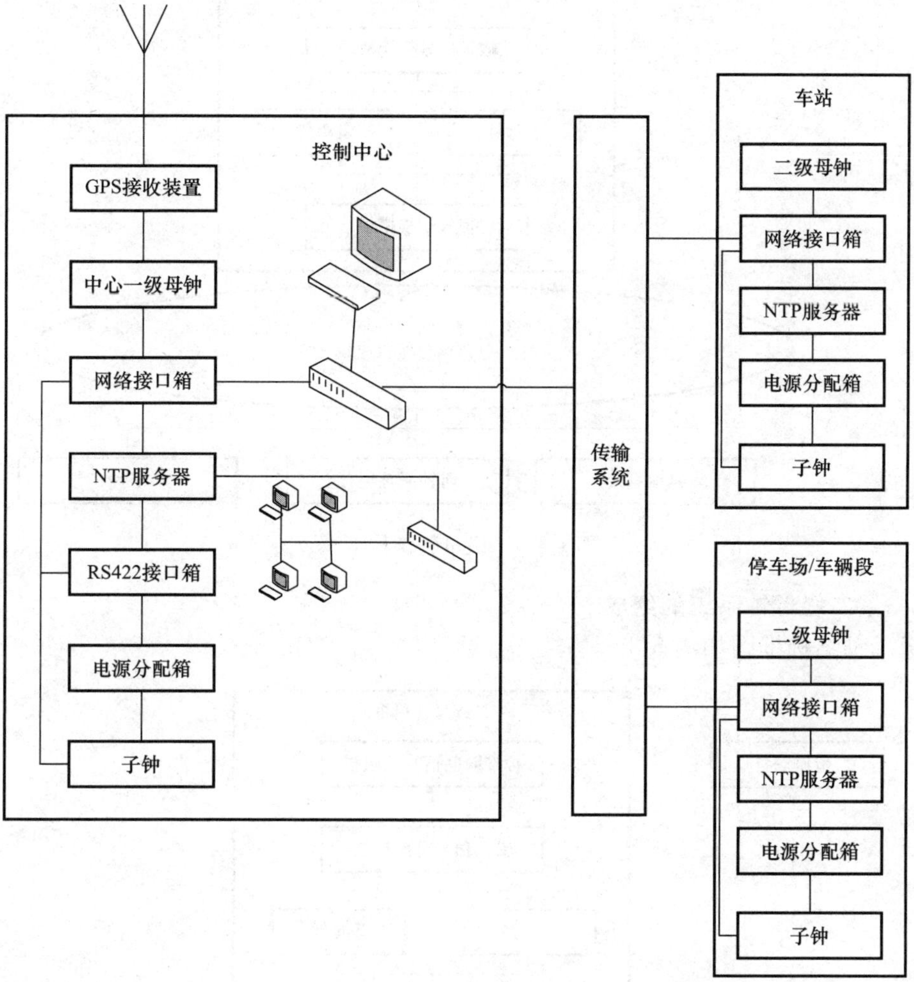

图5-1 时钟系统组成

5.2.2 一级母钟系统的组成

一级母钟结构框图如图5-2。

一级母钟系统由机柜设备和外围设备组成。机柜设备包括电源模块、标准时间信号接收机、母钟、分路输出接口箱，有关这些模块具体功能将在后面的章节中介绍。外围设备包括GPS信号接收天线/北斗信号接收天线，防雷保护器、子钟及信号电缆。

一级母钟系统的机柜设备安装于控制中心通信设备室，GPS信号和北斗信号接收装置分开接收，设置两个接收天线，安装在两个安装支架上，应就近安装于控制中心楼顶便于接收信号的位置。防雷保护器应位于两者之间并靠近天线处。子钟分布于控制中心楼层（包括OCC大厅等）内。

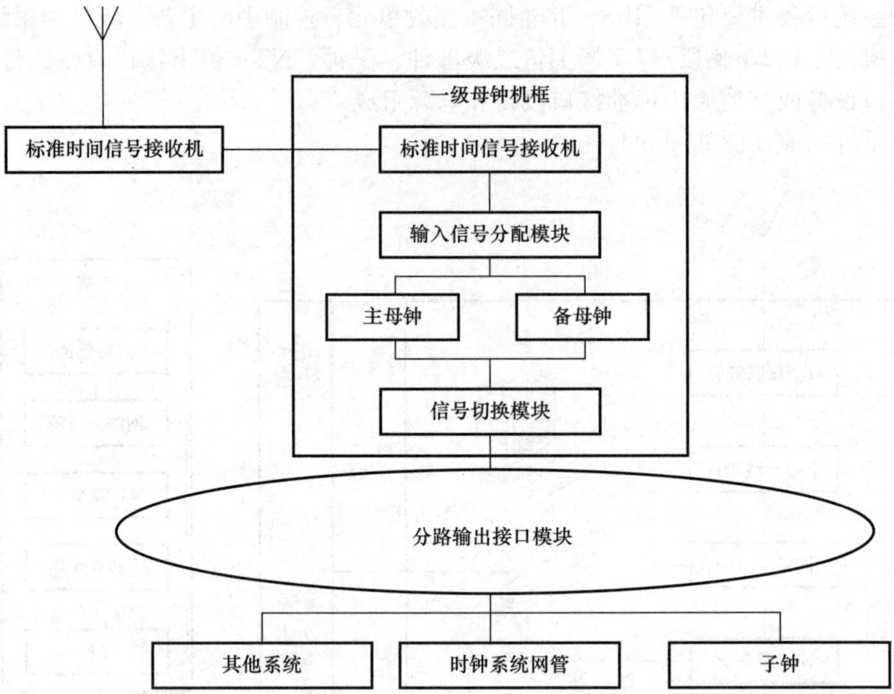

图 5-2　一级母钟结构框图

5.2.3　二级母钟系统的组成

二级母钟结构框图如图 5-3。

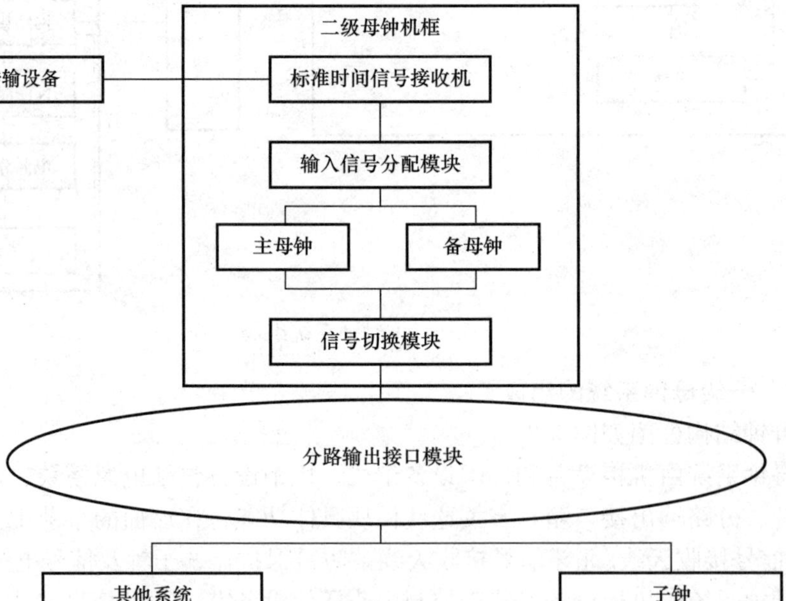

图 5-3　二级母钟结构框图

二级母钟系统与一级母钟系统类似，同样由机柜设备和外围设备组成。机柜设备包括了电源模块、信号接收模块、二级母钟及分路输出接口箱。外围设备主要是子钟，尺寸可根据需要选择，如某城市轨道交通系统中分别配备 300mm、600mm 及 800mm 子钟若干。

在各车站及车辆段各设置一套二级母钟系统，通常办公区安装较小尺寸的子钟，站厅及站台等公共区安装较大尺寸的子钟，以方便乘客观看。

5.3 时钟系统的运行原理

5.3.1 一级母钟系统的运行原理

1. 一级母钟系统简介

一级母钟系统应能自动接收外部 GPS 和北斗卫星标准时间信号（两种方式互为主备，一般 GPS 为主用信号，北斗为备用信号），产生精确的同步时间码，通过传输通道向各车站、车辆段、停车场的二级母钟传送，统一校准二级母钟。

一级母钟系统一般应包含用于满足 GPS/北斗标准时间信号的接收及同步其他系统的需要的 GPS/北斗信号接收模块及信号输出模块，有的系统除以上基本模块外，还增加了中继模块、子钟驱动模块及 GPS 信号模拟输出模块，以满足系统的应用需求。

2. 一级母钟系统的运行原理

一级母钟系统的主要功能是接收 GPS/北斗的标准时间信息，再通过机柜内各模块的一系列处理，将时间信息传送给各站的二级母钟系统及有需要的其他系统，为各系统提供一个统一的标准时间。一级母钟系统还可根据具体的需求加装子钟驱动模块，用于驱动控制中心的子钟运作。下面简要介绍某工程实例中应用的各种模块，以供参考。

（1）标准时间信号接收机

标准时间信号接收机接收并处理来自 GPS/北斗的标准时间信号，向时钟系统提供高精度的时间基准，实现时钟系统的无累积误差运行。

（2）母钟

母钟通过标准 NTP 以太网接口接收标准时间信号接收单元发送的标准时间信号。标准时间信号接收单元正常工作时，该信号将作为母钟的时间基准；标准时间信号接收单元出现故障时，母钟将采用自身的高稳晶振作为时间基准，驱动二级母钟正常工作并向时钟系统网管设备发出告警。

母钟关键设备单元（信息处理单元、电源模块、接口板等）均冗余配置，采用双机热备工作方式。在正常状态下，主母钟工作；当主母钟发生故障时，立即自动切换到备母钟，备母钟全面代替主母钟工作；主母钟恢复正常后，备母钟立即切换回主母钟。

（3）分路输出接口箱

分路输出接口箱实现主备母钟的多路输出，可以为各车站/段/场的二级母钟/子钟提供标准时间信号并监控其运行状态，在控制中心为 ATS、ISCS、计算机网络系统等提供毫秒级标准时间信号输出接口。

（4）电源

电源箱向主备母钟及分路输出接口箱提供所需的电源。接口箱内的电源采用冗余配置。

（5）网络管理设备

时钟系统网管设备设于控制中心通信监控室，用于管理时钟系统，实时监测中心一级母钟、二级母钟、子钟及传输通道的工作状态，当控制中心、车站、车辆段、停车场时钟设备故障时，中心一级母钟、二级母钟实时地将告警信号发送到控制中心时钟系统网管设备。时钟系统网管服务器放置在集中告警机柜内，由集中告警配电，鼠标、键盘及显示器放置在网管室。

（6）子钟

子钟设于控制中心主要管理用房，可采用单面数字式，显示“时：分：秒”信息。

5.3.2 二级母钟系统的运行原理

1. 运行原理

二级母钟一般采用标准的以太网接口，通过传输系统提供的数据传输通道与中心一级母钟相连。二级母钟通过数据传输通道接收中心一级母钟发送的标准时间信号，与中心一级母钟保持同步。二级母钟通过RS422接口向所在区域的子钟发送标准时间信号，以实现对子钟的校准，同时接收子钟回送的工作状态信息，并能够向中心一级母钟回馈自身及所辖子钟的工作信息。

二级母钟具有独立的高稳定晶振，一级母钟对二级母钟是校对的关系，而不是绝对的指挥关系，当一级母钟或数据传输通道出现故障时，以“独立运行”模式运行，并使其本身及其附属系统保持连续性，二级母钟将依靠自身晶振产生的时间信号独立工作并指挥所辖子钟运行，并在本地发声光报警同时通过一级母钟向时钟系统维护终端发出告警。一旦中心一级母钟信号恢复，二级母钟在下一时钟接收周期重新与之同步，必要时进行自动校准，并发布修正的时间数据。二级母钟完成自动校准后，在下一个“周期”内完成对相应输出的校准。

2. 二级母钟构成，包括：

（1）信号接收模块

信号接收单元接收并处理来自中心母钟的标准时间信号，并向各车站提供高精度的时间基准，实现时钟系统的无累积误差运行。

（2）二级母钟

二级母钟通过标准的以太网接口接收中心一级母钟发送的标准时间信号，该信号将作为二级母钟的时间基准；当信号接收单元出现故障时，二级母钟将采用自身的高稳晶振作为时间基准，驱动所辖子钟正常工作并向中心一级母钟发出告警。

二级母钟关键设备单元（信号接收单元、信息处理单元、电源模块、接口板等）均为冗余配置，采用双机热备工作方式。在正常状态下，主母钟工作；当主母钟发生故障时，立即自动切换到备母钟，备母钟全面代替主母钟工作；主母钟恢复正常后，备母钟立即切换回主母钟。

（3）分路输出接口箱

分路输出接口箱包括网络接口箱和NTP服务器，实现主备母钟的多路输出，可以为各车站的子钟提供标准时间信号，同时可为其他系统提供RS422/以太网标准时间信号。

（4）电源

电源分配箱向主备母钟及分路输出接口箱提供所需的电源。

（5）子钟

子钟设于各车站与行车、运营管理有关的及面向乘客的场所，车站站台公共区的时间信息显示纳入 PIDS 系统统一考虑。

5.3.3 外围设备简介

时钟系统的外围设备包括 GPS 天线、雷电保护器和子钟三大类，其中子钟可选指针式子钟或数显子钟。

1. GPS/北斗天线

GPS/北斗天线一般采用全向天线，并采用全天候的保护措施。天线架设的位置应确保其能同时接收到 4 颗卫星的信号。

由于城市地形及周边环境限制，GPS/北斗天线不可能实现真正意义上的“全向”，天线机械形状的改变并不能改善它的接收性能，例如采用抛物面天线。输入天线的信号强度约为 1×10E-16W，低于常规的噪声信号电平。为了保证有用信号的正常传输，在天线的后部设置了一个低噪声前置放大器。天线电缆的长度受到高接收频率以及低信号强度的限制，利用普通电缆（在 1.5GHVz 下，信号衰减为 52dB/100m），天线电缆最大距离为 25m，利用特殊电缆（在 1.5GHVz 下，信号衰减为 28dB/100m），天线电缆最大距离为 50m。

2. 雷电保护器

为了保证良好的信号接收，GPS 天线通常安装在露天环境中，为保护设备，在线路上加装雷电保护器是必要的。

3. 子钟

子钟接收母钟发出的标准时间信号，进行时间信息显示，子钟均具有独立的计时功能，平时跟踪母钟工作，当母钟出现故障或因其他原因接收不到标准时间信号时，子钟仍能以自身的精度工作，系统网管设备均能告警。

子钟主要有以下几部分组成（图 5-4）：

（1）标准时间信号接收模块

（2）主板及显示板块

（3）电源模块，子钟由母钟统一供电。

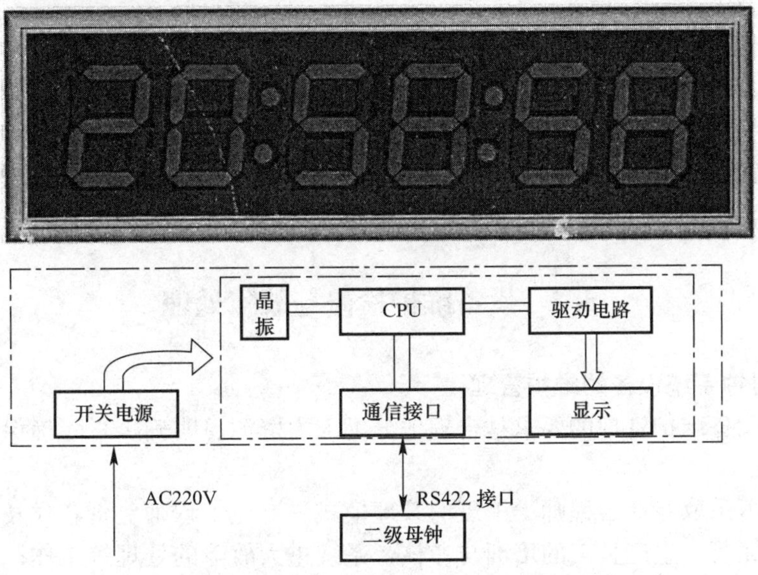

图 5-4　子钟及其内部结构

5.3.4 接口类型

传输系统可根据需要，为时钟系统提供总线型以太网通道，接口界面在控制中心及各车站/停车场通信设备室传输系统以太网配线架上，接口类型可采用标准的 RJ-45 物理接口。

中心一级母钟通过时间码输出接口，能够给轨道交通各相关系统提供时间同步信号，输出接口同时包括 RS-422 接口和基于 NTP 的以太网接口两种规格，并具有数据传输状态指示功能。子钟通过 RS422 接口，直接采用电缆方式与母钟相连，接收母钟发送的标准时间信号，对自身的精度进行校准。子钟在接收到标准时间信号后，回送自身的工作状态给二级母钟。各系统与时钟系统的接口类型和数据格式等可根据具体需求确定。

5.3.5 系统的运作模式

1. 中央控制运作模式

系统正常工作状态下，使用中央控制运作模式，此时中心母钟可接收 GPS 或北斗卫星标准时间信号、产生精确的同步时间码，通过传输通道向各车站的二级母钟传送，统一校准二级母钟。中心一级母钟能够自动有选择地接收来自 GPS 和北斗卫星的标准时间信号，两个外部时钟源按照一主一备设计，正常情况下时钟系统中心母钟以 GPS 时标信号为首选外部对时时钟源，北斗卫星时标信号作为备份。但当 GPS 卫星信号中断或无效时，中心母钟经判断确认后自动切换为接收北斗卫星时标信号作为外部对时信号，当 GPS 卫星信号恢复正常时，经过中心母钟判断确认后自动切换接收 GPS 卫星时标状态。并将此信号转换成标准时间信号传送给二级母钟及其他需要接收时间信号的系统，从而使各终端用户的时间与 GPS 时间保持同步。

当一级母钟不能正常接收 GPS 或北斗卫星信号时，一级母钟将会通过自身的高稳晶振的运作提供时间信号，此时各终端用户仍然接收来自一级母钟的时间信号，不过这个时间信号并不是来自 GPS 或北斗系统，而是由一级母钟自身产生的。一般一级母钟系统自身的高稳晶振精度可达到 10^{-6}，所提供的时间仍能满足运营的需求。

2. 车站降级控制运作模式

当一级母钟不能正常接收 GPS 信号，同时一级母钟因故障不能向二级母钟传送时间信号时，系统进入车站降级控制运作模式。此时二级母钟依靠其自身高稳定晶振为分布于各站点的子钟提供时间信号。

当二级母钟因故障无法向子钟提供时间信号时，子钟应能自行运作，继续向乘客提供时间信息显示，提高时钟系统的可用性。

5.4 设备维护检修与故障处理

5.4.1 时钟系统设备的维护管理

时钟系统设备维护管理的要求是合理地分配人力资源、明确责任、确保设备的维护检修工作。

维护管理可采取专业工程师+工班的管理模式。专业工程师负责各类技术手册、维护手册的编写及完善，生产员工的培训与考核，系统重大故障的处理等工作；工班则负责安排日常的维护检修工作，合理分配人力资源，将设备的日常维护检修工作明确到每一位生产员工。

5.4.2　人员的组织

由于通信综合网络管理系统可实时监测时钟系统运行状况，大大减少了维护人员的工作量。但在控制中心需 7×24h 安排人员值守，以便及时发现问题、解决问题。日常值班人员加上工班长、专业工程师，整个一条 20km 左右轨道交通线路的时钟系统维护，约需配备 7 名员工，且值班人员要求具备一定的技术水平及故障处理能力，一般要求中级工及以上。

5.4.3　应配备的维护资料

维护人员应备的主要技术资料有《时钟系统技术手册》、《时钟系统维护手册》、《时钟系统故障记录表格》、《时钟系统日常维护表格》、《时钟系统月检表》、《时钟系统年检表》及《时钟系统中修表》等。

表 5-1、表 5-2 为时钟系统月检表、年检表。

时钟系统月检表　　**表 5-1**

系统设备	检修项目	检修标准	检修结果	检修结果	检修结果	检修结果
二级母钟	清洁二级母钟表面	设备表面无积尘、水迹	是□ 否□	是□ 否□	是□ 否□	是□ 否□
	检查二级母钟与中心母钟的同步情况	接收和发送指示灯一秒一闪，车站二级母钟与中心母钟时间显示一致	是□ 否□	是□ 否□	是□ 否□	是□ 否□
	检查设备指示灯显示状态，包括母钟面板指示灯显示、各子钟的状态显示、同步对时钟指示灯显示、时钟接口分配器指示灯显示、CLOCK HUB、NTP 网络时间服务器（六号线、知识城线）指示灯显示、网络接口箱指示灯显示等情况	指示灯状态正常	是□ 否□	是□ 否□	是□ 否□	是□ 否□
	检查机柜内电源分配盘上各空气开关是否完好无损、温度正常，电源输入插头是否牢固，无松动	空气开关完好无损、工作温度正常，－5～40℃。电源输入插头牢固无松动	是□ 否□	是□ 否□	是□ 否□	是□ 否□
	检查机柜紧固件、线缆及接头	（1）信号线及接地线完好无破坏； （2）各紧固件和接头牢固； （3）电缆标签齐全、完好、清晰	是□ 否□	是□ 否□	是□ 否□	是□ 否□
	检查母钟面板的按钮能否调整时间	母钟面板的按钮可以正确调整时间	是□ 否□	是□ 否□	是□ 否□	是□ 否□
数显子钟	检查子钟工作状态	子钟与二级母钟时间一致，同步	是□ 否□	是□ 否□	是□ 否□	是□ 否□
	清洁子钟	子钟干净，无污迹	是□ 否□	是□ 否□	是□ 否□	是□ 否□
备注：						
作业人员签名/日期：						
互控人签名/日期：						
各级检查人员签名/日期：						

时钟系统年检表 **表 5-2**

系统设备	检修项目	检修标准	检修结果	备注
中心母钟	清洁二级母钟表面	设备表面无积尘、水迹	是□ 否□	
	检查二级母钟与中心母钟的同步情况	接收和发送指示灯一秒一闪，车站二级母钟与中心母钟时间显示一致	是□ 否□	
	检查设备指示灯显示状态，包括母钟面板指示灯显示、各子钟的状态显示、同步对时钟指示灯显示、时钟接口分配器指示灯显示、CLOCK HUB、NTP网络时间服务器（六号线、知识城线）指示灯显示、网络接口箱指示灯显示等情况	指示灯状态正常	是□ 否□	
	检查机柜内电源分配盘上各空气开关是否完好无损、温度正常，电源输入插头是否牢固无松动	空气开关完好无损、工作温度正常，−5～40℃。电源输入插头牢固无松动	是□ 否□	
	检查机柜紧固件、线缆及接头	(1) 信号线及接地线完好无破坏； (2) 各紧固件和接头牢固； (3) 电缆标签齐全、完好、清晰	是□ 否□	
	检查母钟面板的按钮能否调整时间	母钟面板的按钮可以正确调整时间	是□ 否□	
	检查母钟面板的按钮能否调整时间	母钟面板的按钮可以正确调整时间	是□ 否□	
	整治机柜的地线	机柜的地线功能正常，机柜接地点到接地箱的地线无破损，接头紧固	是□ 否□	
	检查机柜紧固螺丝的状态及整治	各螺丝固定，无生锈。	是□ 否□	
	二级母钟复位试验	能自动校正回正确时间		
	清洁机柜内部模块、总线板	机柜内部模块干净，无积尘	是□ 否□	
数显子钟	检查子钟工作状态	子钟与二级母钟时间一致，同步	是□ 否□	
	清洁子钟	子钟干净，无污迹	是□ 否□	
	检查子钟内部配线、接头、线缆标识	子钟内部线路完好，无破损，接头牢固，无松动、氧化和锈蚀，线缆标识清晰	是□ 否□	
	检查并清洁子钟内部部件，更换达不到使用要求的子钟内部部件	子钟内部部件清洁无积尘，运行状态良好	是□ 否□	
备注：				
作业人员签名/日期：				
互控人签名/日期：				
各级检查人员签名/日期：				

5.4.4 时钟设备维护管理分界规定

通信专业负责一级、二级母钟系统的故障处理、日常维护。对于与其他系统连接的接口，通信人员只负责提供正确的时间信息，维护范围包括时钟机柜的接头和传输至其他系统的电缆及接头。

5.4.5 时钟系统的检修周期与工作内容

检修周期一般可按照日常保养、二级保养、小修、中修设置。时钟系统的检修应严格依照设备的检修周期与工作内容实施，以确保设备检修工作的周期与有序性。下面将《时钟系统设备检修周期与工作内容》列出以供参考，见表 5-3。

时钟系统设备检修周期与工作内容　　表 5-3

时钟系统维修规程					
设备	修程	检修周期	检修内容	验收标准	作业关键点
中心母钟二级母钟	二级保养	每月	（1）清洁中心母钟和二级母钟表面	设备表面无积尘、水迹	检修过程中注意避免触碰带电部件
			（2）GPS 接收天线外观、防雷模块及其地线检查	（1）GPS 接收天线完好无缺，固定支架牢固，无晃动； （2）电缆接头紧固； （3）防雷模块及其地线完好无缺，接头紧固无松动无氧化	
			（3）检查机柜紧固件、线缆及接头	（1）信号线及接地线完好无破坏； （2）各紧固件和接头牢固； （3）电缆标签齐全、完好、清晰	
			（4）检查母钟面板的按钮能否调整时间	母钟面板的按钮可以正确调整时间	
	小修	每年	（1）同二级保养内容	同二级保养内容	
			（2）整治机柜的地线	机柜的地线功能正常，机柜接地点到接地箱的地线无破损，接头紧固	
			（3）检查机柜紧固螺丝的状态及整治	各螺丝固定，无生锈	
			（4）二级母钟复位试验	能自动校正回正确时间	
			（5）清洁机柜内部模块、总线板	机柜内部模块干净，无积尘	
模拟子钟、数显子钟	二级保养	每月	（1）检查子钟工作状态	子钟与二级母钟时间一致，同步	
			（2）检查模拟子钟灯管	灯管应常亮	
			（3）清洁子钟	子钟干净，无污迹	
	小修	每年	（1）同二级保养的内容	同二级保养的内容	
			（2）检查子钟内部配线、接头、线缆标识	子钟内部线路完好，无破损，接头牢固，无松动、氧化和锈蚀，线缆标识清晰	
			（3）检查并清洁子钟内部部件，更换达不到使用要求的子钟内部部件	子钟内部部件清洁无积尘，运行状态良好	

5.4.6　时钟设备检修工艺标准

1. 机械强度质量标准

（1）各机柜安装牢固、接地良好。

（2）各设备的连接线缆连接牢固，完整无损伤、无破皮、虚接、断脱、长度适宜，界限叉（环）压接良好、线缆标记清晰准确。

（3）印刷电路板完好无损、绝缘良好、板身平直无变形、印刷线路完整、铜箔无浮起，电路板插接部位与插座接触可靠、有足够的插入深度、接触部分无明显错位；

（4）指示灯安装坚固、表示正确，灯泡电压要与标称值相符，对地绝缘良好；

（5）保险装置性能可靠、保险管安装紧固、保险管压接良好、保险容量符合图纸规定；

（6）各设备清洁无灰尘。

2. 设备工艺标准规定

（1）线条排列整齐、平直、不得有弯曲、背扣、中间接头、擦伤、烫皮、老化龟裂等，线径应符合图纸及设计要求；

（2）线径挺直美观、表面配线线条不交叉、线把分支或弯成直角；

（3）同一去向的配线，余留长短均匀一致，焊接处接头裸芯应不超过 2mm。

3. 检修要求

（1）日常保养

检查机柜、机柱、基础是否稳固，安装是否完好，有无破损；检查箱体、盒、盘、柜有无破损，密封是否良好，有无破损、漏水；检查各种指示灯、仪表指示是否正常；检查设备运行是否正常；检查各种紧固件、螺丝是否紧固；设备外部清洁。

（2）二级保养

在日常保养的基础上，增加开箱、开盒检查，测试工作电压、电流等是否正常；检查杆件、紧固件、螺丝是否松动；检查配线、连线是否良好，有无松脱；调整动作部件动作是否良好；检查表示、显示是否正常；各部件检查、清洁、紧固；进行设备功能测试、动作、运行正常；更换不良部件；涂油、防锈、整修；清洁、注油等工作内容。

（3）小修

在二级保养的基础上，增加修复、更换不良部件；系统测试、试验等工作内容。

5.4.7 时钟系统的故障处理

1. 故障处理程序

有关维护人员应及时准确地判断故障位置、故障原因，按照“先通后复”的原则，积极组织修复，缩短故障时间，把故障影响控制在最小范围内。如果影响有关行车的关键设备，必须采取倒换，代替，迂回等应急措施尽快处理，以减少影响程度。

当值班人员在控制中心发现设备故障或接到故障报告后，应做出故障影响范围的判断，并向车间轮值工程师报告。如果故障不影响行车，直接由值班人员负责处理，处理完后将处理情况向车间轮值工程师报告。如果影响或可能会影响行车，值班人员要先初步判断赶到现场 10min 之内能否处理，是否需要支援，并报车间轮值工程师。如判断不清，则立即赶赴现场判断 10min 之内能否处理，是否需要支援，并报车间轮值工程师。如果 10min 之内处理不了，需要支援，则要当即向车间轮值工程师提出。如果值班人员认为自己可以很快处理，但到现场后 10min 之内处理不了，要立即向车间轮值工程师报告，并请求相关专业技术人员赶赴现场处理。

2. 注意事项

鉴于一级母钟系统的重要性，应加强日常巡检和维护，确保该系统的正常运作。

3. 几个常见故障及处理方法（表 5-4）

几个常见故障及处理方法 **表 5-4**

序号	故障现象	故障原因	采取措施
1	数字式子钟不显示	（1）无交流供电或接线不牢； （2）开关电源损坏	（1）恢复交流供电，排查电源线故障； （2）更换开关电源
2	数字式子钟走时均不准	（1）没收到母钟发来的标准时间信号； （2）控制板出现故障	（1）检查 RS422 接口及传输线是否可靠连接； （2）更换控制板
3	数码显示块缺划或多划	（1）对应驱动电路故障； （2）对应的数码管故障	（1）更换控制板； （2）换显示数码管
4	数码显示块亮度不匀	对应的数码管故障 （受过压或过流损伤）	换显示数码管

第6章 视频监控系统

6.1 视频监控系统组成

6.1.1 系统概述

视频监控系统是维护城市轨道交通行车组织和保证运输安全的重要手段。调度员和车站值班员能利用它监视列车运行、客流情况等，当车站发生灾情时，视频监控系统可作为防灾调度员指挥抢险的指挥工具。

1. 监控范围

随着视频监控系统的广泛应用，根据实际需要可以按无盲区监控概念进行设计，目前，城市轨道交通视频监控系统主要在车站站厅、站台、车站售票机和闸机附近、设备区门口、客服中心、票务点钞室、垂直电梯、换乘区、站内疏散通道、站厅与出入口间通道、长大扶梯附近、车站出入口、高架区间、区间维修通道等区域设置监控，并对相对独立的关键建筑物，如变电所、风亭以及车辆段等区域设置相对独立的监控设备。此外，列车驾驶室以及车厢内均设置有监控，有利于监督司机作业的规范性以及人员的状态，并对客室内乘客情况进行监视，第一时间内对车厢的异常情况进行上报和进行有效处置。有关列车监控的内容将会在第 8 章乘客信息显示系统中进行介绍。

（1）通过对车站站厅、站台区域的监控，车站值班员可以实时了解车站客流、列车出入站、乘客上下车等情况，及时采取措施引导和进行客流组织。

（2）通过对站台的监控，列车司机可以及时了解乘客上下列车及屏蔽门或安全门开、关情况，便于确认人员、设备状态，防止出现夹人夹物，并对意外情况及时妥善处置。

（3）通过对车站售票机、闸机、客服中心等区域的监控，车站工作人员可以了解乘客出入闸和购票等过程，有效监控违规乘车情况、协助处理车票异常情况，并作为处理票务纠纷的佐证。

（4）通过对垂直电梯、长大扶梯、换乘区、出入口通道、出入口、疏散通道等的监控，可及时了解乘客进、出车站过程中产生的突发、异常情况，如客伤、综治等事件，为及时处理乘客意外事件，提供了有效的依据和手段。

（5）通过对区间维修通道、变电所、风亭、高架桥等区域的监控，及时掌握城市轨道交通设备、设施的异常情况，以采取有效措施控制影响面和减少经济损失。

2. 技术实现方式

（1）从技术发展阶段来看，视频监控系统从最初的模拟视频监控系统，逐步过渡到前端采用模拟信号，后端由 PC 机和多媒体卡或完全由数字硬盘录像机进行录像存储的视频监控系统，再到逐渐形成主流的基于 IP 网络的全数字视频监控系统。

（2）从采用的视频压缩编码标准发展的历程来看，从早期的 H.261、MPEG-1、MPEG-2、H.263 标准再到 MPEG-4、H.264 标准，视频压缩倍数从大约 30 倍提升到约 200 倍，传输数据的码率也从 1.1Mb/s 提升到 4Mb/s。

早期的 MPEG-1 标准，图像存储容量过大、清晰度不够高，网络传输困难。MPEG-2 在 MPEG-1 基础上进行了一定的提升，并与 MPEG-1 兼容，但由于压缩性能提升得不多，使得存储容量仍然较大，仍不适合网络传输。MPEG-4 视频压缩算法相对于 MPEG-1/2 在低比特率压缩上有着显著提高，还可以方便地动态调整帧率、比特率，以降低存储量。但由于 MPEG-4 设计过于复杂，使得 MPEG-4 难以在视频会议、可视电话等领域实现。H.264 在不同分辨率、不同码率下都能提供较高的视频质量，使其更有利于网络传输，更容易在视频会议、视频电话中实现。

6.1.2 视频监控系统组成

视频监控系统由站级视频监控系统和中心级视频监控系统两部分组成，以全数字视频监控系统为例，站级、中心级视频监控系统设备主要由车站、中心视频存储设备、流媒体服务器、视频管理服务器、监控终端、交换机等设备组成。通常一个分中心管理几条轨道交通线路，每条线路都有自己的中心级视频监控管理设备，各线路的视频图像通过中心设备接入骨干传输网络，分别传送到线网指挥平台实现统一管理。

6.1.3 视频监控系统功能

视频监控系统从使用上应满足站级、中心级两级监控需求，车站、中心级的视频监控系统应该是相互独立的，中心级操作人员应在不影响车站人员使用设备的前提下进行，并且中心能够随意观看所有车站上传的图像。对于设置有主控系统的轨道交通系统，视频监控系统的站级和中心级功能分别通过主控系统的站级和中心级综合监控设备实现，通信视频监控系统设备则作为后备的监控设备使用。城市轨道交通通信视频监控系统通常具有以下功能：

（1）监视功能；

（2）录像及回放、检索功能；

（3）字符叠加功能；

（4）视频管理功能；

（5）网络管理功能；

（6）系统扩展功能；

（7）视频安全功能。

随着科技的发展，视频监控系统正在将向智能化的方向发展，今后可以通过前端摄像机对音频的捕捉、监控平台对图像的智能分析，大大提高了对各类乘客事件分析的效率，为有效、快捷处置乘客事件提供更好的帮助。

6.2 视频监控系统设备

6.2.1 系统组成及功能

1. 系统组成

视频监控系统由站级视频监控系统和中心视频监控系统两部分组成，如图 6-1 所示。

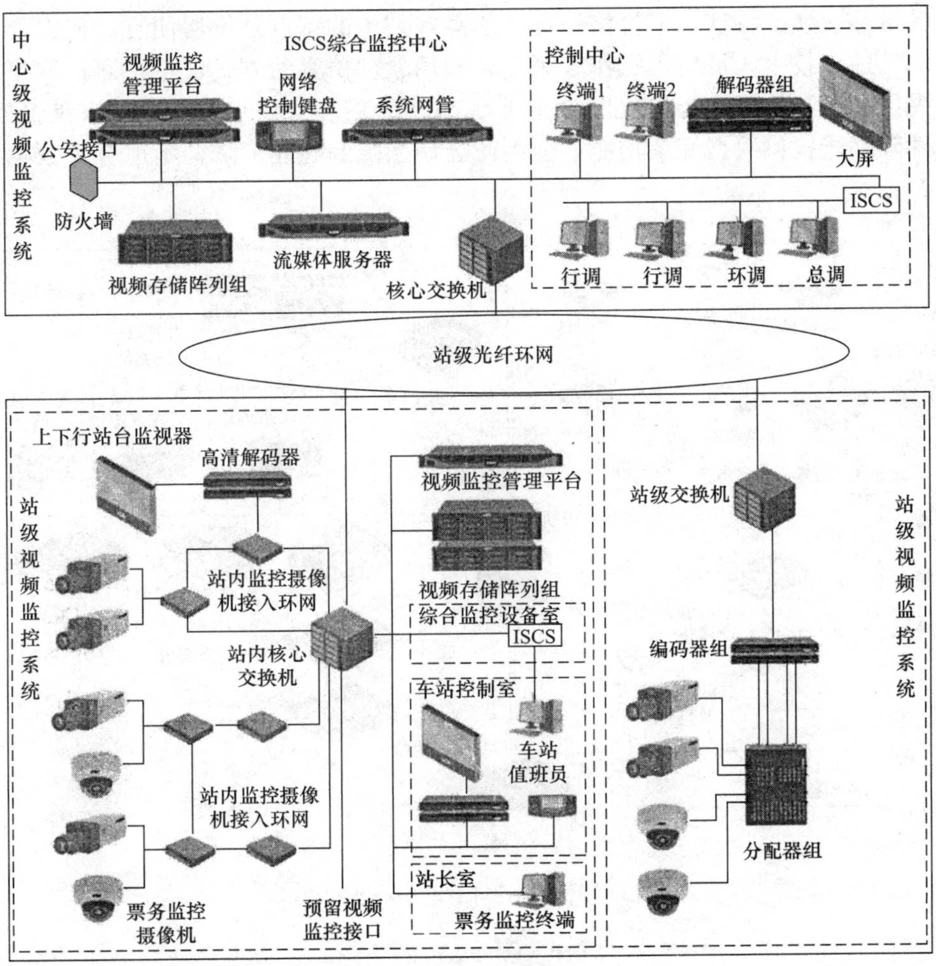

图 6-1　视频系统组成

（1）站级视频监控系统

站级视频监视系统设备，是指设置在轨道交通各车站的视频监控系统，包括视频管理服务器、视频存储设备、流媒体服务器、综合监控工作站（以下简称 ISCS 工作站）、后备监控终端、票务监控终端、监视器、车站交换机、解码器、编码器、摄像机等设备，如图 6-2 所示。

1）视频管理服务器

在每个车站配置 1 台视频管理服务器，车站视频服务器软件具有用户管理、设备管理、录像管理、报警设置、系统设置、日志管理、实时监视、云台控制、录像回放、报警通知、电子地图等功能。

2）视频存储设备及流媒体服务器

目前主流的视频存储设备为磁盘阵列（Redundant Arrays of Independent Disks，RAID）。磁盘阵列样式有三种，第一种是磁盘阵列柜、第二种磁盘阵列卡，第三种是利用仿真软件。磁盘阵列柜是由很多块磁盘组合成一个容量巨大的磁盘组，利用特殊技术将数据切割成许多区段，分别存放在各个硬盘上，通常在大型服务器上使用磁盘阵列柜，它具可热交换的特性，但价格昂贵。磁盘阵列卡的特点是价格便宜，但需要较高的安装技术，适合技术人员使用操作。第三种利用软件仿真的方式，是指通过网络操作系统自身提供的磁盘管理功能将连接的普通 SCSI 卡上的多块硬盘配置成逻辑盘组成阵列，虽然软件阵列能提供数据冗余功能，但因此会使系统的性能下降，不适合大数据流量的服务器。

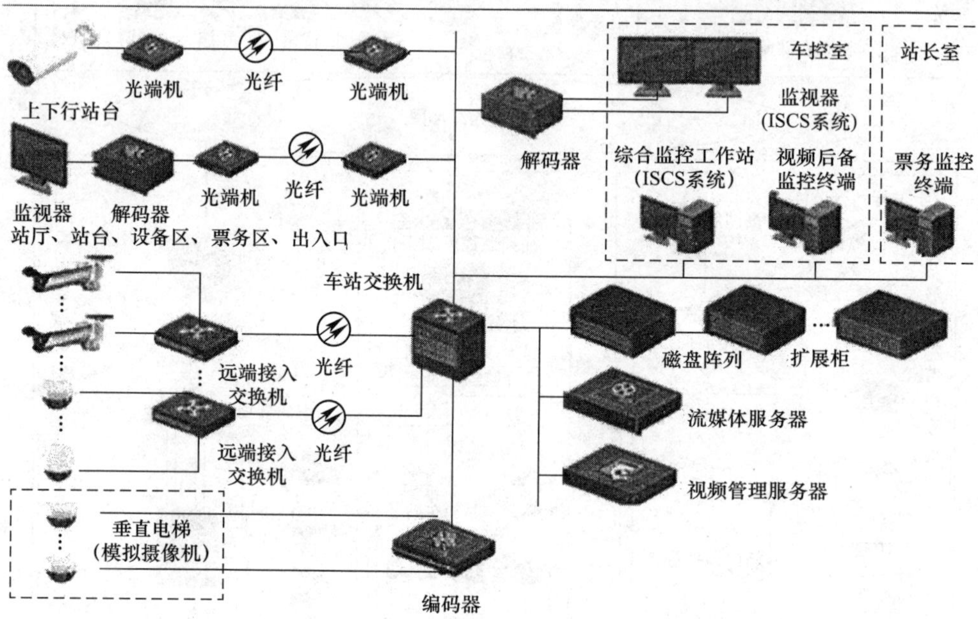

图 6-2　车站视频系统

磁盘阵列还能利用同位检查（Parity Check）的观念，在数组中任意一个硬盘故障时，仍可读出数据，在数据重构时，将数据经计算后重新置入新硬盘中。各站的摄像机摄取的图像信号在车站视频存储设备中进行存储，所有视频图像均要求存储，存储方式采用分布式网络存储，存储码流大小可调，分辨率采用高清格式。根据 2016 年 1 月 1 日起施行的《中华人民共和国反恐怖主义法》第三十二条重点目标的管理单位应当履行下列职责第（五）点要求，重点目标的管理单位应当建立公共安全视频图像信息系统值班监看、信息保存使用、运行维护等管理制度，保障相关系统正常运行。采集的视频图像信息保存期限不得少于九十日，因此，视频监控系统应满足反恐法的要求。目前较流行的存储介质是使用磁盘阵列柜，称为 IP SAN（Storage Area Network，存储局域网络）。IP SAN 主要由控制器、磁盘存储柜组成，包括系统缓存、RAID 卡、高容量企业级硬盘和存储系统管理软件。

流媒体服务器与 IP SAN 一起进行网络存储和视频存储的管理。根据设备选型的情况，例如，流媒体服务器可以支持 256 路 D1 或 64 路 1080P 视频存储管理，IP SAN 并发存储能力可满足 6Mbps/s 数据流并发 256 路。机架式 IPSAN 存储系统采用双控制器总线冗余设计，端口为 iSCSI（互联网小型计算机系统接口，是一种在 TCP/IP 上进行数据块传输的标准）1Gb×8，具有 32GB 高速缓存，支持 RAID0、1、10、5、6 等模式，支持主动全局热备盘；含多路径管理软件，冗余热插拔电源、风扇模块；回放时不影响录制，且具有循环录像的功能。通过 IPSAN 实现视频数据的录像、点播、回放、归档与下载。

3）ISCS 工作站、各类监控终端和监视器

监控终端主要由监控计算机和客户端软件组成，客户端软件可实现实时视频显示、图像记录和回放、云台控制、数字矩阵切换、报警信息管理、电子地图定位、预案编程管理、系统设备维护等便捷操作。

① ISCS 工作站和后备监控终端

在各车站的车站控制室分别设置 1 套由主控系统提供的 ISCS 工作站和 1 套由通信系统提供的后备监控终端，通过与车站视频监控系统联网，可实现在 ISCS 工作站以及后备监控终端的显示屏上对监视图像进行切换。

② 票务监控终端

在车站站长室或控制室设置 1 套票务监控终端，通过与车站视频监控系统联网，可在票务监控终端上实现图像的显示和切换，主要完成对客服中心、票务管理室等场所的人员活动进行 24h 的监控，并能清晰分辨出工作过程中进行的各项业务内容。

③ 监视器

在各车站上、下行站台端墙门外列车的司机驾驶室位置，各安装 1 台液晶监视器，用于根据本侧站台摄像机的数量情况，显示本侧站台各摄像机的合成画面，供给列车司机监视该侧站台的乘客上下车情况。

监视器的安装方式根据车站的具体情况，一般采用侧墙安装或吊挂安装方式。在各地下车站站台端墙外安装监视器，应充分考虑隧道活塞风风压对监视器的影响，护罩及安装件等的材质强度要满足要求。

4）车站交换机

车站交换机通常是用工业以太网交换机负责远端摄像头的接入，然后再分别与车站汇聚交换机组成以太网环，为视频监控系统提供不间断转发、不间断升级、优雅重启、环网保护等多种技术。

5）视频编码器及解码器

视频编码器支持多路实时编码，具有配额录像、多路录像同步回放，标签回放，高清语言对讲，多路音频输入等功能。

视频解码器具有多路解码输出接口，多个图像解码输出，大屏拼接，远程录像解码输出显示功能，并具有主动解码和被动解码两种模式。

6）摄像机

摄像机多采用吊挂安装方式，固定在上方水泥结构板上，吊杆的长度根据现场实际测量结果调整，根据生产实际需要，摄像机被安装于车站站厅、站台、车辆段、风亭、变电所等处所，用于实时监控上述区域客流情况、是否有人员非法入侵，此外，在电梯轿厢、出入口通道以及地面出入口等位置，也会根据需要安装摄像机，以便于对突发事件进行应急处置。

对于车辆段，我们可以将其视作车站，在车辆段通常设置一套独立的视频监控系统，同时出于安保的需要，可考虑在车辆段增加周界报警系统，与视频监控系统相结合，对有异常的区域，在周界发生报警的同时，周界报警系统与前端的摄像机实现联动，还可以增

加广播系统，对突发事件的区域进行人工广播，起到震慑不法分子的作用。

（2）中心视频监控系统

中心视频监控系统主要由中心视频管理服务器、视频存储设备、流媒体服务器、中心交换机、防火墙、监控终端等设备组成，车站的视频图像通过传输网络、交换机等设备被传送到各中心，如图 6-3 所示。

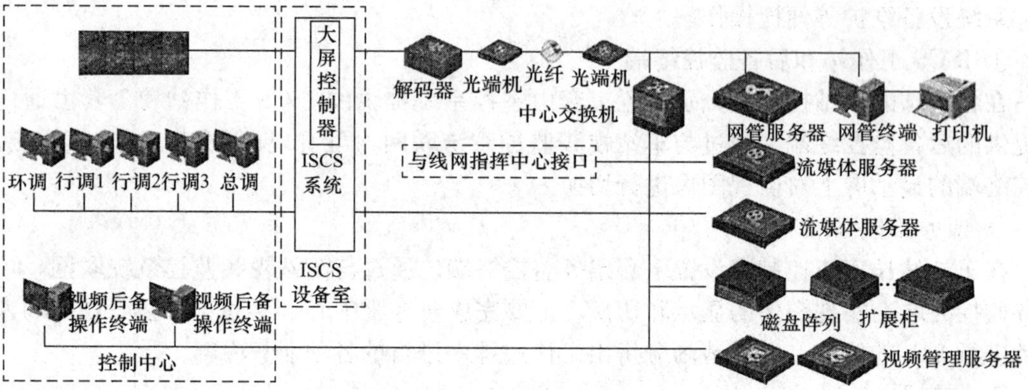

图 6-3　中心视频监控系统

1）中心视频管理服务器

中心视频管理服务器由视频管理服务器和磁盘阵列组成，内装系统管理软件、操作系统和数据库。中心管理服务器支持双机热备，并提供容灾备份保障，拥有完整的 HUS 管理软件和硬件设备。系统管理软件主要包含的功能服务模块有：中心数据管理、双机热备和系统冗余、系统状态监测、报警事件和控制管理、预案编程管理、视频流媒体管理、录像存储管理、系统时间同步、设备接口稳定性管理。

2）视频存储设备和流媒体服务器

中心的视频存储设备和流媒体服务器与车站设备相似，在配置上通常高于车站设备，实现对视频数据的录像、点播、回放、归档与下载。

3）中心核心交换机

中心视频管理服务器、录像服务器、网管服务器、视频综合平台、各终端等均接入中心核心交换机，并通过传输接口接入视频传输网络。在控制中心（以下简称 OCC），解码器组解码后的图像通过 HDMI 等接口连接至 OCC 调度大厅的高清拼接大屏。

4）防火墙

网络防火墙设备采用专用网络操作平台和硬件平台，支持多种欺骗攻击防范和动态包过滤。支持报文控制功能、支持局域网内用户使用地址池中的 IP 地址访问外部网络、支持将访问控制列表与地址池、接口的关联、支持外部网络主机访问内部的服务器、支持静态和动态黑名单等功能。

5）监控终端

监控终端主要由监控计算机和客户端软件组成，客户端软件可实现实时视频显示、图像记录和回放、云台控制、数字矩阵切换、报警信息管理、电子地图定位、预案编程管理、系统设备维护等便捷操作。

2. 系统功能

视频监控系统核心应用功能主要体现为通过前端视频设备对所需现场图像的有效捕捉，各级后端对图像进行实时监控、控制、存储、管理应用，以达到对城市轨道交通全线各车站、变电所、区间现场的人员、设备、环境、业务运营状况、治安秩序、突发事件的实时掌握和应急响应、远程调度指挥，对备查事件做到有据可查，并将报警信息通过接口传送至集中告警系统。

OCC具有对全线各站视频监控包括二级管理中心的调度、管理能力和权限。

（1）监视功能

1）车站监视功能

视频监控系统可为车站值班员提供对车站站厅的客服中心、售票机和闸机出入口以及站台边缘等重点区域的监视，车站值班员或维护人员在获得授权的情况下，可用预先设定的用户及密码登录后使用ISCS工作站或后备监控终端，利用在各车站控制室内设置视频监控操作键盘向本车站视频监控系统发送操作控制指令，将本车站摄像机摄取的图像调入车站值班员ISCS终端显示屏上。

2）司机监视功能

为了保证乘客上下车的安全，在站台头端墙位置设置站台监视器，供列车司机或站台工作人员提供对相应站台旅客上、下车等情况的监视。

3）OCC调度员的监视功能

视频监控系统为OCC的调度员提供对各车站重点区域的监视：

① 使用人员应能对全线所有车站的所有监视图像进行选择显示，并能够在远程遥控车站任何一台球形一体化摄像机云台的转动及其变焦镜头的焦距调节，可根据具体需要设置多个遥控优先等级，并可进行云台变速控制。各调度员通过登录的用户名和密码来区分优先级，车站的云台被控制时能在软件上显示占用者名称。

② 可以采用自动循环方式显示已设置的固定分组的图像。

③ 可以人工单选任一车站的任一图像显示在任一监视器上

4）票务监视功能

票务视频监控是独立于车站视频监控系统的一套用于各车站票务室、客服中心和车站控制室监控的简单视频网络，主要完成对客服中心、票务管理室内人员所有活动进行24h实时监控，并能清晰分辨出工作过程中进行的业务内容。车站站长室设置一套票务监视终端，通过接入本站票务视频监控系统，可实现对票务管理室、客服中心、进出闸机等位置的监视功能。

5）监视权限

ISCS工作站和各监控终端监视权限可以根据需要在设计阶段确定，可根据需求进行分配，例如，可以设计系统最大支持1000个用户在线，最大支持99级用户权限分配，监视权限如下：

① 车站ISCS工作站可监视本站站厅、站台公共区以及出入口的视频图像，不能监视票务管理室、客服中心的视频图像；

② 站长室内票务监视终端仅用于监视本站票务管理室、客服中心、进出闸机、售票机的视频图像。

③ OCC大厅的ISCS工作站（综合监控系统提供）可以调用全线车站内站厅、站台公共区以及出入口的实时视频图像，不能监视票务管理室、客服中心的视频图像。

④ 车站后备监控终端可监视本站所有摄像机的视频图像；

(2) 录像、回放、检索功能

1) 录像存储

① 车站视频监控系统能够对所有摄像机的图像进行实时录制，能提供存储一定天数的录像。

② 通过网络管理系统（人工或自动方式）系统具有开启和停止录像设备进行实时录像功能。

③ 系统具有时间校准的功能，以便对输入的所有图像录制时间进行校准。

④ 系统多采用IPSAN的存储方式。

⑤ 系统具有循环录像功能，磁盘存满后，最新录入的信息可覆盖最早录入的信息。

⑥ 提供的存储容量、IO性能能满足全部视频存储90天。提供电源冗余保护，支持RAID0、RAID1、RAID5、RAID6的盘阵组合，可提供至少两块磁盘损害不影响视频的正常存储及不丢失盘阵中的已存储图像的能力。

⑦ 支持在线对损坏磁盘的更换，支持通过增加硬盘数量、硬盘容量来扩展存储空间的能力。具备通过编程自动实现减帧操作的方式节约有限的磁盘空间、延长图像存储时间的功能。可依据事先的报警处理配置，按需自动实现事件全程的存储记录，以及提供事件预存储，支持DVD-R/W图像刻录和网络转存。

⑧ 视频的存储可自动或手动实现预先配置，可支持针对每一路存储视频的不同要求（编码技术、清晰度、码流大小、帧率等）进行单独配置。

⑨ 存储单元可采用机柜式的磁盘阵列，并可以灵活扩充。

2) 回放及检索功能

① 在权限允许范围内，车站（段）值班员能对本站（段）范围内任意存储图像进行人工选择，进行多画面分割显示：可以按需要设置1/4/9/16画面组合回放在后备监控终端的显示器上。

② OCC被授权人员可对OCC、各车站的图像进行回放，并能按记录的时间、日期范围、站点（车站、车辆）名和摄像机位置（编号）进行分类检索图像。回放时可实现播放、快放、慢放、拖拽、暂停等功能，可实现多路图像同步回放功能，回放速度可调（帧数可根据需求设定为1～30帧/s或1/2、1/4、1/8倍数），回放时不影响录制。

③ OCC能根据权限对全线范围内任意录像目标进行人工选择，进行多画面分割显示：可以按需要设置1/4/9/16画面组合回放在各监控终端的显示器上。

在不影响正常视频存储的条件下，同时满足系统内外对所存储视频的检索、回放。

(3) 字符叠加功能

1) 视频分配器和编码器的字符叠加可通过远程网络采用以太网方式，在中心可以对各车站的字符进行远程设置、修改车站、OCC监控终端、调度大厅大屏幕显示区域所显示的图像，能同时显示相关字符信息，包括车站站名、摄像机位置、日期及时间（年、月、日、时、分、秒）、摄像机名称、所属站点等，一体化快球摄像机摄取的图像能实时叠加操作员用户名。

2）叠加字符信息的内容、格式等能根据需求设置。叠加的信息均可由用户方便地自由修改，可设定各字符显示亮度、大小、位置、背景等。字符的内容包括车站站名、摄像机位置等，字符叠加的设置实现方式简单快捷。

3）字符叠加应用软件确保字符格式统一，在各车站、车辆段（或停车场）本地监视系统和中心远端监视系统的监视器所显示的每一幅图像上能显示车站、场名、摄像点的区域编号等，字符叠加内容可自由设置。可同时显示的必要信息，并可用汉字显示。所有字符的格式、内容等信息，均可由用户通过电脑终端简单方便地自由修改，支持国家一级字库。

（4）视频管理功能

1）系统能对本系统所定义的操作权限进行判断，根据用户的操作指令，建立监控链路，实现对视频的调用、对前端设备（包括云台、视频解码器等）的控制。

2）能充分满足系统内所有操作员的操作要求，至少支持每秒100次的业务请求，确保系统内图像的切换延时小于1000ms，图像视频延时小于250ms，云台控制响延时小于300ms。

3）支持电子地图功能。能为用户提供图形化操作界面，方便用户操作。

4）视频服务器能根据用户的请求，检查前端设备的占用情况，并根据不同的情况为用户建立视频链路。系统能实时检测并显示出已启动视频连接链路与连接时间。

5）系统能够对多级用户、单个用户、分组用户进行管理和授权，定义用户的级别，限制用户对于特定摄像机或特定区域特定系统功能的使用权限（包括图像监视，图像显示、历史图像调用、回放或系统配置权限等）。

6）能接收通信时钟系统提供的标准时间信号，并向系统内各相关设备转发，统一校准系统时间。

7）该系统通信协议能满足与其他相关系统（如综合监控）通信协议之间的转换。

8）视频监控客户端有即时回放功能，能够使工作人员同时观看同一路图像的实时画面和录像画面，方便进行比对和确认。

9）支持对视频存储设备的管理策略，系统能够检测存储与网络连接的状态，提供必需的系统日志。

10）系统支持组播传输技术，避免对网络带宽的消耗，并且能够支持多个用户同时观察同一路图像。

（5）网络管理功能

视频监控系统在OCC设置网络管理设备对系统设备的运行情况进行综合的监视与管理，实现对信息、配置、日志、用户权限、安全管理等网络管理功能。

1）信息管理功能：能对系统用户、区域、设备归属等信息进行管理。

2）配置管理功能：能对系统中各种设备属性、参数及界面信息进行配置，可通过配置客户端进行灵活管理，支持设备自动搜索功能以及客户端配置功能，包括但不限于：

① 对车站、区间摄像机的数量和种类、机号的设置，顺序切换等实时监控和录像功能的设置；

② 对监视器的数量设置；

③ 对摄像机和监视器字符的设置；

④ 对用户密码和控制优先级设置。

3）日志管理功能：能对操作、报警、存储等各类日志进行管理。

4）故障管理功能：能够监测各车站CCTV系统各种设备的运行状态，可实现系统自动检测、遥控检测、故障分类、故障定位、故障记录等功能。系统出现故障时，中心网管系统能够发出报警提示。

5）用户管理功能

① 能够对所有网络管理用户登录者、操作内容进行实时监视，监视过程用文件（含有时间、登录口令）方式记录并保存，该文件可查看、打印，不能删除。

② 网络管理用户的权限为3级。

a. 只能看信息，不能修改数据，进入系统时需密码登录；

b. 可修改一般维护所需的数据，不可修改数据库，进入系统时需密码登录；

c. 可修改数据库任何数据，进入系统时需密码登录。

6）安全管理功能

① 对网络管理用户的管理包括用户信息创建、修改与删除。用户通过输入密码才能登录。

② 对网络管理用户的授权：为指定用户赋予一个或多个操作权限。

③ 网络管理用户登录网管系统时，系统提示输入密码，通过后用户才可登录，否则给出提示信息。

④ 网络管理用户执行网管功能时，系统自动校验该用户的权限，通过后用户可成功执行该功能，否则给出提示信息。

⑤ 网络管理用户成功登录后，在预先设置的时间间隔内无任何操作，系统自动注销该用户。

7）网管包括但不限于以下内容：

① 对该系统之中监视器、控制终端数量的设置；

② 对该系统中用户密码和控制优先级的设置；

③ 对该系统中操作系统的备份；

④ 对该系统操作的记录（工作日志）；

⑤ 对该系统相关视频接口设备功能的设置和诊断；

⑥ 对该系统故障的监视及告警；

8）系统网管能将本系统的故障信息上传给通信集中告警系统，实现集中告警，通常与通信集中网管系统的连接采用符合IEEE802.3标准的10/100M自适应以太网接口。

9）本系统能接收时钟系统所发来的标准时间信号，使本系统的定时设备同步于标准时间信号。

（6）视频安全功能

视频监控系统应能确保前端设备的物理安全、数据安全以及OCC视频管理服务器的安全、数据存储安全、远程备份与容灾以及软件平台的安全性。

1）前端设备物理安全：主要涉及设备的防雷、防过热、防人身触电、防机械伤人。

2）数据安全：主要涉及设备的数据加密、数据存储冗余、数据码流安全传输算法、系统防毒等。

3）OCC视频管理服务器安全：

① 视频管理服务器硬件采用冗余热备设计：冗余热备份（hot stand by-热备份方式）模式：正常情况下，一台机器工作，提供数据库或其他服务，另一台作为备份机，当工作机出现故障时，备份机可以立即接替故障机的工作，保证系统工作连续，这种工作模式保证了系统的容错和实时功能；

② 视频管理服务器安全性设计采用硬件防火墙，视频管理服务器接入之前，架设硬件防火墙设备，以保证交换数据信息的安全性，同时也在中心系统内部构建第一道防线；

③ 视频管理服务器采用多级用户管理架构，每级用户具有不同的管理权限，根据所赋予的权限可以进行相应的系统访问和监控操作，以防止非法登录和越权操作；

④ 视频管理服务器软件采用-配置恢复：

a. 本地配置恢复。视频管理服务器设备在系统平台搭建完成之后，将配置文件进行本地留存，一旦系统出现不可愈故障时，则启动初始化配置文件，将系统重置。

b. 远程配置恢复。本地配置文件在遇到服务器遭受重大威胁时可能会同时损毁，无法进行本地恢复。或者是用户为了快速响应视频管理服务器故障时，可对服务器进行远程配置恢复；

c. 第三方配置恢复。采用人工制作第三方配置恢复修复磁盘的方式进行操作，一旦本地恢复和远程恢复的方式都无法满足需求，则使用人工第三方恢复的方式进行系统修复。修复磁盘需要专门保留，以对这类情况；

⑤ 视频管理服务器软件安全性设计-模块化隔离：视频管理服务器中使用的后台管理软件对各业务子系统进行模块化定制。当某一管理子系统故障时，不能影响其他业务子系统正常运作；

⑥ 视频管理服务器软件安全性设计-防火墙和病毒查杀：视频管理服务器除了使用硬件防火墙设备进行接入之外，还要配装防火墙软件和病毒查杀软件，及时进行更新，防止由于操作系统漏洞与病毒引起的故障。

4）数据存储安全：在监控网络系统的正常工作前提下，数据存储综合使用各种先进的网络安全技术，在不影响网络系统运行效率的基础上，确保其存储的数据安全，最大限度避免重要信息的被窃取。

5）远程备份与灾备：视频监控数据资源一般采用服务器＋磁盘阵列＋操作系统＋数据库服务器的方式进行本地化备份，达到对重要视频监控资源和图片资源的本地化备份的目的。当出现灾难性事故时，通过远程备份，一是可将数据转移到另外一个安全的地方，实现灾难备份；二是可通过远程操作来实现即时备份，避免因为备份计划的时间未到，出现的某些异常，而导致部分数据的遗失。

（7）系统扩展功能

1）视频监控系统采用分布式系统结构，支持系统的平滑扩展功能，扩展时，在网络可达以及带宽满足使用要求的前提下，仅需在线添加相关设备，在中心视频管理服务器上对其必须的运行参数完成配置，即可融入既有网络，不影响既有设备的正常使用。

2）增加监控点数量时，增加摄像机、编码器，根据现有网络存储设备容量确认是否需要扩容存储设备，在监控平台将新增摄像机、编码器，存储设备添加到平台即可完成扩展升级。

3）存储设备可以灵活扩充。当需要增加容量时，可以对未满配的存储设备增加硬盘，如果槽位已经全部满配，可以增加扩展柜或增加新的存储设备，只需为其配置相应的IP，并在系统数据上增加相应的设备即可扩充。

6.2.2 信息传输及组网方式

1. 车站内信息传输及组网方式

(1) 车站网络摄像机或通过网线直接接入车站交换机，或在前端接入交换机后再通过光纤组网，统一接入车站以太网交换机。

(2) 车站标清摄像机通过视频线缆接入车站的编码器，再通过网线接入车站交换机。

(3) 车站内的视频管理服务器、流媒体服务器、视频存储设备、解码器、监控终端等设备通过网线接入到车站交换机，各设备按星型结构组网。

2. 车站间的组网方式

(1) 车站视频监控系统通过通信传输网络与OCC视频监控系统联网，接受OCC视频监控系统的监视、控制和管理。

(2) 轨道交通行业中视频监控网络的特点为传输距离远，传输数据量大，对可靠性要求高。根据上述特点，车站间使用环网方案进行站级的互联如图6-4所示。

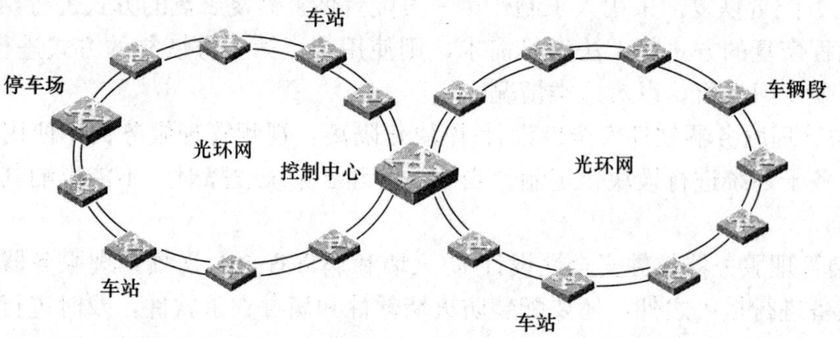

图6-4 站间组网方式

1）多个站点组成环网，例如采用万兆为总带宽，当每个端口的流量都平均时，每个端口的带宽在千兆左右。

2）使用中心设备进行视频备份时会占用大量带宽，若采用万兆环网可使得网络的冗余量较大，并且对于突发流量也能够很好的适应。

3）目前万兆交换机和万兆光模块的应用范围越来越广，万兆光口相对于多个千兆端口捆绑提升带宽有更好的稳定性，便于系统后续的升级和改造。

3. 中心与车站间的信息传输及组网方式

在OCC，视频管理服务器、存储设备、控制键盘、解码器、监控终端等设备通过网线直接接入到机房的以太网交换机，实现所有设备的汇聚。

各车站根据摄像机的数量配置区域交换机，然后接入各车站的汇聚交换机，再通过专用通信传输系统提供的以太网通道，与OCC的核心交换机互联。

在OCC，核心交换机部署防火墙来解决攻击、防蠕虫和病毒功能。通过部署防火墙，以便实现灵活的访问控制，有效授权给需要开放的业务。

中心与车站间的网络拓扑结构如图 6-5 所示。

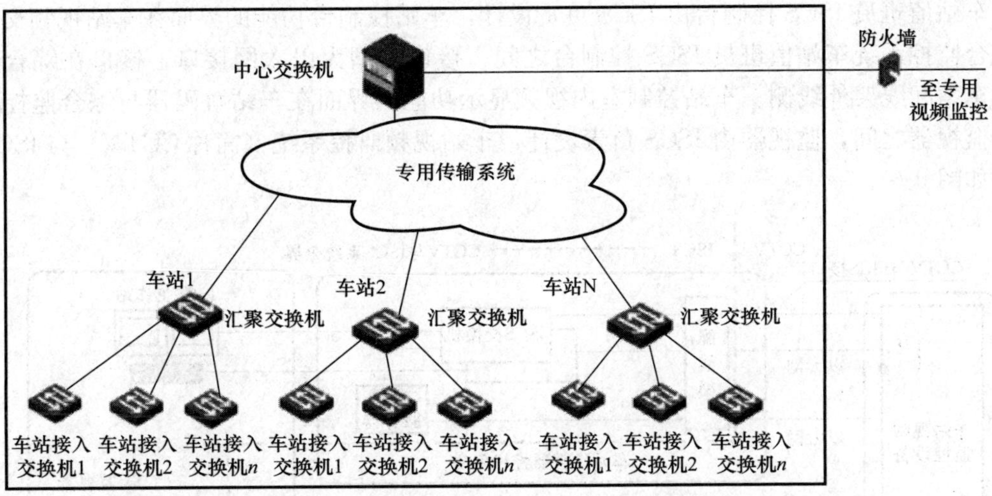

图 6-5　中心与车站间的网络拓扑结构

6.2.3　系统接口

1. 通信系统内的接口

（1）与传输系统的接口

通信传输系统为视频监控系统提供了中心至各车站之间的数据传输通道，该通道的传输方式采用共享式，例如可配置 1 个 1000M 的以太网电接口。

（2）与时钟系统接口

专用通信时钟子系统为视频监控系统提供了时钟信号，接口在通信配线架的外侧。时钟系统为视频监控系统提供了标准的时间，可采用 RJ45 接口。

（3）与集中告警系统接口

通信视频监控系统向通信集中告警系统提供了相关告警的信息，可通过 1 个以太网接口将设备故障告警信息传递到集中告警系统。

（4）与电源系统接口

在 OCC 和各车站，由通信不间断电源系统为其他通信系统提供 220V 交流电源，电压为 220±10%V，频率为 50±5Hz，接口在电源设备柜的电源分配盘上。视频监视系统设备通常根据区域划分进行电源的再分配，比如分为站厅区域、站台区域、机柜设备等。

2. 通信系统外的接口

（1）与接地系统的接口

供电专业在通信电源室或通信设备室设置综合接地排或接地箱，视频监控系统室内设备的接地均接到机柜上，再将机柜的接地线接到该设备室内的接地排或接地箱上，接地电阻不大于 1Ω。

（2）与综合监控系统的接口

在车站和 OCC，通信视频监控系统与综合监控系统（以下简称 ISCS）之间的接口，主要是用于提供视频图像和控制，以满足通过综合监控系统控制台实现对视频的调用、切换、PTZ（Pan/Tilt/Zoom，全方位移动及镜头变倍、变焦控制）等功能。

1）车站

车站值班员 ISCS 控制台由 ISCS 负责设计，车站控制台功能的界面在车站视频交换机与综合监控系统车站值班员 ISCS 控制台之间，接口类型为以太网接口，接口在综合监控系统车站配线架外线侧。车站控制室内视频显示功能的界面在车站解码器与综合监控系统车站监视器之间，监视器由 ISCS 负责设计，车站视频监控系统（简称 CCTV）与 ISCS 的接口如图 6-6。

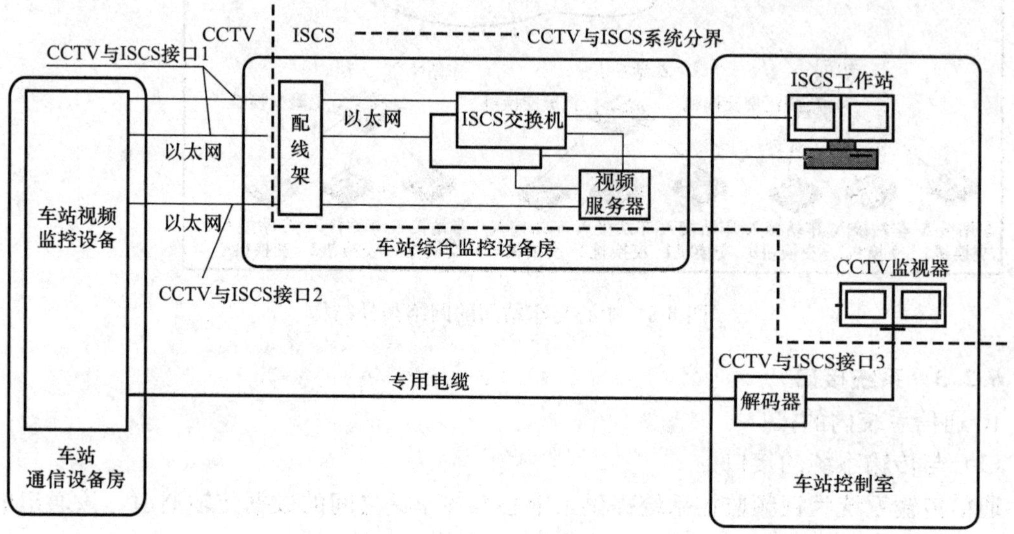

图 6-6　车站 CCTV 与 ISCS 的接口

2）OCC

OCC 视频监控系统的控制及显示功能由 ISCS 负责实现，OCC 调度的功能界面在中心视频交换机与综合监控系统中心值班员 ISCS 控制台之间；接口类型为视频及以太网接口，视频监控系统提供 100Mb/s 冗余以太网接口，如图 6-7。OCC 大屏的视频功能界面在中心视频解码器与大屏视频输入设备间，输出为高清或标清图像。

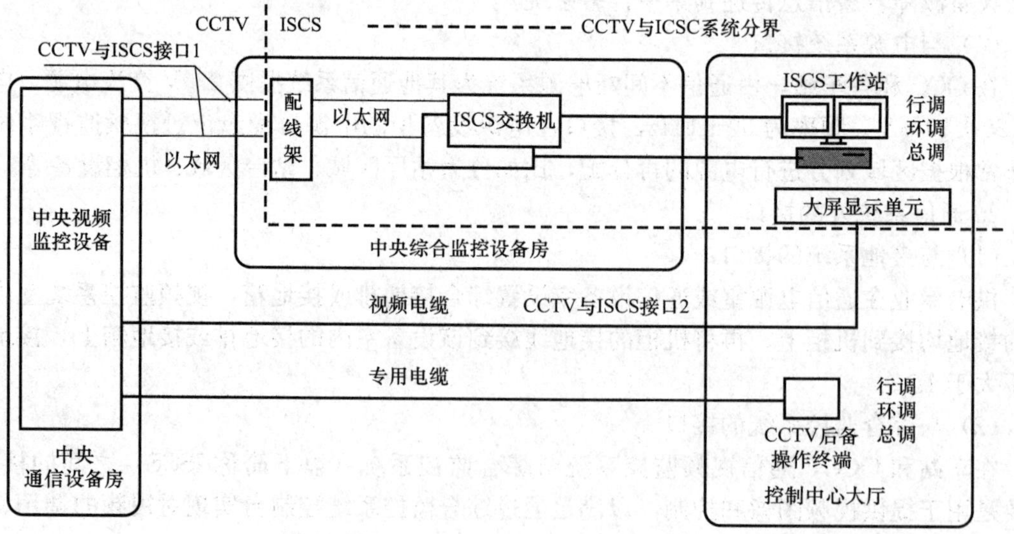

图 6-7　OCC CCTV 与 ISCS 的接口

6.2.4 线网指挥中心视频监控系统

1. 线网视频监控系统概述

随着轨道交通运营线路线网的发展，一个OCC分管几条轨道交通线路，各线路的视频监控系统各自形成一套独立的视频监控。线网指挥中心（以下简称COCC）的视频监控系统是线网指挥平台的重要系统之一，通过它可实现对各线路客流等情况的监控，为线网的统一调度、统一管理提供参考。

2. 线网（COCC）视频监控系统组成

COCC由中心管理服务器、媒体存储服务器、视频分析服务器、接入服务器、磁盘阵列、解码器、控制键盘和控制工作站等设备组成，如图6-8所示。

（1）中心管理服务器：在中心管理服务器上安装有专用的软件，负责对系统中的用户进行管理以及对视频服务器、视频解码器、流媒体服务器等设备进行管理。

（2）媒体存储服务器：在媒体存储服务器上安装有专用的软件，负责对上传视频的视频流进行转发，对视频数据进行分发，解决多用户并发和网络带宽不足的问题。

（3）视频分析服务器：视频分析服务器上安装有专用的软件，负责对重要点位的视频进行行为分析。每台视频分析服务器可支持一定路数的D1/2M码流视频的分析和视频诊断检测。

（4）接入服务器：在接入服务器上安装有专用的软件，负责上传视频流的接入。符合国标《公共安全视频监控联网系统信息传输、交换、控制技术要求》GB/T 28181—2016协议的视频流，可方便快捷的接入监控系统平台。

（5）磁盘阵列：磁盘阵列安装有一定数量的大容量硬盘，支持多路上传视频，可对存储一定天数的码流进行备份。

（6）解码器：把网络视频图像统一还原成DVI/HDMI的视频信号，接入大屏显示系统，统一在大屏上显示。

（7）控制键盘：在操作台上配置一台控制键盘用于对上传视频的切换控制。

（8）工作站：在工作站上安装有专用软件，用于调用上传的视频图像，并且可回放已备份的录像文件，并对视频监控系统进行设置。

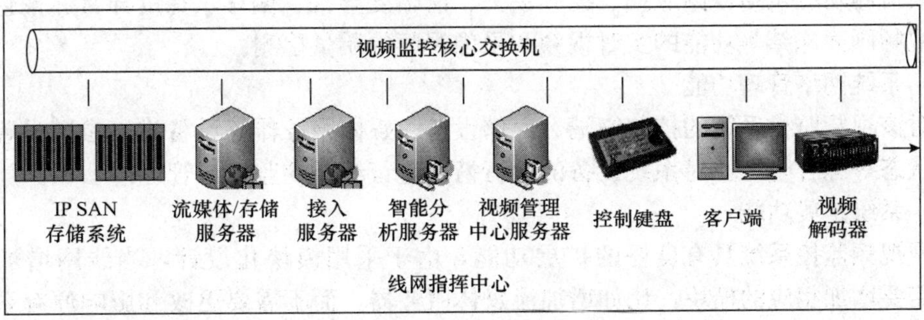

图6-8 COCC视频监控系统组成

3. COCC视频监控系统功能

COCC视频监控系统主要为线网指挥中心调度管理人员提供调看全线网各线路任意一路视频的图像及录像功能。调度员可根据需要在工作站上控制、选择设置所需要的监视画面，并可通过编程设置自动循环监视或人工监视模式。COCC视频监控系统具体如下功能。

(1) 权限管理

中心管理服务器可对接入的视频进行权限管理，包括对各线视频浏览权限、录像回放权限、PTZ控制权限、录像权限、数字矩阵权限和参数设置权限；通过区域化管理为访问用户分配不同的可用资源，高优先级用户可抢占低优先级用户的视频操作；提供添加和删除用户、修改用户基本信息等功能，为用户提供可视化操作。

(2) 图像字符叠加功能

线网指挥中心视频监控子系统平台软件可对各线车站上传的视频进行字符叠加，可叠加汉字、字母或数字、日期、时间、摄像机状态等，字符的显示位置可调。

(3) 录像管理功能

线网指挥中心视频录像服务器可对各线正在上传的视频进行实时录制，中心管理服务器可设定录像的方式，可切换录像的视频前端，可设定录像机的时间。

(4) 系统对时功能

中心管理服务器可作为视频监控的核心，能接收外部时钟源的标准时间信息，校准本系统内所有需要时间信息的设备。视频媒体服务器、录像服务器、智能分析服务器可以通过中心管理服务器实现统一时间、校准时间功能，以便对输入的所有图像的时间进行校准。

(5) 回放及检索功能

线网指挥中心监控管理人员在授权权限内可对相应视频录像进行回放、刻录、能按时间、日期范围、摄像机通道（编号）等信息进行分类图像检索。

(6) 切换功能

线网指挥中心通过客户端软件或者网络键盘可对上传的图像，在大屏上进行切换操作；操作功能包括摄像机巡视组设置和调用，摄像机成组切换的设置和调用。

(7) 视频智能分析功能

在线网指挥中心配置智能分析服务器，在安装智能分析软件后，每台设备分别可对标清视频或者1080P高清等视频进行行为分析。具备的基本行为分析如计数、越界、徘徊、轨迹、物品遗留/遗失、进出区域检测等功能的实时视频和录像视频的智能分析。具备的视频诊断检测功能包括视频遮挡、视频丢失、清晰度异常、偏移、亮度异常、偏色、噪声干扰、视频画面冻结等功能的实时视频和录像视频的质量检测。

(8) 系统网络管理功能

可对该视频监控系统的控制终端、存储设备、媒体服务器等设备进行参数设置、故障告警及状态等综合管理。对系统设备的运行情况进行综合的监视与管理。

(9) 系统扩展功能

线网视频监控系统具有良好的扩展功能，由于采用模块化设计，当线网增加其他线时，只需要增加相应的模块，比如增加流媒体服务器，而不需要更改和影响原有系统的正常运行，真正做到扩展时不会影响既有设备的使用，软件基本框架不变。

6.2.5 车辆段、停车场安防视频监控系统

车辆段、停车场的视频监控系统等同于一个车站的视频监控系统，同时又是一个区域相对独立的视频监控系统，通常采用本地监控方式，主要用于实现安防监控值班室人员对车辆段周界及段内重要地段的监控需求，同时进行录像。监控的区域主要为车辆段周界以

及出入口、各楼宇的出入口，例如危险品存储间、牵引降压混合变电所、运转综合楼、停车列检库、运用库、物资仓库以及出入段线隧道洞口等位置，在段内各重要地段设置的摄像机，主要用于监视人员和车辆的进出情况，在隧道口设置摄像机，主要用于观察人员或大型动物等是否有非法侵入情况。

在车辆段内除了设置视频监控设备的同时，还会根据车辆段采用的围闭建筑形式采用相应的报警触发手段，例如当车辆段采用金属围网时，可以采用在围网上加装振动电缆，并沿车辆段周界设置摄像机并与振动电缆的报警系统联动，在非法入侵行为发生时可迅速显示入侵事件发生地点的视频图像，从而使值班人员能及时对入侵行为做出反应，实现对攀爬围网等非法入侵情况进行有效地监控。

6.3 视频监控系统的运行与维护

6.3.1 视频监控系统的运行

视频监控系统作为运营行车组织的有效辅助手段，要求该系统设备需要 24h 不间断地运行。在运营期间，视频监控系统提供车站客流和列车上的情况；在非运营期间，出于安全方面的考虑，也需要不间断地运行。所以，对视频监控系统运行管理的主要目的是保证系统的不间断正常运行，提供正常的使用功能；以便在有需要时，能够实时和不间断的提供现场图像给使用人员，并根据需要进行录像的回放和下载。

1. 实时监控

(1) 车站值班人员通过车控室内的综合监控平台或后备监控终端的实时画面，有效地进行客运组织以及应急事件的响应和处理。

1) 车站通常采用两画面或四画面的形式实时显示车站站台图像；

2) 可采用编程自动循环监视模式，自动地对本站全部及已设置的固定组合监视区域，以一定的时间间隔进行循环监视，循环时间间隔可人工设置。自动循环监视可按本站全部图像、站台全部图像、站厅全部图像三种状态进行设置，具体显示方式可根据用户的需求灵活设定。

3) 可采用人工单选模式，可通过电子地图对车站内任意摄像机摄取的图像进行人工选择监视。

4) 可实现对设置在车站站厅的任意球形摄像机进行 PTZ 操作。

5) 可对每一路图像进行数字缩放。

6) 具备视频分割与合成功能，后备监视终端可以通过多画面显示本车站的视频图像。

7) 车站视频后备监控终端使用的优先级高于综合监控系统的视频监控控制功能。

(2) 为了保证乘客上下车的安全，列车司机通过站台头端墙设置的监视器对乘客的上下列车情况进行查看。

(3) OCC 调度员能对全线所有车站的全部监视图像进行选择显示，并能够在远程遥控车站球形摄像机，可以人工选择查看任一车站的任一图像以及自动循环显示已设置的分组图像。

(4) 车站管理人员以及票务稽查等人员通过票务监控设备，可实现对票务管理室、客服中心、进出闸机等位置的监视；可采用编程自动循环监视模式并可灵活设定对本站全部图像或部分图像进行循环显示；也可采用人工单选模式，通过电子地图对车站内任意摄像机进行人工选择监视。

2. 录像的回放和下载

车站和OCC人员通过前端视频设备对所需现场图像的有效捕捉，实现了对城市轨道交通全线各车站、变电所、区间等场所的人员、设备、环境、业务运营状况、治安秩序、突发事件的实时监视，并根据需求进行调取和下载录像，录像存储满足不少于3个月的录像回放和下载需求。

在权限允许范围内，车站（段）值班员和OCC被授权人员可对OCC、各车站的图像进行回放，并能按记录的时间、日期范围、站点（车站、车辆）名和摄像机位置（编号）进行分类检索图像。回放时可实现播放、快放、慢放、拖拽、暂停等功能，回放时不影响录制。

3. 视频编码的国际标准

（1）视频压缩编码标准的发展史

视频压缩编码国际标准主要是由国际标准化组织（ISO/IEC）和国际电信联盟（ITU）制定的，主要有由ITU制定的H. 261、H. 262、H. 263、H. 264和ISO/IEC委员会中的MPEG组织（MPEG，Moving Picture Expert Group，活动图像专家组）制定的MPEG-1、MPEG-2、MPEG-4，其中H. 262/MPEG-2和H. 264/MPEG-4由ITU与MPEG联合制定，各标准的发展史如图6-9。

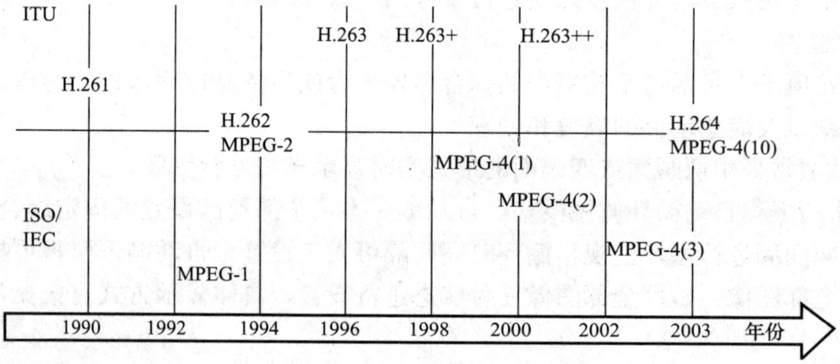

图6-9　视频编码标准的发展史

（2）视频编码标准

1）视频编码的ITU标准与ISO/IEC标准的对应关系如表6-1。

ITU标准与ISO/IEC标准的大致对应关系　　**表6-1**

ISO/IEC	MPEG-1	MPEG-2	MPEG-4（2）	MPEG-4（10）
ITU	H. 261	H. 262	H. 263，H. 263＋，H. 263＋＋	H. 264
数码率	1. 1～1. 5Mb/s	2～40Mb/s	64kb/s～4Mb/s	64kb/s～4Mb/s
压缩倍数	约30	约60	约100	约200
应用领域	MPEG：VCD、光盘存储、家用视频、视频监控等H. 261：ISDN视频会议	微波数字电视、DVD、高清电视、卫星电视等	桌面可视电话、移动视频、数码相机	数字视频存储以及IPTV、数字卫星电视、手机电视等

2）视频编码标准简介

① MPEG-1、MPEG-2/H.262

MPEG-1 标准图像采用 CIF（Common Intermediate Format）格式，NTSC 制为 352X240 像素，PAL 制为 352X288 像素。数码率为 1.5Mb/s。MPEG-2 在 MPEG-1 基础上进行了扩充和提升，与 MPEG-1 向下兼容，MPEG-2 视频相对 MPEG-1 提升了分辨率，其可提供一个较广的范围改变压缩比，以适应不同画面质量，存储容量，以及带宽的要求。满足了用户高清晰的要求，但由于压缩性能提高不多，存储容量仍然过大，仍不适合网络传输。

MPEG-2 标准目前分为 9 个部分，统称为 ISO/IEC 13818 国际标准。其中，第二部分 ISO/IEC13818-2，也即 MPEG-2Video 描述了视频编码方法。MPEG-2Video，也被称为 ITU-T H.262，是早期消费类电子视频设备中使用最广泛的视频编码标准，主要用于数字电视广播：包括陆地，海底电缆和直接卫星广播。它能在 25fps（PAL）或者 30fps（NTSC）的固定帧率下达到 720x576 像素成像。此外，它也是 DVD-V 中必需的编解码器。

② H.261、H.263、H.263＋、H.263＋＋

H.261 也是一种视频编码标准，它的数码率是 P×64kb/s，主要应用于 ISDN（Integrated Services Digital Network）、ATM（Asynchronous Transfer Mode）等宽带信道上实时的传输声音和图像信息，不适合 PSTN（Public Switched Telephone Network）在和移动通信网等带宽有限的网络上应用。

H.263 是为低码流通信而设计的。但实际上这个标准可用在很宽的码流范围，而非只用于低码流应用，它在许多应用中可以认为被用于取代 H.261。H.263 的编码算法与 H.261 一样，但做了一些改善和改变，以提高性能和纠错能力。之后推出的 H.263＋是 H.263 的第二版，H.263＋对 H.263 中的不受限运动矢量模式进行了改进，加上 12 个新增的可选模式，不仅提高了编码性能，而且增强了应用的灵活性。H.263＋＋标准在 H.263＋基础上增加了三个选项，主要是为了增强码流在恶劣信道上的抗误码能力和提高编码效率。H.263 已经基本上取代了 H.261。

③ MPEG-4

MPEG-4 与 MPEG-1 和 MPEG-2 有很大的不同。MPEG-4 不只是具体压缩算法，它是针对数字电视、交互式绘图应用（影音合成内容）、交互式多媒体等整合及压缩技术的需求而制定的国际标准。视频压缩算法相对于 MPEG-1/2 在低比特率压缩上有着显著提高，在 CIF（352×288）或者更高清晰度（768×576）情况下的视频压缩，无论从清晰度还是从存储量上都比 MPEG-1 具有更大的优势，也更适合网络传输。另外，MPEG-4 可以方便地动态调整帧率、比特率，以降低存储量。

MPEG-4 由一系列的子标准组成，被称为部分（Part）或卷，其中第一部分（ISO/IEC 14496-1），对应图 6-的 MPEG-4（1），描述了视频和音频数据流的控制、同步以及混合方式（即混流 Multiplexing，简写为 MUX）；第二部分（ISO/IEC 14496-2），对应图 6-的 MPEG-4（2）定义了一个对各种视觉信息（包括自然视频、静止纹理、计算机合成图形等）的编解码器。（例如 XviD 编码就属于 MPEG-4 Part2）；第三部分（ISO/IEC 14496-3），对应图 6-的 MPEG-4（3）定义一个对各种音频信号进行编码的编解码器的集合。包括高级音频编码（Advanced Audio Coding，缩写为 AAC）的若干变形和其他一些音频/语音编码工具。第十部分（ISO/IEC 14496-10），对应图 6-的 MPEG-4（10）定义了一个高级视频编码或称 AVC（Advanced Video Coding）。AVC 和 XviD 都属于 MPEG-4 编码，但由于 AVC 属于 MPEG-4 Part10，在技术特性上比属于 MPEG-4 Part2 的 XviD 要先进。另外，它和 ITU-TH. 264 标准是一致的，故又称为 H. 264。

④ H. 264

H. 264 是国际标准化组织（ISO）和国际电信联盟（ITU）联合组建的联合视频组(JVT) 共同制定的继 MPEG4 之后的新数字视频编码标准。它既是 ITU-T 的 H. 264，又是 ISO/IEC 的 MPEG-4 高级视频编码（Advanced Video Coding，AVC）的第 10 部分。H. 264 有以下优点：

a. 低码率（Low Bit Rate）：和 MPEG2 和 MPEG4 ASP 等压缩技术相比，在同等图像质量下，采用 H. 264 技术压缩后的数据量只有 MPEG2 的 1/8，MPEG4 的 1/3。

b. 高质量的图像：H. 264 能提供连续、流畅的高质量图像（DVD 质量）在较低带宽上提供高质量的图像传输是 H. 264 的应用亮点。

c. 容错能力强：H. 264 提供了解决在不稳定网络环境下容易发生的丢包等错误的必要工具。

d. 网络适应性强：H. 264 提供了网络抽象层（Network Abstraction Layer），使得 H. 264 的文件能容易地在不同网络上传输（例如互联网，CDMA，GPRS，WCDMA，CDMA2000 等）。H. 264 可以工作在实时通信应用（如视频会议）低延时模式下，也可以工作在没有延时的视频存储或视频流服务器中。H. 264 提供了解决网络传输包丢失的问题的工具，适用于在高误码率传输的无线网络中传输视频数据。

H. 264 最大的优势是具有很高的数据压缩比率，在同等图像质量的条件下，H. 264 的压缩比是 MPEG-2 的 2 倍以上，是 MPEG-4 的 1. 5～2 倍。H. 264 在具有高压缩比的同时还拥有高质量流畅的图像，经过 H. 264 压缩的视频数据，在网络传输过程中所需要的带宽更少，也更加经济。

4. 存储容量计算

（1）单位换算

随着存贮信息量的增大，有更大的单位表示存储容量单位，除了字节、千字节、兆字节外，还有吉字节（GB，gigabyte）、太字节（TB，terabyte）、拍字节（PB，Petabyte）、艾字节（EB，Exabyte）、泽字节（ZB，Zettabyte）和尧字节（YB，yottabyte）等。各字节间的换算关系如下：

1B（byte 字节）；

1kB（Kilobyte 千字节）＝2^10B＝1024B；

1MB（Megabyte 兆字节）＝2^10kB＝1024KB＝2^20B；

1GB（Gigabyte 吉字节）＝2^10MB＝1024MB＝2^30B；

1TB（Trillionbyte 太字节）＝2^10GB＝1024GB＝2^40B；

1PB（Petabyte 拍字节）＝2^10TB＝1024TB＝2^50B；

1EB（Exabyte 艾字节）＝2^10PB＝1024B＝2^60B；

1ZB（Zettabyte 泽字节）＝2^10EB＝1024EB＝2^70B；

1YB（YottaByte 尧字节）＝2^10ZB＝1024ZB＝2^80B

(2) 计算视频数据量大小*注

视频存储设备需要实现 7×24h 不间断地录像，以存储码流按 8Mbit/s、存储格式为 1080P 为例，说明如何计算视频数据量：

视频数据计算公式（TB）：视频路数×视频码流×录像时间（h/天）×3600s/h×录像天数÷(8×1024×1024）可以算出各车站视频数据大小。

以车站 70 路 1080P 8Mbps 码流录像存储 90 天为例，实际需要存储的数据量大小是：

70(路)×8(Mbit/s/路)×24(h/天)×3600(秒/h)×90(天)÷(8×1024×1024)＝519TB

(3) 计算所需要硬盘空间大小[1]

新购买的硬盘，格式化之后显示的存储容量与磁盘上实际标称的存储容量并不符合，其主要原因是磁盘上的标称容量是生产商直接以十进制 1GB＝1000MB，1MB＝1000kB，1kB＝1000B 的计算方式统计出产品的容量，而计算机内部实际上是用二进制来表示存储容量的，例如 1kB＝1024B，1MB＝1 048 576B 等。因此如果用 MB 来表示磁盘存储器的容量，则磁盘的标称容量与实际显示的容量之间有近 5%的误差，如果用 GB 来表示，则有 7.4%的误差，如果用 TB 表示，则误差高达 10%。因此设计存储容量时要考虑到这个差异性，如果按标称容量比实际存储容量有约 10%的误差时，上面计算的视频数据量对应于实际所需硬盘的容量还要调整为：519/90%＝576TB。

(4) 提升设备运行质量的手段

1) 对前端摄像机编号及对图像增加有效字符信息

根据现场实际情况，对摄像机进行数字和字母编号，便于检修时快速识别现场摄像机的位置，通过对图像叠加时间、区域、线路等有效信息，便于车站、OCC、线网人员识别摄像机的监控区域，有利于进行客运组织。

2) 系统的备件储备

系统的备件数量可考虑按照实际使用设备数量的 5%～10%考虑，对于重要设备或备件，还应考虑一主一备的方式。对于一些故障多发的外围设备，如摄像机，应考虑多备一些备件，并通过制定备件的安全库存，提前做好备件的采购。

3) 完善操作指引，提升设备使用人员技能

根据视频监控系统各类图纸、技术手册等资料，进一步完善和细化设备使用操作手册，为车站和中心人员做好培训，减少人为误操作的概率。

4) 开展定期查线核图

尤其是新增项目建设后新增或改造后与既有的设备之间的接口等，以及确认好与其他系统的接口，做好各类设备及线缆的标识，在设备检修过程中注意做好恢复和确认，确保正确无误。

5) 系统更新改造

根据视频监控系统的年度设备评估报告，结合设备的使用年限，逐步开展设备的专项修，对设备陈旧的系统进行局部或整体更新改造，有效提升系统整体的性能。

---

[1] 具体的存储容量需求，可参考存储设备供货商计算公式。

6.3.2 视频监控系统的维护

1. 设备维护的各个阶段

视频监控系统设备的检修阶段分为日常保养、二级保养、小修、中修、大修。

（1）日常保养

视频监控设备的日常保养是对设备运行工况和状态进行检查、观察的行为，主要包括设备外观检查、板卡指示灯状态查看、维护终端告警信息查看、设备红外测温等工作。

设备使用人员在班前班后认真检查设备，通过除尘清洁等检修，使设备经常性保持整齐、清洁、安全状态；对设备发生的简单故障及时给予排除。

（2）二级保养

视频监控设备的二级保养是对设备运行状况进行检测和保养的行为，主要包括设备外观清洁、设备基本参数的测量等工作。对设备进行局部拆卸和检查，通过管路疏通、除锈补漆、间隙调整、紧固防噪等措施保障设备性能；在设备出现故障时，设备使用人员判断故障的大小和解决的难易程度，如无法自行解决的，需及时通知设备主管部门进行维修。

（3）小修

视频监控设备的小修是对设备进行检查、内部清洁、线缆及接头整理、设备冗余功能测试等，更换或修整易损的零部件，以保持设备正常技术状态的检修工作。

针对日常巡检、定期检查和状态监测诊断发现的问题，计划性拆卸有关部件、进行检查、调整、更换或修复失效的零部件，以恢复设备的正常功能，保持设备正常技术状态，检修的周期通常按年度进行。

2. 设备检修周期

视频监控设备应按照一定的周期进行检修，在周期内可提前检修，但应考虑设备的质量状态，上次检修时间与本次检修时间间隔的合理性，对设备质量状态影响的有效性，按科学原则进行。特殊情况下检修周期需做重大调整的，按设备质量状态进行分析，形成分析报告，经各级批准后执行。

（1）日常保养：对应的检修周期一般为1天、1周，分别对应日检、周检。日常保养工作应按周期进行，日检按要求需每天执行，周检前后两次检修作业需在±1天内完成。

（2）二级保养：对应的检修周期一般为月检。二级保养工作应按周期进行，月检前后两次检修作业需在±3天内完成。

（3）小修对应的检修周期一般为一年。小修工作应按时间周期进行，对于单套设备，本次小修对比上次检修作业时间，需控制在±7天内完成。

（4）使用寿命：是指设备可靠、正常、安全运行的时间周期；对不同类型设备，根据厂家的指导手册、行业标准、国家标准、运行经验等做出规定，使用寿命一般为8～25年；在设备的使用寿命到期前，根据综合评估结果，判定设备是否需进行更换，或延续运行至下一次大修工作。

（5）某一具体设备的检修周期：如果出现单元部件与整体设备检修周期有不一致时，以单元部件规定对应的检修周期为准。

3. 视频监控系统设备的维修规程和检修记录

（1）视频监控系统设备的维修规程

根据设备维护阶段不同，视频监控系统的维修分为日检、周检、月检、年检、中修和大修。不同的检修阶段对应不同的工作内容，如表6-2所示。针对不同设备的使用寿命，设备维护单位应根据每年设备的可靠性分析结果进而开展相应的检修。

视频监控系统设备检修周期与工作内容 表6-2

设备名称	修程	周期	维修内容	验收标准	作业关键点
设备机柜及附属设备	日常保养（针对中央设备）	每天	(1) 检查机柜内各模块的状态指示灯、空气开关的状态及温度情况以及电源插头情况	各指示灯显示正常、无告警指示、空气外观正常，表面测温不超过40℃，电源插头牢固无松动	检修过程中注意避免触碰带电部件
			(2) 后备键盘清洁保养与运行状态检查	键盘外观无积尘、程序运行正常	
	二级保养	每月	(1) 同日常保养内容		
			(2) 检查图像插入文本以及图像传输质量；检查机柜内的各种配线	插入文本显示正确，无乱码各站上传的图像显示清晰，无波动、失真、花纹和雪花，图像位置正确；配线和接口无松动、破损，标识完整	
			(3) 清洁机柜内外及各模块表面	机柜内外及模块表面清洁无积尘、无污迹	
	小修	每年	(1) 同二级保养内容		
			(2) 使用后备键盘进行数据备份	最新的各项数据备份到外部存储介质	
			(3) 检查机柜各紧固件及地线	紧固件完好，无锈蚀接地线无破损、老化	
维护终端	日常保养	每天	(1) 检查故障信息和图像信息	图像应无失真变形	必须先退出维护软件才能关闭终端
			(2) 清洁终端及其附属设备外部	设备表面无积尘、无污迹	
	二级保养	每月	检查终端及其附属设备及外设的连线和使用情况	连线无松动、氧化、破损和锈蚀，鼠标、键盘、显示器等外设使用正常	
	小修	每年	(1) 同二级保养		
			(2) 检查时钟同步和上传中心网管信息的功能	终端的系统时间能正确同步，中心网管的故障信息内容与维护终端一致	
			(3) 使用外置存储设备备份故障信息	正确备份相关信息	
服务器及IP SAN	二级保养	每月	检查服务器及IP SAN工作状态、系统时间以及IP SAN各通道存储状态	均与时钟系统时间一致，各运行状态正常	检修过程中注意避免触碰带电部件
	小修	每年	(1) 同二级保养内容		
			(2) 清洁服务器、IP SAN内部，并对IP SAN硬盘阵列同步测试	服务器、IP SAN内部清洁无积尘，IP SAN同步校验正常	

续表

设备名称	修程	周期	维修内容	验收标准	作业关键点
监视器	二级保养	每月	(1) 通过观察图像判断监视器的工作状态、调节监视器使其显示清晰图像	图像显示正常、清晰无失真	检修过程中如有登高作业需双人配合并佩带安全带
			(2) 检查监视器的安装支架、连接接头和线缆情况并做好设备及外壳清洁	支架、连线牢固，接头无松动、设备干净无积尘	
	小修	每年	(1) 同二级保养内容		
			(2) 通过监视器菜单设置使画面显示清晰	监视器显示清晰	
摄像机	二级保养	每月	通过观察图像判断摄像机的工作状态以及位置有无松动，检查摄像机的安装情况以及球机横摇、俯仰的工作状态	在监视器状态良好情况下，图像应清晰无失真，应覆盖监视范围，分屏图像分割准确、摄像机安装牢固，球机动作及反应速度正常	检修过程中如有登高作业需双人配合并佩带安全带
	小修	每年	(1) 同二级保养的内容		
			(2) 清洁摄像机并检查连接插头和线缆	摄像机外部清洁无积尘，连线牢固，接头无松动	

（2）设备检修记录

下面以视频监控系统的中央和车站设备年度检修为例说明在年检中中央设备和车站设备的检修的内容及相关检修标准，视频监控系统中央设备年检表见表 6-3，车站设备年检表见表 6-4。

视频监控系统中央设备年检表　　表 6-3

系统设备	项目	检修标准	检查结果	备注
中心视频服务器	检查运行程序状态	运行程序状态正常、无告警信息	是□　否□	
	清洁服务器设备内部、表面	设备表面内部无积尘、无污迹	是□　否□	
	检查服务器的各类连线	服务器的各类连线紧固	是□　否□	
	检查外设的使用情况	鼠标、键盘、显示器等外设使用正常	是□　否□	
维护终端	终端告警程序的运行状态	终端的告警程序能实时正确反映各站设备的运行情况	是□　否□	
	检查终端显示的图像信息	能观看各站上传的实时图像，图像清晰，无停滞，无马赛克	是□　否□	
	检查时钟同步功能	终端系统时间能正确同步	是□　否□	
	使用存储介质对故障信息进行备份	正确备份相关信息	是□　否□	
	备份服务器数据库	正确备份相关信息	是□　否□	
	对终端硬盘、电源等部件进行检查	终端运行正常	是□　否□	
	终端的外设工作使用情况	终端的键盘、鼠标操作正常、显示器图像文字清晰	是□　否□	
	检查终端及其附属设备的各类连线	终端及其附属设备的各类连线紧固	是□　否□	
	清洁终端及其附属设备	终端及其附属设备表面及内部清洁无积尘	是□　否□	

续表

系统设备	项目	检修标准	检查结果	备注
机柜及附属设备	网络交换机状态	各指示灯正常、无告警指示	是□ 否□	
	视频解码器组状态	各指示灯正常、无告警指示	是□ 否□	
	检查机柜电源分配盘各空气开关、电源输入插头情况	空气开关完好无损、工作温度正常，－5～＋40℃。电源输入插头牢固无松动	是□ 否□	
	清洁各设备表面	设备表面无积尘、无污迹	是□ 否□	
	检查机柜内的各种配线	配线和接口无松动、破损，标识完整	是□ 否□	
	检查机柜的地线功能	接地线无破损、老化	是□ 否□	
	对紧固件进行紧固	紧固件完好、紧固	是□ 否□	

视频监控系统车站设备年检表 **表 6-4**

系统设备	项目	检修标准	检查结果	备注
车站视频服务器	检查程序状态	程序运行状态正常、无告警信息	是□ 否□	
	清洁服务器设备	设备表面、内部无积尘、无污迹	是□ 否□	
	检查外设的使用情况	鼠标、键盘、显示器等外设使用正常	是□ 否□	
	检查服务器的各类连线	服务器的各类连线紧固	是□ 否□	
机柜设备	均衡放大器运行状态	各指示灯正常、无告警指示	是□ 否□	
	视频分配器运行状态	各指示灯正常、无告警指示	是□ 否□	
	视频合成器运行状态	各指示灯正常、无告警指示	是□ 否□	
	字符叠加器运行状态	各指示灯正常、无告警指示	是□ 否□	
	网络交换机状态	各指示灯正常、无告警指示	是□ 否□	
	视频编码器组状态	各指示灯正常、无告警指示	是□ 否□	
	IP SAN 运行状态	各硬盘显示灯绿色闪亮状态、电源、风扇运行正常，录像存储时间为 30 天	是□ 否□	
	清洁 IP SAN 内部	IP SAN 内部清洁无积尘	是□ 否□	
	对视频服务器数据库、IP SAN 配置文件进行备份	正确备份相关数据	是□ 否□	
	IP SAN 阵列同步测试	能对硬盘数据进行同步校验	是□ 否□	
	检查图像字符叠加情况	图像字符叠加完整无缺失	是□ 否□	
	检查机柜电源分配盘各空气开关、电源输入插头情况	空气开关完好无损、工作温度正常，－5～＋40℃。电源输入插头牢固无松动	是□ 否□	
	清洁各设备表面	设备表面无积尘、无污迹	是□ 否□	
	检查机柜的地线功能	接地线无破损、老化	是□ 否□	
	对紧固件进行更新、上油	紧固件完好、油润	是□ 否□	
监视器	检查监视器的工作状态	图像显示正常无失真	是□ 否□	
	检查监视器的安装支架	支架安装牢固	是□ 否□	
	清洁监视器	监视器清洁无积尘	是□ 否□	
	检查监视器的连线和接头	连线牢固，接头无松动	是□ 否□	

续表

系统设备	项目	检修标准	检查结果	备注
监视器	调节监视器使其显示清晰图像	图像显示清晰无失真	是□　否□	
	使用视频信号发生器检测监视器	监视器能正确显示测试信号	是□　否□	
摄像机	观察图像判断摄像机的工作状态	图像清晰无失真、无波动、无花纹和雪花	是□　否□	
	观察图像检查摄像机位置有无变动	各幅图像应覆盖监视范围，分屏图像分割准确	是□　否□	
	操作键盘检查球机的工作状态	球机的动作及反应速度正常	是□　否□	
	检查摄像机的安装支架	摄像机的安装支架牢固无松动	是□　否□	
	清洁摄像机	摄像机外部清洁无积尘	是□　否□	
	检查摄像机连接插头和线缆	连线牢固，接头无松动	是□　否□	
票务监控终端	检查票务图像质量	图像显示正常无失真	是□　否□	
	检查运行程序状态	运行程序状态正常、无告警信息	是□　否□	
	清洁终端设备	设备表面、内部无积尘、无污迹	是□　否□	
	检查外设的使用情况	鼠标、键盘、显示器等外设使用正常	是□　否□	

6.4　视频监控系统的故障处理

6.4.1　视频监控系统故障处理的规定

（1）对发生故障的视频监控设备，应尽快对故障设备进行测试、诊断，找出故障原因，及时修复故障，恢复设备正常使用。

（2）在故障处理时，应详细记录故障现象及处理过程，以备故障分析时使用，并在其他修程开展时做出进一步的处理与修复。

（3）在故障处理后，应能保证设备恢复正常使用功能，否则应采用降级模式使用，不能使设备带病运行。

6.4.2　视频监控系统设备故障的分析与处理

1. RAID 常见故障、分析及处理

（1）故障现象：

1）阵列卷无法打开或提示格式化。

2）在系统下，阵列显示未初始化。

3）无法进入 RAID 管理界面或查看 RAID 信息时死机。

4）阵列中一块或多块硬盘指示灯报警。

5）RAID 管理中显示一块或多块硬盘离线或丢失。

6）RAID 信息丢失，所有硬盘均呈离线状态。

（2）故障原因：

1）误删除、误格式化、误分区、误克隆、文件解密、病毒损坏等。

2）突然断电或电源故障导致 RAID 信息的丢失或模块损坏。

3）RAID 模块损坏导致 Raid 信息丢失。

4）RAID 模块升级、系统更新或系统重装导致 Raid 信息丢失或被初始化。

5）阵列清尘没有标记盘序导致 Raid 信息丢失。

6）阵列中一块或多块硬盘出现物理故障，当超出损坏的硬盘数量后，RAID 数据将无法正常读取。

（3）RAID 故障处理方法

1）RAID5 硬盘排列顺序错误故障的修复

① 先分别对每块硬盘进行镜像，不要在原盘进行操作，以免造成二次破坏。

② 通过计算首先来判断硬盘的排列顺序。

③ 判断完毕后，对每个镜像文件来进行恢复。

2）阵列中一块或多块硬盘出现故障，且在可自动进行数据重建的数量以内时，在线更换故障磁盘，把新磁盘接到磁盘阵列中，磁盘阵列自动进行数据重建，在此过程中不需要人工干预，不影响应用系统正常运行。

3）当硬盘故障数量超过可自动数据重建的数量时，建议请设备厂家进行处理或专业从事数据恢复服务的公司进行处理。

（4）对 RAID 操作时的注意事项

1）数据丢失后，非专业人员不要对硬盘进行任何操作，首先要将硬盘按顺序卸下来，标记好硬盘在 RAID 上的顺序，再用镜像软件将每块硬盘做成镜像文件，也可以交给专业数据恢复中心或咨询专业工程师进行。

2）当对阵列硬盘进行清尘时，需提前标记盘序，避免由于盘序错乱导致 Raid 信息丢失。

3）定期对阵列内的重要数据进行备份。

2. RAID 其他故障及处理

（1）磁盘阵列控制器故障

1）故障现象：LCD 交替显示“Mode Error”和“RAID Ready”，有蜂鸣声，但不影响应用系统正常运行。

2）处理方法：在线更换故障磁盘阵列控制器，更换过程不影响应用系统正常运行。需要注意磁盘阵列和服务器的开关顺序：启动时，先启动磁盘阵列，过两分钟再启动服务器；关闭时，先关闭服务器，再关闭磁盘阵列。

（2）磁盘阵列电源故障

1）故障现象：磁盘阵列一般有三个电源，其中之一是后备电源，磁盘阵列要正常工作至少要接两个电源。当只接入两个电源时，LCD 交替显示“Fail Power”和“RAID Ready”，伴有蜂鸣声，但不影响应用系统正常运行。

2）处理方法：在线更换故障电源部件，更换过程不影响应用系统正常运行。更换后 LCD 显示“RAID Ready”。

（3）风扇故障

1）故障现象：LCD 交替显示“Fail Fan”和“RAID Ready”，伴有蜂鸣声，但不影响应用系统正常运行。

2）处理方法：在线更换故障风扇，更换过程不影响应用系统正常运行。更换后 LCD 显示“RAID Ready”。

3. 视频服务器常见故障及处理方法

(1) 故障现象

1) 视频服务器系统无法启动。

2) 视频服务器设备死机。

3) 视频服务器频繁重启。

(2) 故障判断

1) 市电或电源线故障(断电或接触不良),导致设备无法启动。

2) 设备电源或电源模块故障导致设备无法启动。

3) 内存故障(一般伴有报警声),导致设备无法启动、死机或重启。

4) CPU 故障(一般也会有报警声)导致设备无法启动、死机或重启。

5) 硬盘故障,导致设备无法启动或死机。

6) 主板故障,导致设备无法启动或死机。

7) 其他板卡造成中断冲突,导致设备无法启动、死机或重启。

(3) 处理方法

1) 检查电源线和各种 I/O 接线是否连接正常。

2) 检查连接电源线后,主板是否加电。

3) 将服务器设为最小配置(只接单核 CPU,最少的内存,只连接显示器和键盘)直接短接主板开关跳线,看看是否能够启动。

4) 检查电源,将所有的电源接口拔下,将电源的主板供电口的绿线和黑线短接,看看电源是否启动。

5) 通过扫描硬盘,检查硬盘可能有坏道,替换硬件解决。

6) 通过报警声等提示判断,并通过替换后消除报警声即解决。

7) 如果判断电源正常,则需要用替换法来排除故障,替换法是在最小化配置下,先由最容易替换的部件开始替换,如依次替换内存、CPU、主板,每更换好其中一种部件后,尝试启动,若启动成功则可锁定故障点,按此方法逐个替换直至找到故障点。

8) 判断硬件均无故障后,检查操作系统的系统日志,判断造成死机的原因。检查系统软件运行是否正常,必要时通过杀毒条件检查系统是否有中病毒,进行杀毒处理后再重装软件,甚至是重装操作系统。

4. 视频服务器典型故障案例

(1) 故障现象

车站车控室无法切换图像,其中调看中的图像显示正常。

(2) 故障分析

1) 在终端上登录相应 IP 地址,无法登录该站视频监控软件平台,同时尝试 PING 通该站服务器。

2) 无法 PING 通视频监控服务器,服务器也无法正常运行,确认服务器故障。

(3) 处理方法

1) 将解压后的数据库数据传到服务器相应目录上。

2) 修改服务器 IP 使网卡生效,并检查网卡地址是否修改成功。

3) 恢复数据库配置。

4）修改数据库 IP。

5）启动服务。

6）查看设备编码。

7）修改数据为服务器上查看的设备编码。

8）导入 license。

9）确认录像存储的状态。

① 登录视频服务器，点击配置，选择存储配置。

② 查看录像是否按计划存储。

③ 登录 IP SAN 查看硬盘状态，查看是否有磁盘阵列重建的情况。

④ 检索全部摄像机录像，看看能否正常查询录像并回放。

⑤ 若 IP SAN 不能正常存储录像，也检索不到录像，则先用便携式电脑将重要通道的录像暂存在电脑中，再参照前面磁盘阵列的故障处理方法进行判断和处理。

5. 视频监控系统其他故障及处理

（1）单路监控无图像

某一路监控摄像头无图像，需要先查看对应光电转换器的网络信号是否正常，光电转换器指示灯收、发指示灯不亮，证明两个收发器没有建立通信，可能是远端收发器故障，或光纤线路故障。如果光信号正常，再查看 Link/Act 指示灯，有节奏的闪烁为正常，若是哆嗦慢闪，需要查看另一端的收发器，Link/Act 指示灯是否正常。一般本端正常，另一端不正常为慢闪，通常可能是网络跳线故障。收发器状态都正常，可检查监控系统电源以及摄像头是否存在故障。

（2）摄像机电源及光纤收发器电源故障排除

1）收发器电源故障，会出现收发器所有的灯全灭的故障状态。此时用万用表测量可能为零点几伏。

2）摄像机电源故障，需查看摄像头电源指示灯是否亮，再用万用表测量一下摄像头电源的电压是否正常。

（3）以太网光纤收发器故障

1）网络监控系统光纤收发器光指示灯 FX 和 FX-Link/Act 指示灯不亮故障

① 可能是远端光设备异常。

② 光缆中断或连接错误。

③ 光纤链路损耗过大。

2）数字监控系统光纤收发器 Link/Act 指示灯不亮

① 以太网电口的电缆部分未连接或接触不良。

② 所用网线不正确（用网络测线器检测网线线序是否正确）。

3）数字监控系统光纤收发器 TX 和 FX 指示灯都正常，但无法传输以太网数据

① 光缆与设备没有正确连接，导致光功率不足。

② 系统刚加电或网络配置有所改变时，光纤收发器和交换机的配置过程需要一定时间。

③ 如果长时间未能接通，则将收发器断电刷新，稍候片刻后再加电重试。

4）光纤线路故障排除

使用光纤故障检测器检查光线路的通断状态，再用光功率计检查线路损耗是否正常。

5）网络跳线、电源线故障排查

① 检查网线水晶头是否有氧化，接触不良现象。

② 利用网络测试仪，检测网线的通断及线序。

③ 检查电源线接头，处电压是否正常。

（4）数字监控系统网络交换机故障排除

如果所有监控都出现系统连接不上，无图像显示的现象，需要检查交换机各路指示灯是否正常，设备是否正常工作，可将交换机的电源拔下，几分钟之后再进行通电测试。

6.4.3 故障处理常用仪表及工具

如表 6-5。

常用仪表及工具 **表 6-5**

序号	设备名称	单位
1	全功能工程宝监控系统测试仪	套
2	网线接头制作和测试工具	套
3	便携式液晶监视器或显示器	套
4	光源	套
5	光功率计	套
6	光纤熔接机	套
7	视频监控设备专用工具包	套

这里主要介绍全功能工程宝监控系统测试仪视频监控测试仪和网线制作和测试工具，光源、光功率计、光纤熔接机等详见第 11 章。

1. 全功能工程宝视频监控测试仪

全功能工程宝视频监控测试仪（以下简称工程宝）能实现视频显示、视频信号衰减测量、PTZ 云台控制、PAL/NTSC 标准彩条发生器、云台地址扫描、预置位设置及调用、网线排序测试、光纤功率测试等多种专业测试功能。

（1）工程宝的功能

1）视频信号测试功能：工程宝内置高清晰数字 LCD 监视器，可直观方便地显示摄像机图像质量，支持 PAL/NTSC 制式的图像信号。仪表 LCD 显示屏的亮度、对比度、色彩饱和度可调整，LCD 的背光亮度可调，适合于户外施工和维护工作。

2）视频信号强度测试功能：工程宝可测试视频信号强度是否衰减或过高。视频信号由于视频线缆过长会造成信号衰减，视频信号的衰减会造成图像暗淡，降低图像动态范围；视频信号过强，会造成虚影，降低图像的清晰度。视频信号测量功能，实时显示视频信号的电平值，如果超出范围，仪器的屏幕会有提示信息显示。

3）云台控制功能：视频监控测试仪内置多种型号的云台 PTZ 控制协议，通过自身的 RS485 或 RS232 接口，用户可以控制云台的上、下、左、右转动，以及调整一体机的变焦、聚焦、光圈大小。云台持续转动测试功能，测试云台全方位转动是否正常。工程宝支持水平转动速度、垂直转动速度调整以及预置位设置、预置位调用功能，可调用快球的菜单，编辑球机各项参数。

4）多制式图像发生器功能：工程宝可通过视频 OUT 端口，发送多种制式标准彩色图形条，图形条有：白、黄、青、绿、粉、红、蓝、黑共 8 种颜色，通过监控中心的监视器是否接收到彩色图形条来判断视频通道是否正常传输，同时，通过监控中心接收到的彩色图形条，可以判断是否因为传输有衰减或干扰造成颜色偏差。

5）摄像机电源输出功能：视频监控测试仪专门为摄像机提供了临时的供电，尤其对于一些需要安装摄像机但现场无电源的场所，提供测试的便利性。

6）网线测试功能：通过工程宝上的 UTP CABLE TEST 测试端口，可以测试出各种网线的连接方式（任意两线或两线以上）。

7）云控制数据捕捉分析功能：工程宝可通过 RS485/RS232 接口，捕捉多功能键盘或 DVR 等控制设置发过来的控制协议代码，检验监控中心发送过来的 PTZ 控制命令数据是否能正常收到，验证 RS485/RS232 数据传输。

8）云台地址扫描功能：对于一些需要维护的快球，有可能不知道快球的地址，如果要拆下快球进行检查，工作量比较大。视频监控测试仪独特的扫描功能，可以帮助工程师快速查找球机的地址。

9）高精度全功能数字万用表功能：可用于测量直流电压、交流电压、直流电流、交流电流、电阻测量、通断测试、二极管测量、电容测量，自动/手动量程转换，差值测量及锁定，功能齐全，测量准确度高，使用方便。

10）高精度光功率计功能：既可用于光功率的直接测量，也可用于光纤链路损耗的相对测量。

（2）工程宝使用方法

1）将摄像机或快球的视频输出连接到工程宝视频输入端 VIDEO IN，仪表的 LCD 屏幕将显示摄像机的图像。

2）将工程宝的视频输出端口 VIDEO OUT 连接到监视器的视频输入端或视频光端机的输入端，仪表显示摄像机的图像，同时将图像送往监视器或视频光端机等。

3）将快球或摄像机 PTZ 的 RS485 控制线缆，连接到工程宝的 RS485 端口，注意连接线缆的正负极，正对正，负对负连接。仪表支持 RS232 通信控制，将 PTZ 云台的 RS232 线缆接到仪表的 RS232 端口，通过 RS232 通信总线控制 PTZ 云台动作。

4）万用表的表笔，根据测量功能，红、黑笔插相关红、黑孔，请严格按照万用表使用方法使用。

5）将被测试光纤接入工程宝的 Fiber IN 接口，注意小心对准，以免损坏光头，影响测量精度。

2. 网线接头制作和网线测试仪

（1）接头制作

网线接头又称 RJ45 接头，通常采用压线钳来制作 RJ45 水晶头如图 6-10 所示。网线由一定距离长的双绞线与 RJ45 头组成。双绞线由 8 根不同颜色的线分成 4 对扭绞在一起，双绞线可按其是否外加金属网丝套的屏蔽层而区分为屏蔽双绞线（STP）和非屏蔽双绞线（UTP）。RJ45 水晶头由金属片和塑料构成，特别需要注意的是引脚序号，当金属片面对我们的时候从左至右引脚序号是 1～8。网线有两种做法，一种是交叉线，一种是直通线。交叉线的做法是：一头采用 568A 标准，一头采用 568B 标准。直通线的做法是：两头同为 568A 标准或 568B 标准，如图 6-10，在工程中使用比较多的是 T568B 压线方法。交叉线是用于电脑之间等相同设备之间互连，直通线是用于电脑与集线器或交换机等不同设备之间的互连。

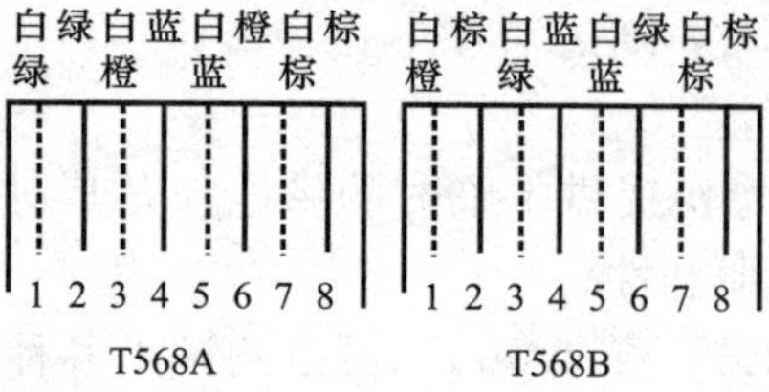

图 6-10 T568A 与 T568B 标准线序

1）把网线剥掉外皮，预留适当的长度，按照电缆色谱以及连接设备排好线路顺序，一般 1、2 一对，3、6 一对，4、5 一对，7、8 一对。如图 6-10 所示。

2）按顺序排好并将网线比对水晶头压接长度压平剪齐，放入到水晶头 8 个压接槽内，检查芯线是否都顶到槽内顶端。

3）把水晶头放到压线钳压槽内，再次检查芯线是否都顶到槽内顶端，用力压紧压线钳两个手柄，使芯线及外皮在水晶头内压接良好。检查接头压接情况，如有未压到位情况，需要补压或更换水晶头重新操作。

（2）网线测试仪

网络测试仪主要用于测试各种线缆的电气指标如串扰、衰减、长度、延迟等参数。网络测试仪主要由两部分组成，如图 6-11，左侧的大的方形工具叫作主测试仪，右侧的小的长方形的部分叫作远程测试模块，这两部分可以拆开使用，也可以放在一起使用。主测试仪的中部黑色按钮的是开关。右侧的带有数字和指示灯的是显示检测状态用的，需要配合远程检测模块上的指示灯一起使用。将网线两端的水晶头分别插入主测试仪和远程测试模块的 RJ45 端口，把开关拨到“ON”（S 为慢速挡），这时主测试仪和远程测试端的指示灯应该逐个闪亮。

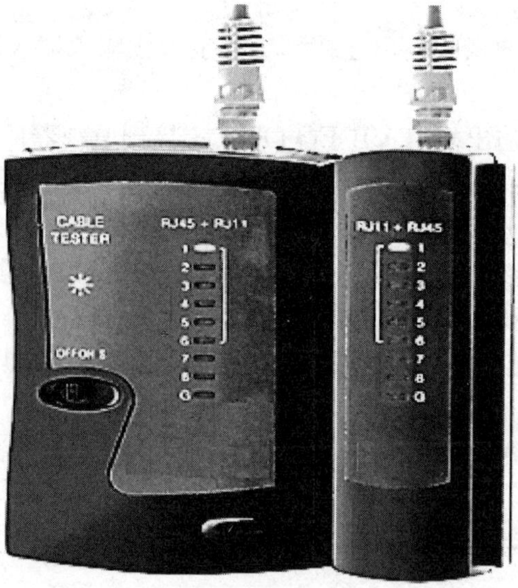

图 6-11 网线测试仪

1）直通连线的测试：测试直通连线时，主测试仪的指示灯从 1～8 逐个顺序闪亮，对应的远程测试端的指示灯也是从 1～8 逐个顺序闪亮，则说明直通线的连通性没问题，否则就需要重做。

2）交叉线连线的测试：测试交叉连线时，主测试仪的指示灯也应该从 1 到 8 逐个顺序闪亮，如果远程测试端的指示灯是按着 3、6、1、4、5、2、7、8 的顺序逐个闪亮，说明交叉连线连通性没问题，否则就需要重做。

3）如果主测试仪的指示灯仍然从 1～8 逐个闪亮，但远程测试端的指示灯按着与主测试端连通的线号的顺序逐个闪亮，也即不能按着（1）和（2）的顺序闪亮，则说明网线两端的线序不正确。

（3）网线故障判断

1）网线断路故障

① 当有 1～6 根导线断路时，则主测试仪和远程测试端的对应线号的指示灯都不亮，其他的灯仍然可以逐个闪亮。

② 当有 7 根或 8 根导线断路时，则主测试仪和远程测试端的指示灯全都不亮。

2）导线短路故障

① 当有两根导线短路时，主测试仪的指示灯仍然按着从 1～8 的顺序逐个闪亮，而远程测试端两根短路线所对应的指示灯将被同时点亮，其他的指示灯仍按正常的顺序逐个闪亮。

② 当有 3 根或 3 根以上的导线短路时，主测试仪的指示灯仍然从 1～8 逐个顺序闪亮，而远程测试端的所有短路线对应的指示灯都不亮。

（4）网线测试仪使用注意事项

1）在测试前应对网线测试仪进行检查，检测仪表的每个指示灯是否正常，否则测量时会引起误导。

2）检查测试网线两端的水晶头是否平整、良好后再插入 RJ45 端口。

第7章 广播系统

7.1 系统组成

7.1.1 概述

1. 广播系统简介

广播系统是通信系统中的一个子系统，在轨道交通运营中，为保证列车安全高效运营，为乘客提供高质量的出行服务。在异常情况下，可立即为防灾救援、事故处理指挥等提供防灾广播功能。广播系统根据控制中心、车站、车辆段和停车场的特定环境、广播使用要求、运营维护等特点，通过控制中心的操作终端控制整条线路的广播，使整条线路中的每个车站的广播系统既独立又成为统一的整体。广播系统的主要功能是向广大乘客广播有关列车时间、车次变动、列车延时、行车安全、紧急情况以及突发事件等。制定了在功能需求，以行车及乘客安全至上为原则，以为广大乘客服务为宗旨，充分发挥现场广播、指挥、引导功能的重要作用。具有播控使用快捷、方便、效果优质、技术先进等特点。

2. 声音的评价标准

(1) 行内对声音质量的标准分为4级。如表7-1所示。

声音质量标准　　表7-1

级别	频率范围
数字激光唱盘CD-DA质量	10Hz～20kHz
调频广播FM质量	20Hz～15kHz
调幅广播AM质量	50Hz～7kHz
电话的话音质量	200Hz～3400Hz

除了频率范围外，还用其他方法和指标来进一步描述不同用途的音质标准。音质标准，是指经传输、处理后音频信号的保真度。对模拟音频来说，再现声音的频率成分越多，失真与干扰越小，声音保真度越高，音质也越好。如在通信科学中，声音质量的等级除了用音频信号的频率范围外，还用失真度、信噪比等指标来衡量。对数字音频来说，再现声音频率的成分越多，误码率越小，音质越好。通常用数码率（或存储容量）来衡量，取样频率越高、量化比特数越大，声道数越多，存储容量越大，当然保真度就高，音质就好。

(2) 音质评价方法

评价再现声音的质量有主观评价和客观评价两种方法。

1) 主观评价

① 语音音质

评定语音编码质量的方法为主观评定和客观评定。目前常用的是主观评定，即以主观打分（MOS）来度量，它分为以下五级，见表 7-2。

MOS 度量标准 **表 7-2**

分数	质量	主观感受
5	优	不察觉失真
4	良	刚察觉失真，但不讨厌
3	中	察觉失真，稍微讨厌
2	差	讨厌，但不反感
1	劣	极其讨厌，令人反感

一般再现语音频率若达 7kHz 以上，MOS 可评 5 分。这种评价标准广泛应用于多媒体技术和通信中，如可视电话、电视会议、语音电子邮件、语音信箱等。

② 乐音音质

乐音音质的优劣取决于多种因素，如声源特性（声压、频率、频谱等）、音响器材的信号特性（如失真度、频响、动态范围、信噪比、瞬态特性、立体声分离度等）、声场特性（如直达声、前期反射声、混响声、两耳间互相关系数、基准振动、吸声率等）、听觉特性（如响度曲线、可听范围、各种听感）等。通常用下列两种方法评价，一是使用仪器测试技术指标；二是凭主观聆听各种音效。由于乐音音质属性复杂，主观评价的个人色彩较浓，而现有的音响测试技术又只能从某些侧面反映其保真度。

2）主观听判音效

据乐音音质听感三要素，即响度、音调和愉快感的变化和组合来主观评价音质的各种属性，如低频响亮为声音丰满，高频响亮为声音明亮，低频微弱为声音平滑，高频微弱为声音清澄。下面结合声源、声场及信号特性介绍几种典型的听感。

① 立体感

主要由声音的空间感（环绕感）、定位感（方向感）、层次感（厚度感）等所构成的听感，具有这些听感的声音称为立体声。自然界的各种声场本身都是富有立体感的，是模拟声源声像最重要的一个特征。通过对声音的强度、延时、混响、空间效应等进行适当控制和处理，在两耳人为的制造具有一定的时间差、相位差、声压差的声波状态，并使这种状态和原声源在双耳处产生的声波状态完全相同，人就能真实、完整地感受到重现声音的立体感。与单声道声音相比，立体声通常具有声像分散、各声部音量分布得当、清晰度高、背景噪声低的特点。

② 定位感

若声源是以左右、上下、前后不同方位录音后发送，则接收重放的声音应能将原声场中声源的方位重现出来，这就是定位感。根据人耳的生理特点，由同一声源首先到达两耳的直达声的最大时间差为 0.44～0.5ms，同时还有一定的声压差、相位差。定位感主要由首先到达两耳的直达声决定，而滞后到达两耳的一次反射声和经四面八方多次反射的混响声主要模拟声像的空间环绕感。

③ 空间感

一次反射声和多次反射混响声虽然滞后直达声，对声音方向感影响不大，但反射声总是从四面八方到达两耳，对听觉判断周围空间大小有重要影响，使人耳有被环绕包围的感觉，这就是空间感。空间感比定位感更重要。

④ 层次感

声音高、中、低频频响均衡，高音谐音丰富，清澈纤细而不刺耳，中音明亮突出，丰满充实而不生硬，低音厚实而无鼻音。

⑤ 厚度感

低音沉稳有力，重厚而不浑浊，高音不缺，音量适中，有一定亮度，混响合适，失真小。

3）客观测试技术指标

① 失真度

谐波失真，主要引起声音发硬、发炸；而稳态或瞬态互调失真主要引起声音毛糙、尖硬和混浊。两者均使音质劣化，若失真度超过3%时，音质劣化明显。音响系统的音箱失真度最大，一般最小的失真度也要超过1%。

相位失真，主要引起1kHz以下的低频声音模糊，同时影响中频声音层次和声像定位。

抖晃失真，主要是电机转速不稳，主导轴-压带轮压力不稳，磁头拍打磁带等造成磁带振动和卷带量变化，进而使信号频率被调制，声音音调出现混浊、颤抖。抖晃通常用音调变化的均方根值表示，通常，录音机的抖晃率小于0.1%，Hi-Fi录音机小于0.005%，普通录像机小于0.3%，视盘机小于0.001%。

② 频响与瞬态响应

频响，指音响设备的增益或灵敏度随信号频率变化的情况，用通频带宽度和带内不均匀度表示（如优质功放的频响1～200kHz±1dB）。带宽越宽，高、低频响应越好：不均匀度越小，频率均衡性能越好。通常，30～150Hz低频使声音有一定厚度基础，150～500Hz中低频使声音有一定力度，300～500Hz中低频声压过分加强时，声音浑浊，过分衰减时，声音乏力；500～5kHz中高频使声音有一定明亮度，过分加强时，声音生硬；过分衰减时，声音散、飘；5～10kHz高频段使声音有一定层次、色彩；过分加强时，声音尖刺；过分衰减时，声音暗淡、发闷。

③ 信噪比

信噪比，表示信号与噪声电平的分贝差，用S/N或SNR（dB）表示。噪声频率的高低，信号的强弱对人耳的影响不一样。通常，人耳对4～8kHz的噪声最灵敏，弱信号比强信号受噪声影响较突出。而音响设备不同，信噪比要求也不一样，如Hi-Fi音响要求SNR大于70dB，CD机要求SNR大于90dB。

④ 声道分离度和平衡度

声道分离度，是指不同声道间立体声的隔离程度，用一个声道的信号电平与串入另一声道的信号电平差来表示。这个差值越大越好。一般要求Hi-Fi音响分离度大于50dB。声道平衡度，是指两个声道的增益、频响等特性的一致性。否则，将造成声道声像的偏移。

7.1.2 系统结构和功能

1. 广播系统组网结构（图7-1）

广播系统分为模拟化设备或数字化设备两种，模拟化设备采用15kHz音频通道通过传输网络传送音频和网管监控信息分别独立传送；而数字化设备采用以太网技术，使用标准 TCP/IP 协议和标准以太网传输，将音频信号以标准 IP 包的形式在网络上进行传送，将音频信息、控制信息、状态信息和网管信息均为数字信号。数字化设备完全实现信号数字化处理、数字化传输。系统基于以太网，可实现网络远程管理、跨线路控制管理、实时监控、多线换乘和多用户管理，并且可以与消防系统等外部系统进行联动控制管理。目前市场上主流的广播设备为数字化设备。本文以数字化设备介绍为主。

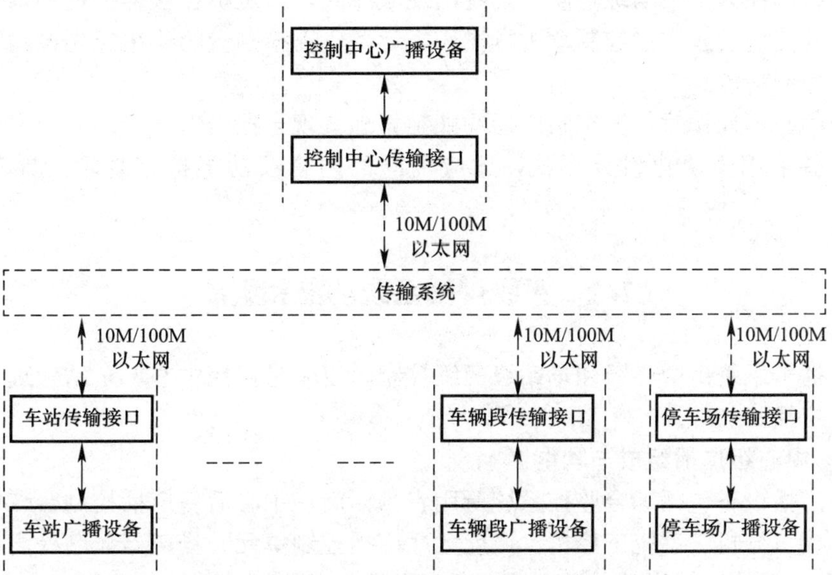

图 7-1　广播系统组网结构

2. 系统组成

广播系统由车站广播系统、车辆段广播系统两个相互独立的子系统组成。车站广播系统按中心级广播系统和车站级广播系统两级方式设置。它们之间通过有线传输网连接，采用总线 10M/100M 以太网。车辆段广播系统均为一套独立的区域广播系统，分设于停车场、车辆段内。

中心广播设备通过传输通道与车站广播设备构成一个多站址的网络化广播系统，可实现中心与车站设备间的语音传送。中心各调度员可通过各自的广播控制盒对全线各站各广播区进行广播，可选择任一车站、任一区、多个车站、多个区、全部车站或编组等广播方式。

车站广播子系统主要用于控制中心调度人员、车站值班员向旅客通告城市轨道交通列车运行及安全、向导等服务信息；发生灾害时兼做救灾广播。车站值班员可通过车站广播控制盒对本站各广播区进行选择广播和选择监听各广播分区的广播情况。

各车站广播设备设有 10M/100Mbit/s 以太网数据接口，用于连接便携式维护终端，可监测全线其他车站的设备运行情况，实现站间的管理和监控。

车辆段车场广播系统为一套独立的区域广播系统，供车场运转值班员对车库播音区进行定向语音广播。

控制中心设置广播系统网管终端，可实时监测中心、各车站及车辆段广播设备的运行状态，实现统一管理，并可打印输出网管报告，当设备出现故障时能够发出声音报警，同时向集中网管系统提供告警信息。

系统每次广播前，将播出标准的预示音。

在设置有综合监控系统的线路，有线广播系统车站级和中心级的控制功能可由综合监控系统的车站和中心控制台来实现，广播系统设置中心和车站广播后备控制盒，分别作为综合监控系统中心及车站的后备，其功能与综合监控系统控制台完全相同。平时以综合监控系统控制台广播为主，当综合监控系统出现故障时，值班员在获得授权的情况下，用专用钥匙开启并使用后备广播控制盒进行操作，后备广播控制盒的使用优先级高于综合监控系统的广播控制功能。

当控制中心不操作时，各车站广播均能独立地实现自控操作。

系统设备采用模块化设计形式，适应不同的组合及功能扩容要求，具有自动检测功能。

7.2 正线广播系统功能和组成

正线广播子系统由中心级和车站级两级控制，以满足控制中心、车站管理人员对相应广播区进行广播。

7.2.1 中心级广播组成与功能

中心级广播设备包括综合监控系统所用音频话筒、中心后备广播控制台、中心广播机柜（含中心接口分机、系统工控机、调度大厅广播控制单元、扬声器线路检测器、电源时序控制器等）、系统网管终端以及广播设备间连接电缆等组成。

图 7-2 为中央广播系统的组成图。

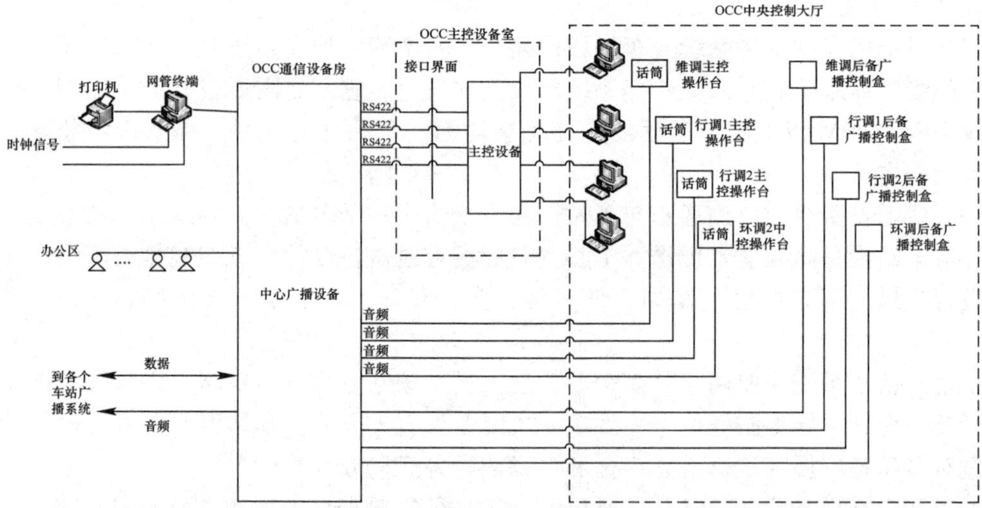

图 7-2 中央广播系统的组成图

中心调度员广播功能由中心综合监控系统控制台实现。在中央控制室，综合监控系统共配置 4 套中心综合监控系统控制台，分别设于行调 1、行调 2、环调和维调工作台上。根据接口需求，通信专业在控制中心广播设备上分别通过 2 个（1 主 1 备）播音键盘数据接口（10Mbps/100Mbps 以太网接口）与综合监控系统前端处理器（FEP）相连，并设多个语音广播接口（模拟），为中心综合监控系统上述控制台各提供一个音频话筒，供各中心调度员播音使用。音频话筒为桌面盒式装置。综合监控系统向中心各调度员提供人机界面，中心调度员通过操作人机界面完成广播系统所有必需的功能。

1. 在综合监控系统控制台上，操作人员通过人机界面可实现以下广播功能：

(1) 编组广播功能

中心调度员可向已设定的固定组合广播区域进行广播，也可灵活设定任意车站的组合和任意广播区的组合。组合内容主要包括以下内容。

1）选定所有车站全部区域。

2）选定所有车站站厅区域。

3）选定所有车站站台区域。

4）选定任意一组车站全部区域。

5）选定任意一组车站多个区域。

6）选定任意一组车站任一区域。

(2) 单选广播功能

向全线任意一个车站内的任一区域、多个区域、全部区域进行广播。

选站、选区主要包括以下内容。

1）选定任一车站的全部区域。

2）选定任一车站的多个区域。

3）选定任一车站的任一区域。

(3) 话筒/语音合成/线路广播功能（信源选择）

1）话筒为单路，选择话筒广播时，可通过音频话筒进行广播。

音频话筒设于中心调度室综合监控系统行调 1、行调 2 和环调控制台等调度台上。该音频话筒包括鹅颈话筒、线路输入插口、监听扬声器及监听音量调节、输出电平指示等，通过广播专用电缆与车站广播机柜相连，其传输距离可达 300m。其结构形式为一桌面盒式装置，供电电源由自带的电源盒接入交流 220V 电源为其供电。

2）系统可以预录数百段以上不同语音合成广播内容（可扩充），供中心各控制台选择调用，信源支持多种主流音频格式，包括但不限于 MP3、WMA、WAV、CD 格式等。语音内容能通过中心网管对每个车站统一修改、下发和上传，也可以对单个车站的语音进行修改、下发和上传。

3）提供线路输入插口，可接入外接音源设备，用于播放线路输入的内容。

(4) 人工编程功能

可人工设定车站广播的编组、语音合成信息键位与内容、优先级别等。设定内容掉电时不会丢失。

(5) 监听选择功能

可对全线任一车站的任一广播区进行选择性监听。综合监控系统通过 10M/100M 以太网接口向中心广播系统发送“监听信息”命令，命令中包含操作员 ID 号和需要监听的区域 ID 号。广播系统将综合监控系统选定广播区的音频信号通过音频通道发送到相应的综合监控系统操作台上，由监听扬声器播出。还可对语音合成的广播内容进行预听，以确认广播音质或广播内容正确与否后，再进行播放。

(6) 循环广播功能

通过预先设置或定义，可实现对指定的广播内容进行不间断的自动循环广播，循环的次数可以人工预先设定。中心调度员通过综合监控系统广播界面，设定需要一次性播放或周期播放的车站广播区及预先录制的语音段，设定结束后，综合监控系统向广播系统发送广播命令，广播系统接到命令后将向选定的区域播放预先录制的广播内容。当播音次数达到规定的次数，或当操作员人工结束广播时，广播系统停止播音。

(7) 紧急广播功能

在中心遇紧急情况下，广播系统能够通过综合监控系统（设备接收到FAS系统发出的报警信号后）触发预先录制的防灾广播语音信息，从而实现紧急情况下的自动防灾广播；中心调度员也可以通过综合监控的广播操作界面上的紧急按钮或后背广播控制盒上"直通"按键，实现人工紧急广播功能。

(8) 显示功能

操作台上的显示屏可以显示以下内容：

1) 全线各站的工作、空闲、故障状态（以站内各区为单位，分为工作、空闲；以站为单位，分为正常、不正常状态）；

2) 单个车站的广播占用状态（以站内各区为单位，分为占用、不占用两种状态）；

3) 中心控制室对各站广播时的车站反馈状态（以站内各区为单位，分为工作、不工作两种状态）；

4) 各车站编组状态；

5) 信源选择显示（如话筒、线路、语音、语音段）；

6) 各种操作指示。

7) 当前播放内容指示。

2. 自动录音功能

在中心级可通过实时录音装置自动记录中心级所有广播内容（24h循环录音），包含日期、时间信息以及用户信息。记录的内容可在录音机中选听，需要时可将录音的内容刻于光盘保存。

3. 广播时间表功能

当达到预定时间，广播系统将自动播放（一次性或周期性的）预先录制的信息。

4. 中心级广播支持不小于十路的信源。分别为中心行调1、行调2、综调、环调等调度控制台的话筒、语音、线路各三路信源，独立平行的广播信源。

5. 日志记录功能

中心级广播系统把所有收到的广播信息以日志形式记录，这些信息包括：广播时间、信息数量、播音类型、信息起源、最初选定的播放区域及实际广播时的播放区域。记录保留至少三个月，不能人为删除。

6. 中心综合监控系统控制台广播功能故障时的后备功能

中心级广播操作控制功能由控制中心综合监控系统实现。同时，操作员也可通过后备操作台的控制实现同样的功能。

广播系统在控制中心行调、环调、值班主任和值班主任助理工作台上各设1个后备广播操作台，作为综合监控系统控制台的后备，具有与中心综合监控系统各控制台相同的广播功能、显示功能。它与中心广播设备机柜通过专用的控制电缆连接，中心广播系统通过接口向综合监控系统发送“启用/停用后备广播操作台”的状态信息，且优先级高于综合监控系统各控制台。后备广播操作台具有键盘锁闭功能，只允许有关调度员在获得授权的情况下开启并使用后备广播操作台的各项广播功能。该控制台包括操作控制键盘、液晶显示屏及电控开关。该控制台通过广播专用电缆与广播机柜相连，传输距离可达300m。其结构形式为桌面型的盒式结构。

中心各调度可以通过各自的后备广播控制台向全线各车站选择进行广播，具有编组、单选、组选、全选广播等多种操作模式，操作的结果可在各广播控制台的显示屏上显示出来。具体功能如下：

(1) 广播选择功能

单选广播：可向全线任意一个车站内的任一区域、多个区域、全部区域进行广播。

编组广播：可向已设定的固定组合广播区域进行广播。任意车站的组合和任意广播区的组合，均可通过编程灵活设定。本控制台可设置8个以上编组广播，用户可根据需要自行设定编组。基本编组内容如下：

1) 对所有车站全部广播区；

2) 对一组车站全部广播区或部分播音区；

3) 对一个车站的全部或部分播音区；

4) 对所有车站的站台；

5) 对所有车站的站厅；

6) 对所有车站的办公区。

(2) 话筒/语音/线路广播功能

控制台上通常会设有多个功能键在每一级菜单都有不同的作用，在显示屏的最下行做出相应指示，可选择话筒、语音及语音段、线路等信源对车站进行广播。

(3) 监听功能

通过设于音频话筒盒上的监听扬声器，可对全线任一车站任一广播区的广播内容进行选择监听，监听音量可调。

在播放语音合成广播前，可预播语音合成广播内容，确认广播音质和广播内容的正确与否后，进行播放。

(4) 人工编程模式

具有人工现场设定的功能，可根据需要，在现场进行设定。可设定的内容包括编组设定、广播区数量设定、控制盘号设定、语音信息的重新分段录制等。

(5) 显示功能

中心后备广播控制台设有液晶显示屏和LED输出电平指示灯，以图形及汉字的形式显示出各站设备的运行状态，显示屏显示内容如下：

全线各站的工作状态、空闲状态、故障状态。

显示屏按照顺序依次显示各站的编号及站名，车站设备的占用情况（优先级），广播区的开关状态，车站设备的故障状态，如车站设备无占用，则相应的显示位置为空白。

1) 单个车站的广播占用状态。

2) 可显示出每个车站的占用情况（优先级别）及广播区的开关状态。

3）各车站编组的显示状态。

4）信源选择显示（如话筒、线路、语音、语音段）。

（6）键盘闭锁功能

中心后备广播控制台具有键盘闭锁功能，设有电控开关，当有关调度员在获得授权的情况下，运用钥匙开启并使用本后备广播控制台，进行各项广播功能。

7. 播音功能的实现

中心各调度员利用各自中心综合监控系统控制台通过综合监控系统的RS422数据接口（或10M/100M的以太网接口）与广播系统中心系统工控机相连，进行数据交换；音频部分由广播系统提供的音频话筒直接与广播系统中心接口分机相连，进行话筒、语音合成、线路及监听等信源的选择广播。

当中心调度员通过中心综合监控系统控制台进行选区、选源、编组、监听等操作时，其操作指令通过中心广播系统工控机的RS422接口（或10M/100M的以太网接口），送往中心接口分机，控制其执行工作，完成广播功能。其操作显示信息由系统工控机返回中心综合监控系统，以实现显示功能，操作结果可在综合监控系统控制台显示屏上显示出来。

8. 中心广播机柜

中心广播机柜设置于控制中心中央设备房内，机柜内包括如下设备。

（1）中心接口分机

中心接口分机用于中心后备广播控制盒及音频话筒盒音频信号的汇接，并输出音频信号，输出的音频信号向专用电话系统提供中心各广播控制盒人工话筒广播内容，进行录音；还包含与系统交换工控机的音频接口，实现中心对车站的控制操作、对车站广播内容的监听的转换。

（2）系统交换控制工控机

系统交换控制工控机具有与传输系统的以太网接口，带宽为10M/100M。同时系统交换控制工控机中，存储预录制语音内容，可存储200段以上不同的语音信息，总的录音时长不低于120min，语音内容通过中心网管终端统一下发和更改。并具有与综合监控系统的接口数据通信日志记录功能，该记录可通过广播系统网管终端调看，记录可以保留3个月或以上，不能人为的删除。

9. 系统网管功能

系统网管终端设于控制中心设备房内，通过中心系统交换控制工控机并经传输系统提供的数据传输通道（10M/100M以太网）与全线各站、车辆段及停车场相连，实时监测全线中心、车站、车辆段广播设备的运行状态及故障记录，其操作记录和故障记录可通过网络打印接口输出打印网管报告，同时故障告警信息可通过10M以太网传至集中告警终端，实现通信系统的统一管理。

在中央网管可统一向各个车站下发音频文件，并在各个车站存储设备中存储；同时能够在控制中心对各车站的单个或多个音频存储文件统一更新的功能。

广播网管终端经传输网络提供的10M/100M数据通道，直接与全线各站、车辆段的广播机柜的10M/100M以太网接口相连，实时检测全线设备的运行状态，并以图形及菜单方式进行显示，同时故障时发出声光报警，使值班人员直观的了解各站广播动态，实时显示检测各站点及车辆段的所有信息，具有图形化的人机界面（如图7-3）。

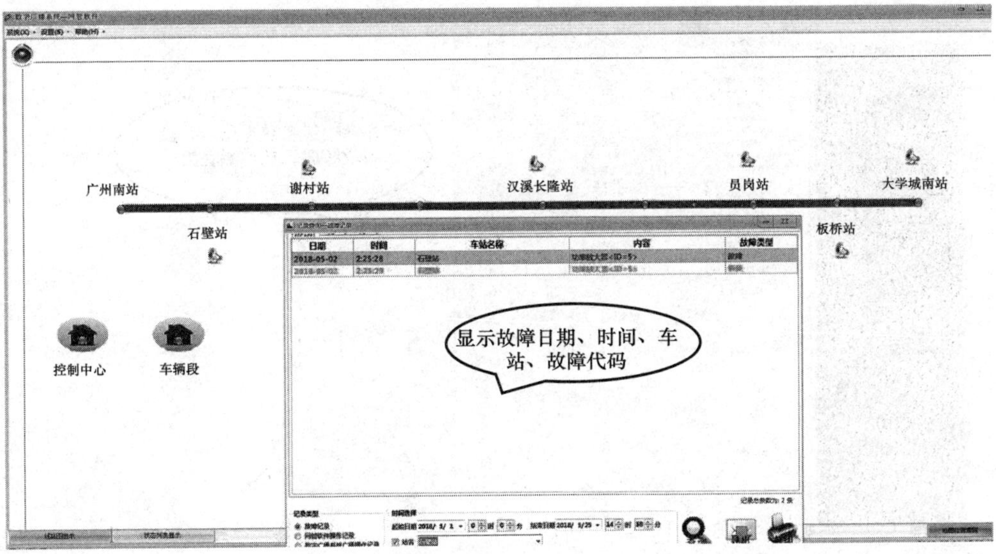

图 7-3　广播中央网管人机界面图例

(1) 能实时检测中心、各站及车辆段广播设备（包括各模块及功放）的运行状态，以图形、表格菜单的方式显示和查询。监测的内容为：电源状态、设备及模块工作状态、播音区的选择提示、信源选择指示、优先级占用显示、车站扬声器及线路、传输通道、中心的各项操作（操作开始、结束时间）。同时中心网管能对车站级广播音量进行手动和自动调整设置。

(2) 中心网管终端具有自动或人工遥控检测、故障定位、故障报警功能。网管终端能检测某设备（或模块）的所在车站的具体位置、故障类型、故障产生时间和恢复时间等，或接收不到车站信息，网管终端能发出声光报警。

(3) 各车站设有标准的监测接口（配备 1 个带防尘罩的 10M/100M 以太网口），利用便携式笔记本与该数据接口相连，在任一车站可查看其他车站的工作状态。显示的内容与系统网管终端相同。便于维护人员对全线设备的监控和维护，实现站间管理。

(4) 对车站不正常的功放及出现问题的广播区，通过中心网管终端进行操作，可向相应的车站发送控制命令，关掉该功放或摘除出现问题的广播区。

(5) 网管终端设有与通信系统集中告警系统终端的接口（10/100M 以太网），用于将广播系统设备的故障信息发往集中网络管理终端，便于整个通信系统的集中管理。

(6) 具有集中维护和自诊断功能，能诊断硬件或软件故障，其中能诊断到模块（板）级，并有告警显示和记录，可进行系统的故障管理、性能管理、配置管理、安全管理、打印管理和优先级的设置。通过系统网管终端可设置车站的数量和广播区的数量，并可对车站进行开通与关闭，对于预留后期线路或者未开通的车站不进行操作和报警信息处理，系统设有“操作权限密码”保护，以防未经授权人员误操作。

(7) 具有操作记录和故障记录功能，操作记录的内容包括操作命令，操作开始、结束时间等，并定位到操作的站号、广播区号等；故障记录包括：故障内容、故障产生时间和恢复时间、故障类型等，如电源告警、设备故障告警（可监测各模块）、便于维修人员及时检查、维修，实现广播系统的远程维护。（如图 7-4）

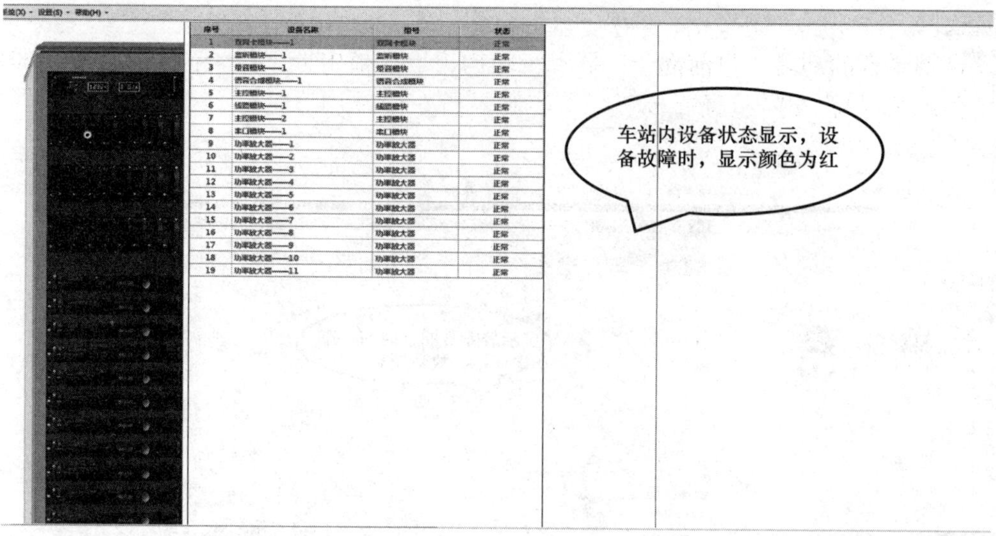

图 7-4　故障记录查询/故障模块指示

(8) 中心网管终端可对系统发生的故障和操作进行全面记录，记录内容保留在硬盘内，保留最近 3 个月以上不删除（保存时间可根据用户的需要和硬盘容量调整），记录内容不可人工删除，记录存满后自动转存，循环记录，不会出现死机和重启现象，并提供信息打印功能。

(9) 对上述操作和报警记录按日期、车站、设备、组合、全部方式查阅，能对故障进行分类处理上报经常出现的故障信息，并有常用故障信息和故障处理办法的功能对照表，方便维护管理，并可通过打印查询结果。

(10) 中心网络管理系统监测管理各车站及车辆段的数据信息通道与中心广播控制终端共用一条由传输系统提供的 10M/100M 的总线型以太网通道。

(11) 通过中心网管终端可对每个车站（含中心）语音内容统一修改、下发和上传，可以对全线车站统一更新也可以对某一车站、某几个车站更新，并具有语音合成排队功能。

(12) 在中心网管处设有 RS422/以太网接口，接收时钟系统与中心一级母钟提供的标准时间信息，校准本系统内所有需要时间信息的设备。

(13) 日记记录功能

广播系统可记录所有控制终端的操作日志，同时可记录与外接口，如综合监控、信号等主要外部系统的过程数据。日志及数据可保存 3 个月（保存时间可按系统需求调整），自动循环覆盖，不可人工删除。

(14) 声光报警功能

广播系统中某模块或功放出现故障时，系统网管终端、中心、车站后备广播控制台、车站广播控制单元显示屏均有故障报警显示，并可显示报警的内容，同时发出故障报警声，故障报警声可人工消除，报警内容可保留至故障排除时为止。

(15) 自动录音功能

中心广播系统留有广播录音接口，通过专用音频电缆与中心多路数字录音设备（可独立设置或与其他系统共用）相连，向录音设备提供中心各调度员话筒广播的音频信号，以便实现自动录音的功能（目前部分广播系统结构出现广播中央广播录音与其他通信系统录音机共用的情况）。录音装置能自动记录中心级所有广播内容（15 天循环录音），同时包含日期、时间信息以及用户信息。记录的内容可查询、检索，录音的内容能导出、拷贝或刻于光盘保存。

7.2.2 车站级广播功能与组成

车站级广播设备包括车站综合监控系统控制台所用音频话筒、车站值班后备广播控制台、广播机柜（含系统工控机、车站广播控制单元、负载核算单元、功率放大器、扬声器线路检测器、噪声输入单元、电源时序控制器、噪声传感器、扬声器及线缆等（图 7-5）。

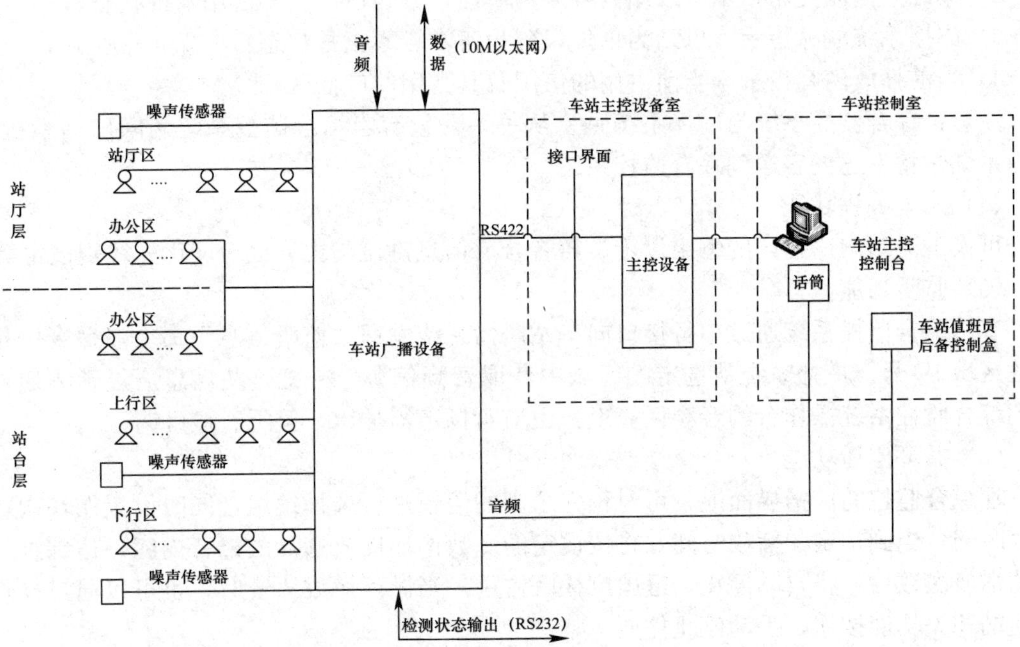

图 7-5　车站广播系统的组成

广播功能由车站车控室内综合监控系统控制台实现。车站广播设备上通过 2 个（1 主 1 备）播音键盘数据接口（10Mbps/100Mbps 以太网接口）与综合监控系统前端处理器（FEP）相连，用于与综合监控系统进行数据信息交换。并设 1 个语音广播接口（模拟），为车站综合监控系统控制台提供一个音频话筒（含监听扬声器），供车站值班员播音使用。

1. 车站综合监控系统控制台功能

在车站综合监控系统控制台上，车站值班人员通过人机界面可实现以下广播功能：

（1）单选广播功能

车站值班员可向站内的任一区域、多个区域、全部区域进行广播。

（2）话筒/语音合成/线路广播功能（信源选择）

1）话筒功能：音频话筒为单路，选择话筒广播时，可通过音频话筒进行广播。音频话筒，型号及设备组成同中心用，设于车站控制室综合监控系统控制台上。

2）语音功能：系统可以预录数百段以上不同语音合成广播内容，供车站控制台选择调用，信源支持多种主流音频格式，包括但不限于MP3、WMA、WAV、CD格式等。广播系统车站预录语音信息存放在系统工控机或存储卡中。语音内容能通过中心网管对每个车站统一修改、下发和上传，也可以对单个车站的语音进行修改、下发和上传，并具有语音合成播音排队功能。

3）线路功能：提供线路输入插口，可接入外接音源设备，用于播放线路输入的内容。

（3）显示功能

操作台上的显示屏显示以下内容。

1）控制中心调度员对车站广播时的车站占用状态（以站内各区为单位，分为占用、不占用两种状态）；

2）车站广播区使用指示（以站内各区为单位，分为占用、不占用两种状态）；

3）广播系统故障指示（以站为单位，分为正常、不正常状态）；

4）当前播放内容指示（当前占用的信源及其占用的广播区）。

注意：综合监控系统与广播系统是主从关系，只有当综合监控系统访问广播系统时，广播系统才将上述内容送到综合监控系统。

（4）人工编程功能

可人工对站内广播区的编组设定、语音合成信息键位与内容设定、优先级别设定等。

（5）监听功能

车站综合监控系统通过串行接口向车站广播系统发送“监听信息”命令，命令中包含播放区域ID号。广播系统从选定的区域中获取音频信源，并把这些信息通过音频通道发送到综合监控系统操作台的音频话筒上，由监听扬声器播出，监听音量可调。

（6）循环广播功能

在综合监控的广播界面上，可对预先录制的语音进行选择编组，同时设置循环次数及播放时间，当到预定的播放时间，将按设定的次数循环播放选择的语音内容，达到预先设定的播放次数后，将自动停止，退出广播区占用。当循环播放语音时，也可以通过操作界面上的相关功能按钮，手动停止播放。

（7）紧急广播功能

设备接收到FAS系统发出的报警信号后（与综合监控系统接口获得或直接与FAS接口获得），触发预先录制的防灾广播语音信息，自动进行紧急广播，也可通过综合监控的广播操作界面上的紧急按钮或后背广播控制盒上“直通”按键，实现人工紧急广播功能。

2. 接口日志保存功能

广播系统记录了所有的与综合监控系统的接口通信信息（包括中心与车站），并以日志文件的形式保存，这些信息主要包括：广播时间、信息数量、播音类型、信息起源、最初选定的播放区域及实际广播时的播放区域。接口日志的保存时间默认设置为3个月。广播系统预录制语音内容更新后，会自动形成新的播放列表代码，并及时发送给综合监控系统，使综合监控系统的广播播放列表与广播系统的广播播放列表保持一致。

3. 车站级广播支持多路的信源。

车站能够实现多路平行广播（主流设备为12路），分别为车站行车广播控制台话筒、线路、语音三路；中心后备广播控制台话筒、线路、语音三路；中心对车站广播一路、自动广播上下行站台两路；站台无线广播上下行站台两路、机柜应急广播一路，共12路独立的平行广播信源。

4. 播放预示音功能

在车站广播系统中设置有语音合成模块，语音合成模块中存储有预示音的广播信息，在每次广播前，系统可自动触发语音合成模块，播放预示音信息。

5. 自动广播功能

广播系统在控制中心设有一路10M/100M以太网接口，用于与综合监控系统（或信号）连接。通过此接口，广播系统可获得信号系统中传来的列车运行信息，并自动进行列车到发广播；广播系统还可获得屏蔽门开关门信息，并自动进行开关门语音广播。

列车进站自动预告广播，车站接收列车进站、离站等数据信号包时，能进行分解、分析处理并能进行逻辑判断，自动启动预先录制的语音信号进行预告广播，语音信号播出时间可延迟1～30s，延迟时间可调。列车进站自动广播在上下行列车同时进站时，会接收不同的自动广播指令，广播系统会按照指令播放不同的广播信息内容。

6. 车站综合监控系统控制台广播功能故障时的后备功能

在车控室工作台上设置1个后备车站广播操作台，通过专用广播电缆与车站广播机柜通过控制电缆（屏蔽五类线）和音频电缆相连，该控制盒包括：内置音频话筒、线路输入插口、直通开关、编组、选区、选源及0～9数字操作控制按键、液晶显示屏及电控开关等，通过广播专用电缆与广播机柜相连，其结构形式可采用桌面型的盒式结构。其电源由自带电源盒供电，采用交流供电方式，由车站广播机柜馈入。

后备广播操作台具有与车站综合监控系统控制台相同的广播功能、显示功能，且优先级高于车站综合监控系统控制台。同时具有键盘锁闭功能，只允许车站值班员在获得授权的情况下开启并使用后备车站广播操作台的各项广播功能。

当自动播音系统发生故障时，车站广播系统具有降级操作功能。车站值班员按下后备操作台上的“直通”按键，便可通过话筒对本站所有广播区进行广播。（在“直通”广播模式下，功率放大器与广播区的连接关系，在系统进行初始化设置时预先由人工设定）。其具体功能如下。

（1）广播选择功能

1）单选广播：可对本车站的任一广播区进行广播。

2）分区、编组广播：可对本站的站台区、站厅区、办公区等广播区进行组合编组，实现分区、编组广播。

3）全选广播：可对本站所有广播区进行广播。

（2）话筒/语音合成/线路广播

车站后备广播控制台设有话筒、语音、语音段、线路、0～9数字等选择按键，用于选择不同的信源，对车站各广播区进行选择广播。

（3）直通广播功能

车站后备广播控制台的上设有“直通”广播按键，当车站广播控制台的控制部分或车站控制单元出现故障时，按下“直通”广播按键，此时广播控制台的音频输出端直接与功放的输入端相连，通过音频话筒对本站所有广播区进行直通广播。

（4）监听功能

车站后备广播控制台上设有“监听”选择按键，通过音频话筒盒可对广播权限内的广播区的广播内容进行选择监听，也可对10段语音段信息的内容进行自监听，监听音量可调。

(5) 编程模式

用于对站内广播区的编组设定、语音合成信息键位与内容设定、优先级别设定等。

(6) 显示功能

车站后备广播控制台上设有液晶显示屏和LED输出电平指示灯，液晶显示屏以图形及汉字的形式显示出各站设备的运行状态。显示屏显示内容如下。

1) 联机状态。

2) 优先级的占用状态。

3) 设备的工作状态。

4) 设备的故障显示。

5) 广播区占用状态及编组显示。

6) 信源选择显示（如话筒、线路、语音）。

7) 键盘锁闭功能。

车站后备广播控制台上设有电控开关，当有关人员在获得授权的情况下，方可开启并使用本广播操作台，用专用钥匙开锁，进行各项广播功能。

7. 车站值班员播音功能的实现

综合监控系统控制台通过综合监控系统的接口（接口类型为RS422或10M/100M以太网）与广播系统车站系统工控机相连，进行数据交换；音频部分由广播系统提供的音频话筒直接与广播系统音频汇接模块相连，进行话筒、语音合成及线路等信源的选择广播，并通过监听扬声器监听广播区的广播内容。

当车站值班员通过车站综合监控系统控制台进行选区、选源、编组、监听等操作时，其操作指令通过车站广播系统工控机的接口，送往数字汇接模块，控制其他执行模块的工作，完成广播功能。其操作显示信息由数字汇接模块经车站系统工控机返回车站综合监控系统，以实现显示功能，操作结果可在综合监控系统控制台显示屏上显示出来。

8. 站台无线广播功能

目前不少线路推出站台无线广播功能，为站台客运值班员通过专用无线手持台分别对上、下行站台广播区进行广播。该功能广播采用无线移动便携式广播控制方式，由经授权的值班员随身携带专用无线手持台，内置高容量电池，与无线移动广播接收主机及天线组成无线移动广播设备，接收主机置于广播机柜内，从而实现在站台广播区内的任意地点对相应站台进行广播。

当站台值班员因其工作特性需在较大的范围内走动时，可随身携带广播手持机进行现场广播。当需要广播时打开手持机电源，按住PTT键讲话，松开PTT按键，结束本次通话。采用民用频段，内设防串扰措施，设有多个频点可选。无线移动接收主机用于转接广播设备，并具有两套接收机和电平转换及控制接口，可对两个站台区域进行广播控制，与手持机也可实现本区内对讲通话。通常单岛站两个站台配备一台，双岛站4个站台，配备两台，以满足全天广播需求。

9. 播放背景音乐功能

通过广播控制盒的线路输入接口可以外接CD、MP3等音源，用于对车站广播区播放背景音乐，其优先级的顺序在广播系统中是最低的，当某个优先级稍高的进行广播时，背景音乐信号自动降低或者消音；当广播结束后，背景音乐的信号自动恢复到原来正常水平。背景音乐的音量及降低的幅度均可通过软件设定。

10. 音量自动调节功能

在各车站设置有实时噪声检测控制模块，连接设置在站台、站厅广播区域的噪声传感器，在话音信号停顿期间自动对该区域噪声进行检测，并对该广播区的音频输出信号进行调整，将调整后的音频信号送往各广播区的功率放大器，自动平衡调节各广播区功率放大器输出音量，以保证现场播音具有最佳的信噪比，达到较好的播音效果。

11. 平行广播功能

广播机柜中的音频汇接模块，可将各音频信号同时连接到不同的广播区，实现多信源、多通道、多负载区平行广播的功能，能够实现多个广播区同时播放同一存储信源的不同语音段的功能。可同时实现多路语音信源对不同广播区的广播。

中心能够实现至少 15 路平行广播，分别为中心行调 1、行调 2、综调、值助和环调 5 个广播控制台的话筒、语音、线路各三路信源，共 15 路独立平行广播信源。

车站能够实现至少 12 路平行广播，分别为车站行车广播控制台话筒、线路、语音三路；中心后备广播控制台话筒、线路、语音三路；中心对车站广播一路、自动广播上下行站台两路；站台无线广播上下行站台两路、机柜应急广播一路，共 12 路独立的平行广播信源。

12. 优先级广播功能

（1）系统具有优先级广播功能。当高优先级广播时，能够自动打断低优先级的广播，而低优先级的广播则不能打断高优先级的广播。在正常情况下正线广播系统的优先级顺序是：

第一级　中心环控调度员

第二级　中心行车调度员 1

第三级　中心行车调度员 2

第四级　中心维修调度员

第五级　车站值班员

第六级　列车到发自动广播

第七级　站台客运值班员广播（如有站台无线广播）

第八级　背景音乐广播

（2）系统优先级的顺序可以通过网管终端进行相应的设置来调整，系统将按照新设定的优先级顺序运行。

13. 功率放大器的自动切换功能

系统中功率放大器采用 n 主用＋1 备用的配置方式。系统中各功率放大器处于热通电状态，功率放大器与广播区的连接采用活负载的形式，使得每台功放根据负载核算结果自动切换连接到各广播区，当某台功放出现故障时，负载核算模块即控制启动备用功放，以代替故障功放继续工作，故障功放自动退出服务。

负载核算模块用于计算功放及广播区的功率，并控制功放的启动数量和工作次序。在信源相同的情况下，对于一路扬声器网所接扬声器功率需满足一台功率放大器所能承受的额定值，当一台功放负载挂满后，即自动启动另一台功放，依此类推。当某台功放工作过以后，再次广播时，即自动控制下一台功放启动，均衡功放的工作时间，延长功放使用寿命。

另外，数字功率放大器还具有外线短路、开路、过压、过流、过温、中点电位漂移、开机延时等多种保护功能。

14. 自动延时加电功能

电源时序控制器可以检测外部电网的瞬时掉电，当再次来电时，将自动延时，再接通供电，并且以一定的间隔时间顺序对各功放及控制模块逐台加电，有效地防止了电网瞬间断通电时对本系统运行程序的干扰和系统设备开机时对电网的冲击。在人为关断或接通设备供电时，同样以逐台顺序依次关断或接通各分机电源，也起到保护和减小冲击干扰的作用。

15. 不停机检修功能

具有不停机检修功能，当功放或部分模块出现故障（或需要检修）时，能在设备不停机的情况下拆、装机，而不影响系统设备的正常运行。

16. 线路检测功能

设置扬声器线路检测设备，可对站内每个广播区的扬声器线路阻抗进行监测，可检测广播区线路故障。当扬声器线路阻值发生变化时，表明扬声器线路故障或该路有扬声器故障即故障扬声器所在的回路，此时即可发出报警，并在扬声器线路检测设备的液晶显示屏上显示故障类型及故障地址，同时向网管终端上报故障信息，便于维护人员故障线路的维护和管理。

17. 机柜控制组成

广播机柜设于车站的通信设备室内，机柜内包括车站广播控制单元、负载核算单元、系统交换控制工控机、扬声器线路检测器、数字功率放大器、电源时序控制器、噪声输入单元、无线站台广播接收主机等。

（1）广播控制单元

该单元是车站广播系统的核心控制部分，采用模块式插板结构，所有模块均插于国际标准机箱内。该单元包括电源模块、数字汇接模块、音频汇接模块、音量频响调整模块、音频输出模块、噪声检测模块、采样及监听模块，各模块简述如下：

1）电源模块

电源模块包含整流滤波稳压、电源滤波、保护等直流供电电路，可将输入的交流电变换为各功能控制模块工作所需的各种直流电压，供各模块使用。

2）数字汇接模块

数字汇接模块是广播控制单元的核心部分，用于接收和处理中心及车站各广播控制盒的操作命令，协调控制各模块的工作。通过数字汇接模块可对车站设备进行多种设置，如音量、频响、广播区设置、站址、站台形式等，同时还可对系统的优先级别进行判断，高优先级可自动打断低优先级的广播。该模块具有内、外部数据接口、液晶显示单元、声音报警蜂鸣器等。

数字汇接模块原理图如图 7-6，数字汇接模块由 CPU、扩展口、显示屏、按键、数据存储器组成。扩展口分别对应于中心、车站、笔记本的数据口，用于接收及发送相关的信息，扩展口通过内部总线与CPU连接，进行数据的传送；各扩展口收到的信息由CPU读入，存储在数据存储器中，而后再有CPU一一进行处理。内部串口用于和其他带CPU的模块进行联系、切换模块等的动作，实现广播区的开关、监听的开关、切换的动作等。

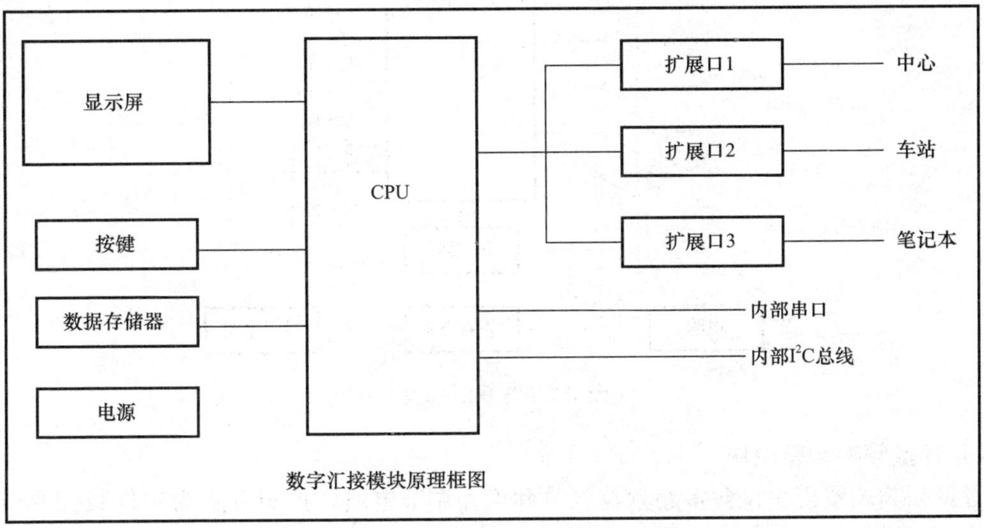

图 7-6　数字汇接模块原理图

3）音频汇接模块

音频汇接模块具有多路音频输入和输出，并有数控逻辑电子开关矩阵电路，该矩阵在内部总线的控制下，可同时将多路输入信号接通至不同的输出，进行信源与广播区的选通控制，是平行广播中通道控制的主要部分。该模块包含与车站各广播控制台和传输系统的音频输入接口，用于汇接广播音源。该模块还包含内置话筒，广播时，按下应急广播按键，可实现对站内全区的话筒广播，便于维修人员对机柜设备进行维修。

如图 7-7 所示，该模块具有多路音频输入和多路音频输出，并有数控逻辑 $N\times2N$ 电子开关矩阵电路，该矩阵在内部总线的控制下，可同时将 N 路输入信号接通至不同的输出，进行信源与广播区的选通控制，是平行广播中通道控制的主要部分。该模块包含与车站各广播控制台和无线通信系统的音频输入接口，用于汇接广播音源。

主要芯片说明：

双运放、$N\times2N$ 电子开关矩阵、并行接口芯片、N 位总线驱动芯片。

附：双运放引脚说明：

1-运放 1 输出；2-运放 1 负输入；3-运放 1 正输入；4-负供电端；

5-运放 2 正输入；6-运放 2 负输入；7-运放 2 输出；8-正供电端。

广播控制盒输出的音频为平衡、额定值为+6dB，经电容 E_1、E_2，电阻 R_1（3k9）、R_2（3k9）后，输入到IC1的2脚和3脚，反馈电阻为 R_4（2k），即放大倍数为 $R_4/R_1=0.5$，则从IC1的第1脚输出的信号为0dB，该信号（S1）接至IC7（MT8816）的第35脚。IC7中各开关点受 I^2C 信号的控制（经IC5：PCF8574），其输出为O1～O8，各输出经运放后连接到96针插座，输出运放的放大倍数为1。

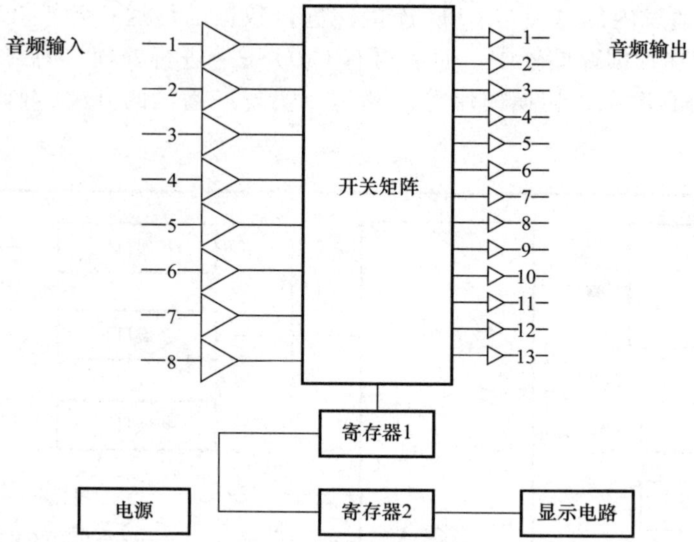

图 7-7　音频汇接模块

4）音量频响调整模块

音量频响调整模块包含多路频响调节和增益调节电路，控制方式为软件数控调节，通过数字汇接模块发送调节控制指令，可对音频信号的音量及频响进行调节，其操作通过数字汇接模块的操作按键来完成。另外，该模块还设有应急广播按键及直通广播转换电路，当系统的控制部分或音频通道出现问题时，可按下“应急”广播按键，此时广播音频信号直接与功放接通，并选通全部广播区，通过外接话筒进行应急广播，或通过机内话筒进行广播。

5）噪声检测模块

该模块用于根据噪声传感器拾取的环境噪声自动检测各广播区的环境噪声，并根据现场实际噪声大小自动调整广播系统的输出功率，保持广播声压总高于环境噪声，保证广播有良好的可懂度，并且防止广播声过大而造成的扰民现象。

该模块包含多路测量放大器，通过噪声输入单元可外接多个噪声传感器。放大器将噪声信号放大后，数模转换，由单片机控制，按照设定的模式对噪声数据信号进行处理，并将处理的结果通过内部串行总线发送到控制模块，由控制模块控制各广播区广播音量的大小，保证有用声强与环境噪声声强之比不小于 8～10dB，火灾时不小于 15dB。

6）采样监听模块

采样监听模块用于对各个广播区的音频输出信号进行采样反馈，经电平转换后，由电子开关控制并回送到控制中心、车站、广播机柜和电平显示各通道，供中心、车站和广播机柜选择监听，同时送入广播区电平显示电路进行电平显示；同时对各个功放的输出信号进行实时检测和采样，其检测结果提供给功放检测模块，用于对功放的故障检测。

该模块具有多个采样电路和 1 个监听电路，采样电路对应于每台功放的输出（N 台主用，1 台备用），用于对功放的输出音频进行采样；监听电路可对输出至多个区的音频信号进行选择监听，监听音量可调；还具有与传输系统的音频监听接口，用于向中心上传监听信号，实现控制中心对车站的监听功能。

7）音频输出模块

该模块具有多路音频切换电路，可完成多路输入信号对输出信号的转接切换操作，切换方式为双端同时切换。

（2）负载核算单元

负载核算控制单元包含负载核算控制模块、负载切换模块、电源模块。该单元主要用于控制功放的输出与广播区网进行连接，并控制功放的启动与关闭，实现活负载配接。

（3）扬声器线路检测器

模块用于对系统的扬声器网络进行自动检测，以此判断扬声器线路及扬声器是否正常，并通过线路将检测结果传输给相关系统。可对多路负载区的阻抗进行检测，当扬声器的阻抗发生变化时，将其告警信息通过内部串口通知数字汇接模块，数字汇接模块再将报警信息上传至系统网管终端，同时切断该路输出。其故障信息可在液晶显示屏上显示被监测线路的故障类型和故障地址。

（4）数字功率放大器

数字功率放大器由主功放模块和开关电源模块组成一体化的整机，采用单台独立配电设计，具有更高的可靠性，便于切换维护。功率放大器按主 N 备 1 方式配置。

（5）电源时序控制器

电源时序控制器是为控制系统设备供电的配套设备。该设备具有多路 AC220V 输出口，用于系统中的各设备延时逐台加电，以减小系统对电网的冲击，防止电网跳闸。对电源在开关过程中产生的浪涌冲击有很好地防止和消除作用，特别是电网瞬间掉电时，对系统设备延时启动供电功能，保护系统软件程序的正常工作。该设备有 10 个可控供电输出端口和 1 个常通输出端口，并设有工作状态控制开关和相应的状态指示灯。

（6）噪声输入单元

每个机柜具有 1 个噪声输入单元，可外接多个噪声传感器。

（7）系统交换控制工控机

系统工控机是广播系统的数据处理分析及主要接口设备之一，包括多个内部和外部数据接口，接口形式分别为 10M/100M 以太网和 RS422 形式。一路 10M/100M 以太网接口，用于与传输系统连接，接收中心对车站的广播、控制信号，以及上传中心对车站的监听信号；一路 10M/100M 以太网接口（或 RS422 接口）与 ATS 系统进行数据交换，实现列车到发自动广播功能。(一主一备）路 RS422 接口或 10M/100M 以太网与综合监控系统连接，进行数据交换，实现广播控制功能；并具有与综合监控系统的接口数据通信日志记录功能，该记录可通过广播系统网管终端调看；系统交换控制工控机还存储预录制语音广播内容（包含常规广播和防灾紧急广播等内容），供系统选择调用。

（8）接口转换分机

该模块专门为换乘站与录音输出接口的车站配制的接口分机，可实现换乘站和录音输出接口的车站与其他线广播系统双方数据交换，可以根据优先级打开公共广播区，或根据先占先播的方式打开公共广播区；实现该共用换乘通道广播区的广播功能；此外，该分机预留多个接口，可实现多条线路共用换乘通道广播区的广播功能。

18. 功率放大器与负载区的连接

通常典型站配置 300W 的功率放大器，根据分区的情况设定主备用数量。功率放大器的输出采用定压式，连接负载区。功率放大器与负载区采用浮动切换方式连接（活负载，活信源），根据负载区接入喇叭功率的大小，提供所需的功率放大器，以提高系统效率和功率放大器的使用效果，具有互换性。功放与负载的连接是随机的，且轮流使用。

19. 广播区的划分

根据城市轨道交通车站的类型和运行管理特点，典型站广播分区分为上行站台、下行站台、站厅、出入口通道（按每站 4 个出入口设计）、厕所、设备区 9 个区域进行设置。

扬声器的设置及连接

在保证末端扬声器正常工作的情况下（线路压降在指标规定的范围内），各路扬声器通过本地广播电缆连接，每一播音区组成一个扬声器网。

（1）站台广播区

站台广播区扬声器以小功率大密度的方式布置，上、下行站台均采用一路串接方式连接。目前，市场配置的扬声器采用吸顶式扬声器（如图 7-8 所示），输出功率为 6W，扬声器上变压器带有抽头，通常为 6W/3W/1.5W，可根据需要配接不同的抽头扬声器以装修顶棚镶嵌方式安装，但也满足吊挂的安装方式，扬声器有外护罩，防尘、防腐，长期使用不变形，不腐蚀，颜色与车站装修风格一致。

图 7-8　吸顶式扬声器

（2）站厅广播区

站厅广播区扬声器以小功率大密度的方式布置，采用两路跨接方式连接，当一路发生故障时，另一路能够正常工作。配置的吊装扬声器通常与站台广播区一致。

（3）办公设备用房广播区

设备广播区扬声器设在相应的办公管理用房、设备室和过道，主要采用壁挂式扬声器，站厅办公广播区和站台办公广播区串接形成一路的方式连接。扬声器输出功率为 6W/3W/1.5W 可选。壁挂扬声器箱体采用工程塑料，防尘、防腐，长期使用不变形，不腐蚀，颜色与装修风格协调。

（4）出入口通道

扬声器情况同站厅。

（5）厕所区

厕所区扬声器设男女及特殊厕所房内，采用串接形成一路的连接。主要采用壁挂式扬声器，同设备区扬声器。

（6）噪声传感器的设置

在站台、站厅区等环境较嘈杂的公共区域，设置噪声传感器，通常每个区设置 2 个，安装方式采用装修顶棚镶嵌方式安装，也满足吊挂的安装方式，并具有外护罩，防尘、防腐，长期使用不变形，不腐蚀，颜色与装修风格保持一致。与广播机柜通过屏蔽电缆相连，确保扬声器输出音量高于现场噪声 10dB，保证广播音量清晰稳定，其传输距离可达 250m。

7.3　车辆段广播系统功能和组成

在车辆段/停车场有线广播系统，系统由设置在车辆段综合楼通信设备室内的广播设备机柜（含控制设备、电源、功率放大器、系统交换控制工控机、扬声器线路检测器等）和设置运用库运转值班室的运转广播操作台，设置在防灾控制室内的防灾广播操作台、设置在库内的墙装语音插播盒、扬声器网、广播电缆等组成（图 7-9）。

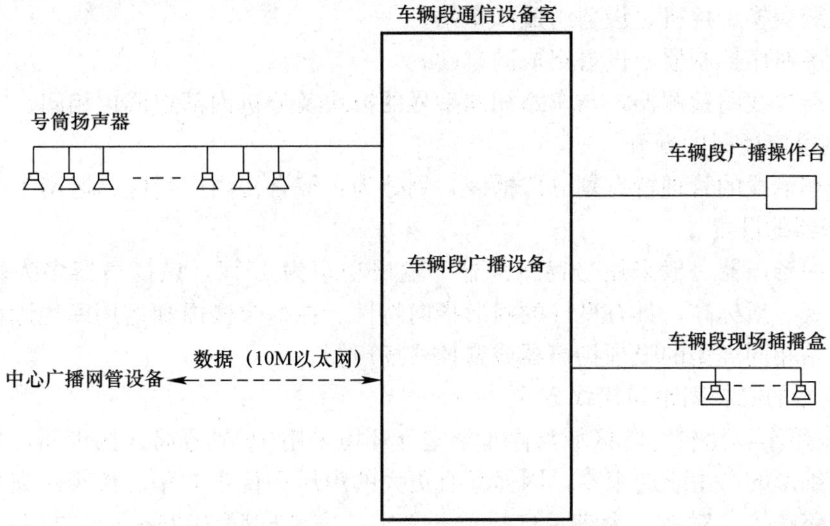

图 7-9　车辆段广播系统组成图

1. 车辆段广播控制盒

车辆段/停车场广播系统配置了 2 台广播控制操作台，分别设置在运转库值班室、消防控制室，用于各值班员对车辆段内播音区进行广播。该控制盒包括：鹅颈式话筒、线路输入插孔、监听扬声器、电平指示灯、液晶显示屏、直通广播按键、0～9 数字键等。通过广播专用电缆与广播机柜相连。其结构形式为桌面型的盒式结构。

2. 语音插播盒

在运用库内墙壁上安装现场插播盒，供现场工作人员插入询问应答播音。现场插播盒包括手持话筒、广播、对讲选择按键等。该插播盒配置室外防水密封箱，可立挂于库内墙面上，通过专用电缆与广播机柜内的电话交换机相连。

3. 广播机柜的设置

车辆段设置 1 套广播机柜，设于车辆段综合楼通信设备室内，采用“2m19”的标准机柜，机柜内如下设备：

（1）广播控制单元

基本同车站控制单元各模块一致，包括电源模块、数字汇接模块、音频汇接模块、音量调整模块、采样监听模块、功放检测模块、功放切换模块、负载切换模块、噪声检测模块、音频输出模块。

（2）电话交换机

目前部分设备具备与程控交换机互联接口，采用微处理器作为控制核心，连接多路现场插播盒，通过程控交换机的汇接可实现运现场插播盒之间的对讲以及现场插播盒对车场及车库的广播。

（3）广播控制分机

广播控制分机主要用于连接现场插播盒，对插播盒信号进行选通，并将选通的音频信号送往广播控制单元，经音频转换后，送往功率放大器进行音频信号的放大，从而实现对本广播区的广播功能。

（4）功放的配置：机柜内配置 N 台功率放大器，$N-1$ 主 1 备热备工作方式。

（5）系统交换工控机，设备组成同车站。

（6）电源时序控制器，设备组成同车站。

（7）扬声器线路检测器，与车站相同型号的模块及分机内部组成也相同。

4. 车辆段广播区的划分

可根据车辆段的管理特点划分广播区，划分为：综合楼内广播区、运用库广播区等。

5. 扬声器的设置

运用库内扬声器一般采用号筒扬声器，输出功率为 15W，该扬声器多为塑料方形外壳，造型美观，指标高，具有良好的扇形指向特性。在综合楼内和运用库边库内扬声器一般采用与车站相同类型的吸顶扬声器或壁挂式扬声器。

6. 扬声器的安装间距与接线方式

车辆段/停车场比较空旷区域与停车场室外环境采用 15W 号筒式扬声器，号角式扬声器的声束是锥形的，由于声束窄，因而具有更大的声压和传声效率，传声距离更远。连接方式采用一路跨接、对装，为满足广播覆盖需求，安装间隔为 25～30m 左右，声场均匀度较好。车库采用的 6W 壁挂，安装间隔为 6～8m 左右。

7. 长距离传输方案

车辆段综合楼通信设备室距离运用库运转值班室的广播控制台较远时，采用光纤传输数据及音频。即广播系统在综合楼的通信设备室和运用库设备房或值班室分设光端机，中间以光纤连接。光纤收发器采用最新的大规模可编程集成电路及全数字无压缩技术，可实现音频、数据等的传输。对于广播设备的电源建议就近取电。

7.4 广播系统对外接口

7.4.1 广播系统与专用通信内部子系统接口

1. 与传输系统接口

接口类型：10M/100M 接口。

接口数量：中心、车站、车辆段各 1 个。

物理结构：RJ45。

接口协议：TCP/IP 协议。

接口界面：专用通信系统 MDF 外侧接口。

接口用途：用于控制中心与车站及车辆段的语音和数据信息的传输。

注意：目前语音的传输主要以以太网形式传输，早期多用 15kHz 低速率通道传输（采用模拟接口）。

2. 与 UPS 电源系统接口

接口类型：单项交流 220±10%V，频率为 50±5Hz。

接口数量：中心、车站、车辆段各 1 个路。

接口界面：电源系统配电柜输出端。

接口用途：用于向广播系统提供交流 220V 电源。

3. 与时钟系统接口

接口类型：数据 RS422 或 10M/100M 以太网。

接口数量：控制中心 1 个。

物理结构：RJ45。

接口界面：控制中心 MDF 的外线侧。

接口用途：用于接收时钟系统的较时信号，保证广播系统与时钟系统的时间同步。

4. 与集中告警系统接口

接口类型：10M/100M 以太网。

接口数量：控制中心 1 个。

物理结构：RJ45。

接口界面：控制中心 MDF 的外线侧/网管计算机。

接口用途：用于广播系统的网管计算机收集全站点故障，汇总后通过网管计算机预留的以太接口与集中告警终端进行连接。

5. 与专用电话系统接口头（如有）

接口类型：2 线音频。

接口数量：控制中心多路（根据调度控制台的投用情况）。

物理结构：RJ45。

接口界面：控制中心 MDF 的外线侧。

接口用途：用于录制所有话筒广播内容（需要使用专用电话录音机的设计）。

7.4.2 广播的自动广播接口

广播系统的自动广播分为与综合监控直接接口或与信号系统直接接口两种方式实现。

1. 与综合监控系统接口

接口类型：10M/100M 以太网。

接口协议：Modbus RTU 协议。

接口数量：控制中心 2 个（1 主 1 备），每个车站各 2 个（1 主 1 备）。

接口界面：控制中心和每个车站综合监控系统设备房综合监控配线架外侧。

接口用途：用于和各级综合监控系统的信息与数据的交换，完成综合监控系统的广播操作功能；用于与控制中心综合监控系统网管终端的命令和信息交换，完成的广播网管功能；用于将广播系统设备状态上传至综合监控系统工作站进行显示。

自动广播即为不需人工操作，在预先设置特定的环境下，广播系统进行语音广播播放。目前与综合监控的自动广播分为定时自动广播和空闲自动广播。

定时自动广播：即列车到站自动广播，在列车到站开门后，广播系统将会自动进行相关的开门广播。

空闲自动广播：即列车到站广播的其余时间段，使用人员可以在综合监控系统软件中设置在某时间段进行语音播放。

目前，自动广播主要运用与列车开关门广播及预到站广播中。

当列车到站时，由综合监控系统接收 ATS 信号，并通过综合监控系统与广播系统的通信播放录制的到站信息。由综合监控系统实现自动广播界面图如 7-10，到站自动广播/开关门广播流程图如图 7-11，综合监控与广播界面功能如表 7-3。

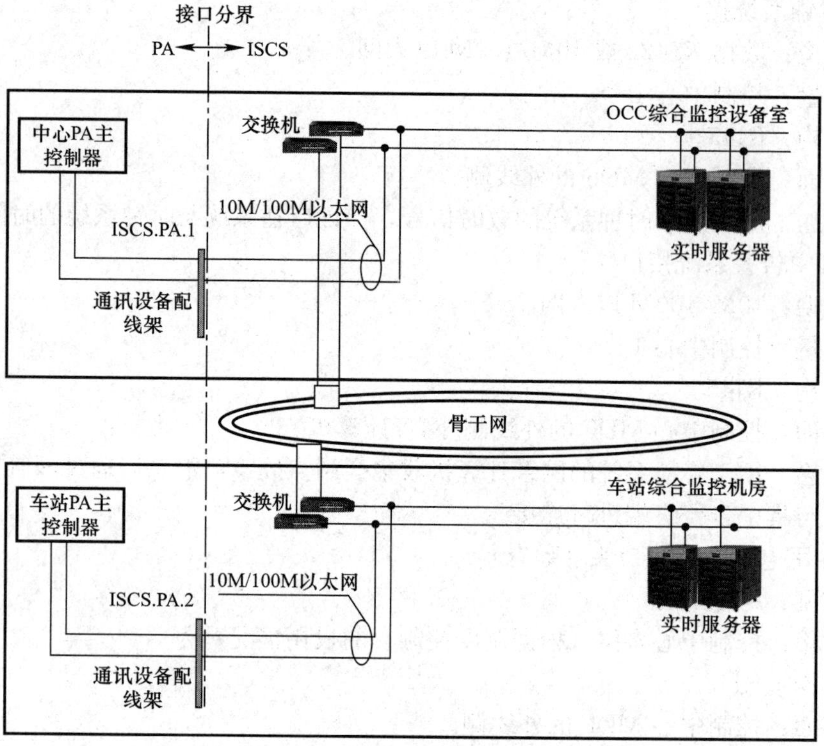

图 7-10　由综合监控系统实现自动广播界面图

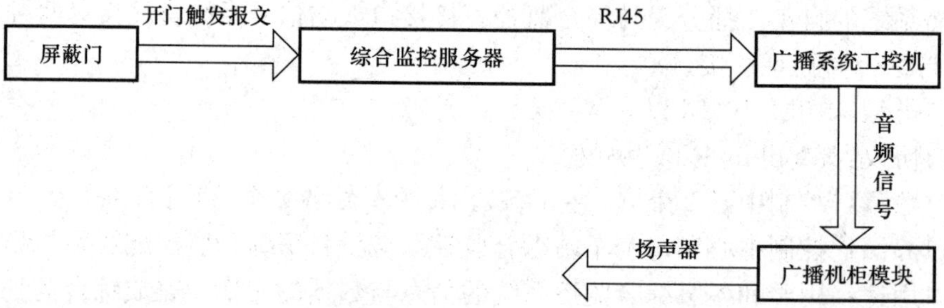

图 7-11　到站自动广播/开关门广播流程图

综合监控与广播界面功能　　**表 7-3**

编号	实现功能	广播提供	综合监控提供
广播.综合监控.2	车站综合监控采集本站广播设备运行状态	准备好实时数据，及时响应综合监控的查询命令	每 500ms 向车站广播控制器发送 1 次查询命令查询广播设备运行状态
	车站本地广播	接收综合监控的广播控制指令	向车站广播控制器发广播控制指令
	车站本地火灾自动广播	实现自动循环播放防灾广播内容	在发生火灾时，站级综合监控系统发送综合火灾信号给广播
广播.综合监控.1	列车进站自动广播	根据综合监控指令实现列车进站自动广播	列车进站时，综合监控系统获取 ATS 到站信息后即时发送给车站广播控制器
	中心对全线各车站广播	接收中心综合监控的广播控制指令，将命令下发到各个车站	向中心的广播控制器发广播控制指令

续表

编号	实现功能	广播提供	综合监控提供
广播.综合监控.1. 广播.综合监控.2	预录制信息广播	根据综合监控指令实现预录制广播，预录制广播内容存在广播设备	综合监控发送预录制广播的指令给广播系统
	广播优先级控制	广播按照综合监控优先级别要求进行广播	综合监控发送带优先级标识的广播指令

2. 与信号系统接口

接口类型：10M/100M 以太网。

接口数量：控制中心 1 个。

物理结构：RJ45。

接口界面：控制中心信号系统配线架外侧，信号系统与广播接口界面见图 7-12。

接口用途：用于接收 ATS 发送的各站列车进站信息，并下发到相应车站，实现自动广播功能。与信号系统接收 ATS 信息流程图如图 7-13。

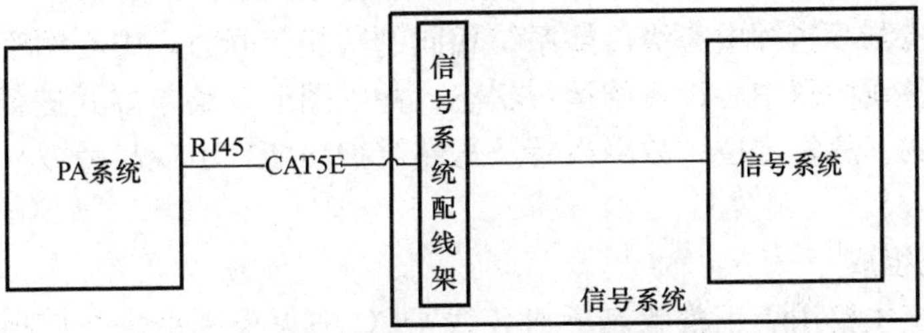

图 7-12　信号系统与广播接口界面

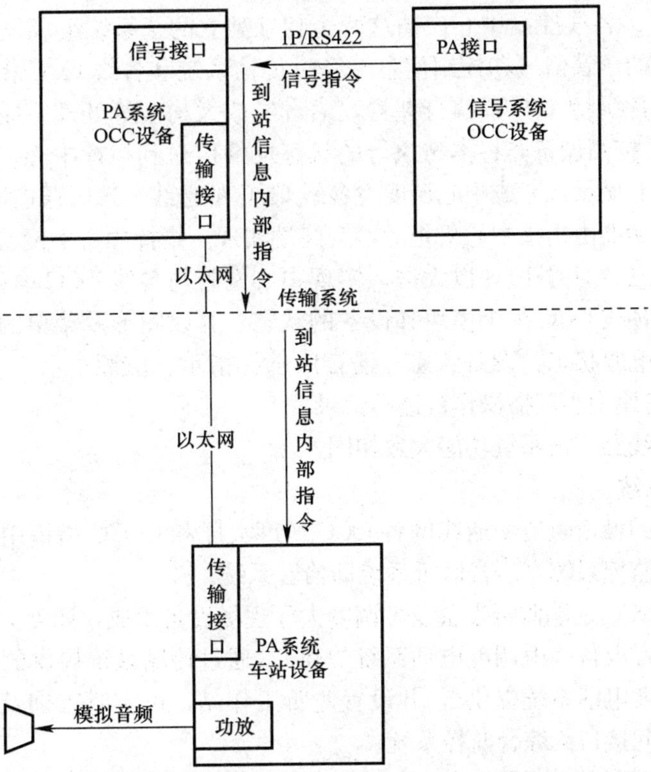

图 7-13　与信号系统接收 ATS 信息流程图

广播系统在OCC通过接口设备与信号系统进行信息交互，在OCC接收信号系统到站信息，经过解析形成内部到站信息指令，按照站号发给每个站，车站根据到站信息，自动触发广播信息，产生模拟音频驱动扬声器，将到站信息告知乘客。

7.5 线网广播系统

随着线网的发展，广播系统已不再单纯应用于单独线路。配合线网的形成（各线路OCC和线网COCC），出现了拾音系统。该系统在正常状态下，通过线网骨干传输网将线网广播信息，对各线路控制中心控制室广播，播放通告、安全等服务信息。紧急情况下，各线路控制中心相关调度人员可通过线网广播系统对本线路控制中心进行语音广播，播放通告、指挥疏导信息等。该系统是具有二级控制的广播系统，COCC中心调度员通过中心级线网语音调度系统控制台的人机界面，能实现对各线OCC控制室、指挥中心调度大厅实现组播和单播模式。各线控制中心广播也具有监听、编程、显示、平行广播、延时开机、扬声器网络检测等指挥中心级广播系统相同的功能。同时，中心网管终端页具备实时监控线网中心、各线控制中心设备的运行状态，并以图形及菜单方式进行显示，还具备自动或人工遥控检测、故障定位、故障报警及远端维护功能，出现故障或异常情况时可以发出声光报警。

7.5.1 系统组成

线网广播系统主要用于正常状态下对各线OCC中央控制室进行广播、插放通告、安全等服务信息的作用。紧急情况下，兼做救灾广播，插放通告、指挥疏导信息的作用。系统由指挥中心广播、各线控制中心广播这两个相互独立的子系统组成。

中心广播系统的语音信号和控制信息，经过传输系统和各线OCC相连。根据中心发来的指令，控制启动各线OCC广播执行装置，语音经放大均衡等处理后播送到指定的广播区域。同时各线OCC控制设备亦将本站执行的状态反馈传送到指挥中心，并在指挥中心有关调度员广播操作台上显示，完成中心调度对各线OCC的选线、选区遥控操作和指挥。

指挥中心网管功能由连接中心机柜的网管终端实现。指挥中心的网管终端能够实时监测全线设备的运行状态，通过10M以太网，实现中心网管与各线OCC设备机柜的信息交换；可监测中心接口及各线OCC每个模块和设备的状态，并以图形及菜单的方式进行显示。可监测的信息包括：电源状态、设备状态、播音区选择指示、信源指示、中心的各项操作等。并可对启用/停用备用中心广播操作台进行记录。

该系统功能与线路广播系统功能大致相同。

7.5.2 拾音系统

目前，各城市的城市轨道交通线网各OCC调度大厅和COCC指挥中心均投用了由语音监听子系统和视频监控系统，语音监听系统即拾音系统。

拾音系统是COCC远端监听设备及各调度大厅现场设备组成，调度大厅各调度台拾音器接入该控制中心录音设备（由调度电话系统提供），通过传输系统提供的通道接入COCC中央录音设备（由调度电话系统提供），并设置监听工作站，可实时查询及回放录音。同时语音监听系统开放访问接口给综合监控系统。

每个调度大厅配置录音服务器一台和拾音器若干。系统配置监控工作站，内置多台语音视频调度台。录音文件实时或者定期保存至电话调度系统中集中录音服务器中。录音查询回放系统，使用C/S架构直接从本地服务器或者集中录音服务器进行查询和获取数据。每个拾音器的录音文件独立保存，便于回放，通常设置的存储时间为24h，30天。录音根据获取的视频时间点，从同样的音频时间点开始播放，实现音视频同步。实时监听任意一路或者多路拾音器的声音。

7.6 广播系统的运行管理和维护

广播系统作为城市轨道交通运营行车组织的必要手段，它应24h不间断运作。运营期间，系统对车站乘客、维修和运行人员进行广播，提供有关时间表的变化、列车的误点、安全状况、偶发事故等信息或预先录制的通告；非运营期间，系统除了提供维护用途外，出于安全考虑，保证如事故抢险、组织指挥等防火广播等，也需不间断运行。因此，对广播系统的运行管理主要的目的是保证系统的不间断运行，以能够提供正常的使用功能。

7.6.1 运行管理的任务和内容

广播系统运行管理的任务是通过对设备的操作和定期的巡视与维护，确保系统的正常运行，并在此基础上及时处理系统故障，确保其正常运行使用。系统的运行管理应包括两方面的内容，一方面是使用人员的日常使用及必要的维护；另一方面是系统维护人员的预防性维护和故障的处理。

系统维护人员的预防性维护和故障处理：

（1）运营时的日常巡视检查。为确保广播系统全天候不停地正常运行，维护人员应进行站级每月一次或控制中心每日一次的设备巡视检查。通过观察设备运行状态，与标准状态进行比较，及早发现设备故障。

（2）计划性检修。作为预防性的维护，维护人员根据制定的检修计划和工作内容，对设备进行周期性检查维护工作，使设备达到良好的运行状态。

（3）故障处理。当设备发生故障时，使用人员报告综调故障情况，由综调通知检修人员及时处理故障，及时恢复设备的正常使用。

（4）设备运行管理。及时记录设备维修和故障的处理，建立设备运行履历簿，记录设备运行历史记录。对设备故障情况进行分析，找出设备缺陷并加以克服。

（5）备品备件和工器具管理。根据设备使用实际情况，及时申购备品备件，保证足够备件数量，对维修用工器具进行科学管理，仪器仪表及时送检，建立管理台账。

7.6.2 广播系统故障处理相关制度

响应要求（日常维护及故障时的响应要求）

（1）响应时间：在接报故障后赶赴且到达现场处理的时间。现场是指故障发生地点、区段，或报故障车站、部门等。

（2）临时修复时间：如果由于条件限制，维修人员暂时无法使设备、设施达到原有技术指标的情况下，采取临时性措施，减少到不影响行车与客运的范围。此时限是指接报故障到采取措施临时修复完毕。

（3）完全修复时间：通过维修使有问题设备、设施回复到原来技术指标及状态的期限。此时限是指接报故障到设备完全修复完毕。

7.6.3 广播系统机柜维护操作规程

（1）在以下条件满足的情况下才可进行维护：

供电工作正常。

（2）维护注意事项：

1）广播系统的日常检修和二级保养的维护工作可由检修员或以上人员操作。

2）小修和中修的维护工作可由检修师以上人员操作。检修员需在技术人员或工班长指导下进行操作。

7.6.4 应备的记录、技术资料

（1）根据检修计划，应制定相应的记录表格，包括广播系统日检表、周检表、月检表、年检表和中修表。各种表格应对应相应的检修周期与工作内容制定，并应确保所有的检修内容能在表中反映出来。

（2）广播系统应具备的技术资料与图表，包括合同文本、维护手册、操作手册、竣工资料和图纸、安装调试验交手册、系统设备平面布置图、系统原理图、培训手册等。

7.6.5 维护用工器具和备件

（1）广播系统维护用的工器具如表 7-4 所示。

广播系统维护用的工器具 **表 7-4**

序号	名称	单位
1	手提工具箱	个
2	吸锡器	个
3	电烙铁	把
4	钢卷尺	把
5	万用剥线钳	把
6	省力型电工斜口/钢丝钳	把
7	29 件多用螺丝批	盒
8	14 件套公制全抛光两用扳手	套
9	充电式起子	套
10	手电钻	把
11	U 型/直柄防静电刷子	个
12	吸尘器	只
13	强光电筒	只
14	绝缘螺钉旋具	套
15	交流毫伏表	块
16	兆欧表	块
17	直流稳压电源	台
18	阻抗仪	台
19	声级计	台
20	音频分析仪	台

（2）系统的备件数量

备件数量可考虑按照实际使用设备数量的 5%～10%考虑，如果是系统重要设备，还应考虑用 1 备 1 的方式。对于一些故障多发外围设备，如摄像机，应考虑多备一些备件。实际

备件数量应考虑定一个最低库存量，实际备件数量应不小于最低库存量。

7.6.6 广播系统的故障维修

本书主要介绍目前主流的数字广播的常见故障处理。通常数字广播故障处理，关注在各设备工作状态指示。当出现异常情况和故障时，可以按图 7-14 原则进行检测，采用替代法逐级检查更换相同设备。

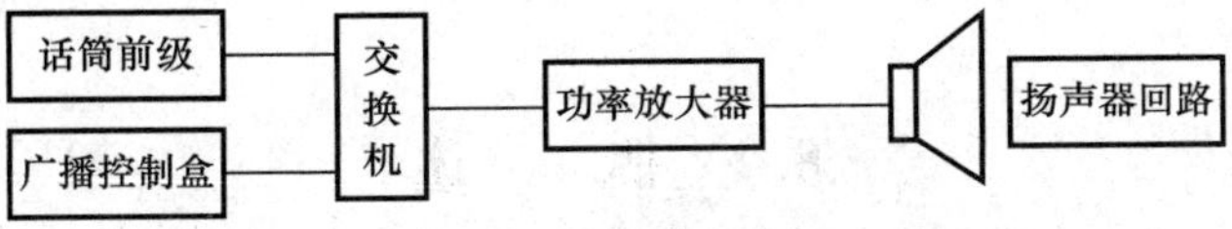

图 7-14 广播系统故障处理结构图

因为广播系统由多个操作终端，用终端替代确认是否为单个终端故障；用语音或话筒广播检测是信源故障还是广播通道故障，常见故障处理见表 7-5。

常见故障处理 表 7-5

序号	故障现象	处理办法
1	广播控制盒开机没有指示	检查连接线缆及线缆连接处的连接接口，广播控制盒连接处松动或脱落都会造成广播控制盒开机无指示
2	广播控制盒开机有电，但显示屏显示不正常	检查液晶屏的数据排线，或者更换 CPU 程序
3	广播控制盒不能进行预录制语音广播/不能进行话筒广播	检查话筒及广播控制盒内部的话筒接线
4	广播控制盒不能进行预录制语音广播/不能进行话筒广播	检查广播控制盒的设置是否正确，广播控制盒通信是否正常；网络音频播放器事都正常
5	中心广播控制盒不能进行编组广播/全线广播	检查广播控制盒的设置是否正确，广播控制盒通信是否正常，更换 CPU 成语/或者尝试采用其他广播控制盒（替代法）观察是否正常工作（注意广播控制盒的地址设置是否正确）
6	监听没有声音	检查广播控制盒内的扬声器接线，调节广播盒监听扬声器音量
7	中心不能对车站进行广播	查看广播控制盒上的显示屏上的信源是否为中心，有无广播区选区指示。检测广播控制盒车站地址设置是否正确，如果中心对全部车站都不能广播，检查中心广播机柜
8	不能语音合成广播	先用后备广播盒尝试话筒广播，如果话筒能正常广播，说明广播线路没有问题，检查网络音频播放器的线是否有输出和通信是否正常，如不正常，更换 CPU 程序或者更换 SD 卡。如还不能解决，更换网络音频播放器
9	某广播区声音小	检测该广播去的回路的扬声器是否有短路现象，检测该区的噪声传感器是否工作正常，检测机柜内噪声检测器，查看其工作是否正常。断掉功率放大器的通信线，手动调节功率放大器的输出信号的大小
10	功率放大器开机后显示不正常	打开功率放大器机壳后，检查功率放大器接到前面板显示屏的数据线，重新插一次测试能否正常显示。如不能，更换功率放大器显示板
11	广播系统不能正常选区	查看广播控制盒通信是否正常，查看功率放大器有无音频输入/输出，如无音频输入则查看信源（广播控制盒/话筒前级/网络音频播放器）等设备。如无音频输出，则查看功率放大器是否工作正常
12	综合监控系统正常但不能正常广播	先用后备广播控制盒进行广播操作，观察广播是否正常，如果正常则检测综合监控系统与广播系统之间通信；如果通信正常，则检测综合监控系统是否正常。如后备广播盒不能进行话筒广播，则用后备广播盒进行语音合成广播，如果能进行语音广播，则需综合监控尝试可否进行语音合成广播，如综合监控能进行语音广播不能用话筒进行广播，则检测话筒前级和广播机柜

第 8 章　乘客信息显示系统

8.1　概　述

现代城市轨道交通系统的运营管理越来越注重对乘客服务质量的提高，乘客信息显示系统（以下简称：PIDS（Passenger Information Display System）系统）是一个综合计算机网络技术和电子媒体技术的综合服务性系统，是一个多媒体资讯发布、播控与管理平台，依托多媒体网络技术，以计算机技术为核心，以车站和车载显示终端为媒介向乘客提供信息服务的系统。

PIDS 系统的功能主要是为乘客提供乘车须知、服务时间、列车到发时间、列车时刻表、换乘信息、运营公告、政府公告、出行参考、媒体新闻、赛事直播、公益广告等实时动态的多媒体信息，车载设备通过移动传输网络接收播放直播或预录信息，实现列车实时视频监控，监听监视数据存储功能。在火灾、阻塞及恐怖袭击等非正常情况下，提供动态运营紧急救灾疏散信息提示，使乘客通过正确服务信息引导，安全便捷地乘坐轨道交通。

当前国内各城市轨道交通 PIDS 系统通常按三层结构组网：第一层总编播控制中心，第二层是各线分中心，第三层是车站设备子系统和车辆段设备以及区间设备、车载设备子系统（如图 8-1）。

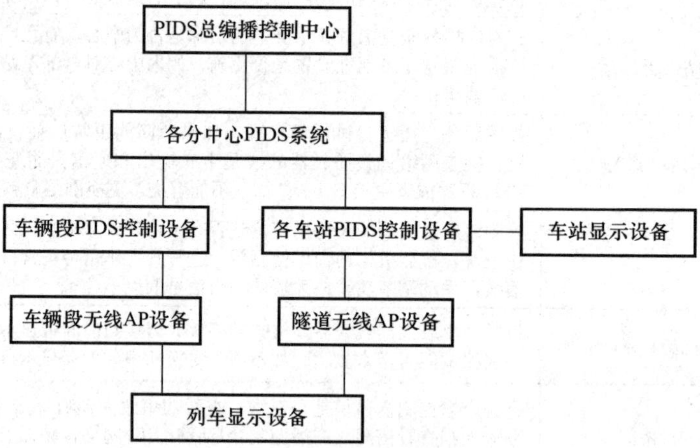

图 8-1　乘客信息显示系统结构

PIDS 系统由总编播控制中心向全线网统一发布显示信息（视频、音频、文本等）和各类指令，也可以根据需求选择指定线路或设备进行发布，分中心、车站、车辆段及列车设备按系统优先级对信息及指令进行解码并在指定显示屏显示，同时向总中心反馈设备信息及播放信息。总编播控制中心系统负责整个 PIDS 系统的核心内容提供、节目播出、视频监控、运营信息发布、网络及系统管理。分中心系统服务转播总中心各类信息及指令、本线路运营信息发布及分中心内设备网络及系统管理。车站车载级系统负责接收分中心下发信息，解码并显示，同时向上级设备反馈设备状态信息。

乘客信息显示系统主要组网方式为有线通信、车地无线通信方案，总中心至车站链路为光电缆组网；车地无线解决方案，主流技术解决方案 WLAN-802.11AC、EUHT、DVB-T、TD-LTE 等成熟可靠的数字高清视频传输、车地无线传输多种技术的综合网络解决方案，向乘客提供信息服务。

8.2 总编播控制中心子系统

8.2.1 总编播控制中心子系统结构

总 OCC 设备主要由视频输入服务器、中心数据服务器、数字编辑录像机、数字编辑放像机、编辑控制器、数字非线性编辑系统、接口服务器、媒体编辑工作站、发布管理工作站、预览工作站、广告管理工作站、系统管理工作站、中心核心交换机、磁盘阵列、延时播出服务器、延时播出工作站、播出延时监视器及有关软件，以及放置于应急指挥中心调度大厅的应急指挥中心工作站等设备组成，总 OCC 系统结构图（如图 8-2）。

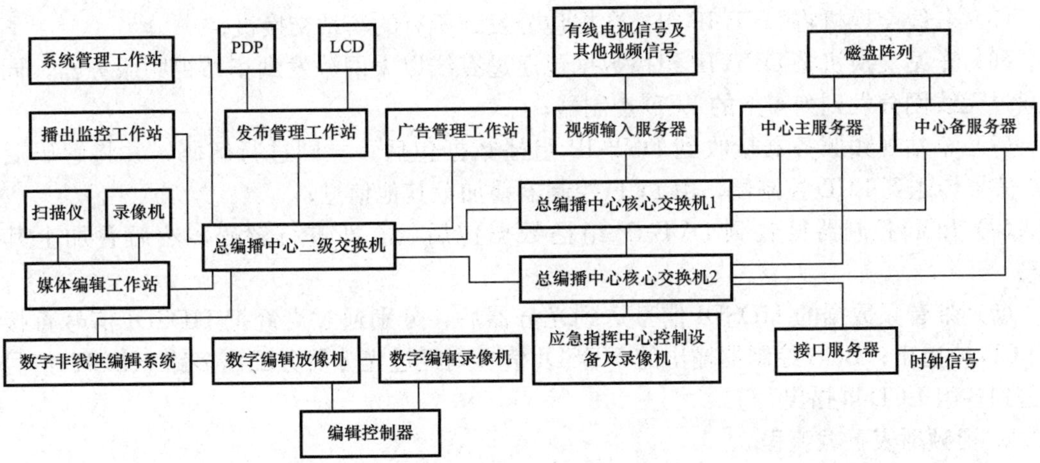

图 8-2 总 OCC 系统结构图

8.2.2 系统功能及实现

总 OCC 的基本功能主要有：采集、管理、编辑媒体信息及文件；编辑、管理和发布版式和播表；管理设置全部线网的 PIDS 设备系统参数；集中定义和管理系统用户所拥有的操作权限；可监控全部线网 PIDS 系统和设备运行状态等。

8.2.3 数据流程

主要数据流程包括视频直播信号流程、播表下载流程、时钟数据流程、ATS 数据流程。

1. 视频直播信号流程

视频直播信号流程（如图 8-3）。

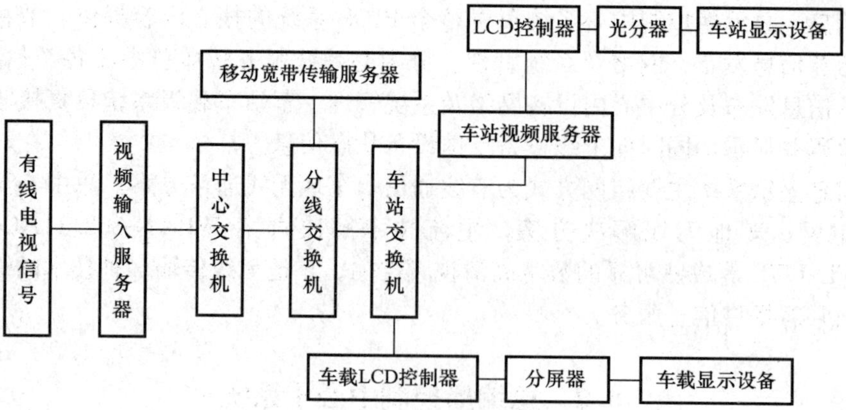

图 8-3　视频直播信号流程图

（1）从有线电视进入到视频输入服务器，从射频信号转换为 DVB OVER IP 的 DVB-IP 组播数据包；

（2）DVB-IP 组播数据包送到总编播中心的中心交换机；

（3）中心交换机将 DVB-IP 组播数据包分发到分线 OCC 的分线交换机；

（4）分线交换机将 DVB-IP 组播数据包分发到无线服务器，由移动宽带传输服务器缓冲起来，然后再返回分线交换机；

（5）分线交换机将 DVB-IP 组播数据包分发到所有的车站交换机；

（6）车站交换机将 DVB-IP 组播数据包通过有线以太网分发到车站视频服务器，同时还通过无线网分发到列车上的 LCD 控制器；

（7）车站视频服务器接收到 DVB-IP 组播数据包后，立即进行解码，并将解码后的 SDI 信号传送到 LCD 控制器，由 LCD 控制器叠加上其他信息；

（8）LCD 控制器接收到 DVB-IP 组播数据包后，立即进行解码，然后叠加上其他信息；

（9）带音频数据的 HDSDI 信号送到光分器后，分别通过光纤把 HDSDI 信号直接传到 LCD 屏播出；LCD 控制器输出的 HDSDI 信号则经过光分器分配出多路 HDSID 信号分别送到各组 LCD 屏播出。

2. 视频播表下载流程

视频播表下载流程（如图 8-4）。

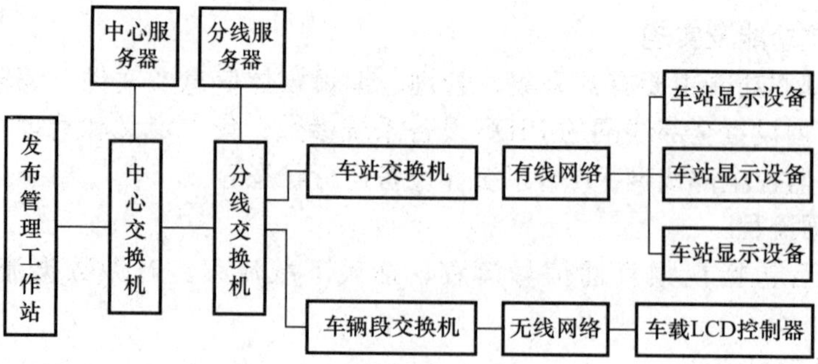

图 8-4　视频播表下载流程

（1）站厅站台发布管理工作站制作好播表后，通过总 OCC 交换机发布到分中心服务器；

（2）列车发布管理工作站制作好播表后，通过总 OCC 交换机发布到分中心服务器；

（3）分线服务器通过分线交换机、车站交换机和车辆段交换机将播表数据分发到 LCD 控制器、LCD 墙屏控制器和 LED 播放控制器，同时还通过移动宽带传输网将列车的播表及版式分发到列车 LCD 控制器。

8.3 各 OCC 分线控制中心构成

8.3.1 系统概述

分控制中心从总 OCC 接收本线乘客导乘及公共信息的播放列表及媒体文件素材信息，通过传输网络下发传送到本线路各车站、移动宽带传输网络 AP 或停车场设备；本线操作员可编辑、储存及发送本线的乘客导乘信息（一般和紧急状态下的运营服务、安全、票务等多方面的自编辑信息），按照城市轨道交通运营以及有关商业要求，定义本线模板文件，并上传总编播控制中心；可监视本线系统运营，包括控制器的各种状态，如硬盘空间、播出内容、LCD/LED（墙屏）、LCD 屏的开关状态、音量及相关系统设备的状态，包括但不限于：在本线城市轨道交通线路上使用到的交换机、服务器、磁盘柜、工作站、播放控制器、电子导引设备、车载 PIDS 设备和车载监控设备等。

8.3.2 分线控制中心系统结构图（如图 8-5）

根据设备功能，分线控制中心系统的设备可划分为如下 6 类设备：服务器设备，编辑设备，管理设备，网络设备，监控设备，电源设备。

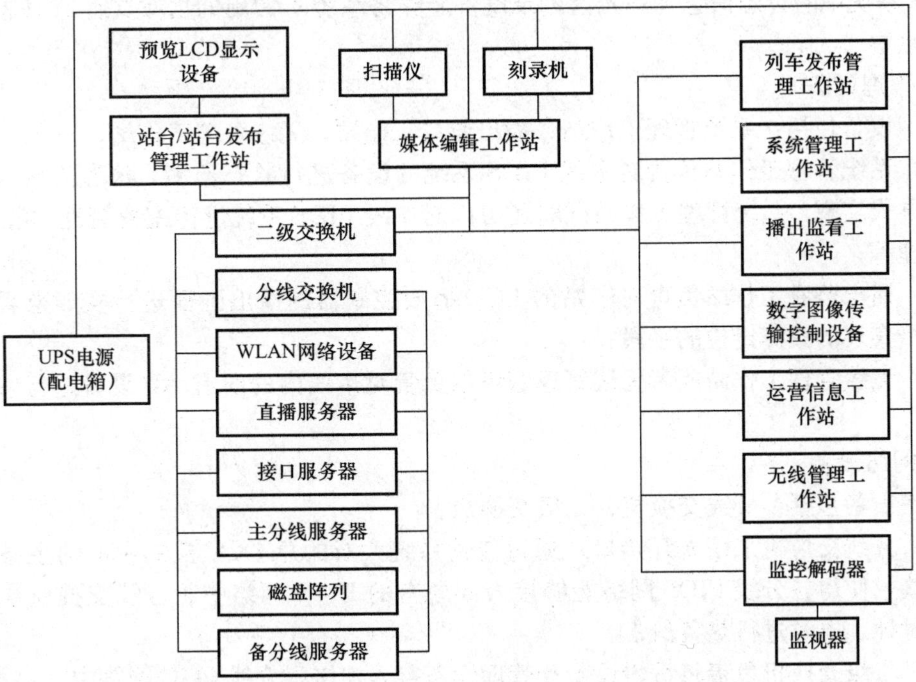

图 8-5 分线控制中心系统结构图

1. 服务器设备

服务器设备包括：主备分线服务器、磁盘阵列、接口服务器、移动宽带传输服务器、视频输入服务器、分线中心无线网络管理服务器。

（1）主备分线服务器和磁盘阵列通过集群软件实现服务器的双机热备份；负责维护本线 PIDS 系统的配置数据、用户账号数据、本线所有的播放列表；

（2）接口服务器负责从综合监控系统获取导乘信息，并转发到车站进行播出显示；接口服务器同时从综合监控系统获取标准时间，为本线的其他设备提供时间服务；

（3）移动宽带传输服务器负责实现视频直播的缓冲服务功能；

（4）视频输入服务器负责直播的电视信号编码成 DVB-IP 数据包，然后传输到分线 PIDS 网络，各个车站和列车再从网络接收和解码，从而实现视频直播功能；

（5）分线中心无线网络管理服务器负责无线 AP 的参数配置和工作状态监测。

2. 编辑设备

编辑设备包括：发布管理工作站、媒体编辑工作站、预览显示屏、媒体编辑工作站、扫描仪、打印机、光盘刻录设备。

（1）发布管理工作站负责编辑本线的播放列表，包括设定区域划分方式，每一个区域的播放内容和播放方式，每个区域版式的播放时间计划等；发布管理工作站及高清发布管理工作站，同时还需要对编辑好的播放列表进行审核和发布；在播表编辑的过程中，可随时触发预览操作，预览 LCD 屏上可以观察到播出的效果；

（2）媒体编辑工作站、录像机和扫描仪负责向本线系统导入各种需要播出的视频文件、图片和文字信息，这些信息存储到分线服务器中；视频文件的导入可以采集录像机的输出信号实现，也可以直接拷贝视频文件，扫描仪则用于扫描图片和文字；打印机用于打印 PIDS 系统中的日志信息等；光盘刻录设备能够将系统不常用的视频文件或日志文件备份至光盘中。

3. 管理设备

管理设备包括：系统管理工作站、播出监看工作站、无线管理工作站。

（1）系统管理工作站负责对本线 PIDS 系统的设备进行状态监测，状态监测以地理位置图的方式实现；系统管理工作站同时还可以对本线 PIDS 系统进行配置管理、账号管理、日志管理等；

（2）播出监看工作站负责对车站的 LCD 播放控制器的播出画面进行实时监看，从而提供一个直观的故障定位的手段；

（3）无线管理工作站或者无线管理服务器负责对本线内的所有 AP 设备进行参数设置管理。

4. 网络设备

网络设备包括：分线交换机、二级交换机。

（1）分线交换机采用光纤接口，通过传输系统大石的总 OCC 控制中心的主备中心交换机连接，使得各分线 PIDS 网络能够接入到原有的 PIDS 网络中。分线交换机同时对主控板、时钟、电源进行热备份；

（2）二级交换机负责将编辑设备和管理设备接入连接到分线 OCC 网络中。

5. 监控设备

监控设备包括：运营信息工作站、数字图像传输控制设备、数字图像传输控制键盘、监视器。

(1) 运营信息工作站负责编辑本线的各种运营信息，并存储到分线服务器中，同时负责对本线车站和车载 PIDS 系统实施紧急信息发布；

(2) 数字图像传输控制设备负责从列车获取视频监控数据，然后通过网络发送到数字图像传输控制设备，由后者转换为复合视频信号，最后在监视器上显示。

6. 电源设备

电源设备包括 UPS 电源、蓄电池、输出配电箱。

(1) UPS 电源结合蓄电池负责为分线 OCC 的所有 PIDS 系统设备提供电源保障，避免正在进行的各种工作和设备本身受到电源不稳定、断电等的影响；

(2) 输出配电箱将 UPS 电源的输出分配出多路带开关保护的电源，分别输出到机柜、监控区、编辑区等。

8.3.3 系统连接方式

分线控制中心的系统结构及连接方式如下。

1. 服务器设备的连接

(1) 主备分线服务器各通过 2 根网线连接到分线交换机，分别实现 2 个网络连接，以避免网络单点故障；

(2) 主备分线服务器之间通过 1 根网线相连，实现网络连接，并优先作为主备集群系统的优先心跳线；

(3) 主备分线服务器各通过 2 根多模光纤跳线连接磁盘阵列，分别实现 2 个光纤通道连接，以避免数据访问的单点故障；

(4) 一台接口服务器各通过 1 根网线连接到分线交换机；

(5) 两台移动宽带传输服务器各通过 1 根网线连接到分线交换机；

(6) 一台视频输入服务器通过 1 根网线连接到分线二级交换机。

2. 编辑设备的连接

(1) 两台发布管理工作站各通过 1 根网线连接到二级交换机；预览输出的视音频信号通过无源光分器、光缆直接连接到预览屏上。

(2) 媒体编辑工作站通过 1 根网线连接到二级交换机；与扫描仪之间通过 USB 线相连；与录像机通过 USB 线相连；与光盘刻录设备通道 USB 线相连。

(3) 两台打印机各通过 1 根网线连接到二级交换机。

3. 管理设备的连接

(1) 系统管理工作站通过 1 根网线连接到二级交换机；

(2) 播出监看工作站通过 1 根网线连接到二级交换机。

4. 网络设备的连接

(1) 分线交换机通过多模光跳纤连接到传输系统配线架；

(2) 二级交换机通过多模光跳纤连接到分线交换机。

5. 监控设备的连接

(1) 运营信息工作站通过 1 根网线连接到分线交换机；

（2）数字图像传输控制设备各通过 1 根网线连接到分线交换机。

8.3.4 数据流程接口

1. 分线时钟数据流程

分线系统的各个设备都从分线的接口服务器获取标准时钟数据（如图 8-6）。

（1）接口服务器通过串口从时钟系统获取标准时钟数据，并校正本地时钟；

（2）标准时钟数据从接口服务器送到分线 OCC 交换机；

（3）分线交换机将标准时钟数据分发到所有的车站交换机和车辆段交换机，同时分发到分线 OCC 的设备；

（4）车站交换机和车辆段交换机将标准时钟数据分发到车站的视频服务器、LCD 控制器，列车中的车载控制器、LCD 控制器。

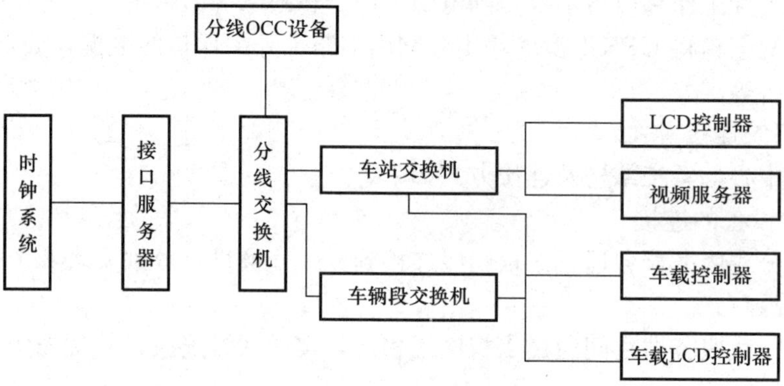

图 8-6　时钟信号接收流程图

2. ATS 数据流程

ATS 数据只在分线系统中存在，ATS 数据流程如下（如图 8-7）：

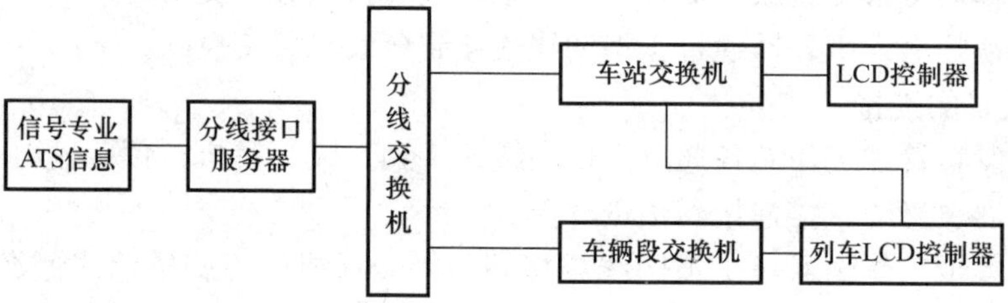

图 8-7　ATS 数据接收流程图

（1）接口服务器通过相关接口协议从综合监控系统获取 ATS 数据；

（2）ATS 数据从接口服务器送到分线 OCC 交换机；

（3）分线 OCC 交换机将 ATS 数据分发到所有的车站交换机和车辆段交换机；

（4）车站交换机和车辆段交换机将 ATS 数据分发到车站的 LCD 高清播放控制器、列车中的 LCD 控制器。

8.3.5 系统功能

分 OCC 设备主要由本分 OCC 服务器、接口服务器、系统管理工作站、编辑发布工作站、预览工作站、移动宽带传输服务器、运营信息工作站、分线中心交换机及有关软件、磁盘阵列等设备组成。通过光纤与总控制中心系统的无缝连接及兼容，实现总编播控制中心对本线 PIDS 系统的统一编播控制、车厢视频监控及设备监控管理等功能。

分线控制中心的基本功能：

（1）接收及下发功能，从总 OCC 的中心服务器接收播放列表及媒体文件素材信息。接收城市轨道交通外部信息，包括有线电视、Internet 的图片及文字信息，将接收到的播放列表、播放规则以及播放内容通过传输网络下发传送到本线路各车站、移动宽带传输网络 AP 或车辆段设备。

（2）操作员可编辑、储存及发送信息。

（3）素材编辑管理功能，编辑完成的媒体文件将是播放列表的素材来源之一，在分中心服务器的素材库中保存和被引用。

（4）运营服务信息编辑管理功能，编辑运营服务信息类素材，能够预先定义好各种显示格式/效果的运营服务信息，如欢迎语、乘客导乘、安全指引、紧急事故信息等。

（5）模板文件的审核管理，通过预先定义审核的用户或者用户组，制作完成的模板文件能够提交到相应的用户或用户组审核，经过审核确认后的模板文件能够被发布到分线或总中心服务器存储，并根据启用时间被启用。

（6）紧急信息发布管理，紧急事件发生时，通过运营信息工作站可以实现对显示屏播放内容的完全控制。

（7）系统管理，包括网络管理、磁盘空间管理、日志管理。

（8）接口功能，从综合监控系统接口中读取运营以及时钟信息、临时文本信息（包括紧急运营信息），并通过网络传输到本线路车站设备。

（9）车载视频的监视功能，在总编播控制中心、分线控制中心的用户，可利用数字图像传输控制设备、分中心监视器和控制键盘等设备，接收、切换车载上传视频图像。对本线所有列车的所有车载监视区域进行实时监视。

8.4 车站及车辆段子系统

8.4.1 车站 PIDS 系统的主要设备

车站系统的主要设备包括：视频服务器、视频播放控制器、车站交换机、分屏器、电源控制器、DA 数模转换器、站厅、站台显示屏、出入口、电子导引一体化显示屏。

8.4.2 车站 PIDS 系统结构

车站设备子系统从分线 OCC 接收发布的内容信息，通过 LCD 控制器、LCD 墙屏高清控制器和 LED 高清播放控制器在本车站所有 LCD 和 LED 显示终端播放信息，并进行统一的控制和管理。车站设备子系统中的 LCD 高清播放控制器全部采用高清播放控制器。

车站系统共设置面向乘客的显示终端分三类：站台站厅显示屏，LCD 或 LED 墙屏，电子导引显示设备（出入口门牌、出入口通道、出入闸机）。

车站的主要设备有：车站视频服务器、LCD 高清播放控制器、LCD 墙屏高清播放控制器、LED 播放控制器、电源控制器、LCD 屏、LCD 墙屏、LED 拼墙（如图 8-8～图 8-10）。

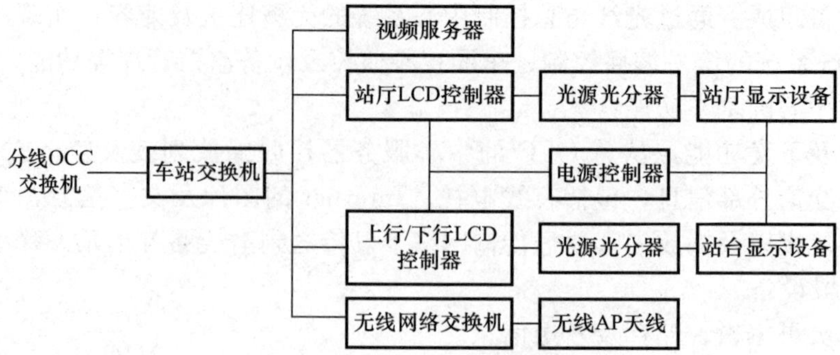

图 8-8　车站播控系统结构图

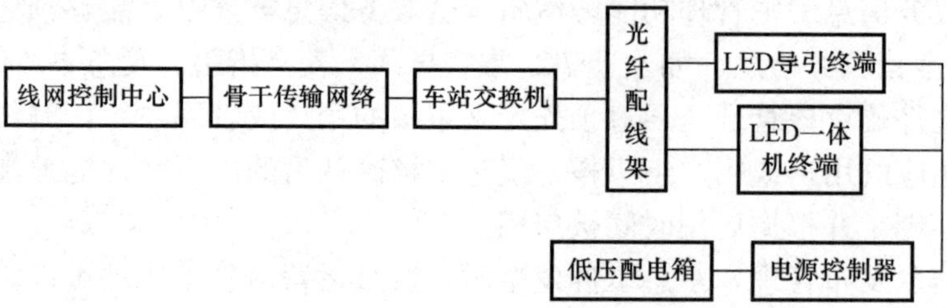

图 8-9　车站导引系统结构图

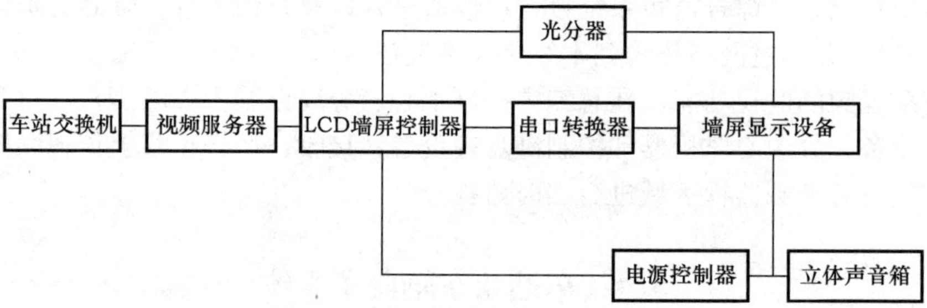

图 8-10　LCD 墙屏系统结构图

根据设备功能，将车站设备划分为 4 类。

（1）播放设备

播放设备包括：车站视频服务器、LCD 高清播放控制器、LED 拼墙播放控制器、LCD 墙屏高清播放控制器。

1）车站视频服务器负责从分线服务器提前下载本站的视频播表，并根据播表中的播放计划播出直播视频或者录播视频素材；输出的 SDI 信号传输给 LCD 播放控制器和 LCD 墙屏播放控制器；

2）LCD 高清播放控制器、LED 拼墙播放控制器、LCD 墙屏高清播放控制器负责从分线服务器提前下载各自的播表，并根据播表中的播放计划播出播表包含的图片和文字信息（在输入视频上叠加图片和文字信息）。

（2）显示设备

显示设备包括 LCD 屏、LCD 墙屏、LED 拼墙、电子导引一体化屏。

1）LCD 屏负责接收和显示来自 LCD 高清播放控制器输出的 HDSDI 光信号；

2）LCD 墙屏负责接收和显示来自 LCD 墙屏播放控制器输出的视音频信号；

3）LED 拼墙负责接收和显示来自 LED 拼墙播放控制器输出的视音频信号；

4）电子导引一体化屏负责接收和处理来自 LED 控制器输出的控制信息，并在显示屏上显示导引信息。

（3）电源控制设备

电源控制设备包括电源控制器。

电源控制器负责接收 LCD 高清播放控制器输出的控制信号，实现设备的远程开机、关机以及状态查询等操作。

（4）网络设备

网络设备包括车站交换机、无线 AP 及其天线。

1）车站交换机为车站设备提供网络连接，并将车站局域网通过单模光纤接入到分线控制中心网络（带宽 1Gbps）；

2）无线 AP 沿着车站所属的城市轨道交通轨道区间铺设，为列车 PIDS 系统设备提供无线网络连接。

8.4.3 车站 PIDS 各类设备连接结构

1. 播放设备的连接

（1）车站视频服务器通过 1 根网线连接到车站交换机，输出的 HDSDI 信号通过视频线分别传输给站厅、上行、下行 LCD 播放控制器。

（2）站厅/上/下行站台 LCD 高清播放控制器通过 1 根网线连接到车站交换机，输出的 HDSDI 光信号通过无源光分器以点对点的方式直接输出到各个 LCD 显示屏上；控制信号则通过控制线传输给站厅的第 1 组屏的电源控制器。

（3）LED 拼墙播放控制器通过 1 根网线连接到车站交换机，输出的 HDSDI 光信号通过光缆输出到 LED 显示屏处的视频分配转换器上，再由视频分配转换器输出 HDMI 信号给 LED 显示屏进行显示；控制信号则通过控制线传输 LED 显示屏的控制口上进行控制。

（4）LCD 墙屏高清播放控制器通过 1 根网线连接到车站交换机；输出的 HDSDI 光信号通过光缆输出到 LCD 显示屏处的视频分配转换器上，再由视频分配转换器输出 DVI 信号给 LCD 墙屏显示单元进行，由 LCD 墙屏显示单元来控制 4×4 的 LCD 屏进行显示；控制信号则通过控制线传输 LED 显示屏的控制口上进行控制。

2. 显示设备的连接

（1）LCD 显示屏直接通过 HDSDI 光接口连接到 LCD 高清播放控制器的输出口上；电源线连接到电源控制器，以获取 220VAC 电源；

（2）LED 拼墙的 HDMI 接口连接视频分配转换器的 HDMI 输出口上；电源连接到从机房过来的主干电缆；控制接口通过控制线连接到 LCD 墙屏高清播放控制器的串口上；

（3）LCD 墙屏显示单元接收由视频分配转换机输出的 DVI 信号，由 LCD 墙屏显示单元来控制 4×4 的 LCD 显示屏进行显示；电源连接到从机房过来的主干电缆；控制接口通过控制线连接到 LCD 墙屏单元的串口上，LCD 墙屏单元之间采用级联的方式进行连接。

3. 电源控制设备的连接

电源控制器负责控制各个区域（站厅、上行站台、下行站台、LCD 墙屏和 LED 拼墙）的显示屏的电源，由 LCD 高清播放控制器的 RS422 串口进行控制。

4. 网络设备的连接

（1）车站交换机通过 LC 单模光缆与分线 OCC 中心交换机进行连接；电源接入到机柜 PDU 上；

（2）光端机和无线 AP 一起安装于区间的 AP 机箱中，通过网线与 AP 相连，同时通过单模光纤跳线以及光熔接盒与隧道 AP 光缆相连；另外从 AP 机箱中的电源模块获取供电电源；

（3）机架式光纤收发器通过多根网线与车站交换机相连（对应多个无线 AP 设备），同时通过单模光跳纤以及 ODF 柜中的光熔接盒与隧道 AP 光缆相连。

5. LCD 显示屏电源控制连接

车站电源控制器采用一个控制一个区域的方式进行控制，电源控制结构示意图如图 8-11。

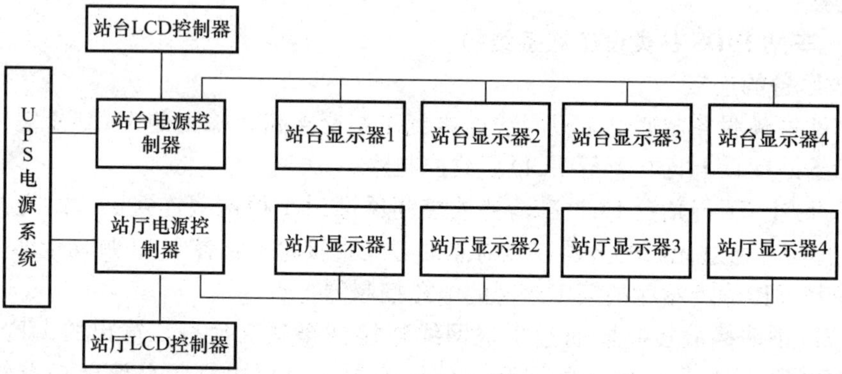

图 8-11 车站 LCD 显示屏电源控制结构示意图

每个车站根据区域划分分成三组：站厅组、上行站台组、下行站台组（如果有墙屏组、LED 拼墙组的为四组），分别对应站厅 LCD 高清播放控制器、上行 LCD 高清播放控制器、下行 LCD 高清播放控制器（墙屏高清控制器 \ LED 拼墙控制器）来进行控制。每一个电源控制器有 4 路输出接口，实际使用输出 2 路电源，每路电源分别为 4 块屏进行供电，剩余 2 个输出接口可作为备用。

6. LCD/LED 墙屏系统连接

LCD 墙屏的视频信号是通过屏与屏之间 DVI 信号环接的方式实现，车站 LCD 墙屏控制器输出 HDSDI 光信号到显示前端，将 HDSDI 光信号转换成 DVI 后通过 LCD 的环接接口进行信号环接，同时将音频信号接入音箱。此外从车站 LCD 墙屏播出控制器串口接出控制电缆与 LCD 墙屏显示单元的数据接口连接，然后将数据接口进行环接，这样就可以实现对整个 LCD 墙屏的开关控制。

LED 墙屏与 LCD 墙屏的信号接口是一样的，所不同的是 LED 没有信号环接，车站 LED 墙屏控制器输出 HDSDI 光信号到显示前端，将 HDSDI 光信号转换成 DVI 后输入 LED 墙屏进行显示，同时将音频信号接入音箱，LED 墙屏可通过网络或者串口进行开关控制。

8.4.4 车辆段子系统

车辆段设备主要由接口服务器、交换机、AP、天线、UPS 电源设备等设备组成。另外，还包括辅助安装件：设备机柜、ODF 柜、AP 机箱等。

车辆段设备主要负责从分线控制中心接收数据，并在列车停靠在车辆段时间内利用移动宽带传输网络设备向列车车载设备传送数据，同时能够收集车载 PIDS 的状态信息，能够自动测试和管理车载 PIDS 设备（如图 8-12）。

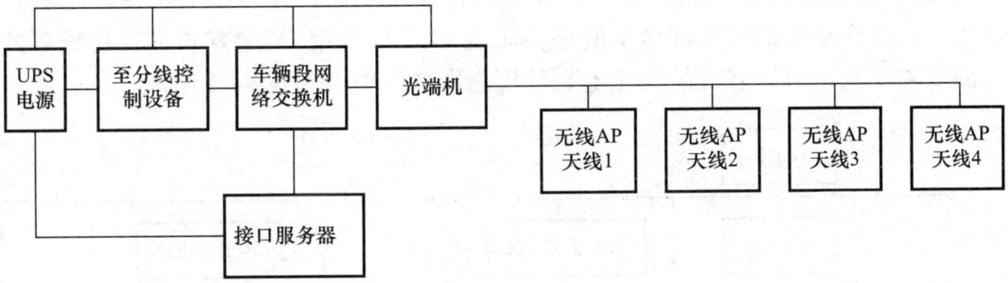

图 8-12 车辆段系统拓扑结构示意图

根据设备功能，将车辆段设备划分为 3 类：

（1）服务器设备

车辆段接口服务器负责与分控制中心进行接口服务。

（2）网络设备

网络设备包括机车辆段交换机、机架式光纤收发器、无线 AP、光端机，车辆段交换机为车辆段设备提供网络连接，并将车辆段局域网通过单模光纤接入到分线控制中心网络，无线 AP 铺设在运用库，为列车 PIDS 系统设备提供无线网络连接。

（3）电源设备

电源设备包括 UPS 电源、蓄电池、输出配电箱。UPS 电源结合蓄电池负责为车辆段的所有 PIDS 系统设备提供电源保障，避免正在进行的各种工作和设备本身受到电源不稳定、断电等的影响，输出配电箱将 UPS 电源的输出分配出多路带开关保护的电源。

8.5 车载 PIDS 系统设备的构成

8.5.1 车载 PIDS 系统概述

PIDS 车载子系统主要由列车无线宽带收发设备、视频播放和视频监控系统 3 部分组成，其中视频播放和视频监控接收共用车载局域网（如图 8-13）。

PIDS 车载子系统由车载控制器、无线网桥、车载天线、LCD 播放控制器、车载交换机、电源适配器、分屏器、LCD 显示屏、车厢网络交换机、视频存储服务器、摄像头、编码器、触控显示屏等组成。

其中车载控制器、无线网桥、车载天线、LCD 播放控制器、视频显示器、视频服务器、司机室摄像机、编码器、车头网络交换机设置在司机室，通常，列车司机室摄像机设置 3 台，采用一体化半球摄像机，1 台监控轨面、2 台监控司机室操作，每列车司机室的设备在车头车尾两个司机室各设置一套，采用冗余备份方式。分屏器、LCD 显示屏、摄像机、编码器、车厢网络交换机设置在乘客车厢位置。其中每乘客车厢设置 6 块 17 英寸 LCD 显示屏（每侧 3 块，每侧每两车门间设置 1 块）、4 台摄像机（半球）、1 台网络交换机以及 1 套视频编码器。

另外，为实现对接触网、受电弓的监控，部分列车的车顶分别设置 2 台车顶摄像机。

车载网络采用环形组网，设置在车头以及各车厢的车载以太网交换机，通过间隔连接方式组成环网。

车载 LCD 播放控制器采用 SDI 的传输方式，SDI 方式具有强抗干扰性，采用音视频同传技术，可以在复杂的电磁环境中使用；车载 CCTV 采用 IP 的方式进行传输，此方式对环境的要求不高，可以有效的防止电磁环境对图像画面的干扰。

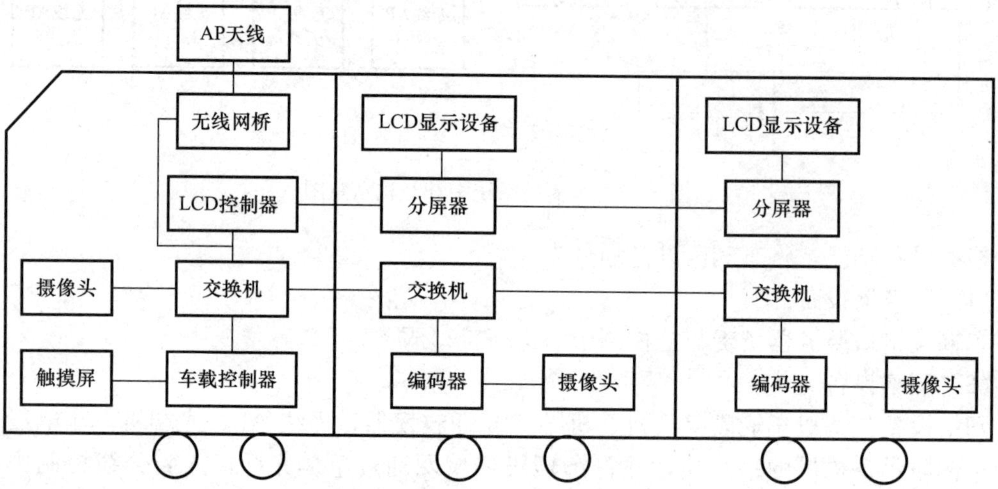

图 8-13　司机室无轨面摄像机的系统图

8.5.2　车载 PIDS 系统功能

车载子系统主要负责通过移动宽带传输网络设备接收发布信息内容，通过车载 LCD 播放控制器进行解码后，在本列车的所有 LCD 显示屏上实时播放。同时，车载设备利用移动宽带传输网络通道将车上监视图像传递到 OCC。

车载设备主要由车载控制器、移动宽带传输网络网卡和天线、LCD 播放控制器、分屏器、LCD 显示屏、交换机、摄像机、编码器、视频存储设备、视频显示器（带触摸控制功能）、所有 PIDS 车载设备连接的线缆等组成（如图 8-14）。

车载子系统基本功能：

（1）在线运行列车能够在列车停站时间和运行途中自动通过移动宽带传输网络从所停靠车站或在区间内与最接近的移动宽带传输网络天线实时接收信息内容（播表数据、直播视频数据、网管命令、监控命令等）；列车在停靠车辆段时间内能利用移动宽带传输网从分线 OCC 接收控制信息内容；

（2）车载设备利用移动宽带传输网络通道将车上监视图像传递到 OCC，通过移动宽带传输网传到车站网络设备和车辆段网络设备，然后从车站网络设备和车辆段网络设备——本线路分线控制中心——传到中央控制中心。

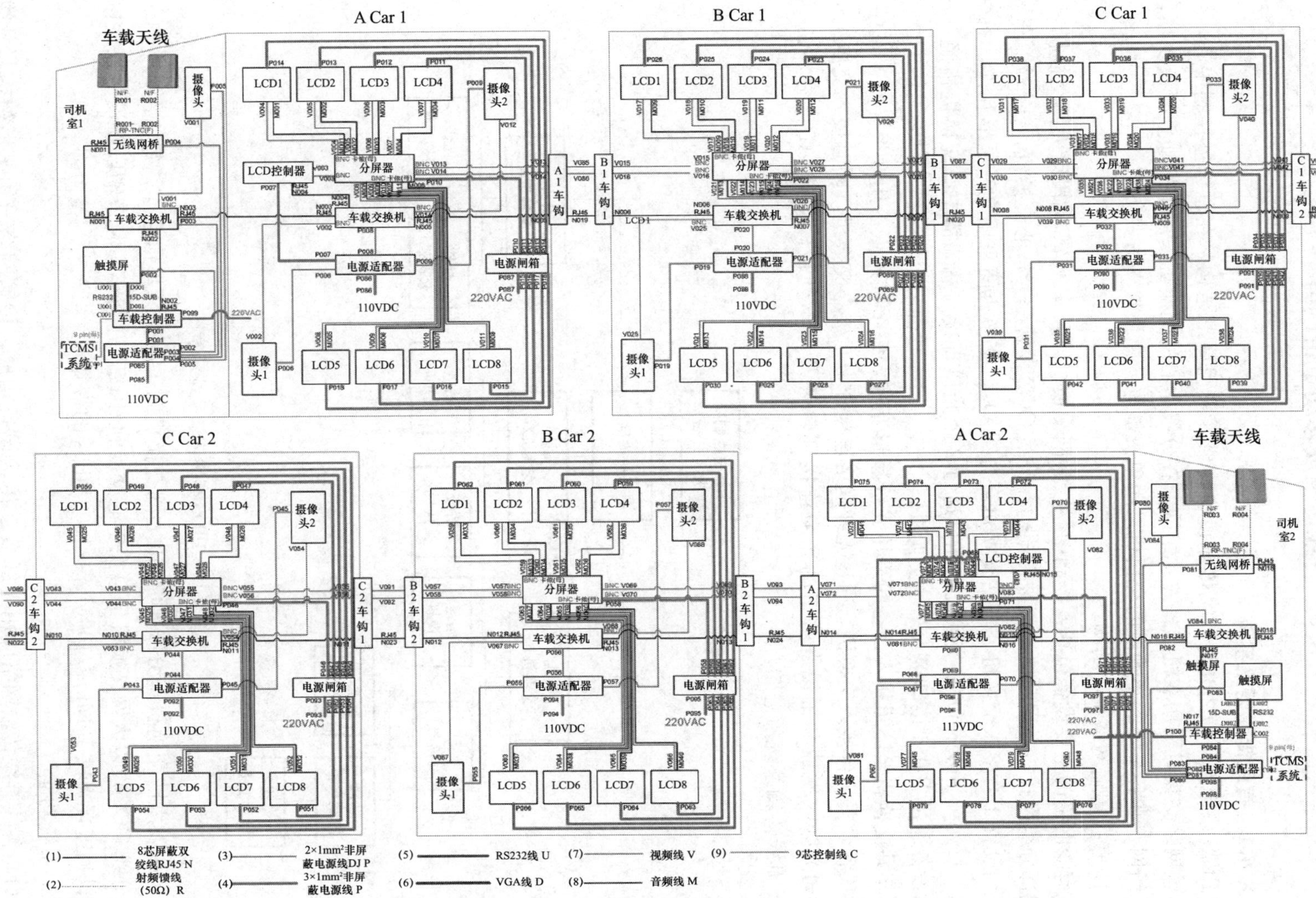

图8-14　车载系统结构图

8.6 有线传输及移动宽带网络

8.6.1 有线传输网络系统

PIDS系统网络应用光纤数字传输设备构成，采用星形结构。在总编播控制中心，骨干传输网络交换机采用双机热备方式组网，在分线中心的交换机采用单机加重要模块热备方式组网，在各车站和车辆段的交换机采用单机加电源模块热备方式组网。

1. 有线传输网络系统结构

有线网络的主要设备包括：控制中心以太网交换机以及车站/车辆段以太网交换机等。有线部分组网按核心层和接入层进行架构。分线OCC设置一套核心交换机，在车站/车辆段分别设置1台接入交换机。车站交换机至分线OCC交换机间采用光纤星形互连，每站占用2根光纤。分线OCC交换机的光口通过2个光口直接与总编播中心交换机相接，各车站设备通过100M接口接入车站交换机。

车站交换机至隧道接入设备间采用光纤星形互连，每个接入点占用2根光纤。车站、车辆段各设置1台接入交换机，通过光纤网络连接分中心核心交换机。同时接入交换机负责通过光纤收发器和铺设在隧道的光缆连接到轨旁及停车列检库无线AP。图8-15为PIDS有线传输系统示意图。

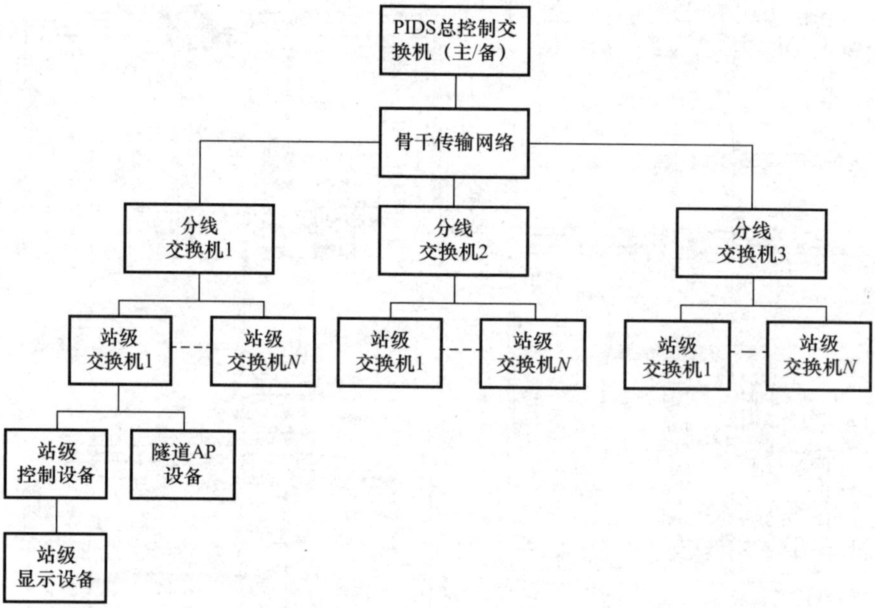

图8-15 PIDS有线传输系统示意图

车站以太网交换机至分线OCC以太网交换机间采用光纤星形互连，每站占用光纤2根。分线OCC设以太网交换机与总控中心交换机相接，并与车站和车辆段新设的以太网交换机相连，提供10Mbps/100Mbps/1000Mbps的带宽。

2. 系统功能

（1）各线有线传输网络应用光纤数字传输设备构成，传输网络采用星形结构。分线OCC的交换机采用单机加重要模块（主控、电源、CPU等）热备方式组网，各车站的交换机采用单机加电源模块热备方式组网。

（2）车站交换机至分线 OCC 交换机间采用光纤星形互连，每站占用 2 根光纤。分线 OCC 交换机的光口通过 2 个光口直接与总编播控制中心交换机相接，各车站设备通过 100M 接口接入车站交换机。

（3）车站交换机至隧道接入设备间采用光纤星形互连，每个接入点占用 2 根光纤。

（4）有线网络的主要设备包括：控制中心以太网交换机，以及车站/车辆段以太网交换机等。

（5）有线网络采用开放性体系结构与工业标准交换机，需支持主流的网络与接口协议。使用全冗余路由交换引擎和分布式电源，保证系统的可靠性。所有模块均可热插拔。应确保网络子系统的数据安全性，网络应提供多种方式和层次的访问控制安全机制，主要包括：

1）CLI 可通过 Radius 进行用户认证和授权。

2）采用 SSH 协议保护远程管理会话。

3）过滤和限制 DdoS 数据包。

4）网络可通过 VLAN 划分成逻辑独立的子网。

8.6.2 移动宽带网络系统

（1）各线设置移动宽带无线传输网设备和天线，在分控中心设置本线移动宽带无线传输网的网络管理设备和服务器，管理和控制本线移动宽带无线传输网的工作，以达到在全线范围内，实时、无缝的完成车、地间的图像和数据传递。

（2）移动宽带传输网系统主要由无线网络管理服务器、移动宽带传输网服务器、无线管理工作站、分线交换机、车站交换机、车辆段交换机、机架式光收发器、光端机、铺设在区间和车辆段中的无线基站设备（轨旁 AP，含定向天线）、列车中的无线网桥（车载 AP，含天线）等设备构成。这些设备根据其连接位置都划分到分线 OCC 子系统、车站设备子系统、车辆段设备子系统和车载设备子系统（如图 8-16）。

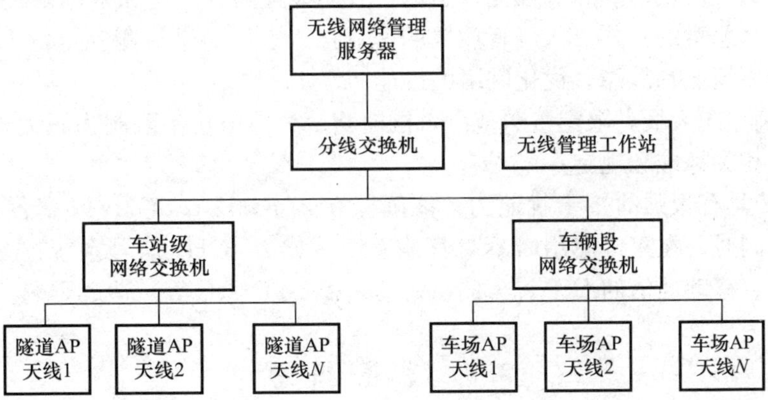

图 8-16 移动宽带传输网结构图

（3）根据移动宽带传输网无线 AP 和天线的性能，以及现场的情况合理地选择 AP 的安装位置，保证移动宽带传输网的信号场强能够在全线无缝覆盖。同时也考虑避免对城市轨道交通其他系统的影响。

（4）移动宽带传输网系统充分考虑列车在高速（车速达到120km/h）情况下的切换问题，AP间的切换时间小于30ms，本系统的应用软件在通过无线网络传输数据时，提供失败重传机制，确保数据传输不受到因AP切换造成的网络短暂中断的影响，保证在车上的实时播放不中断，且播放质量不受影响。无线传输网络为分布式AP架构，不需要在分中心设置移动宽带传输网的处理器。无线网桥在不同轨旁AP之间的电路切换、路由切换和不同频率间切换的具体步骤和可能造成的中断时间。

（5）在列车行驶速度不高于120km/h的情况下，无线网络局域网的丢包率控制在0.1%以下，提供的双向传输有效平均带宽不低于35Mbps，无线带宽具有QOS分级控制；结合系统应用软件的功能，使得所传图像顺畅清晰，画面连续，不会出现画面中断或者跳播的现象。

（6）提供车-地无线传输通道供列车故障信息上传给综合监控系统。布置轨旁AP设备时，充分考虑系统的可靠性，预留足够的信号重叠覆盖区域，使得某个AP设备出现故障不能工作的时候，整个无线网络的信号覆盖仍能够保证车载无线网桥的全线连通。

（7）移动宽带传输网系统的空中接口、频点范围和加密措施满足国家有关标准和规定。

（8）在无线管理服务器和无线管理工作站上安装专用的网管软件，可监控本线路所有AP，可以图形化地显示AP的工作状态。

（9）为了保证系统数据安全，移动宽带传输网络采用的安全措施如下：

1）把需要通信的无线网桥的MAC地址互相绑定在一起；

2）变更SSID及禁止无线网桥的SSID广播；

3）禁用DHCP；

4）禁用或改动SNMP设置；

5）使用WPA加密方案。

（10）安装无线网络监测软件，主动地监控接入点、网桥、WPA身份认证服务器以及连接到接入点的交换机的故障和性能；迅速、方便地检测、定位和禁用未经授权的不知情的员工或者由（恶意的）外界入侵者放置的恶意接入点；通过检测和定位RF干扰，以及主动地监控使用情况和故障，优化网络的性能。

（11）安装定向天线，限定覆盖范围，同时将AP输出功率限制为不大于100mW，满足国家无委会相关标准和规定；

（12）系统具有很强的抗干扰能力，能确保在2.4GHz/5.8GHz频率各种复杂的环境下可靠工作，同时，在正常使用时不对其他系统（如2.4GHz信号系统、专用无线通信、公安无线通信、移动通信的GSM、CDMA、3G和LTE通信等）造成影响。

8.7 设备维护

8.7.1 检修周期

乘客信息显示系统按检修周期划分，可分为日常保养、二级保养、小修、中修。

1. 日常保养：

即设备使用人员班前班后认真检查设备，通过除尘清洁、涂油润滑，使设备经常性保持整齐、清洁、润滑、安全状态；班中设备发生简单故障时及时给予排除。乘客信息显示设备日常保养是为掌握设备运行工况和状态，对设备进行的检查、观察行为，主要包括设备外观检查、板卡指示灯状态查看、维护终端告警信息查看、设备红外测温等工作。

日常保养对应的时间周期一般为1天到1周，对应日检、三日检、周检。日常保养工作应按周期进行，日检按要求每天执行，三日检、周检前后两次检修作业需在±1天内完成。

2. 二级保养：

以设备使用人员为主，专业维修管理人员为辅，对设备进行局部拆卸和检查，通过管路疏通、除锈补漆、间隙调整、紧固防噪等措施保障设备性能；在设备出现故障时，设备使用人员判断故障的大小和解决的难易程度，如无法自行解决的，及时通知设备主管部门进行维修。乘客信息显示设备二级保养是为掌握及保持设备运行状况，对设备进行的检测和保养行为，主要包括设备外观清洁、设备基本参数的测量等工作

二级保养对应时间周期一般为月检、季检。二级保养工作应按周期进行，月检、季检前后两次检修作业需在±3天内完成。

3. 小修：

针对日常巡检、定期检查和状态监测诊断发现的问题，计划性拆卸有关部件、进行检查、调整、更换或修复失效的零部件，以恢复设备的正常功能，保持设备正常技术状态的维修工作，周期可根据设备特点分为月度，季度，半年，年及不同年度。乘客信息显示设备小修是对设备进行检查、内部清洁、线缆及接头整理、设备冗余功能测试等，更换或修整易损的零部件，以保持设备正常技术状态的检修工作。

小修对应的时间周期一般为半年、一年，个别部件的小修周期为3年。小修工作应按时间周期进行，对于单套设备，本次小修对比上次检修作业时间需控制在±7天内完成。

8.7.2 规程与工艺

1. 维修规程

《PIDS系统维修规程》是PIDS专业系统设备检修和维修工作的指导性文本，是PIDS设备年度检修计划编制的依据。是由各技术专工在PIDS专业组的指导下，结合相应专业设备的特点和运作状态，制订相应专业的检修规程，通过上级批准后实施，并纳入ISO 9000体系文本管理。

PIDS设备维修规程（节选）（表8-1）。

PIDS设备维修规程 **表8-1**

设备名称	修程	周期	维修内容	维修标准
车站级PIDS控制机柜	二级保养	每月	（1）清洁机柜	机柜无积尘
			（2）检查机柜线缆	线缆无破损，接头紧固
			（3）检查键鼠共享器	切换功能正常
			（4）检查服务器状态	服务器状态正常、与分中心网络通信正常
			（5）检查机柜显示器	设备功能正常
	小修	每年	（1）同二级保养内容	
			（2）清洁服务器内部卫生、检查服务器各模块状态	服务器内部无积尘、服务器各模块运行正常
			（3）检查操作系统及应用软件运行情况	系统运行正常
			（4）更换性能不良的设备、模块	设备运行正常

2. PIDS检修工艺（以车载视频监控系统检修为例）

工艺制定的目的是使PIDS设备维修人员按规定的时间对规定的设备进行规定内容的检修并达到规定的维修标准，使维修工作制度化、规范化、标准化，保证设备的正常运行。

(1) 人员要求及人员数量

1) 日常保养：1人，检修人员需检修员以上人员。

2) 二级保养：2人，至少含一名检修师以上人员。

3) 小修：至少3人，至少含一名检修师以上人员。

注：关键工序要求高级检修师及以上员工完成。

(2) 安全注意事项

1) 清洁设备作业时必须保证车载视频监控系统设备完全下电才进行作业，操作过程中必须实行双人互控，避免人员伤害及设备损坏。

2) 检查设备各种螺丝等紧固件是否有滑丝或是生锈等现象，如有，更换。

3) 正确使用压缩空气，使用压缩空气清洁板件时应保持2cm以上距离以免损坏板件。

4) 拆除和安装线缆时注意保护线缆，防止超过弯曲半径损伤线缆。

5) 拆除和安装设备各种接头时注意正确操作，防止损伤接头，严禁暴力操作，防止损坏接头。

6) 作业前注意对系统数据进行检查与数据备份，保存在指定位置，做好标识。

7) 作业完成后注意必须对设备状态进行确认，是否回复到检修前的状态，各项设置值与检修前一致。

8) 作业完成后进行功能测试，确认功能正常。

9) 作业人员须按安全规程进行作业，严禁乱动、乱拆设备。

10) 确保拆卸后的部件安装时与原来的安装位置一致，模块已安装紧固，连线正确，紧固。

11) 所需劳保用品：绝缘鞋、防尘口罩、棉纱手套。

(3) 检修步骤及要求

车载视频监控系统设备的检修包含日常保养（每周），二级保养（每月），小修（每年），中修（每5～6年）。

1) 日常保养：每周（如表8-2）。

日常保养 **表8-2**

检修内容	验收标准
(1) 触摸屏功能及安装牢固性检查	触摸屏能显示各路摄像机的实时监控图像，触摸功能正常，支架安装牢固
(2) 录像水印时间检查	录像水印时间正确
(3) 录像完整性检查	最近一天录像文件完整
(4) 检查主机风扇转动有无噪声	耳听风扇转动顺畅，无噪声
(5) 设备清洁	设备表面无明显灰尘

① 触摸屏能显示各路摄像机的实时监控图像，触摸功能正常。

② 检查录像水印时间正确。

③ 检查触摸屏支架安装牢固。

④ 检查最近一天录像文件完整。

⑤ 检查主机风扇转动，耳听风扇转动顺畅，无噪声。

⑥ 检查设备表面无明显灰尘。

2）二级保养：每月（表 8-3）

二级保养 **表 8-3**

检修内容	验收标准
（1）同日常保养内容	
（2）设备表面清洁（主机、触摸屏、媒体网关/车载交换机、摄像头、电源适配器）	设备表面无明显灰尘
（3）检查各设备之间连接配线	配线和接口无松动、破损，标识完整
（4）检查摄像头外罩的安装有无松动，摄像头角度检查	摄像头外罩安装牢固无松动，图像、视野清晰
（5）录像文件完整性检查	录像文件保存天数符合要求，录像文件完整

① 同日常保养内容。

② 清洁主机、触摸屏、媒体网关、摄像头、电源适配器设备表面，无明显灰尘。

③ 检查各设备之间连接配线和接口，无松动、破损，标识完整。

④ 检查摄像头外罩的安装牢固无松动，摄像头角度图像、视野清晰。

⑤ 检查录像文件保存天数符合要求，至少 15 天，录像文件完整。

3）小修：每年（如表 8-4）。

小修 **表 8-4**

检修内容	验收标准
（1）同二级保养内容	
（2）清洁主机、媒体网关/车载交换机设备内部	设备内部无灰尘
（3）对主机硬盘进行检查，并对有坏道及老化硬盘进行更换	硬盘无物理/逻辑坏道，无异响更换后主机运行状态稳定正常
（4）对主机风扇进行检查、除尘，对异响风扇进行更换	主机风扇无异响、无积尘
（5）对老化、不灵敏触摸屏进行更换	更换后触摸屏能正常使用，反应灵敏
（6）各设备之间的连线整治、接头紧固	连线规则，接头紧固，无松动

① 同二级保养内容。

② 备份车载视频监控系统数据。

③ 正常关闭主机、媒体网关设备，关闭列车配电箱空开，首先记录并确认各线缆的连接，使用专用工具将主机、媒体网关等拆下，用清洁工具进行除尘，设备无积尘、无污垢。

④ 检查主机硬盘，硬盘无坏道，并对有坏道及老化硬盘进行更换，更换后主机运行状态稳定正常。

⑤ 对主机风扇进行检查、除尘，主机风扇无异响，对存在问题的风扇进行更换。

⑥ 对老化、不灵敏触摸屏进行更换，更换后触摸屏能正常使用，反应灵敏。

⑦ 各设备之间的连线整治，接头紧固无松动。

⑧ 进行系统各功能测试，确认功能正常。

⑨ 作业结束，清理作业现场，作业余料，废料规整处理。

第9章 电源系统

9.1 电源设备的组成和功能

9.1.1 概述

随着通信、金融管理、航天航空技术、计算机网络等为代表的信息处理技术的不断发展，为确保数据管理、程序软件和图像处理的安全、准确和持续稳定可靠，对供电质量提出了越来越严格的要求。众所周知，当交流电网的干扰严重时会引起计算机系统计算错误和数据丢失，甚至导致设备损坏。因此，除要求供电系统具有连续可靠性之外，同时还要求输出电源保持良好的正弦波波形。城市轨道交通不间断电源需要满足以上要求，且应按一级负荷供电。

不间断电源可给通信系统各设备负载提供一个不受主电源条件影响的安全可靠的电源，其主要实现以下功能：

（1）在主电源故障时，通过存储在电池中的能量，给负载提供安全可靠的电源。根据《地铁设计规范》GB 50157—2013 要求蓄电池的容量按近期负荷配置，并应保证连续供电不少于 2h。

（2）通过 UPS 系统，可补偿线电压频率的变化。

（3）当主电源频率变化时，消除失真和噪声电压的重叠，减小对负载的干扰。

（4）实现频率转换，给负载提供一个不同于主电源的频率。

同时，在轨道交通行业中，根据《地铁设计规范》GB 50157—2013 要求，直流供电的通信设备，宜采用高频开关电源方式集中供电。直流电源基础电源应为－48V，其他种类的直流电源方式集中供电。不间断电源设备容量配置应满足：直流、交流配电设备的容量应按远期负荷配置，高频开关电源、不间断电源的容量应按近期配置；直流供电设备蓄电池宜设置两组并联，每组容量应为总容量的 1/2。交流不间断电源设备的蓄电池宜设为一组。城市轨道交通车站、控制中心和车辆基地宜采用综合接地方式，车辆基地也可采用分设接地方式。

9.1.2 系统组成与工作原理

不间断系统是主电源与负载之间的连接部分，它一般分为 UPS 主机、蓄电池、配电柜 3 大部分，主要由以下部件组成（图 9-1）。

（1）交流输入（市电）滤波回路和整流回路。

（2）直流电压转换成正弦交流电压的 PWM 脉冲宽度调制型逆变器。

（3）提供 UPS 系统与蓄电池之间的连接的 DC 直流充电回路。

（4）在 UPS 电源输出端与市电之间提供直接连接功能的静态旁路切换器、锁相同步电路。

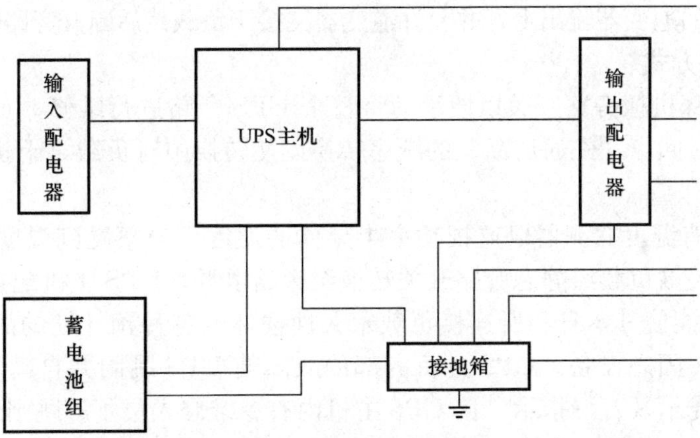

图 9-1　不间断电源组成图

（5）在不中断负载供电的情况下，提供 UPS 设备手动操作功能的隔离服务旁路装置。

（6）各种保护（过流和限流、过压、空载、电池电压过低保护）电路及相关的指示灯和蜂鸣器。

（7）控制中心集中监视全线各站 UPS 电源设备的交流部件（输入电源、输出电源）、整流部件、直流部件，维护电池电压。故障发生时，控制中心有可视告警信号，同时能向上一级告警终端发送故障信息。对 UPS 电源设备的重要部件的故障产生告警，便于维护人员迅速判定和处理故障。

1. UPS 主机

实现交流不间断供电，将市电净化为稳定、纯净的交流电。同时与蓄电池组配合，实现断电情况下的持续供电。UPS 设备为双变换真在线式产品，即在市电正常时，市电电源先经过整流器变换成直流，再通过逆变器变换成交流，经过电气隔离后向负载输出，以保证输出的电能是与市电完全无关的再生的净化电能；市电中断时，由电池通过逆变器变换成交流输出，以保证负载不间断的正常供电。

（1）UPS 主机的 5 种状态存在：

1）正常运行

关键负载须由逆变器连续供电。整流器/蓄电池充电器由主电源供电并向逆变器供直流同时向蓄电池浮充电。

2）应急运行

主电源故障，关键负载须由逆变器供电而不经任何切换自蓄电池取得电源。主电源故障或恢复均不应中断对关键负载之供电。如在主电源恢复供电前蓄电池已完全放电，则 UPS 须自动切断。

3）再充电

主电源恢复后，整流器/蓄电池充电器应供电给逆变器并同时向蓄电池再充电。这种运作须自动进行并不应中断对关键负载之供电。

4）静态旁路

如 UPS 主机必须停止服务进行维护或因内部故障或严重过载而需进行修理，经静态旁路转换开关将负载转换至外部交流电源而不中断供电。在 UPS 的逆变器自动同步于交流旁路电源后，进行负载转换。一旦电源已同步，静态旁路开关须并联两个电源而将负载从旁路电源转换至 UPS 的逆变器输出上，并允许逆变器突接于负载然后断开旁路输入电源。

5）机械旁路方式

UPS 装置外部机械旁路开关以便手动将整个 UPS 旁路进行维修。负载转移至旁路电源及自旁路电源转回由“先通后断”的顺序转换以使转换中对负载之干扰不超过相关的技术要求。

UPS 主机装有温度探测器以监视功率半导体的温度。当察觉到温度过高时，UPS 主机自动断开并将关键负载经静态旁路开关转换至旁路电源。UPS 主机配置内置保护装置以防止 UPS 主机内能使其本身和所连接负载永久性损坏的各种预计性的故障。用快速动作的限流装置以保护固态设备。UPS 主机内部的故障使 UPS 跳闸并自动转换至旁路电源。所有故障均发出光示及音响指示。在 UPS 主机内有令维修人员了解跳闸原因的信息。

（2）UPS 主机包括交流输入单元、整流单元、逆变单元、充电器、静态旁路、手动维修旁路、输出隔离变压器、信息采集单元、通信单元等几部分。

1）输入整流滤波电路

UPS 中常见的整流电路有单相不可控和可控整流电路、三相不可控和可控整流电路。滤波器分为电容输入或电感输入两种。电容输入滤波器输出电压较高，但要求变压器输出的峰值电流较大，且负载调整较差；电感输入滤波器输出特性较好，但需要较大的扼流圈且成本较高。可控整流电路主要分为传统的可控硅整流＋IGBT 升压，以及目前主流由数字 IGBT 器件组成全桥整流器，基于 PFC 功率因数校正技术。（本书主要介绍数字 IGBT 器件组成的全桥整流）。电路如图 9-2 所示。

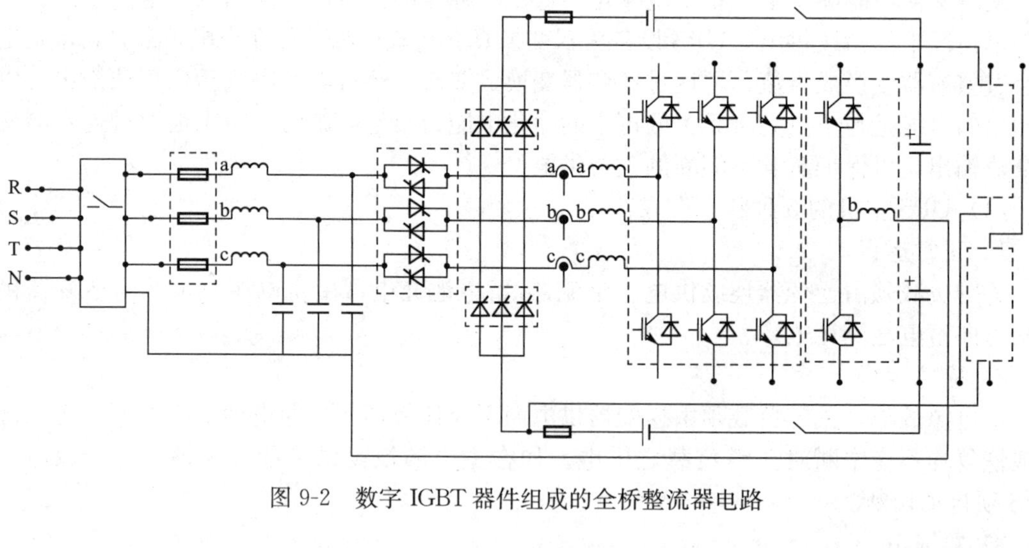

图 9-2　数字 IGBT 器件组成的全桥整流器电路

IGBT 具有可靠的高速开关能力，在 PWM 驱动的作用下，输入电压范围被设定在±20％（满载）－35％～＋20％（70％负载）；输入频率范围±10％，同时降低了直流端的波纹，起到了保护电池的作用；IP 输入功率因数大于 0.99，最大限度地减少无功电流，直接降低了传统 UPS 因为输入功率因数低下而造成的输入电缆发热的故障隐患，输入端电缆、开关都无需经过设计。IGBT 优异的工作特性将输入谐波电流降到了低于 3％，THDi 较传统可控硅整流＋IGBT 升压机型减少 30％，解决了 UPS 对所在电网的干扰问题，使之与发电机组的配比减少到 1.2∶1 以下。

2）功率因数校正电路

交流市电经整流后都采用大容量电容器进行滤波，而且整流电路输出端还并联有蓄电池。在电容器或蓄电池充电期间将形成脉冲电流。该电流峰值很高，产生高次谐波电流并导致功率因数下降，功率因数校正电路可使电网输入电流变为与输入电压同相位的正弦波。

3）充电电路

UPS 中，一般充电电路都是独立工作的，充电过程中，首先采用恒流充电，当蓄电池的电压达到浮充电压后，即转为恒压充电，直到电池被充足。因此，充电电路一般有两个反馈回路，一个作电流反馈，另一个作电压反馈。主电路一般采用开关型整流电路。

4）逆变电路

逆变器的作用是将市电整流后的直流电压或蓄电池电压变换成交流电压。在后备式 UPS 中，逆变器输出电压波形一般为准方波，在线式 UPS 中，逆变器输出电压波形多为正弦脉宽调制波，该波形经过 LC 滤波后，可得到标准的正弦波。

本书主要介绍全数字 IGBT 的逆变器，这种逆变器三相完全独立，100%不平衡负载时，电压差小于 1%，相位差小于 1 度，动态响应好，恢复时间快。针对 UPS 在运行过程中出现的意外过载和短路事件，逆变器具有 6～8 倍额定电流的过载能力，25 倍额定容量的故障清除电流。为了严格避免短路误判所引起的负载断电，在 DSP 处理器的支持下，诊断分析系统程序会根据输出电流，电压和输出能量的突然变化，准确区分过载与短路，并在极短的时间内采取相应保护措施，最大限度地保护负载运行。

针对 UPS 在运行过程中出现的意外过载和短路事件，IP 对检测电路、各级保护电路起到一定的作用，逆变器具有 1.5 倍额定电流的过载能力，3.5 倍额定容量的故障清除电流。为了严格避免短路误判所引起的负载断电。在强大的 DSP 处理器的支持下，诊断分析系统程序会根据输出电流，电压和输出能量的突然变化，准确区分过载与短路，并在极短的时间内采取相应保护措施，最大限度地保护负载运行，逆变构成如图 9-3。

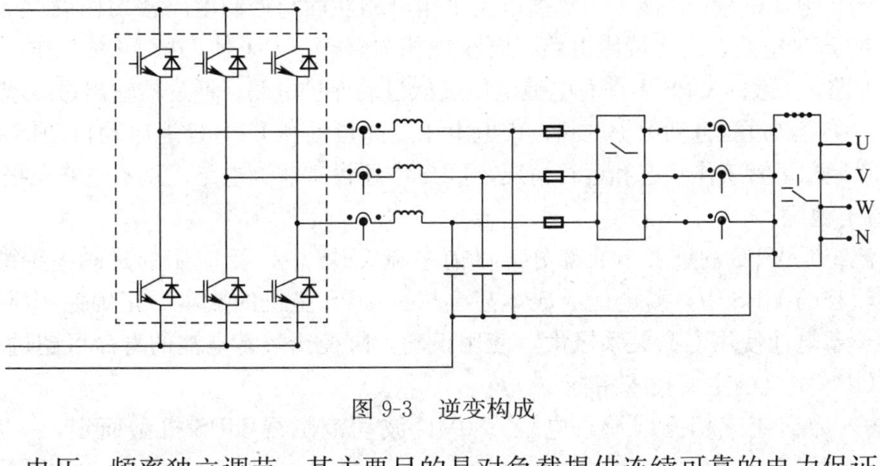

图 9-3　逆变构成

VFI，电压、频率独立调节，其主要目的是对负载提供连续可靠的电力保证。VFI 是输出调节技术中最可靠的，当电压变化时，保证在电压调节过程中频率不变化；反之，当频率调节过程中，保证电压不变化，从而保证了在 UPS 正常状态和电池放电的过程中，对于线性和非线性负载都能提供高质量的正弦波输出；保证UPS在逆变器与静态旁路转换的过程中、线性和非线性负载的变化过程中，始终不会出现间断。

在UPS的输出端，有一个内置的输出隔离变压器。通过此内置输出隔离变压器，可以达到输入输出全隔离的目的，完全避免其相互影响。与传统的UPS不同，这个UPS是在旁路的外端，所以即使在旁路工作时，也可以做到输入输出电气隔离，电网中的浪涌、电压畸变都不会直接影响到负载。

由于隔离变压器有高频谐波的衰减作用，使UPS本体提高了抗谐波的能力，降低UPS的输出谐波电压，所以其抗干扰能力强。

降低零地电压。零地电压对负载的影响，主要表现在三个方面：引起硬件故障、烧毁设备；引发控制信号的误动作；影响通信质量，延误或阻止通信的正常进行。内置输出隔离变压器的UPS有效解决了以下问题。

当负载出现短路故障时，此变压器可以增加回路阻抗，降低短路电流，因此，此类UPS具有更高的短路故障清除能力。

5）旁路管理

在UPS内部，与逆变器并联安装有一个静态旁路，也叫自动旁路，它的功能是在下列情况下不间断切换到静态旁路，保证UPS系统供电的连续性：逆变器过载达到一定时间；逆变器故障或无输入；温度过高。

与逆变器相比，旁路可以提供更高的过载能力和短路故障清除能力。出现过载或者大电流短路时，为了保护逆变器，需要切换到旁路，由旁路处理大短路电流，当过载或者短路消失后，可以自动或者人工切换回逆变器工作。

手动维护旁路与静态旁路并联在一起，在UPS主机需要维护检修时可切换到手动维护旁路。当切换到手动维修旁路时，负载直接由市电供电，UPS的整流器、逆变器、静态旁路都可以脱离开来进行维修。

切换到手动旁路和静态旁路都没有电源中断的风险，负载的正常供电是优先保证的。

6）监控、监测、显示保护电路

UPS输出电压的精度、波形失真度以及工作可靠性均与控制电路密切相关。控制电路主要有SPWM产生电路、闭环调压电路、同步锁相电路等。为了使UPS可靠工作，还具有完善的保护电路。一般的UPS中都有电池电压过低自动保护电路、逆变器输出过载或短路自动保护电路、逆变器过压自动保护电路、市电电压过高自动和UPS延迟启动自动保护电路等。为了随时掌握和了解工作状态和运行情况，UPS中还设有监测电路、显示电路及报警电路。

7）蓄电池组

蓄电池组是UPS的重要组成部分。目前主流UPS中广泛应用的是阀控铅酸蓄电池。后备时间较长的UPS中，蓄电池的成本甚至超过UPS主机的成本。正确使用维护蓄电池组，对延长蓄电池使用寿命关系极大，使用正确，阀控铅酸蓄电池的寿命可超过8年。

（3）UPS主机的主要技术指标

1）输入为交流三相五线制，电压380V，波动范围视UPS机型而定，一般要求在±10%或±15%。

2）输入频率为50Hz，适应频率范围一般在±5Hz。

3）输入功率因数多数为0.8左右。

4）输出为交流，单相或三相，电压为220V，波动范围在±1%。

5）输出频率为50Hz±0.5Hz，电池逆变工作时为50Hz±0.1%。

6）输出波形失真度≤3%。

7）市电电池切换时间0ms。

8）旁路逆变器切换时间0ms。

9）整机效率≥90%。

10）输出功率因数一般为0.8。

11）过载能力，视UPS机型而定，并根据过载情况可支持几十秒至几分钟。

2. 蓄电池

放电后不能用充电的方式使内部活性物质再生的叫原电池，也称为一次性电池；放电后可以用充电方式使内部活性物资再生，把电能储存为化学能，需要放电时再次把化学能转换为电能的电池，叫作蓄电池，也称为二次电池。

蓄电池分为酸性蓄电池（即铅酸蓄电池）和碱性蓄电池两大类。铅酸蓄电池采用稀硫酸作电解液，用二氧化铅和绒状铅分别作为电池的正极和负级的一种酸性蓄电池。铅酸蓄电池在通信电源系统中，是后备电源；也具有平滑滤波作用（市电正常时，与整流器并联运行）；调节系统电压。

（1）轨道交通行业所用的铅酸蓄电池类型

1）固定型防酸隔爆式铅酸蓄电池。

2）固定型阀控式密封铅酸蓄电池。

阀控式铅酸蓄电池采用密封制作，无需补酸加水，无需初充电，自放电小，在使用过程中较少产生酸雾，安全性好，且电池结构紧凑，容量高，放置方便，站点面积小，适应分散式供电方式的需求。

蓄电池由正极板、负极板、隔板、电解液等构成，根据各UPS主机情况，再由若干个电池构成免维护阀控蓄电池组。放电时，正极板中的二氧化铅，负极海绒状铅与电解液中的硫酸反应逐渐转变为硫酸铅，同时硫酸浓度逐渐降低。充电时，正、负极的硫酸铅分别转换为二氧化铅和海绒状铅，同时释放出活性物质中的硫酸成分，使硫酸浓度逐渐增大。某品牌蓄电池利用在湿润状态负极活性物质——海绵状铅，能与氧气快速反应的特性，有效控制水的减少，无需补水。目前，在轨道交通行业里，较多使用这种蓄电池，根据采用不同的固定电解液技术和不同氧复合通道技术，又分为胶体蓄电池（采用胶体电解液）和贫液式蓄电池（采用超细玻璃纤维隔膜）。

新型高能卷绕式电池，这也是一种阀控式铅酸蓄电池，这种蓄电池具有更先进的性能，该种蓄电池采用电池单元螺旋式卷绕技术，将正极板、固体酸和负极板紧紧地螺旋卷绕成卷。正负极板采用厚度只有0.3mm的超薄高耐蚀合金，经精确计算硫酸固体化后被玻璃棉网所吸附。其中卷式电池结构精简，只需30个零件，而材料，熔点可高达166～188℃，整个电池为密封结构。卷式电池具有寿命长（大于20年）、自放电小、能抗高/低温（－40～＋80℃）、完全免维护等显著优点。

（2）阀控式密封铅酸蓄电池的结构和工作原理

阀控式密封铅酸蓄电池主要由正负极级群、电解液、多孔性隔膜、电池槽盖、安全阀和极柱端子等零部件组成。安全阀具有自我开启和再闭合功能，以及通过滤酸片过滤酸雾、防爆的功能，是保持蓄电池气密性和液密性，防止外部空气进入蓄电池内部和内部酸雾排除，但又不允许蓄电池内气压超过预定值的装置。

蓄电池的额定容量C，单位安时（Ah），它是放电电流安（A）和放电时间小时（h）的乘积。由于对同一个电池采用不同的放电参数所得出的Ah是不同的，为了便于对电池容量进行描述、测量和比较，必须事先设定统一的条件。首先根据电池构造特征和用途的差异，设定若干个放电时率，最常见的有20h和10h时率，写作C20和C10，其中C代表电池容量，后面跟随的数字表示该类电池以某种强度的电流放电到设定电压的小时数。

UPS设计的电池放电容量通常为50%～70%额定容量，一般放电后最好连续充电24h。无论50%放电还是100%放电，恒流充电都是0.1C10（6A），恒压充电都是6.75V（2.25V/cell），这是在25℃环境温度下进行的。

1）蓄电池的放电特性

蓄电池的放电特性是一族曲线，如图9-4。在一定的环境温度下（图中为25℃），随放电电流的不同，电池端电压与放电时间的关系称为放电曲线。由放电曲线可以看出如下特性：

① 放电时间最长的曲线，放电时间为10h，电流恒定，我们称之为10h放电率曲线，由此测定的电池容量用C10表示C10=6A×10h=60Ah如果用1h恒流放电来测定这同一只电池，则C1=41.9A×1h=41.9Ah由此可见电池的容量是在标定了放电制式之后才是一个可比的确定值。

② 无论放电电流大小，在放电的初始阶段都会使端电压下降较多，然后略有回升的现象，这是因为电池从充电状态转变为放电状态的瞬间，电池极板附近的电荷快速释放出来，而离极板较远的电荷需要逐渐运送到极板附近，然后才能释放出来，这个过程形成了电池端电压有较大的低谷。

③ 无论放电电流大小，电池端电压最终将出现急剧下降的拐点，以这些曲线的拐点连接得到的曲线就称为安全工作时的终止电压曲线，UPS的电池电压工作终点都是设计在这条拐点曲线附近的。拐点之后的曲线具有电压急剧下降的趋势，直到放电曲线的终点，这些终点连接得到的曲线称为最小终止电压曲线，它表示放电电压低于此曲线后将造成电池的永久性失效即电池不能再恢复储电能力。由此可见UPS中设计有防止电池深度放电的保护功能是极为必要的。

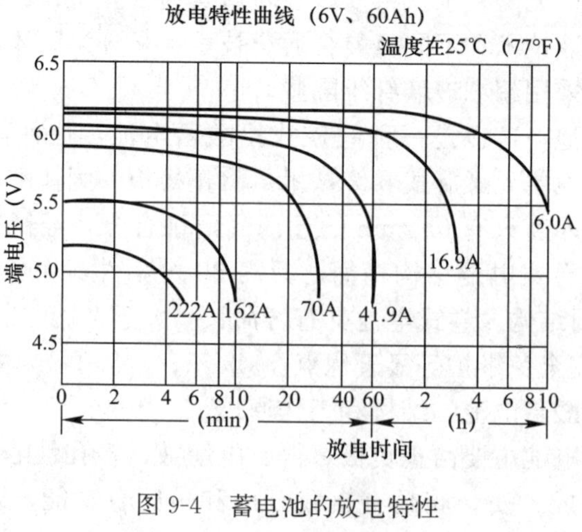

图9-4　蓄电池的放电特性

2）蓄电池的充电特性

电池的充电特性曲线也是在 25℃温度下测量和标度的，如图 9-5。充电曲线通常有 3 条。

① 充电电流曲线：在充电开始阶段，充电电流是一个恒定值，随着充电时间的推移，充电电流逐渐下降，并最终趋于 0。这是由于在放电过程中，电池内的电荷大量流失，由放电转变为充电时，电荷的增长速度较快，化学反应将产生大量的气体和热量，对于密封电池来说，即使通过安全阀可以将气体和热量排放掉，但氢离子和水将同时损失掉，使电池的储能下降，因此必须限定充电的电流值，随着电池容量的恢复，充电电流将自动下降。充电电流下降 10mA/Ah 以下时即认为电池已基本充满，转入浮充电状态。电池放电越深，则恒流充电的时间越长，反之则较短。

② 充电电压曲线：在电池恒流充电阶段，电池的电压始终是上升的，因此有时又称为升压充电。当恒流充电结束时，电池的电压基本保持不变，称为恒压充电。在恒压充电阶段，电池的电流逐渐减小，并最终趋于 0，结束恒压充电阶段，转入浮充电，以保持电池的储能，防止电池的自放电。

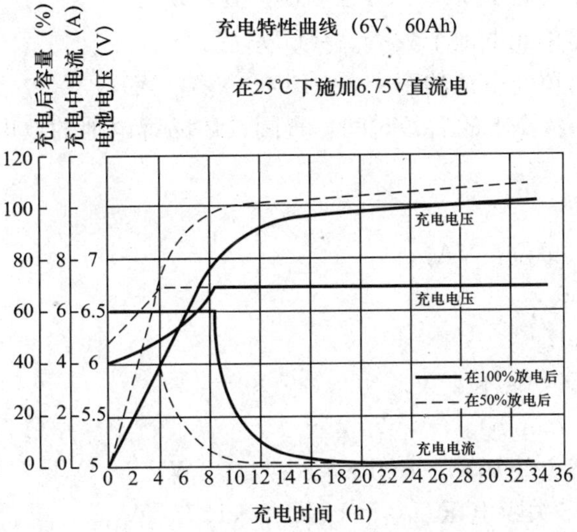

图 9-5 蓄电池的充电特性

③ 充电容量曲线：在恒流充电阶段，电池的容量基本呈线性增长；在恒压充电阶段，容量增长的速度减慢；恒压充电结束后，容量基本恢复到 100％大约需要 24h 左右；转入浮充电后，容量基本不再明显增长。由充电曲线还可以看到一组虚线，是电池放电 50％后的充电特性，与 100％放电后的充电特性相比，恒流充电时间明显缩短，恒压充电 9h 左右，容量基本恢复到 100％。由以上可知：

a. 恒流充电是为了恢复电池的电压；

b. 恒压充电是为了恢复电池的储能；

c. 浮充电是为了抑制电池的自放电或保持储能。

UPS 设计的电池放电容量通常为 50％～70％额定容量，一般放电后最好连续充电 24h。无论 50％放电还是 100％放电，恒流充电都是 0.1C10（6A），恒压充电都是 6.75V

(2.25V/cell)，这是在25℃环境温度下进行的。如果温度上升，则充电电压必须下降；否则电池内的化学反应会加强，产生大量的气体，使电池内的压力增加，并经减压阀将气体释放，使电池内的电解液减少，将造成电池的提早老化，减少电池的使用寿命。许多品牌UPS正是根据这一原理，设计了浮充电压随温度而变化的功能，以优化电池的使用寿命。

3）蓄电池选型和后备时间计算

通信系统采用的蓄电池所提供负载的放电时间分为2h。蓄电池放电后，整流设备自动向蓄电池进行充电，当充电电流小于50mA时或充入电量是放电电量的1.2倍时，均充自动转为浮充。根据后备时间需求，有两种选型方式。

① 恒功率法

UPS容量PUPS（单位：VA）。

UPS功率因数cosϕ。

UPS逆变器效率Л。

UPS直流电压UDC（单位为伏）。

后备时间（单位：min/h）。

第一步：计算直流负载PDC＝PUPS×cosϕ/Л（W）。

第二步：计算所需单元电池个数N_{cell}＝UDC/2。

第三步：计算所需单元电池功率P_{cell}＝PDC/N_{cell}（W）。

第四步：根据P_{cell}及要求的后备时间，查阅具体品牌电池的放电性能数据表，可得到所需蓄电的安时（Ah）数。

② 电流法

UPS容量PUPS（单位：VA）。

UPS功率因数cosϕ。

UPS逆变器效率Л。

UPS直流电压UDC（单位：V）。

后备时间（单位：min/h）。

第一步：计算直流负载PDC＝PUPS×cosϕ/Л（W）。

第二步：计算UPS关断电压U_{OFF}＝UDC/2×1.75（V）。

第三步：计算UPS关断电流I_{max}＝PDC/U_{OFF}（A）。

第四步：根据I_{max}及要求的后备时间，查阅具体品牌电池的放电性能数据表，可得到所需蓄电的安时（Ah）数。

3. 配电柜

将UPS的输出电源引入输出交流配电柜/箱，通过输出交流配电柜分别分配给后端的各负载设备。配电柜含有传统的机械配电柜和智能配电柜。

（1）机械式低压配电柜

机械式低压配电柜的柜体连接上，采用自攻螺钉实现柜体组装的无螺母连接，其连接强度大，安装方便可靠。异性母线的广泛使用，提升配电柜的整体性能。母线系统直接决定了低压配电柜柜体升温、短路分断能力等电气参数及进线与出线方式、母线的连接形式，异性母线不仅提高了母线抗弯强度，也提高了抗短路的强度。异性母线可实现无孔母线连接，母线系统则主要包括：垂直母线、水平母线与分支母线，都能与开关实现连接。

机械式低压配电柜，主要是通过断路器、接触器、继电器、熔断器、导流排、定时器来实现开关控制配电、保护和监视功能。

（2）智能式低压配电柜

智能低压配电柜，是在机械配电柜的基础上与智能化的配电监控、网络接口配合，通过与中央网管的计算机系统联网，从而实现对各个公配电回路的电压、电流、频率等电参数进行监测以及对断路器的分合状态、故障信息进行监视、对断路器的分合状态进行控制，配合各种完善的远程监控软件，从而实现“四遥”，即遥测（通过计算机实时对系统进行电压、电流、频率等进行不断的采集、分析、处理、记录、显示曲线、自动生成报表）、遥信（实时对空开的运行状态、保护动作等开关量进行监视，网管实时显示和自动报警，并对柜内空开的状态、事故跳闸、过流、温度等动作进行实时记录、打印）；遥控（通过网管选择相应的站点、空开、合/分闸等信息，并在网管将要选择的空开的状态反馈回来，确认后执行，实时记录操作的时间、类型和空开等）；遥调（用于设定各种智能模块的运行参数，即网管根据操作指令或对系统的分析判断结果，对智能模块的设定值和故障保护值进行远程整定）。

智能低压配电柜柜体内增加结构标准化和模块化，柜体结构逐步由原来焊接式向组装式、固定式向抽屉式过渡。骨架的各个部件向标准化、模块化发展，各部件均有模数化安装孔，组装灵活、方便，可以提前做部件库存；显示数字化，通过增加传感器，配电柜上的一些参数（电流、电压、功率等）、开关的状态、使用环境（温度、湿度、火灾探测）等的显示逐步向数字化发展。用电人员对配电柜的一些参数的观察更直观、同步；控制智能化，由于数字仪表、火灾探测器、变频、软启、框架断路器的控制器及部分塑壳断路器都可以有通信、控制的功能，这些功能接口与现场总线连接，或通过适配器与数字以太网相连，维护人员在监控室就能对现场的配电设备进行控制，直观的了解状况和实时的参数，部分开关不具备通信的功能，就通过数字采集器、传感器比如 PLC 等对设备的参数和状态进行采集和上传，并且下达一些控制指令。

从目前的低压配电柜发展形势来看，智能配电柜是未来的主要趋势，它将通信化、智能化、网络化的新型低压配电器和现场总线技术有效结合，进而研制更加新型、智能的产品。同时，未来新型低压配电柜还将会是一个双向通信的形式，进而更加通信化、网络化、自动化。

从低压配电柜结构来看，模块化与系统化越来越多地占据了轨道交通行业，通过自动化的发展趋势，接口逐步实现计算机软件控制与相关配电系统组件通信，并且将整个系统都包含在智能化系统中。

4. UPS 系统工作模式

按工作原理，UPS 分为：后备式 UPS、在线互动式 UPS、在线式 UPS。

按供电体系，UPS 分为：单进单出 UPS、三进单出 UPS、三进三出 UPS。

按输出功率，UPS 分为：小功率（<10kVA）、中等功率（10～30kVA）、大功率（>30kVA）。

按变压器特点，UPS 分为：高频 UPS（高频机）、工频 UPS（工频机）。

按输出波形，UPS 分为：方波输出 UPS、正弦波输出 UPS。

以下重点介绍后备式、在线互动式、在线式 UPS。

后备式 UPS 电源在市电正常供电情况下，由市电直接向系统提供电源，当市电供电中断后，蓄电池才对逆变器供电并由 UPS 逆变器对负载提供交流电源。

在线式的 UPS 电源在市电供电正常时，首先将市电交流电源经整流器转换成直流电，然后 UPS 电源中的逆变器，在机内的脉宽（PWM）控制信号下将直流电源变换成被功率放大的脉宽调制驱动电源，再经输出滤波器重新变成所需正弦波电源给负载供电。市电中断时则改由蓄电池——逆变器方式对负载供电。只有当蓄电池放电至终了电压时，才由控制电路发出信号去控制切换开关，转换成另一路交流旁路的市电供电。期间，一旦市电恢复正常供电，UPS 又重新切换到由逆变器对负载供电。这样就避免了所有市电电网带来的任何电压波动及干扰对系统产生的影响。

在线式 UPS 系统工作原理图如图 9-6 所示。

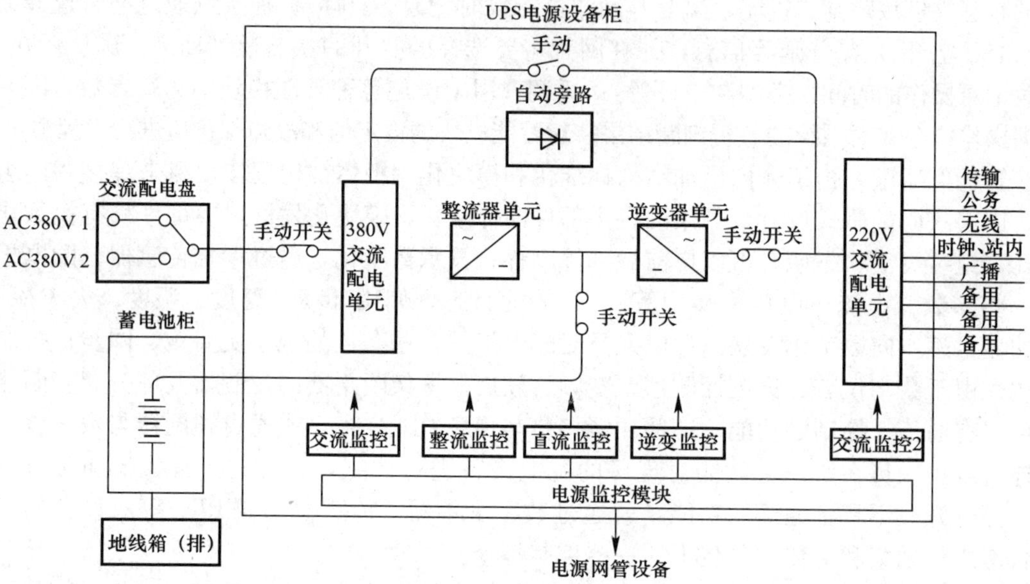

图 9-6　UPS 系统工作原理图

图中主电源 1 与主电源 2 通过终端配线板连接。

（1）后备式 UPS

后备式 UPS 平时处于电池充电状态，在停电时逆变器紧急切换到工作状态，将电池提供的直流电转变为稳定的交流电输出，因此后备式 UPS 也称为离线式 UPS，后备式 UPS 电源的优点是：运行效率高、噪声低、价格相对便宜，主要适用于市电波动不大，对供电质量要求不高的场合。而且后备式 UPS 还存在一个切换时间问题，不适合用在供电不能中断的场所。如图 9-7 所示。

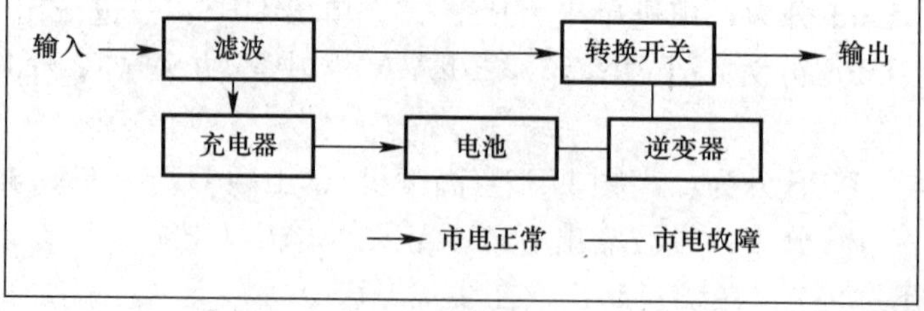

图 9-7　后备工作模式

（2）在线式 UPS

在线式 UPS 的逆变器一直处于工作状态，首先通过整流电路将外部交流电转变为直流电，再通过高质量的逆变器将直流电转换为高质量的正弦波交流电输出，在线式 UPS 在正常供电状况下的主要功能是稳压及防止电网干扰；在停电时则使用备用直流电源（蓄电池组）给逆变器供电。由于逆变器一直在工作，因此不存在切换时间问题，适用于对电源有严格要求的场合。如图 9-8 所示。

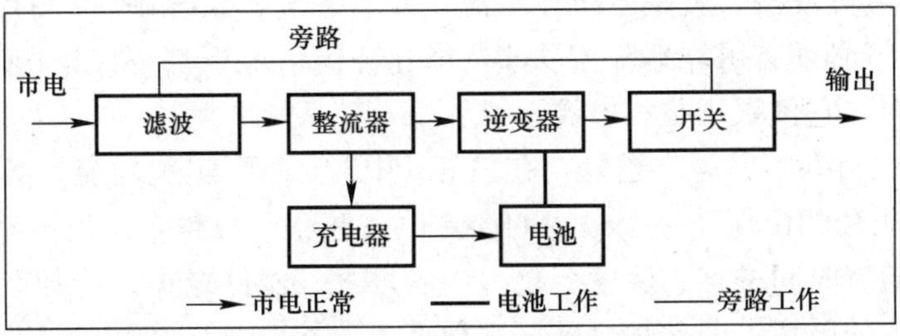

图 9-8　在线工作模式

（3）在线互动式 UPS

在线互动式 UPS，是指在输入市电正常时，UPS 的逆变器处于反向工作（即整流工作状态），给电池组充电；在市电异常时逆变器立刻转为逆变工作状态，将电池组的电能转换为交流电输出，因此，在线互动式 UPS 也有转换时间。同后备式 UPS 相比，在线互动式 UPS 的保护功能较强，逆变器输出电压波形较好，一般为正弦波，而其最大的优点是具有较强的软件功能，可以方便地上网，进行 UPS 的远程控制和智能化管理。在线互动式 UPS 集中了后备式 UPS 效率高和在线式 UPS 供电质量高的优点，但其稳频特性不理想，不适合做长延时的 UPS 电源。

5. UPS 系统冗余工作模式

由于轨道交通行业对用电的要求越来越高，UPS 系统多机冗余工作模式越来越多的应用。主要分为三种冗余方式：串联备份模式、$N+1$ 并联冗余模式、独立双总线冗余备份模式。

（1）串联备份模式

串联接入一台同规格的单机以提高可靠性。如图 9-9 所示。

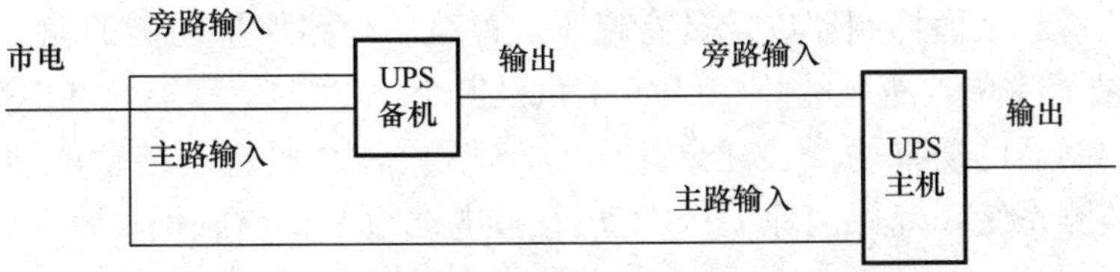

图 9-9　串联冗余 UPS 模式

将处于热备份的 UPS 输出电压连接到主机 UPS 电源的旁路输入端。UPS 主机正常工作时负担全部负载功率，当 UPS 主机发生故障时便自动切换到旁路状态，由 UPS 备机的输出电压通过 UPS 主机的旁路输出继续为负载供电。当市电中断时，备机与主机都处于电池工作状态，由于 UPS 主机承担全部负载所以其备用电池先放电到终止电压，而后自动切换到旁路工作状态由备用 UPS 的电池供电。若两台不同容量的 UPS 相连，其容量只能是按最小的一台计算。双机串联使用的两台 UPS 的交流输入必须来自同一交流市电，这样才能确保 UPS 主机在频率、相位相同的条件下进行旁路切换。

（2）$N+1$ 并联工作模式

并联对 UPS 有一定的要求，并联的连接方式有三种：主从式并联系统，并联系统中有一台 UPS 为主机，其他均为丛集；无主从并联系统，系统中任一台 UPS 即是主机又是从机，哪一台 UPS 先开机，就是主机；限流式并联系统，系统中所有的 UPS 的输出并联连接，但每台 UPS 必须有可靠地限流功能，即在任何情况下都可保证把该 UPS 的输出功率限制在额定值内，它仅限于单相电源。

UPS 的并联数目并不是越多越好，在三相 UPS 中，要实现均流，必须保障并联的各 UPS 的对应相电压和相位保持一个最小的误差值。并联台数越多，越不易达到一致，即使当时达到一致，随着时间推移、温度变化、尘埃进入、器件老化、冷却系统造成的振动以及温度腐蚀性气体的破坏等因素都会破坏这种平衡。如表 9-1 所示，UPS 并机系统能显著提高单机的平均无故障时间，提高可靠性。当并机台数增加时，虽然提高了 UPS 系统的利用率，但也降低了并机系统的可靠性。并机台数应跟进对冗余系统的可靠性要求及输出功率利用率来考虑。

并联方式的负载率和可靠性 **表 9-1**

并机方式	单机输出功率占总负载的百分数	并机系统占总负载的百分数	并机与单机的可靠性之比
1+1	50%	200%	9
2+1	33.3%	150%	25
3+1	25%	133.3%	33
4+1	20%	125%	12.05
5+1	16.7%	120%	1.35

综合 UPS 系统的冗余能力以及负载的供电保障要求，目前轨道交通通信行业主流的 UPS 并机不超过 2+1。

（3）独立双总线 UPS 冗余模式

双总线冗余供电方式，提高可用性，也使得系统比并机更具有在线扩容的可能。这种方式对基本硬件的要求：两路以上冗余式市电电源。冗余式自备发电机组，自动转换开关，防雷击、抗瞬态浪涌抑制器以及具有超压、过载、短路保护功能的输入配电柜，确保 UPS 系统输入端消除单点瓶颈故障；UPS 主机及其 N+1 型功率均分、冗余并机系统，包括带负载同步控制器的功率均分、冗余并机 UPS 系统，高质量阀控蓄电池组以及单体蓄电池容量自动监测系统，确保消除 UPS 主机及蓄电池组的单点瓶颈故障。

9.2 电源设备的监控

不间断电源设备在传统的逆变、整流、稳压等技术的基础上，结合了微处理器技术，使 UPS 系统实现了智能化的管理。一般采用 8 位或 16 位微处理器，实现两方面的监控智能化：一方面实现在 UPS 运行过程中对 UPS 主机运行状态进行监控，对各个部件采集信息，实时监控，并在主机上的监控终端显示出声光报警，同时对一些故障现象进行处理，使其始终平稳、可靠的运行，并提示维护人员相关告警信息；另一方面由微处理器的串口与监控电脑上实时监控 UPS，同时也可根据情况对 UPS 进行设置、维护、测试等管理，并利用网。络上至中央网管，提示中央值班人员处理。

9.2.1　UPS 监控系统简介

为了负载不受市电电网中异常波动的不良影响，安装 UPS 只是必须的第一步，只有在配合使用 UPS 监控软件后，UPS 系统才能成为一个真正完善的电源管理系统。对出现相关隐患时，可以第一时间提示维护人员，开展相关隐患处理，做好预案维护。UPS 网络监控系统简图如图 9-10。

UPS 网络监控系统是指网络设备通过网络对 UPS 进行监控的系统。UPS 网络适配器是通过 RS232 协议实时与 UPS 进行通信，监视 UPS 的运行状态，按照工作计划对 UPS 发生的事件进行处理，并能支持网络设备对 UPS 进行查寻、设置、控制等操作。同时运行监控电脑上的网管软件对整个网络中的 UPS 进行实时监控，记录 UPS 的运行历程、处理 UPS 发生的事件。

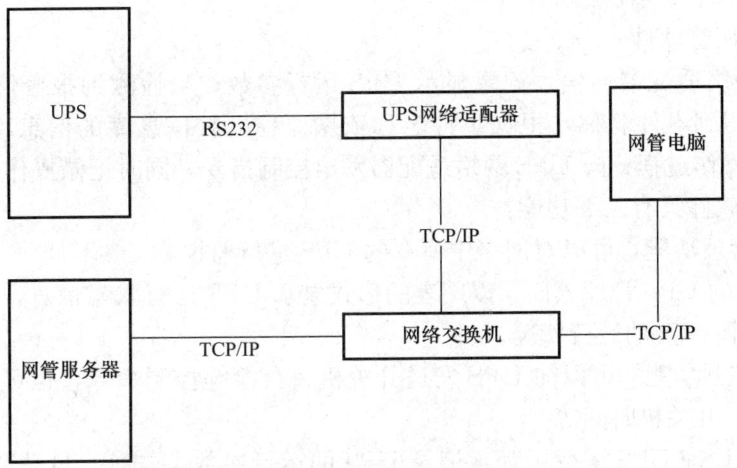

图 9-10　UPS 网络监控系统简图

9.2.2　UPS 网络监控系统网络结构

市场上 UPS 网络监控系统有两种网络结构：以 UPS 为中心的网络结构和以网管电脑为中心的网络结构。在轨道交通行业中，以后者应用为主。

1. 主要设备和功能

UPS 主机、UPS 网络适配器、UPS 网管软件、UPS 网络侦听服务程序。

（1）UPS 主机

负责采集 UPS 信息、A/D 转换；接收、执行 UPS 监控指令；送出执行 UPS 监控指令的结果。UPS 主机都具备信息采集模块和通信模块。其中信息采集模块用于采集整流、逆变、电池等模块运行状态；通信模块用于 UPS 主机的人机界面通信功能，其接口丰富，即具备连接本地监视终端的接口，又具备上传网络至网管终端接口。其主要有两种类型：干节点型和 RS232 型，其物理接口都是 DB9。其区别在于一个是高低电平信号，而另一个是标准的 RS232 数字信息。目前，主流 UPS 都支持 RS232 接口，电路也较为相似，只是各厂商的通信协议不同。

(2) UPS网络适配器

实时与UPS通信，当UPS发生事件时，及时发出报警广播，同时向设定监控主机发出报警信息；自动执行预先设置好的指令；接收、执行网管软件发出的指令；响应网管软件发出的查询指令，发出UPS运行参数；能通过网络或本地串口对参数进行设置。

UPS网络适配器具备以下功能：

1) UDP协议通信功能，利用UDP协议监控UPS。

2) Web管理功能，使用Web浏览器对UPS进行监控。

3) UPS告警功能，当UPS产生告警时，主动向UPS网管软件、UPS侦听服务程序发送告警消息。

4) 基于安全验证的UPS控制功能，接收来自UPS网管软件、UPS侦听服务程序、Web浏览器等的UPS控制命令，只有通过用户权限效验的控制才提交给UPS执行，充分保证UPS的安全。

5) UPS的自动管理，执行由监控软件设置的计划任务书，如UPS定期自检、定时开关UPS等，对UPS实时自动管理。

(3) UPS网管软件

与UPS网络适配器通信，记录显示UPS运行参数；当检测到报警信息，查找UPS操作指令库，得到事件名称，根据事件名称依据监控电脑信息库的信息，执行对应的指令，同时记录操作过程；向UPS网络适配器发出控制指令，同时记录操作过程。

UPS网管软件具有以下功能：

1) UPS管理功能，可以对网络中所有的UPS进行监控。

2) 人性化的UPS管理界面，以图表的形式显示UPS运行状态信息，用户可以方便、直观的了解每个UPS的运行状况。

3) UPS控制功能，可以向UPS发送开关机、自检等控制命令，也可以设置UPS运行参数，如延长开关机时间等。

4) 记录、检询UPS运行历程，记录UPS的运行参数、告警、自动和手动的控制等信息，可以按多种方式查询历史数据，同时图表的形式显示查询结果，并支持打印。

5) UPS任务设置功能，可给任意UPS安排诸如自动开关机、自检等任务。

6) 网络电脑保护功能，可以对安有UPS侦听服务程序的网络电脑进行保护。

(4) UPS网络侦听服务程序

UPS网络侦听服务程序主要是针对那些与UPS有紧密供电关系，但又不支持网络开关机、同时出于安全性或其他的因素也没有安装UPS网管软件的网络电脑提供保护服务。即WIN2000可执行shutdown指令关闭网络电脑，但win98等不支持这些指令，因此需要有一个UPS网络侦听服务程序来执行关闭网络电脑的指令。

UPS侦听服务程序是设计用来保护用户的计算机系统，可以安装在任意需要提供保护的网络电脑上。具有以下功能：

1) 侦听功能，实时侦听UPS告警消息。

2) 保护功能，当收到UPS告警消息时，将显示告警提示信息，同时启动事先设定的告警处理程序。针对每种UPS告警，用户可以选择多种处理方式，包括通过多种媒介通知用户，自动执行命令文件，安全关闭应用程序，自动保存文档，关闭电脑等。

2. UPS网络监控系统的应用模式

UPS网络监控应用模式分为B/S和C/S应用模式，其中B/S模式即为Browser/Server（Web浏览器/服务器），是在监控终端上使用WEB浏览器访问UPS网络适配器，并对UPS进行网络监控；C/S模式即为Client/Server（客户机/服务器）模式为在监控终端上使用UPS网管软件访问UPS网络适配器，并对整个网络中的所有UPS进行网络管理。

（1）B/S应用模式

有权限的监控电脑可以通过Web浏览器对UPS进行监控。由于监控电脑可能运行于不同的操作系统，这时使用B/S应用模式通过Web浏览器对UPS进行监控是成本最低的实现方法。同时，也是方便了维修人员对UPS进行管理，极大地降低了维护成本。

（2）C/S应用模式

在大型网络中，当网络中有多台UPS需要实时监控，通过Web浏览器对UPS进行管理时很不方便的，也是不现实的，这时可以通过UPS网管软件对网络中所有的UPS进行统一、标准、实时的管理。

3. UPS网络监控系统发展的主流方向

（1）UPS管理技术和Internet技术紧密集成，基于Web（包括WAP支持）的UPS网络管理系统是当前的主流应用系统。

（2）为了适用网络用户的移动性，以及网络不断扩张的趋势，迫切要求UPS网络管理随时随地的可用性。基于标准网络通信协议（如SNMP协议、HTTP协议、WAP协议）、瘦客户端的管理模式，使用户管理端不用或少安装UPS管理的专用软件，是网络时代的UPS管理的迫切要求。

（3）由于操作系统和用户应用系统的多样化和不断发展，现在UPS网络管理使用的“跟随式”，即在操作系统新版本（或用户新应用）出现后再跟随开发新的管理系统的模式，使得UPS网络管理总是落后于操作系统和用户应用系统的发展。应对这个问题，UPS网络管理和操作系统的集成就应运而生，将UPS管理功能使用驱动程序或插件的方式绑定到操作系统，通过操作系统直接对网络上的UPS进行管理，使操作系统及用户应用和UPS网络管理达到无缝联接，从内部最大限度地保障用户应用的安全。Windows2000已经开始支持对智能UPS的管理。

9.3 接地防雷系统

在通信系统中，按照接地功能不同分为工作接地、保护接地和防雷接地。工作接地又可分为直流工作接地和交流工作接地。防雷接地也称为过电压保护接地。而在城市轨道交通通信系统中，接地装置必须包括室外接地体、接地母线、室内地线箱（盘）、接地引线四部分。

9.3.1 直流工作接地

直流工作接地，也可称为通信接地或功能接地，其作用如下。

1. 在电话通话回路中，将蓄电池组的正极接地，以减少由于用户线路对地绝缘不良时引起的串话。

用户线路对地绝缘电阻的降低可能引起串话，而一个电话局中大量的用户线路因受潮或其他原因，可能使对地的绝缘电阻降低，有时还会同时发生多条用户线路对地绝缘电阻降低而接地。将电话局的蓄电池组的一个极接地，则一部分泄漏的话音将通过土壤流到蓄电池的接地极，因此降低串话电平，降低程度取决于接地的效果以及土壤的电阻率。

如果蓄电池组正极的接地电阻低于20W，就有可能使串话保持在适当的极限值内；但是也不能把这一限值作为普遍容许的数值，因为它随着不同的电话系统而变化，而且还取决于线路的容量、绝缘标准等。

2. 在电话和公众电报通信回路中，利用大地完成通信信号回路

共同的大地回路作为信号电路的单线回路，所有接地部分互相连接组成一个具有低阻抗的网络，对直流电和交流电在大地中的电位差都很小，适合作为一个参考电位平面。在不同地理位置安装的通信设备之间的周围环境中，需要利用大地作为稳定的参考电位以作为大地的回路并防止产生电蚀作用。由于利用大地作为共同的回路，也有产生干扰的可能性，尤其引起从电源电路产生的干扰。

3. 在直流远距离供电回路中，利用大地完成导线—大地制供电回路，从有人站向无人站供电。

4. 蓄电池组正极或负极接地的作用

为了保护继电器正常耐久使用，人工电话局或载波机使用的各种电压等级蓄电池组都是正极接地，其目的是减少由于继电器线圈或电缆金属外皮绝缘不良时产生的电蚀作用，因而使继电器和电缆金属外皮受到的损坏减少。

5. 直流工作接地的防干扰要求

蓄电池组正极都接到公共接地系统上，这个公共的接地系统上不能引入干扰电压，如50Hz交流电压。当蓄电池的接地线接到或碰到交流电源零线接地线上，则由于交流零线接地线上有单相或三相不平衡电流通过，产生零线对地的电位，其大小随车站供电情况而变化。

通信系统电源系统采用中性线（零线）和保护线分开布放，即三相五线制和单相三线制的布线方式，就是为了避免接地线上经常受到干扰影响的原因。

9.3.2 交流工作接地

通信设备的低压配电系统供电，按TN、TT和IT三种接地制式供电的情况与接地关系说明如下：

1. TN系统供电

当要求严格限制工频交流电对通信设备的干扰，且通信设备不易做到与站内各种金属构件绝缘时，应采用TN-S系统供电；当对干扰要求不太严格时，则采用TN-C系统供电。

交流配电屏、整流器屏等供电设备的外露导电部分，当不与通信设备在同一机架、机框内时，与PEN线或PE线相连。

当加固装置将直流配电屏的外露导电部分与交流配电屏、整流器屏的外露导电部分在电气上连通时，也与PEN线或PE线相连，如不接通时，则接到通信接地装置上。

交直流两用通信设备的机架、机框内的供电整流盘的外露金属部分与机架（框）不绝缘时，接到通信接地装置上。

2. TT 系统供电

交流配电屏、整流器屏等供电设备的外露导电部分不与通信设备在同一机架、机框内时，均进行接地。当加固装置将直流配电屏的外露导电部分与交流配电屏、整流器屏的外露导电部分在电气上连通时也应接地，如不接通则接到通信接地装置上。

交直流两用通信设备的机架、机框内的供电整流盘的外露金属部分当与机架（框）不绝缘时，接到通信接地装置上。

3. IT 系统供电

当通信设备的漏电流在 10mA 以上时，为了避免保护设备误动作，应采用双线圈变压器供电，其一次侧接入 IT 系统，二次侧为 TN 系统，此时供电设备的接地与 TN 系统相同。

9.3.3　保护接地

1. 保护接地的作用。

保护接地的作用是防止人身和设备遭受危险电压的接触和破坏，以保护人身和设备的安全。

在供电工程中，保护接地主要涉及间接接触保护，即对人与电源设备故障时可能成为带电的外露部分危险接触的防护。当发生电源设备危险接触电位时，可以切断故障设备的电源，或用电位均衡的措施以避免接触到危险的电压，如电源设备绝缘破坏时，经接地点产生短路电流或漏电流时，使熔断器、自动断路器或漏电自动开关动作，切断设备的电源。

在低压交流系统中，电源设备外壳的保护接地则根据电力网接地方式不同，分为接零保护和接地保护两类。在中性点直接接地的低压电力网中，电力设备外壳与零线连接，称为低压接零保护，简称接零。电力设备外壳不与零线连接，而与独立的接地装置连接，则称为接地保护。在直流系统中，直流工作接地线可作为设备的保护接地。

2. 保护人身和设备的安全。

为了避免因电气原因造成的事故，应遵守有关接地的规范。当一个电气事故发生时，决定事故大小的因素是电流的强度、持续时间和路由。流经人体的电流，当交流电流在 15～20mA 以下或直流在 50mA 以下时，对人身不发生危险，因为对大多数人来说，是可以不需别人帮助而自行摆脱带电体的。如超过 50mA 的交流电流经人的心脏 0.1s 时，则是特别危险的。

在低压配电系统中，由于电源设备绝缘损坏使设备外壳带电，除发生人身触电事故外，还可能由于短路而发生火灾，故间接接触保护可采用自动切断电源的保护，包括采用漏电电流动作保护等措施。

9.3.4　接地范围

通信设备的以下部分应接地：

（1）通信电源设备的基础型钢、金属框架、装有电器的可开启的柜门。

（2）通信设备、监控设备的机架、机壳。

（3）电缆线路的金属护套和屏蔽层，防护用金属管路、金属桥架。

（4）电源接地。

（5）防雷接地。

（6）金属走线架以及电池架等外露导电部分。

9.3.5 接地系统的组成

机房内接地系统由接地母线、室内地线箱（地线排）、接地线组成。接地线，就是把接地的站内分布设备的各个部分连接到设备机房地线排（包括各机柜地线），接地线与交流配电设备的接地线宜分开敷设；地线排，就是专供接地引入线汇集的小型配电板或母线汇接排，同时，地线排通过接地线与设备机房地线排相连。接地铜排与螺栓结合需紧密、导电性能良好，接地铜排端子分配符合设计要求，地线盘端子应连接紧密。

9.3.6 接地基本原则

（1）接地线必须全程埋地或室内走线，严禁从户外架空引入。

（2）接地线不宜与信号线平行走线或相互缠绕。

（3）接地线应选用铜芯导线，不得使用铝材。

（4）保护地线应选用黄绿双色相间的塑料绝缘铜芯导线。

（5）保护地线上严禁接头，严禁加装熔断器或开关。

（6）接地端子必须经过防腐、防锈处理，其连接应牢固可靠。

（7）基站等设备到接地排的距离不应超过 30m，且越短越好。当超过 20m，应重新就近设置接地排。

具备金属外壳的设备应提供保护接地端子。

9.3.7 接地电阻要求

（1）独立设置接地体的接地装置的接地电阻值应满足：

1）安全保护地接地电阻不大于 10Ω。

2）防雷接地电阻不大于 10Ω。

3）联合地接地电阻不大于 1～4Ω。

（2）利用建筑物基础钢筋接地方式的接地电阻不应大于 1Ω。

9.4 电源系统的运行管理与维修

通信电源系统主要为控制指挥中心、车站和车辆段通信设备提供高质量、高可靠的电源供应，保证在主电源中断或发生超限波动的情况下，通信设备在规定的时间内仍能正常工作，等待主电源恢复正常。

9.4.1 维护工作的要求

1. 维护工作的重要性

在日常维护工作中，主要应更根据 UPS 各种参数的微小变化及早发现故障苗头，并迅速调整及排除。维护人员可以在 UPS 系统现场利用 UPS 仪表或本地监控设备，掌握 UPS 运行的各种参数，也可通过维修中心的远程监控掌握用户 UPS 及蓄电池的运行情况，而且远程监控更利于维修人员做出准确而迅速的判断，并采取相应措施。

UPS 在正常使用时，主机维修工作很少，主要是防尘和定期除尘。根据实践经验可知，除了 UPS 主机外，蓄电池的故障是 UPS 供电系统可靠性的最薄弱环节。

2. 维护工作的智能化

利用监控软件，可实现本地监测及远程监测。对 UPS 系统运行的诸多参数，如输入电压，输出电压、电流、频率，功率器件的温度，输出视在功率、有用功率、功率因数，负荷率，蓄电池放电电流、充电电流、蓄电池容量、可供后备时间，故障记录（部位、时间）、故障波形等。为了掌握 UPS 系统是否正常工作，需要监控上述诸多参数，需要 UPS 安装功能丰富的监控软件，可以自动生成 UPS 系统每天及每月的监测运行报告及打印记录，方便实现本地监测和远程检测。

9.4.2 UPS 系统运行中注意事项

1. UPS 运行中注意事项

(1) 尽量减少冲击电流带来的影响

由于一般负载在启动瞬间存在冲击电流，而 UPS 内部功率组件都有一定的安全工作区范围，尽管在选用器件时都会留有余地，但过大的冲击波还是会缩短元器件的使用寿命，甚至造成元器件的损坏，因此在使用 UPS 时应尽量减少冲击电流带来的影响。应注意的是，在开机的时候千万不能将所有的负载同时开机，也不可带载开机。

(2) 开关机安全操作

严格按照正确的开关机顺序进行操作，避免突然加载或突然减载时造成 UPS 的输出电压波动过大，从而使 UPS 无法正常工作。关机时，先逐个关闭负载，再将 UPS 关机，使 UPS 处于旁路工作而充电器继续对电池组充电。如果不需要 UPS 投入，可将 UPS 关闭，再将输入市电断开即可。

(3) 尽可能地减少开机和关机次数

中小型在线式 UPS 电源的故障高发期是发生在：频繁开关机；UPS 电源带载进行逆变器供电至旁路供电切换期间，应尽可能地减少开机和次数。

(4) 合适的负载状态

UPS 最好不要一直处于满载和轻载状态下运行，一般选取设备额定容量的 30%～70%为宜。

(5) 后备式 UPS 应特别注意不要超载使用

后备式 UPS 在市电正常情况下，皆为旁路供电，只能靠输入熔丝来保护；如用户使用时不注意这点而超载使用，虽市电断电时 UPS 还可以继续工作，但当市电异常转为电池逆变工作时，就会因过载保护而关机，严重时会造成 UPS 损坏。响应时间：在接报故障后赶赴且到达现场处理的时间。现场是指故障发生地点、区段，或报故障车站、部门等。

2. UPS 的工作环境

UPS 主机对环境温度要求不高，一般工作环境温度要求为 0～40℃，湿度为 10%～90%。UPS 在摆放时应避免阳光直射，并留有足够的通风空间。UPS 工作环境应保持清洁，避免有灰尘对内部器件腐蚀，否则灰尘加上潮湿会引起主机工作不正常。

3. UPS 的电流保护

(1) 采用空气开关

UPS 的配电箱所使用的开关为空气开关，具有消弧和负载短路时响应速度快的功能，而且有漏电保护和过热保护等功能。空气开关的容量应选用适中，容量过大会造成在过流或负载发生短路时起不到保护作用，过小会经常造成市电中断。

(2) 后备式 UPS 不得随意加大交流输入回路中熔丝的容量

对于后备式 UPS，当它处于由市电供电的后备工作状态时，虽具有抗干扰自动稳压功能，但不具备输出短路自动保护功能。自此，这种类型的UPS，不得随意加大交流输入回路中熔丝的容量。

9.4.3 电源系统机柜维护操作规程

在以下条件满足的情况下才可进行维护：

（1）电源系统工作正常。

（2）系统外部供电稳定。

（3）维护注意事项：

1）电源系统的日常检修和二级保养的维护工作可由检修员以上人员操作。

2）小修和中修的维护工作可由高级检修师以上人员操作。检修员和检修师需在技术人员或工班长指导下进行操作。

9.4.4 应备的记录、技术资料

（1）根据检修计划，应制定相应的记录表格，包括电源系统日检表、周检表、月检表、年检表和中修表。各种表格应对应相应的检修周期与工作内容制定，并应确保所有的检修内容能在表中反映出来。

（2）电源系统应具备的技术资料与图表，包括合同文本、维护手册、操作手册、竣工资料和图纸、安装调试验交手册、系统设备平面布置图、系统原理图、培训手册等。

9.4.5 维护用工器具和备件

1. 电源系统维护工器具如表9-1所示。

电源系统维护工器具 **表9-2**

序号	名称	单位
1	手提工具箱	个
2	吸锡器	个
3	电烙铁	个
4	强力压着电脑钳	把
5	万用剥线钳	把
6	省力型电工钢丝钳	把
7	省力型电工斜口钳	把
8	微型螺丝批组	套
9	12.5mm系列套筒工具	套
10	14件套公制全抛光两用扳手	套
11	充电式起子	套
12	手电钻	个
13	直柄防静电刷子	个
14	U型防静电刷子	个
15	吸尘器	个
16	强光电筒	个
17	电吹风	个
18	电缆割刀	把
19	PVC管子割刀	把
20	热熔胶枪	把

续表

序号	名称	单位
21	绝缘螺钉旋具	套
22	交流毫伏表	块
23	兆欧表	块
24	直流稳压电源	台
25	数字示波器	台
26	交直流钳型表	块
27	38 件套 6.3mm 系列公制组套工具	套
28	蓄电池内阻测试仪	台
29	蓄电池恒流放电容量测试设备	台
30	单体电池活化仪	台

2. 系统的备件数量

备件数量可考虑按照实际使用设备数量的 5%～10%考虑，如果是系统重要设备，还应考虑用 1 备 1 的方式。对于一些故障多发外围设备，如摄像机，应考虑多备一些备件。实际备件数量应考虑定一个最低库存量，实际备件数量应不小于最低库存量。

9.4.6 不间断电源故障维修

根据 UPS 系统的结构，UPS 故障主要分为主电源供电故障、功率器件和系统板件故障、过载告警或短路故障、通信模块故障、风扇故障等故障类型，UPS 系统故障分类及应对措施见表 9-3。此外，不间断电源因其在通信系统中的特有作用，对发生故障后已影响到通信设备的供电时，因遵循“先通后复”原则，使用应急线路，如低压 400V 供电第二路直接供电或墙插的三类电临时修复，同时通知电调申请不做一二类切换或三类停电相关操作或作业，以保障通信设备的供电安全。

UPS 系统故障分类及应急措施 **表 9-3**

序号	UPS 系统常见故障分类	应对措施
1	主电源供电故障	检查设备当前工作方式，是否是电池供电方式，密切监控电池电压，及时恢复市电供电
2	功率器件、系统板件故障	(1) 当设备通过蓄电池供电方式时，密切监控电池电压，检查主电源供电是否正常，切换至维修旁路后更换故障件进行处理； (2) 当设备停机，负载失电时，检查主电源供电是否正常，切换至维修旁路后进行更换故障件处理
3	负载设备因过载、短路造成 UPS 设备过载告警	由于负载设备都有空气开关作为保护，在设备发生短路或过载时会进行切断电源保护 UPS 设备的正常运行，当空气开关异常断开时，应检查负载是否出现短路、接地、超负荷等问题。 由于 UPS 过载工作时间有限，若发生因负载设备过载时空气开关故障等其他原因造成 UPS 设备持续在过载状态下运行时，应及时确认过载系统，根据设备的重要性进行部分性切除供电或全部性切除供电，以保护其他各子系统正常供电运行
4	多功能网络通信模块通信故障，造成故障信息无法上传至网管终端	更换故障模块或进行本地重启通信模块处理。增加有电源切换时需派人配合
5	市电故障引起定时继电器工作，造成超过后备供电时间后通信子系统断电故障	当发生市电中断，与供电部门沟通后发现市电无法在 1h 内恢复供电时，应将定时器通信接口断开，使继电器停止工作，保证 UPS 为通信系统正常供电

续表

序号	UPS系统常见故障分类	应对措施
6	风扇故障	更换保险或风扇
7	线缆性能下降或破损	更换线缆
8	蓄电池鼓胀变形	(1) 电池质量问题，包括电池内阻、密封反应效率等，某电池内阻与其他不一致，导致整组电池的电压受限制，需要更换。 (2) 安全阀失控，使电池内部压力过高，但内部压力超过一定限度时蓄电池有发生破裂的危险，这种情况需要及时更换蓄电池
9	蓄电池漏液爬酸：极柱、安全阀周围出现白色晶体，严重时有硫酸液滴；极柱铜芯、连接条与端子接触部位发生腐蚀；电池阀体有电解液渗出	制造时密封不严或不按操作规程安装；电池严重过放电，寿命终止后继续使用，不同型号电池混用；安全阀耐老化性差，都可能造成爬酸。 将漏液处擦净，然后涂抹少许凡士林油，经过一段时间后若依然存在漏液现象，属于电池漏液，需要更换，若没有继续漏液则为假漏液

第 10 章　通信集中告警系统

城市轨道交通通信系统都由多个子系统组成，包含传输、无线、公务电话、专用电话、视频监视、广播、时钟、电源等子系统。由于系统众多，且分布范围广，对设备的维护及实时监控造成一定的困难。在控制中心设置集中告警设备对各通信设备进行状态监测。

告警终端利用计算机网络技术和计算机本身的高速数据处理能力，对通信各子系统进行集中监测告警管理，将通信各子系统的运行状态和告警信息集中反映到告警设备上，通过网络平台使有访问权的维护人员可以近、远程登录，以便维护人员快速准确处理各系统设备故障。

10.1　系统的组成

10.1.1　设备组成

集中告警系统一般可由集中告警服务器、集中告警终端、以太网交换机、打印机、声音报警器、系统软件以及相应的配线组成。它能对通信各子系统的运行情况进行 24h 的不间断故障信息采集，当通信各子系统的维护管理终端向集中告警终端发送故障告警信息时，集中告警终端可发出声、光告警信号。集中告警终端记录下收到的故障信息并保存到数据库中，方便维护人员对各类发生的故障进行统计、分析和打印。

10.1.2　系统功能

集中告警系统应具备对通信各子系统（含控制中心、各车站、车辆段/停车场等）的状态信息进行汇总、显示、确认及报告、故障定位等功能。一般包含以下功能：

（1）接收通信各子系统维护管理终端选择输出的故障报警信息。

（2）具有故障信息保存功能，可记录下收到的故障信息并保存到数据库中。

（3）具有声音报警功能。

（4）故障信息分类统计功能，能对故障信息的性质、类别、发生地点进行分类统计，根据需要可生成相关的图表、曲线等。

（5）故障信息查询功能。

（6）具有故障信息的图形化显示功能。

（7）打印功能。

（8）在控制中心的通信集中告警终端应有自检功能，能对自身的故障、信息采集设备进行监测并显示。

（9）系统应具备可扩展能力，为后期线路的接入预留相关条件。

（10）网管界面可以根据需求进行定制和修改，车站名称也可以根据需要进行修改。

1. 拓扑显示功能

(1) 集中告警系统提供良好用户界面，以图形方式显示网络拓扑，在网络拓扑图上实时、动态显示被管网络及设备的运行状态。

(2) 在拓扑图上动态反映各通信子系统网元告警，可通过声音、拓扑图颜色变化来反映当前网络的运行。集中告警设备实时采集各通信子系统的所有告警，经过告警过滤后在拓扑图的相应图标上进行显示。

(3) 应能显示选定对象的基本信息。包括：此对象的名称、位置、状态等、当前告警条数、当前告警的最高级别、最高级别告警内容及原因的简单描述等。

(4) 对于重大的告警信息，可以设置告警提示，以声音形式提示维护管理人员。可根据告警的级别以不同的颜色在拓扑图上对各种级别的告警进行显示，集中告警设备对不同级别告警的显示颜色可以进行设定。

(5) 集中告警系统提供按车站和按系统两种显示方式。

(6) 集中告警设备系统除提供完整的菜单功能外，系统的绝大部分功能都可通过鼠标右键点击拓扑图上的对象，将该对象相应的管理功能链接起来。

(7) 集中告警设备系统可以将当前拓扑视图保存成文件或输出到打印机。

2. 告警信息采集功能

集中告警设备系统应可对告警信息实时采集，采集的告警包括：

(1) 网元告警：通过各通信系统的网管系统实时采集各通信系统网元设备的全部告警信息。网元设备覆盖了传输、公务电话、专用电话、专用无线、视频监视、电源、时钟、广播等各通信子系统。

(2) 性能越限告警：通过各通信系统的网管系统实时采集各通信系统的性能超限告警。

(3) 应提供连接告警：可以查看并测试通信各系统与集中告警设备的通信状态及工作状态。集中告警设备系统与各通信子系统网管系统之间连接的告警，当某一通信子系统网管系统持续一定时间不响应集中告警设备系统时，集中告警设备系统自动生成通信连接告警。

3. 告警信息过滤功能

(1) 集中告警设备系统可以控制告警接收条件，实现告警过滤功能，可以设定哪些告警信息进行接收或哪些告警不接收，便于对一些不重要或不关心的告警信息进行过滤，使维护管理人员能够集中精力对网络中重要的告警信息进行监视和处理，提高工作效率。

(2) 告警等级分类：

1) 紧急告警：已经或即将危及设备及通信安全，必须立即处理的告警。

2) 重要告警：可能影响设备及通信安全，需要安排时间处理的告警。

3) 一般告警：表示系统中发生了不影响设备及通信安全但应注意的事件。

其中不同等级的告警信号采用不同的显示颜色和告警声响。

4. 告警信息处理功能

(1) 集中告警设备系统可以根据告警源、告警级别、状态、类型、产生时间等条件对告警信息进行确认。

(2) 集中告警设备系统应提供告警清除功能，包括自动清除和手动清除两种方式。

(3) 当收到重复发送的同一告警时，可通过系统预先设置选择消除重复告警，只保留最初一条告警，同时记录告警重复上报的次数。

(4) 对单位时间内频次过高或历时过长（门限可由用户设置）的告警可通过系统预先设置提高告警级别，从而保证网管中心告警信息的有效性。

5. 告警信息查询及统计

(1) 集中告警设备系统应可根据告警源、发生地点、告警级别、状态、类型、产生时间等条件对告警信息进行查询和统计。查询统计结果以报表、图形方式显示，并可将其进行存储和输出打印。

(2) 可以分配、查看及修改集中告警设备 IP 地址和通信端口号设置，可以查看并修改分配给通信各系统的通信端口号。

6. 系统安全管理功能

集中告警系统应具有对用户系统登录和操作的检测控制功能，保证只有具有相应权限的用户才能进行登录和操作，并提供日志管理功能，对维护管理人员的登录和操作行为进行记录，并提供查询功能。

7. 系统时钟同步

集中告警终端应有与时钟系统的标准时标信息接口，使用标准的 RS—422 接口或 RJ45 接收时钟系统发送的标准时间，并可在集中告警终端上显示校准时间。

10.1.3 设备简介

1. 集中告警服务器

集中告警服务器一般采用业内主流产品，成熟度高，技术先进，有批量成功使用案例的机架式服务器。

2. 集中告警终端

集中告警终端一般采用业内主流产品，成熟度高，技术先进，有批量成功使用案例产品。

3. 以太网交换机

以太网交换机一般采用业内主流产品，成熟度高，技术先进，有批量成功使用案例产品。

4. 打印机

一般采用业内主流激光打印机。

5. 文档服务器

文档服务器一般采用业内主流产品，成熟度高，技术先进，有批量成功使用案例产品。

10.1.4 软件

1. 系统平台

集中告警系统可采用基于微软 Windows 主流服务器操作系统、SQL SERVER 数据库软件开发。采用 C/S 结构搭建。集中告警服务器接收各子系统的告警信息，并对告警信息进行处理和过滤。集中告警终端是提供给集中告警用户直接操作的对象，应具备良好的操作界面，方便集中告警用户操作和查看。

2. 系统模型

集中告警系统模型可参考以下方式搭建（图 10-1）。

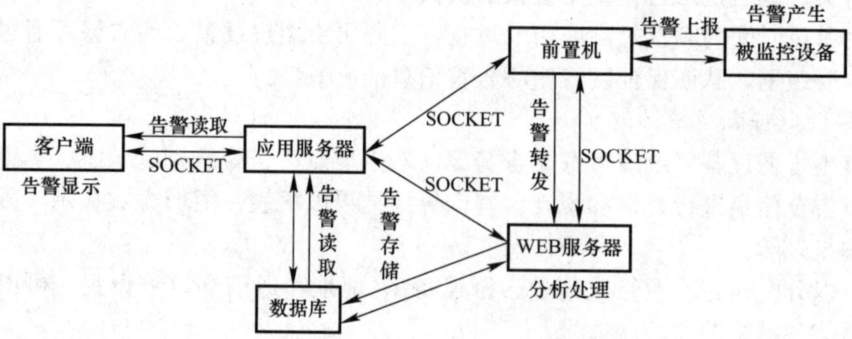

图 10-1　集中告警系统模型

3. 集中告警系统组成（图 10-2）

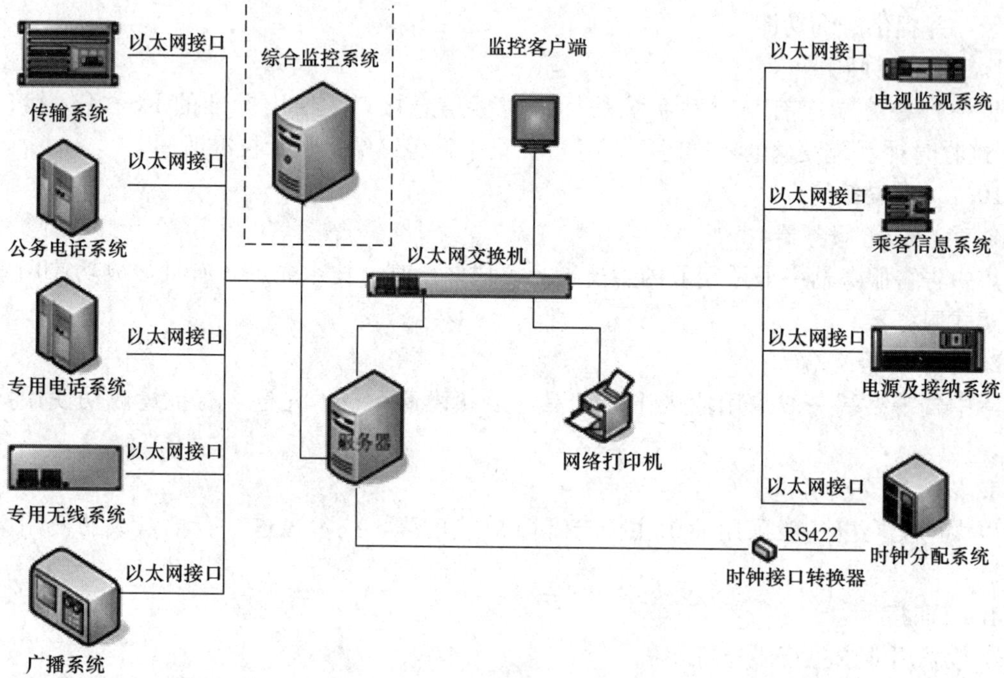

图 10-2　集中告警系统组成

10.2　系统监测的设备

10.2.1　系统监测的设备

通信集中告警系统监控的设备一般包括有传输网络、集群无线系统、公务电话系统、专用电话系统、闭路电视系统、广播系统、时钟系统、电源系统。各系统监控的状态信息可根据实际的用户需求决定。

10.2.2 集中告警系统与各设备接口

集中告警系统与通信各子系统维护管理设备的信息接口与各子系统维护管理终端采用符合 IEEE 802.3 标准的 10Mbps/100Mbps 以太网接口相连，采用星型连接。如表 10-1 所示。

集中告警与各系统接口 表 10-1

起点	终点	分界点	接口类型	接口数量
传输系统网管	集中告警终端	集中告警系统机柜内数据配线架	10M/100Mbit/s 以太网接口，RJ45	1
专用电话网管	集中告警终端	集中告警系统机柜内数据配线架	10M/100Mbit/s 以太网接口，RJ45	1
公务电话网管	集中告警终端	集中告警系统机柜内数据配线架	10M/100Mbit/s 以太网接口，RJ45	1
无线系统网管	集中告警终端	集中告警系统机柜内数据配线架	10M/100Mbit/s 以太网接口，RJ45	1
视频监视系统网管	集中告警终端	集中告警系统机柜内数据配线架	10M/100Mbit/s 以太网接口，RJ45	1
广播系统网管	集中告警终端	集中告警系统机柜内数据配线架	10M/100Mbit/s 以太网接口，RJ45	1
时钟系统网管	集中告警终端	集中告警系统机柜内数据配线架	10M/100Mbit/s 以太网接口，RJ45	1
电源系统网管	集中告警终端	集中告警系统机柜内数据配线架	10M/100Mbit/s 以太网接口，RJ45	1

10.3 设备维护与故障处理

10.3.1 设备的设置地点

集中告警服务器一般安装在控制中心设备室，告警终端一般设置在通信值班室，方便维护人员查看。

10.3.2 人员的组织

通信综合网络管理系统担负着通信各子系统实时状态监控的重任，必须保证 7 人 24h 工作。由于维护监控终端设置在控制中心，因此在该处安排人员 24h 值守，以便及时发现问题、解决问题，其他站点为无人值守。日常值班人员加上维护人员、工班长及专业工程师，整个系统的维护约需配备 7 名员工，且值班人员要求具备一定的专业知识及故障处理能力，对各系统要有所了解，一般要求中级工以上。

10.3.3 应配备的维护资料

维护人员应备有以下主要技术资料：《系统技术手册》、《系统维护手册》、《系统故障记录表》、《系统备品备件更换表》、《系统日检表》、《系统月检表》、《系统年检表》、《系统中修记录表》及《系统维护监控终端中修记录表》。

下面将《系统月检表》列出以供参考（表 10-2）。

系统月检表 表 10-2

系统设备	项目	检修标准	检查结果
集中告警终端	集中告警终端及显示器表面是否清洁	设备表面无积尘、无污点、无水迹、无杂物	是□ 否□
	集中告警终端及显示器的各种连线是否紧固	设备各种连线和紧固件完好、连接牢固	是□ 否□
	显示器显示是否清晰	显示器显示清晰	是□ 否□
	打印机表面是否清洁	表面无积尘、无污点、无水迹、无杂物	是□ 否□
	打印机各种连线是否紧固	连线和紧固件完好、连接牢固	是□ 否□

续表

系统设备	项目	检修标准	检查结果
集中告警终端	打印机的使用是否正常	打印机反应灵敏，输出内容清晰无误	是□ 否□
	扬声器是否正常	扬声器功能正常，声音洪亮	是□ 否□
	故障报警信息记录是否正常	故障报警信息记录正确、无错漏	是□ 否□
	时钟同步功能是否正常	调乱系统时间，系统能自动校准回正确时间	是□ 否□

备注：

10.3.4 应配备的工器具、备件

维护用工器具主要有绝缘螺钉旋具（套装），洗耳球、防静电毛刷、万用表等。各种工器具、仪器仪表的配置仅作参考。

10.3.5 设备的日常维护

表10-3将《集中告警系统维修规程》列出，以供参考。

集中告警系统维修规程 **表10-3**

设备	修程	检修周期	检修内容	检修标准	作业关键点
集中告警终端	日常保养	每天	(1) 检查设备连线和紧固件是否完好、连接牢固	设备各种连线和紧固件完好、连接牢固	
			(2) 检查主机工作是否正常	各设备电源指示灯正常，显示器显示正常、清晰，键盘鼠标操作正常，扬声器发声清晰洪亮	
			(3) 检查故障报警信息是否完整，终端时间是否与时钟系统时间一致	故障报警信息记录完整、无错漏。终端时间与时钟系统时间一致	
	二级保养	每月	(1) 同日常保养内容	同日常保养内容	
			(2) 清洁集中告警终端及打印机表面	设备表面无积尘、无污点、无水迹、无杂物	
			(3) 通过更改网管终端的时钟，检查网管时间是否可以自动校准同步	终端能够与时钟系统自动校准同步	
			(4) 备份故障报警信息	故障报警信息备份正确	

10.3.6 检修要求

1. 日常保养

设备使用人员班前班后认真检查设备，通过除尘清洁，使设备经常性保持整齐、清洁、安全状态；班中设备发生简单故障时及时给予排除。通信设备日常保养是为掌握设备运行工况和状态，对设备进行的检查、观察行为，主要包括设备外观检查、维护终端告警信息查看等工作。

2. 二级保养

以设备使用人员为主，专业维修管理人员为辅，对设备进行局部拆卸和检查，保障设备性能；在设备出现故障时，设备使用人员判断故障的大小和解决的难易程度，如无法自行解决的，及时通知设备主管部门进行维修。通信设备二级保养是为掌握及保持设备运行

状况，对设备进行的检测和保养行为，主要包括设备外观清洁、设备基本参数的测量等工作。

3. 小修

针对日常巡检、定期检查和状态监测诊断发现的问题，计划性拆卸有关部件、进行检查、调整、更换或修复失效的零部件，以恢复设备的正常功能，保持设备正常技术状态的维修工作。通信系统小修是对设备进行检查、内部清洁、线缆及接头整理、更换或修整易损的零部件，以保持设备正常技术状态的检修工作。

10.3.7　设备的故障维修

1. 系统设备的故障处理程序

通信综合网络管理系统设备发生故障，有关值班及维护人员应及时准确地判断故障位置、故障原因，按照“先通后复”的原则，积极组织修复，缩短故障时间，把故障影响控制在最小范围内。

当值班人员在控制中心发现或接到设备的故障报告后，应及时做出故障影响范围的判断，并向车间轮值工程师报告，同时通知相关专业人员。处理完后将处理情况向车间轮值工程师报告。如需要支援，要立即向车间轮值工程师报告，并请求相关的专业技术人员赶赴现场处理。

2. 注意事项

作为一个综合的监控系统的维护人员，对所涉及的各个子系统都应有所了解并熟悉，方能有助于提高对故障处理及反应的速度。

3. 常见的故障处理（表 10-4）

常见故障　　**表 10-4**

序号	故障现象	故障原因	采取措施
1	单个子系统无法告警	线路故障； 子系统维护终端故障； 子系统维护终端软件故障	检查并更换故障线路； 检查并处理子系统维护终端故障； 检查并处理子系统维护终端软件故障
2	告警显示信息与实际不符	线路故障； 维护终端软件故障； 交换机/集线器故障； 网络故障	检查并处理线路故障； 检查并处理维护终端软件故障； 检查并处理交换机/集线器故障； 检查并排除网络故障
3	全线所有站点故障	线路故障； 维护终端接口故障； 传输接口/交换机故障； 维护终端软件故障	检查并处理线路故障； 检查并处理接口故障； 检查并排除传输/交换机故障； 检查并排除维护终端软件故障

第 11 章 光缆和电缆

通信系统的传输介质如光缆、电缆均会随着使用时间的延长产生自然老化现象，光缆可能会出现损耗增加，若光纤内部有缺陷，如有气泡、裂纹等，损耗可能会进一步加剧，严重时会导致通信中断；电缆会出现绝缘性能下降，产生混线、断线等故障。另外，光缆、电缆的敷设过程、工作环境等因素也会影响其工作状态和使用寿命。因此，我们要对光缆、电缆进行必要的维护，并采取必要的检测手段和方法对其性能进行测试，判断其是否处于良好的工作状态，以便在短时间内采取相应的措施，对故障进行有效控制。下面就对光缆、电缆的日常维护、故障处理等内容进行阐述。

11.1 光缆的日常维护和故障处理

11.1.1 光缆简介

1. 光缆的结构及优点

(1) 结构

光缆主要由缆芯、护套和加强件 3 部分组成，其中根据缆芯的基本结构又分为层绞式、骨架式、束管式和带式等，我国使用最多的是层绞式和骨架式。

光缆护套由内护层和外护套组成，常用护套材料有聚乙烯（PE）、铝箔聚乙烯粘接护套（PAP）和双面涂塑皱纹钢带（PSP）在缆芯外纵包粘接构成。架空、管道光缆使用 PAP 护套的比例较大；直埋光缆采用 PSP 比例较大；多数光缆的外护套为 PE 材料。

光缆的加强件一般采用金属丝，单股或多股钢胶线，或由非金属纤维增加塑料或玻璃纤维制成。通常放置在缆芯中央的为中心加强件，多用于层绞式、骨架式和单位式结构，放置在护层内的为外周加强件，多用于带式和束管式结构。

(2) 光纤光缆的优点

通信业务日新月异的发展，对传输带宽提出了很高的要求，光缆因通频带宽，抗化学腐蚀性强、不受电磁场和电磁辐射的影响，重量轻，体积小，适合长距离传输，光纤通信不带电使用安全，可用于易燃，易爆场所，使用环境温度范围宽等诸多优点而得到广泛使用。

2. 光纤光缆的分类

光纤光缆有多种分类方式，其中按光纤传输模式可分为单模光缆、多模光缆；按传输性能、距离和用途可分为市话光缆、长途光缆、海底光缆和用户光缆；按敷设方式可分为管道光缆、直埋光缆、架空光缆和水底光缆；按光纤套塑方法可分为紧套光缆、松套光缆、束管式光缆和带状多芯单元光缆；按缆芯结构方式可分为层绞式结构光缆，骨架式结构光缆、束管式结构光缆和带式结构光缆，如图 11-1 所示。此外，还有特殊光纤，如用于掺铒光纤放大器的掺铒光纤、用于密集波分复用的大有效面积光纤，用于数据传输网的数据光纤等。轨道交通通常建设在地下、地面或高架区间，多采用单模层绞式铠装低烟无卤阻燃光缆作为长距离传输媒质。

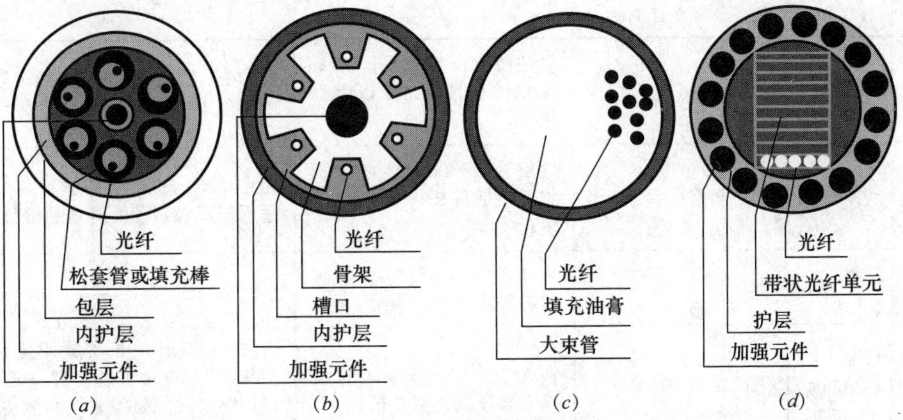

图 11-1　光缆的结构

(a) 层绞式结构光缆；(b) 骨架式结构；(c) 束管式结构；(d) 带状式结构

按传输模式为例，光纤可分为单模和多模两种。常见单、多模光纤对比表见表 11-1。国际电工技术委员会（以下简称 IEC）和国际电信联盟（以下简称 ITU-T）又根据零色散波长和截止波长是否产生位移将单模光纤划分为 6 种类型，其中 ITU-T 标准将单模光纤分为 G. 652、G. 653、G. 654、G. 655、G. 656 等类型，而 IEC 则将单模光纤分为 B1. 1、B1. 2、B1. 3、B2、B4 等，他们的对应关系、波长和应用如表 11-2。最常用的单模光缆常采用 G. 652 型和 G. 655 型光纤。

常见单模、多模光纤对比表　　**表 11-1**

光纤类型	芯/包层直径（μm）	工作波长（nm）	衰减系数（dB/km）	应用	常用光源	外护套常用颜色	传输距离	价格
单模光纤	(9～10)/125	1310、1550	<0. 4dB/km	10GBit/s 或以上的以太网等	激光光源	黄色	几公里	较高
多模光纤	50、62. 5/125	850、1300	<2. 5dB/km	10Mbit/s～1GBit/s 的以太网等	LED 光源	橙色、绿色	几百米	较低

IEC 和 ITU-T 单模光纤分类对应、波长及应用对照表　　**表 11-2**

光纤类型	ITU-T	IEC	光纤名称	波长	应用
单模光纤	G. 652A、G. 652B	B1. 1	非色散位移单模光纤	零色散波长在 1300～1324nm 处，最佳工作波长 1310nm、1550nm（色散较大）	常规光纤，应用最广泛。G. 652A 光纤支持 2. 5Gbit/s 的单通道 SDH 传输系统及 10GBit/s 的以太网系统；G. 652B 光纤支持 10Gbit/s 的单通道 SDH 传输系统及 40GBit/s 的以太网系统
单模光纤	G. 652C、G. 652D	B1. 3	全波光纤（低水峰光纤）	零色散波长在 1300～1324nm 处，消除了 G. 652A、G. 652B 光纤存在的 1383nm 水峰，将工作波长扩展为 1280～1625nm，用于全波段 CWDM 传输	消除了 G. 652A、G. 652B 光纤存在的 1383nm 水峰，将工作波长扩展为 1280～1625nm，用于城域网百万富大容量、CWDM 传输技术。除了扩展了工作波长区域外，G. 652C 的其他属性与 G. 652A 光纤基本相同，G. 652D 光纤偏振模色散系统也比 G. 652C 光纤严格很多，更适合长距离传输

续表

光纤类型	ITU-T	IEC	光纤名称	波长	应用
单模光纤	G. 654	B1. 2	截止波长位移单模光纤	零色散波长 1300～1324nm 截止波长 1310nm 以上区域	1550nm 误差最低，可达 0. 18dB/km，主要用于海缆，1550nm 色散大
单模光纤	G. 653	B2		为解决 1550nm 色散大而将需色散波长移至 1550nm 附近	为在 1550nm 波长传输而优化的光纤，适用于 C 波段长距离单通道传输
单模光纤		B3		在 1310～1550nm 波长区具有较小的色散系数	
单模光纤	G. 652A、G. 652B、G. 652C	B4		在 1310～1550nm 波长区具有较小的色散系数	为在 1550nm 波长传输而优化的光纤，使其在 1550nm 波长上有一定的色散值，可抑制四波混频等非线性效应，适用于 C、L 波段长距离 DWDM 传输技术
单模光纤		B5			在 1550nm 波长有大的负色散值，可对 G. 652 光纤进行色散补偿，实现 G. 652 光纤在 C 波段长距离、大容量传输
单模光纤	G. 655			有效利用衰减较小的 1550nm 工作波长，改善 G. 652 光纤在 1550nm 波段的大色散系统，将零色散波长位移，使 1550nm 区域低色散，有效地抑制四波混频等非线性效应的影响，又可远距离传输，更适用于密集波分复用系统的应用	分为 G. 655A、G. 655B、G. 655C 三个子类。G. 655A 光纤主要用于 C 波段，G. 655B、G. 655C 光纤规定了 1625nm 处的衰减，可用于 L 波段，G. 655C 光纤适合更长距离的传输
单模光纤	G. 656			1460～1625nm 截止波长不大于 1450nm	适用于 C、L 波段长距离 DWDM 和 CWDM 传输技术

3. 光纤传输的工作原理

光是一种频率很高的电磁波，而光纤本身是一种介质波导；光在均匀介质中以直线传播，在两种不同介质的分界面会产生反射和折射现象，当纤芯与包层的折射率比值增大到一定程度，则会使折射角≥90°，此时的折射光线不再进入包层，而会在纤芯与包层的分界面上传播，或者重返回到纤芯中进行传播，这种现象叫作光的全反射现象，当光在光纤中发生全反射现象时，由于光线基本上全部在纤芯区进行传播，没有光跑到包层中去，从而大大降低了光纤的衰耗，光纤传输的工作原理见图 11-2。

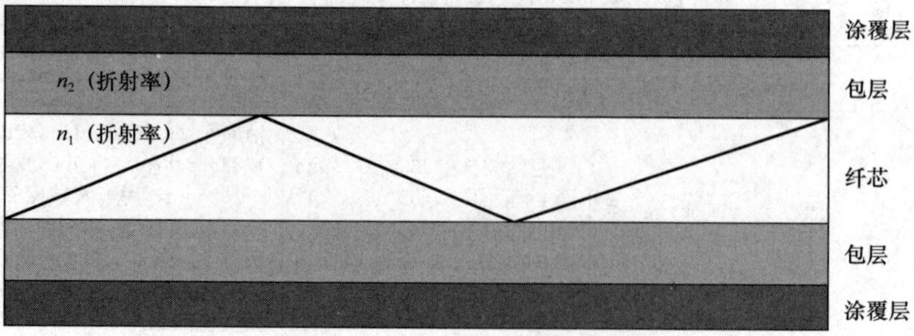

图 11-2　光纤传输的工作原理

11.1.2 光缆的日常维护

光缆的日常维护可分为室内和室外两部分，室内部分包括设备房机柜内光纤配线架尾纤、光缆终端盒以及部分引入光缆；室外部分包括隧道、管道或直埋光缆以及室外接头盒、光缆交接箱等。光缆的日常维护工作，建议从以下几方面进行。

1. 建立原始数据资料档案

光缆维护人员的首要任务是整理光纤、光缆原始资料，建立光缆线路原始资料档案，以备工作中进行查阅和参考，这些资料应包含光缆施工竣工图纸、原始接头、中继等测试记录、光缆施工过程中和投入使用初期的故障处理等，它便于维护人员详细了解光缆线路情况，并对光缆的故障作出准确的判断和处理。因此，我们要做好如下工作。

（1）收集光纤、光缆的施工资料，如单盘光缆的出厂技术参数、配盘资料等。

光缆的配盘一般为 2km 或 3km，光缆单盘测试记录如表 11-3 所示。原则上站间光缆一般不允许有接头，当距离过长时，为减少接头数可专门定制更长的光缆。随着轨道交通建设的发展，长大区间定制的光缆可达 8km 或以上长度。维护人员应对已有接头的位置做好相关记录，并对日后故障处理中产生的接头，做好同样的记录。对于各个接头间的实际距离，维护人员最好根据施工时光缆配盘情况以及使用光时域反射仪（以下简称 OTDR）测量的光缆长度来确定。

光缆单盘测试记录 **表 11-3**

光缆型号：GYTZA53-72B1＋48B4 盘号：________ 标明盘长：2.396km 折射率：1.4675/1.4681
测试仪表：MTS 6000 OTDR 施工单位 项目部 测试人：张 测试日期__年__月__日

测试项目光纤号	光纤衰耗（dB）				光纤长度（km）	
	1310nm		1550nm		1310nm	
	A→B	B→A	A→B	B→A	A→B	B→A
1	0.34		0.2		2446m	
2	0.34		0.2			
3	0.34		0.21			
4	0.34		0.2			
5	0.34		0.21			
6	0.33		0.2			
…	0.33		0.2			
17	0.33		0.21			
18	0.34		0.2			
19	0.34		0.21			
20	0.34		0.21			

外观检查：

供应商： 监理：

（2）整理光缆竣工资料，应包含以下几项内容。

1）光缆敷设径路情况

光缆敷设径路情况包括光缆敷设方式、光缆接头位置，每段光缆的长度，人孔位置（如管道敷设时）及距离等。图 11-3 光缆竣工图示出了两个车站间光缆敷设的长度，过轨时采用的方式及过轨管道的材质等情况以及在出、入段线光缆的敷设情况。

通常情况下，在车辆段和地面站范围内，光缆多采用管道敷设方式；各地下站站间光缆则敷设于城市轨道交通隧道内，视情况在隧道侧壁距地面 1.2～1.5m 或更高的位置上采用托臂支撑，沿隧道长度方向纵向敷设，并统一敷设于同一层托臂上；在车站内，光缆由站台端墙附近的隧道壁或通过过轨的管道走到对端再向上引入到车站相应管道、电缆井内，再经管线槽、线缆桥架或电缆井最终到达通信设备房，并敷设至光纤配线柜或光纤终端设备位置。

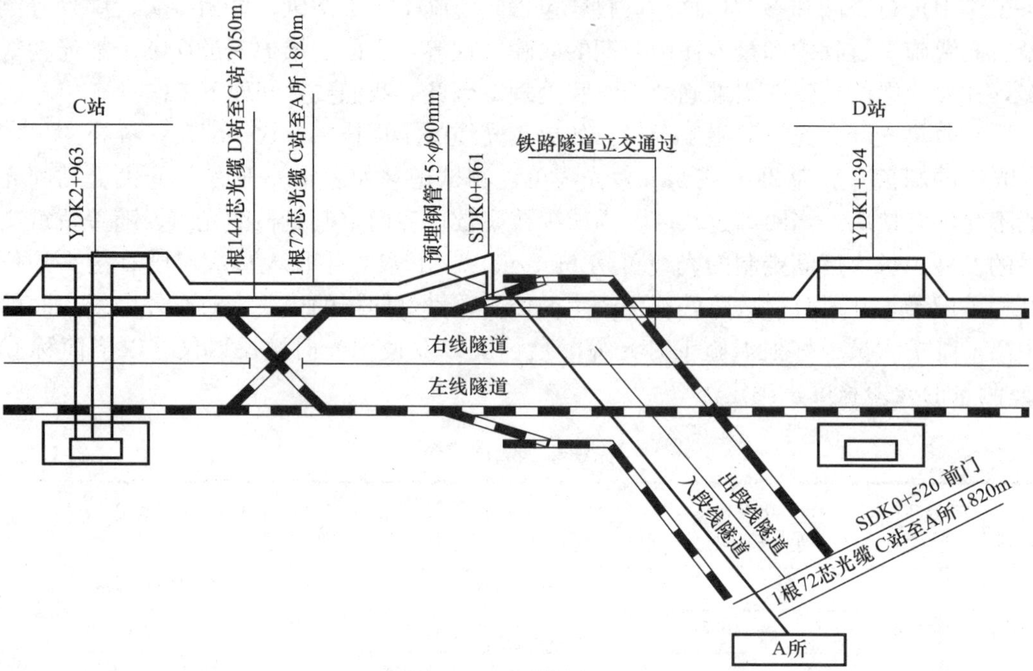

图 11-3　光缆竣工图

在每个车站、车辆段和控制中心的相关设备机柜内都装有光缆终端盒，如图 11-4 所示，光纤配线架上的尾纤与光缆熔接后就收容在光缆终端盒内。

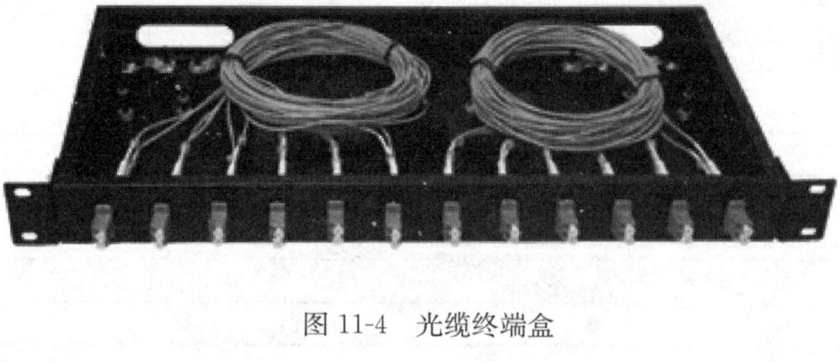

图 11-4　光缆终端盒

2）整理光纤的使用分配图

① 光纤色谱说明

小于 12 芯的光缆，可以用一根束管容纳，这种结构为中心束管式；大于 12 芯的光缆，需要有两根或以上的束管，如果是 144 芯光缆就有 12 根束管，每根束管有 12 芯，多根束管围绕中心加强件扭绞在一起，这种结构为层绞式光缆。中心束管式与层绞式光缆多用于室外，束管多为松套管，起始松套管领示色通常为红色，其次是绿色，然后其余是白色或本色。带状光纤通常将 12 根光纤并成一排作为一组，色谱排列方式同松套管光纤相同，需要更大芯数的光纤可以采用带状光缆实现。光纤的色谱排列见表 11-4 和表 11-5，表 11-4 示出了一根松套管内光纤按色谱的排列顺序，表 11-5 示出了多根松套管情况下领示色谱排列顺序，光纤的线序排列顺序一般是从内层向外层数，具体根据厂家的产品说明进行确认。

光纤（带）色谱排列 **表 11-4**

光纤号	1	2	3	4	5	6	7	8	9	10	11	12
颜色	蓝	桔	绿	棕	灰	白	红	黑	黄	紫	粉红	青绿

注：光纤不足 12 芯时，色谱从 1 号起连接取用

松套管色谱排列 **表 11-5**

领示色	套管号	1	2	3	4	5	6	7	8	9	10	11	12
	颜色	红	绿	本	本	本	本	本	本	本	本	本	本
全色谱	套管号	1	2	3	4	5	6	7	8	9	10	11	12
	颜色	蓝	桔	绿	棕	灰	白	红	黑	黄	紫	粉红	青绿

注：松套管中光纤数及松套管减少时，颜色自左向右选择色谱。根据光缆规格不同松套管中光纤数单管有 2 芯、4 芯、6 芯、8 芯、10 芯、12 芯几种，对于带状光纤有一带 4 芯、一带 6 芯、一带 8 芯、一带 10 芯、一带 12 芯几种。

② 核对光纤分配图

维护人员需要根据光缆施工或竣工图，核对光缆中各光纤的分配情况，如图 11-5 所示，A 站编号为 AF216C 光缆的第 1～24 芯是与光配线单元 1 的第 25～48 芯依次熔接，第 25～216 芯是与 C 站的第 25～216 芯直接熔接；A 站编号为 BF216C 光缆的第 1～24 芯是与光配线单元 2 的第 1～24 芯依次熔接，第 25～216 芯与至 C 站 BF216C 光缆的 25～216 芯直接熔接。如图 11-6 所示，144 芯光缆松套管按照色谱依次熔接情况，例如第一根束管蓝色松套管的 12 根光纤在 B 站和 C 站是接入各站的光纤终端盒，而第二根束管的橘色松套管的 12 芯光纤从 C 站全部接入车辆段的光纤终端盒……

在后续的系统应用中，将光纤的使用情况及时体现在光纤分配图中，做好光纤分配的管理，有利于提升维护和故障处理的效率。

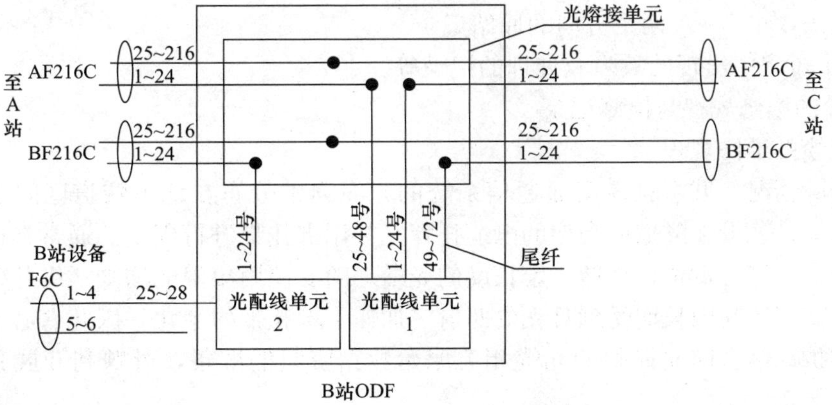

图 11-5 光纤分配图 1

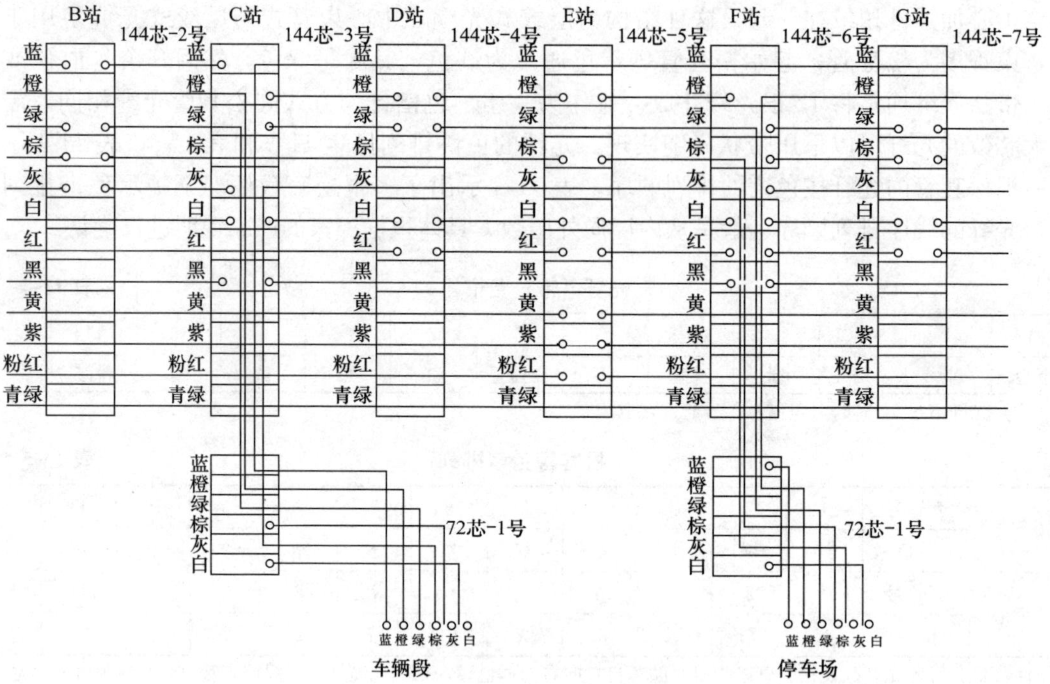

图 11-6 光纤分配图 2

3）验交时的测试数据。

这些数据包括光纤各个通道的损耗、接头损耗和总损耗等。例如 A 车站与 B 车站之间光纤双向衰耗（含测试连接器的衰耗）的部分测试数据，见表 11-6。

A 车站与 B 车站之间光纤双向衰耗 **表 11-6**

A 车站光配线板测试位置	B 车站光配线板测试位置	A→B 方向衰耗值（dB）	A→B 方向衰耗值（dB）
1～8a	1～9a	1.09	1.08
1～8b	1～9b	0.57	0.14
1～7a	1～10a	0.48	0.51

4）各个光纤通道的全程或分段 OTDR 曲线。

包括 A→B 和 B→A 两个方向的原始记录。

5）施工过程中出现的故障及处理的记录等。

2. 光缆的维修规程与检修记录

（1）光缆的维修规程

根据实际情况，城市轨道交通通信系统的光缆通常分布在地下隧道区间或高架区间内，并根据设计敷设在隧道或高架的电缆托臂上并用绑扎带进行固定。通常在区间或线缆引上端等位置会进行盘留，预留一定长度的光缆。随着使用年限的增加，绑扎带会产生脆化、断裂，高架区间因长期受到日光的照射，加速了绑扎带的老化，因此有必要对光缆进行定期的维护。结合前面提到的光缆相关原始数据资料的准备，可顺利开展光缆的维护工作。

根据长期维护经验，目前通常对室内的光纤、尾纤、终端盒、光纤配线架等设备采用月度检修、对地下隧道区间以及管道内的光缆每半年定期进行维护，高架段则加密进行，每季度开展一次维护，每 5～6 年开展一次中修，光缆维修规程可参考表 11-7。

光缆维修规程 **表 11-7**

设备名称	修程	检修周期	检修内容	检修标准	作业关键点
隧道光缆	二级保养	每半年（高架区间每季）	检查区间光缆绑扎	光缆应绑扎牢固	
			检查区间光缆及托架的状态	光缆无破损、变形、挤压、漏油，托架完好，无锈蚀、变形	
			对区间光缆实施加强绑扎	牢固无松动	
			光缆外部环境	光缆不被水滴	
	中修	每 5 至 6 年	同二级保养内容	同二级保养内容	
			对状态达不到使用要求的光缆和托架进行整治	绑扎带及托架完好、齐整	
			对区间光缆实施加强绑扎	以间隔不超过 20m 的密度，实施加强绑扎	
			对破损光缆用热缩管进行封套	光缆回复正常使用状态	

尼龙绑扎带在长时间使用后性能下降会产生脆化、断裂，增加了维护工作量，因此目前更趋向于使用喷塑钢扎带，如图 11-7 所示，以延长扎带的使用寿命和减少扎带更换的频度。

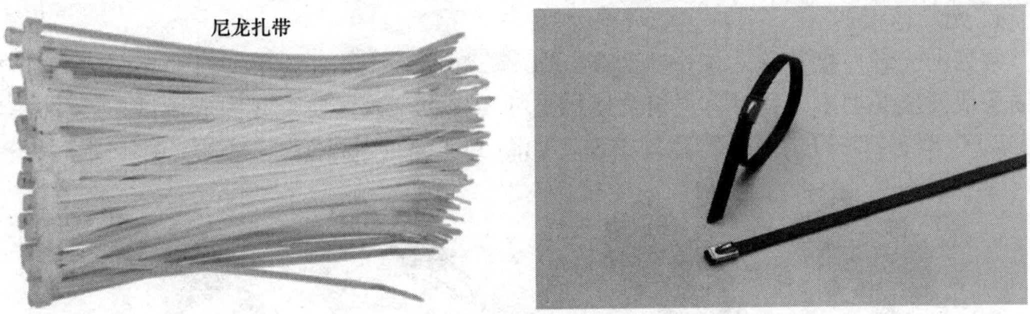

图 11-7 尼龙扎带与钢扎带

（2）光缆的检修记录

维护人员根据表 11-7 光缆维修规程内容，制定了相应的检修记录表，具体可参考表 11-8。

光缆半年检修表 **表 11-8**

设备	维修内容	验收标准	作业关键点	检查结果
隧道（区间）光缆	检查区间光缆绑扎	光缆应绑扎牢固		是□ 否□
	检查区间光缆及托架的状态	光缆无破损、变形、挤压、漏油，托架完好，无锈蚀、变形		是□ 否□
	对区间光缆实施加强绑扎	牢固无松动		是□ 否□
	光缆外部环境	光缆不被水滴		是□ 否□
备注				

11.1.3 光缆测试常用的仪器仪表、工器具和材料

1. 稳定光源

根据被测光纤的模式，可选用相应波长的激光光源（LD）或LED光源作为测试用光源。一般测量单模光纤采用稳定激光光源，其中心波长为1310nm（1280～1340nm）。测量多模光纤多采用LED光源。如果光中继段较长，应尽量选用光输出功率较大的稳定光源。

2. 光功率计

光功率计要与稳定光源配合使用，在测量时要注意光功率计选择的波长应与测试光源的波长一致。例如，某型号光功率计，其测量范围在＋20～－45dBm，分辨率为0.1dB，测量准确性为±0.3dBm，有780nm、850nm、1300nm和1500nm 4个波长可供选择。测量时应根据系统设计要求选择适合的波长，以提高测量精度。

3. 光时域反射仪（OTDR）

某型号光时域反射仪，采用激光光源，其波长为1300±30nm，脉冲宽度有20nm、50nm、100nm、500nm、1000nm、2000nm、4000nm、10000nm、20000ns挡，距离范围有5km、10km、25km、50km、100km、200km挡。当光纤线路距离短时用窄脉冲测量，分辨率较高；距离长时用宽脉冲测量，虽分辨率较差，但动态范围大。脉冲宽度越宽，动态范围越大。OTDR动态范围越大，测试距离越长，因此最好选用动态范围较大的OTDR。当选用不同的“距离范围”选项时，有不同的抽样分辨率，每次使用OTDR前应对其参数值进行检查，并根据具体情况作相应改变。在测试过程中应对同一中继段光纤的两个方向进行测试，每次测试时应设置相同的参数值。

4. 光纤连接器

常见的光纤连接器有FC、SC、ST、LC等类型，当被测光纤与测试光源或光功率计的插头或插座类型不一致时，可组合使用光纤转接法兰盘转换跳线完成测试，转接法兰盘有FC-SC型、FC-ST、SC-ST型等类型，如图11-8。

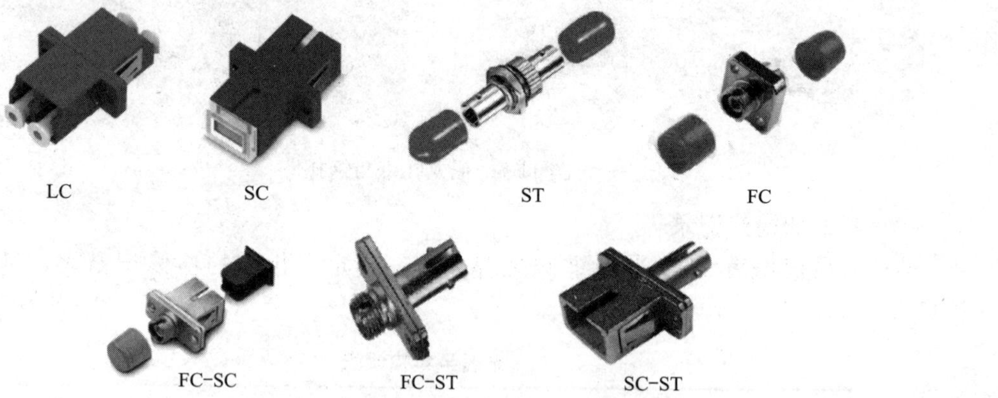

图11-8 光纤连接器与转接法兰盘

5. 压缩空气

用于对光纤插头、插座及适配器进行除尘的材料。

11.1.4 光缆的故障处理

1. 光缆的测试方法

常用的测试方法有剪断法、插入法和背向散射法等。剪断法测量准确性较高，但对于

既有已运行的光缆来说长度已经是固定的，而剪断法要求每测量一次就要剪断一段光纤，具有破坏性，显然不适用于日常的维护测试，因此运营维护中常用的测试方法主要采用后两种方法。下面分别加以介绍。

（1）插入法

插入法是采用稳定光源和光功率计测量光纤衰减，要求所用仪表使用的波长应与被测光纤工作波长一致，原理见图 11-9。测量时，首先对仪表进行校准，即将光源和光功率计用一条短光纤连接（短光纤损耗近似为零可忽略不计），校准输入参考光功率电平为 P_1，然后将光源发端、光功率计收端与被测光纤线路两端用活动连接器耦合，调整活动连接器，使之达到最佳耦合状态，即输出功率最大点，作为输出功率电平 P_2，

设衰减值为 A，则测得光纤的衰减为：

$$A = P_1 - P_2 (\text{dB}) \tag{11-1}$$

设此光纤均匀且长度为 L(km)，则可得光纤的衰减系数 α 为：

$$\alpha = A/L (\text{dB/km}) \tag{11-2}$$

在测试过程中，光源的输出功率应保持稳定不变。

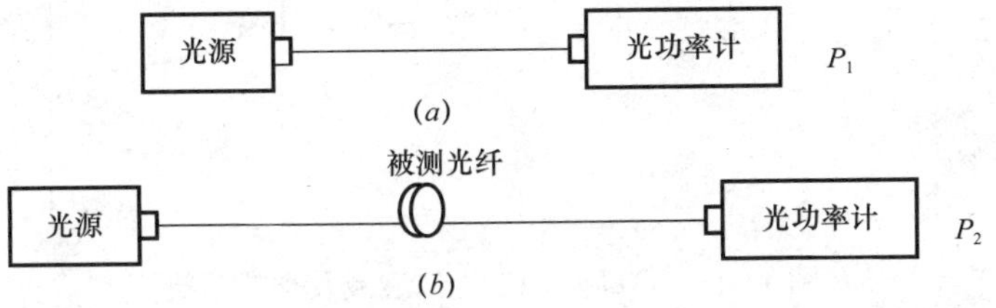

图 11-9　插入法测试光纤衰减

（2）背向散射法

背向散射法是采用瑞利散射机理，将大功率的窄脉冲光注入被测光纤，在同一端检测沿光纤返回后的散射光功率。因返回光的波长与入射光波长一致，返回的光功率与入射光功率成正比，可通过测量沿光纤返回的后向瑞利散射光功率测出光沿光纤传输的衰减等信息，是一种非破坏性测试方法。

这种测量方法使用的仪器是 OTDR。OTDR 不但可以测光纤衰减和衰减系数，还能测试光纤各段长度及其衰减分布曲线、测试接头的衰耗和具体位置以及光纤的物理缺陷（如内部断裂等），因此，OTDR 是光缆维护测试工作中不可缺少的仪表。因其机型不同操作菜单也不同，测量具体操作应严格按照说明书进行。测量前，根据具体情况设置 OTDR 的参数，它包括使用波长、距离范围、脉冲宽度、折射率、平均化次数或时间、接头损耗和反射损耗的阈值等。测量模式可采用全自动、自动、手动模式中的一种。测量时，将 OTDR 与被测光纤相连，然后进行相应的菜单操作，即可测出光纤长度、接头损耗、衰减分布曲线等项目。OTDR 测量原理见图 11-10。

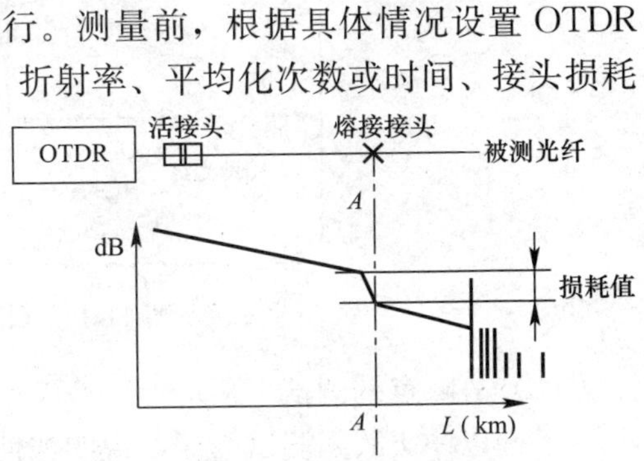

图 11-10　OTDR 测试原理图

2. 光缆故障处理案例

在光缆故障处理工作中，主要是对衰减、衰减系数、光缆长度、故障点等的测试。

（1）衰减及衰减系数的测试

1）用光源、光功率计测试

在事先知道此段光纤长度的前提下，可用图 11-9（*a*）、（*b*）的方法测出此段光纤的衰减，并根据公式（11-2）计算出衰减系数。

2）用 OTDR 测试

采用 OTDR 测量光缆的衰减系数，是一种非常方便的手段。可采用最小二乘法（LSA），将光标×分别放置于如图 11-11 中 1、2、3、4 的位置，点 1、2 和点 3、4 应分别置于“*”前一段和后一段曲线的前、后端平滑处并尽量靠近两端，这样测得的衰减比较准确，当确定好 4 个点的位置后，OTDR 自动计算出“1-2”、“3-4”两段光缆的衰减值及衰减系数。

（2）光纤长度的测试

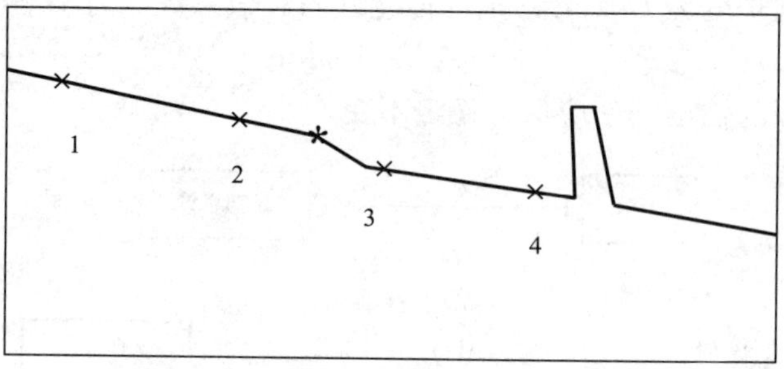

图 11-11　OTDR 测试光纤衰减及衰减系数

采用 OTDR 测试单盘光缆或中继段的光缆非常简便，首先根据光缆的大致长度选择合适的 OTDR 距离范围，一般取待测长度的 1.5～2 倍即可。为了避开 OTDR 的盲区效应，通常在被测光纤之前加一段辅助光纤，如 1km 的裸纤。将裸纤的始端熔接一个活接头，末端与被测光纤的始端熔接，即熔接点“×”的位置，将光标“*”移置菲涅尔反射峰上升沿的位置，则屏幕下方即显示出“×”与“*”之间的精确距离，即被测光纤的长度。测试原理图见图 11-12。

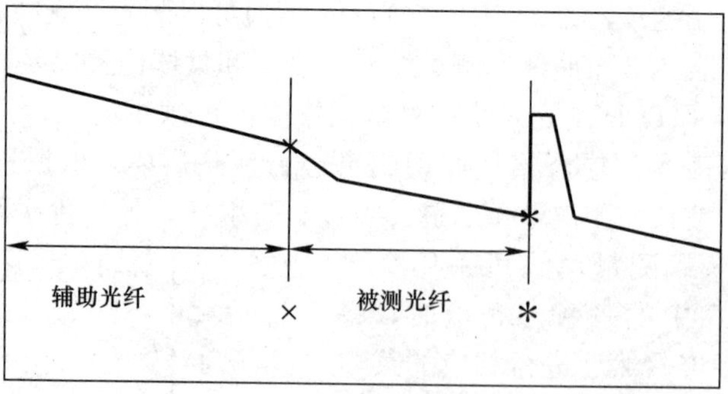

图 11-12　OTDR 光纤长度测试原理

（3）故障点的测试

下面以一次故障测试为例，说明如何进行故障点的判断。

故障例：甲、乙联锁站之间通过光缆传送信号，近期两站之间多次发生数据连接中断故障，多次检查后仍不能解决，于是考虑到问题可能出在传输线路上。

故障点的测试：首先检查光收、发模块，状态均正常。因两站之间的光缆有备用光纤，使用备用光纤替代主用光纤后故障消除。初步判断故障点在这1对收、发光纤（光纤A、光纤B）上，但不能确定故障点是在哪一根光纤。现场情况是，有一台配有FC型适配器的OTDR，而被测光纤均为ST型插头，无法直接测量。通过1条FC-ST型跳线和2个ST-ST型适配器对光纤A、B进行测试。图11-13示出了用OTDR测试甲、乙两站光纤A、B的原理框图。两站之间的光缆线路上有1个光纤接头，设光纤A、B的熔接接头分别为a和b，测量时用ST-ST型适配器将光纤A、B在乙站连接（此点设为活接头c），在甲站将OTDR分别与光纤A、B连接，可测得甲站到乙站方向的接头a、b、c的损耗和线路总衰耗d。同理用ST-ST型适配器将光纤A、B在甲站连接，在乙站将OTDR分别与光纤A、B连接，可测出乙站到甲站方向的接头损耗及线路总衰耗，测得甲站、乙站光纤A、B双向接头损耗及线路总衰耗数据见表11-9。

用OTDR测得甲站、乙站光纤A、B双向接头损耗及线路总衰耗　　表11-9

测试方向	OTDR连接位置	接头a损耗（dB）	接头a平均损耗（dB）	接头b损耗（dB）	接头b平均损耗（dB）	活接头c损耗（dB）	线路总衰耗d（dB）
甲站→乙站	光纤A	0.07	0.115	0.09	0.075	0.54	3.06
乙站→甲站	光纤A	0.16		0.06		1.37	3.95
甲站→乙站	光纤B	0.16	0.125	0.06	0.075	0.49	4.09
乙站→甲站	光纤B	0.09		0.09		2.24	4.75

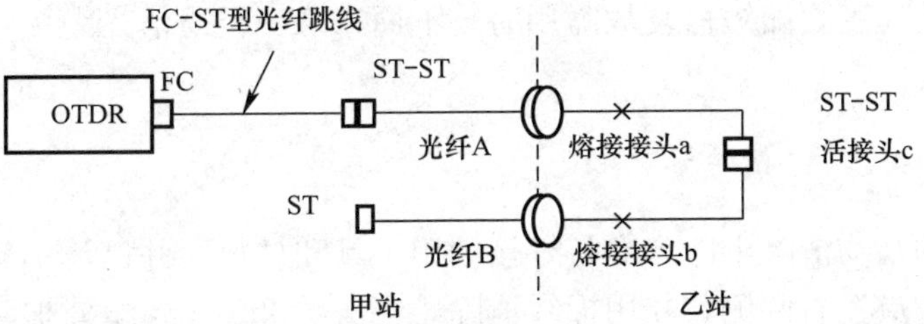

图11-13　光纤故障点测试示意图

从测试曲线上看到曲线较平滑，线路不存在断点，可能是线路两端的尾纤有问题。从表11-9中可看出，接头a、b的平均损耗值正常，当测试方向为乙站→甲站时，活接头c的损耗偏大，可确定甲站的尾纤存在问题。决定对乙站→甲站方向的光纤用OTDR多测试几次，在测试前先用光纤独立纤维清洁器对甲站光纤A、B端尾纤插头端面分别进行清洁，发现对光纤B每作1次清洁，测得的结果基本上都在1.37～1.83之间变化，怀疑光纤B尾纤存在问题，决定更换甲站一侧光纤B的尾纤。更换前发现这根尾纤在终端盒内受到挤压，再次测试时好时坏，于是对其进行更换。更换后重新测试结果表明故障点已修复。该故障表明在光纤接续后因光纤未放置好导致光纤长期受压从而影响了性能。

3. 光缆的接续

光缆接续是光缆施工以及光缆故障处理工作的重要组成部分，在处理线路故障中显得尤其重要。

(1) 光缆接续常用工具、材料

光缆接续常用工具、材料见表 11-10。

光缆接续常用工具、材料 表 11-10

工具名称		材料名称
光纤熔接机	钢卷尺	绑扎带
光缆外护套切割刀	活口扳手	接头盒
光纤松套切割刀	电工刀	棉纱
光纤涂覆层切割刀	剪刀	脱脂棉
光纤端面切割刀	酒精泵	脱脂纱布
光时域反射仪（OTDR）	钢锯	热缩套管（或 V 形保护夹）
十字螺丝刀	镊子	汽油
一字螺丝刀	工作灯	酒精
克丝钳	工作台	砂纸
斜口钳	喷枪	PVC 自粘带

(2) 光缆接续步骤和注意事项

尽管光缆种类很多，结构也不同，但接续的方法都有相似之处。城市轨道交通隧道内常选用防水、防潮和强度方面性能较好的光缆，这里我们选用的光缆由内部填充缓冲物、无卤阻燃外护层、非金属加强件、皱纹钢带等结构组成。在设计上，光缆接头终端盒位置一般尽可能地放在室内，如果故障位置发生在终端盒内，一是无需用室外接头盒，使接续工艺变得简单；二是工作环境也很理想。维护人员事先对光缆结构和接续要求有所了解，有助于提高接续的速度，缩短修复故障用时。下面以某一类通信光缆为例说明接续过程和注意事项。

1) 接续步骤

① 准备工作

将接续现场的杂物清除干净，准备好接续用工具和材料，并已清洁干净。待接续的光缆放于接续作业人员左右两侧，并用棉纱清除距端头约 2m 长光缆外护套上的污物，用钢锯将两侧端头各去除约 10cm，并检查光缆外护套是否完好，有不良情况的应去除。条件允许的可将光缆交叉放置于工作台左右两侧并固定，两端长度应基本一致约为 1.5m。

② 护套开剥

在两侧光缆上各套入一只挡圈待用。用光缆外护套切割刀在距光缆端头 1.3m 处环切一周，如果护套太紧不易抽出，可分段环切，逐一抽出。用剪刀从缆身环切处剪去缠绕的丝带和塑料条带，用酒精绵和棉纱将裸露的束管及加强芯上的油膏擦净，并剪去填充物，对左右侧的光缆进行同样的处理。

③ 加强芯的处理

调整好接续盒与光缆，使两侧光缆基本平直对齐，距外护套切口处保留加强芯 100mm，其余部分剪去。将两侧的光缆内护套部分卡在接续盒的入口处，若内护套的直径小于接续盒引入口，应在内护套上缠绕若干层橡胶自粘带，比直径稍大一些。根据选用的终端接头盒类型，用钢卷尺量取所需加强芯的长度，用克丝钳剪去多余的部分，将加强芯穿入加强芯固定螺栓，并用螺母拧紧固定在相应的位置上。

④ 开剥束管

从左侧光缆已去除护套的部分量取一定长度的一根束管，原则上根据束管的色谱依次开剥，具体长度根据接头盒的情况而定。用光纤松套切割刀环切束管一周，轻轻折一下切口，使束管折断。用绑扎带将束管固定在盘留盒长度方向一侧，对右侧光缆的同色束管做同样处理。为便于盘纤，左、右光缆的束管应固定在同一侧。

⑤ 光纤预盘留

将两侧的光纤束管引入接续盘留盒内，试一下束管与固定位置的长度后，用绑扎带固定束管，一根束管引入一层盘留盒。

将割断的束管轻轻地向外拉出去除掉，用脱脂纱布沾酒精擦拭已剥去束管的光纤若干次，以去除表面的油膏，然后将左右束管中的光纤束分别以顺、逆时针方向沿着盘留盒内边缘盘留，预估光纤盘留的长度（一般为绕接续盘 2 圈），剪去多余长度以使两束光纤束的端头恰好都在盘留盒内固定光纤接头的位置。

⑥ 光纤端面制作

将作完预盘留的光纤取出来，准备接续。通常采用热缩套管对熔接后的接头加以保护，在进行光纤端面制作前，将热缩套管事先套入其中一侧的光纤后再制作端面。从左、右侧光缆中选取束管中的某色光纤，用脱脂棉沾酒精擦拭光纤约 10cm，用光纤涂覆层切割刀从距端头 5cm 去除涂覆层，并用沾有酒精的脱脂棉擦拭几次，擦去涂覆层的碎屑。用光纤端面切割刀分别制作端面，切割后应保留约 1cm 的去涂覆部分。

⑦ 光纤熔接

左右侧同色束管中的同色光纤端面制作完成后，分别将其放入准备就绪的光纤熔接机左、右侧 V 形槽内，按照熔接机焊接工艺进行操作。熔接完光纤后，光纤熔接机会对该接头的熔接情况给出一个估算损耗值，通常都小于 0.05dB，如果接头损耗超过 0.1dB，就需要对光纤重新熔接，直到合格为止。

接头熔接后，将热缩套管从一侧移至熔接接头处，然后放入熔接机的热缩套管加热器中加热，热缩套管从中间向两侧逐渐收缩，挤压出内部的空气。加热完成后，即可用双手分别在两侧轻轻抬起该光纤，并将光纤在终端盒内盘留好，调整位置使得热缩套管卡在终端盒内的固定槽位上。此后依次熔接其他的光纤，并依次做好盘留。如果是采用金属 V 形夹保护的，可在熔接之后，在 V 形夹装置位置放入 V 形夹，然后将熔接接头放到 V 形夹内，按压 V 形夹装置，该熔接头处则增加了 V 形夹保护措施，然后将 V 形夹卡在终端盒内的固定槽位上。

根据盘留盒中固定槽位的数目，可将不同颜色束管中的光纤放置于不同的盘留盒内，各盘留盒依次叠放。按上述熔接步骤依次对各束管中的光纤进行熔接、盘留。

⑧ 接头盒安装

所有光纤熔接、盘留完毕后，将盘留盘在盘留盒上依次叠放整齐（可用胶带在中部捆扎），再按照接头盒的安装方法将挡圈、密封圈、螺丝等部件依次序装配完毕。

⑨ 接头盒固定

接头盒安装完毕后，将接头盒两侧的光缆余留一定长度（弯曲半径应为光缆直径的 15 倍）用膨胀螺丝等部件固定在隧道壁的适当位置（一般高度在 1.2m 左右）。

⑩ 清理现场

完成所有接续工作后应对施工现场进行清理，将使用过的工具清洁后放回工具箱，使用完的仪器仪表擦拭干净放好，施工后的所有废料应清理干净，将现场恢复原状。

2）注意事项

① 切割光纤束管时，一般用松套管切割刀夹住束管转 3 圈后，在切痕附近用双手上下稍稍拗动，即可抽出束管，切割、拗动时不可用力过大，否则极易损伤光纤。

② 使用不同的光纤端面切割刀，操作方法也不同，制作光纤端面时，要求已去涂覆并做好清洁的光纤放入相应的 V 形槽内，一只手按住光纤，另一只手轻轻按下切割刀且“听声即止”，才能切得又快又好，如果用力过大，端面则会出现破损的情况。

③ 光纤熔接前，要对预熔光纤确定熔接顺序，如根据束管和光纤涂覆层颜色或根据绞合方向、束管及涂覆层颜色辅助进行编号，确定熔接顺序。

④ 光纤制作完端面放入熔接机时，在熔接机的监视屏上应能够看到光纤，否则熔接结果可能不够理想或因推进单元设定的推进值不够而无法进行熔接。

⑤ 如果用光时域反射仪（OTDR）测试接头熔接损耗，光纤正进行熔接时 OTDR 不应设成“扫描”状态，应在熔接完成后再进行“扫描”，以免 OTDR 发出的激光对熔接机的本地注入和检测系统产生干扰，影响光纤的对准效果。

⑥ 如果端面制作良好但熔接结果并不理想时，应对熔接机的（预）熔接时间、（预）熔接电流等熔接参数进行适当调整。

11.1.5 关于光缆维护的几点建议

光缆使用初期，其特性相对稳定，为了延长光缆使用寿命，减少光缆故障率，必须对光缆进行有效的维护。除了要求维护人员有高度责任感外，还应加强有关光缆维护的理论学习、提高光缆维护的实践技能。

（1）学习光缆结构、光纤导光原理、传输模式及光纤损耗特性等理论知识，了解光纤在传输中产生损耗的原因，以便在工作中更好地进行光缆维护。

（2）定期进行技术考核以提高维护人员在仪表使用、测试方法、光缆接续等方面的实践操作技能。

（3）维护人员应进一步熟悉轨道交通光缆的分布和光纤使用情况，并根据维护历史记录总结出光缆的衰减变化趋势。

（4）日常维护用的仪表、工器具（如光源、光功率计、OTDR、光纤熔接机等）应由专人进行充电、清洁等维护，建立仪表维护保养记录，使之处于良好的工作状态。

使用光纤的设备大多数都有相应的状态指示灯或维护终端自动监视系统的运作情况，如告警、复原、光收发模块的工作状态等，维护人员应及时记录各种状态信息，以便在系统发生故障时，能迅速确定光缆故障位置或区间。各设备光收、发模块的告警信息（除模块本身故障，如性能老化的告警）是判断光缆是否发生故障以及光纤损耗是否增大的重要依据，必须认真测量其接收和发送功率，并做好详细记录。

11.2 通信电缆的日常维护和故障处理

电缆线路的日常维护包括定期测试和巡视两部分。定期测试工作包括芯线电阻、不平衡电阻、绝缘电阻等的测试，长途电缆还应包括串音衰耗和串音防卫度的测试，同轴电缆也还应包括线路衰耗、波阻抗不均匀性等的测试。这里我们只侧重芯线电阻、不平衡电阻、绝缘电阻的测试。巡视工作包括检查线路设备是否正常、芯线排潮、人井管道维修、标石修补加固以及检查防腐、防洪、防雷设施等。

11.2.1 通信电缆的维护

1. 建立通信电缆线路的资料档案

通信电缆线路的资料档案分为电缆敷设完工后的原始资料和线路维护过程中变动的资料两部分。原始资料作为维护工作的依据应妥善保管，对于资料的变更修改要及时，并注明变更的原因及变更细节，电缆线路资料详尽、准确，可为今后的维护工作提高效率。

(1) 收集、整理电缆施工、竣工资料

主要包括：

1) 电缆的敷设方式（指直埋、管道、隧道、架空等）、电缆敷设路由图；

2) 敷设的电缆规格型号及数量；

3) 管道电缆在管道中详细的布置图，隧道电缆在隧道中的布放图；

4) 电缆人井、标桩的位置及数量；

5) 电缆的各级配线图、电缆接头位置图及接头配线图。

(2) 建立通信电缆线路的巡视记录

根据巡视的要求，检查线路的状态并及时进行登记，作为对原始资料的补充，巡视记录内容见表11-11。

通信电缆线路巡视记录表 **表11-11**

日期	线路位置	巡视内容	巡视人	发现的主要问题	处理结果	消耗器材数量

(3) 建立电缆线路电气性能测试记录

电气性能主要进行的是直流测试，必要时也可作交流测试，直流测试主要进行电缆环路电阻、不平衡电阻和绝缘电阻的测试；交流测试主要进行串音衰耗和串音防卫度的测试。根据测试的结果，可以分析出电缆特性的变化趋势，从而及时有效地防止因电缆电气性能劣化造成的通信故障。

(4) 建立通信电缆线路的故障记录

通信电缆线路故障记录参考表11-12。

通信电缆线路故障记录 **表11-12**

日期	线路名称	故障时间		故障情况			修复情况	维修人员	备注
		开始时间	恢复时间	故障地点	故障程度	故障原因			

2. 电缆的维修规程与检修记录

(1) 电缆的维修规程

检修人员结合对电缆的日常维护工作，总结出比较适合电缆维护的周期，直埋电缆

（含电缆井）以及区间电缆通常采用二级保养、小修、中修的检修方式，检修周期分别对应半年检、年检，直埋电缆线路及电缆井维修规程可参考表11-13，区间通信电缆的维修规程可参考表11-14。

直埋电缆线路及电缆井维修规程　　表11-13

设备名称	修程	检修周期	检修内容	验收标准	作业关键点
直埋电缆线路及电缆井	二级保养	每半年	（1）检查电缆井井盖有没有损坏、检查电缆井有无损坏造成井内通信电缆损坏	无损坏	
			（2）检查分线箱状况	清洁无杂物	
			（3）检查电缆井标牌	标牌齐全，字迹清晰	
			（4）检查电缆井防护网是否牢固，更换已腐蚀损坏的防护网	防护网状况良好	
	小修	每年	（1）同二级保养		
			（2）整治损坏的井盖	井盖无破损	
			（3）清除井内杂物	无杂物	
			（4）整治电缆井内损坏的通信电缆支架	无损坏	
			（5）绑扎松脱的通信电缆	牢固无松动	

区间通信电缆维修规程　　表11-14

设备名称	修程	检修周期	检修内容	验收标准	作业关键点
区间通信电缆	小修/高架区间为（二级保养）	每半年（高架区间每季）	（1）检查区间通信电缆放置位置	位置正确	
			（2）检查区间通信电缆绑扎情况	牢固无松动	
			（3）抽测区间通信电缆线间绝缘电阻和对地绝缘电阻（按10%比例抽测）	线间和对地绝缘电阻大于20MΩ	
	小修	每年	（1）同二级保养		
			（2）检查区间通信电缆绑扎情况，以间隔不超过20米m的密度，实施加强绑扎	牢固无松动	

（2）电缆的检修记录

维护人员根据表11-13车辆段直埋电缆线路及电缆井维修规程，制定了相应的检修记录表，具体可参考表11-15、表11-16，根据11-14区间通信电缆维修规程，制定相应的检修记录表，具体可参考表11-17、表11-18。

车辆段直埋电缆线路及电缆井半年检表　　表11-15

设备	维修内容	验收标准	作业关键点	检查结果
车辆段直埋电缆线路及电缆井	检查电缆井井盖有没有损坏、检查电缆井有无损坏造成井内通信电缆损坏	无损坏		是□　否□
	检查分线箱状况	清洁无杂物		是□　否□
	检查电缆井标牌	标牌齐全，字迹清晰		是□　否□
	检查电缆井防护网是否牢固，更换已腐蚀损坏的防护网	防护网状况良好		是□　否□
备注				

车辆段直埋电缆线路及电缆井年检表 **表 11-16**

设备	维修内容	验收标准	作业关键点	检查结果
车辆段直埋电缆线路及电缆井	检查电缆井井盖有没有损坏、检查电缆井有无损坏造成井内通信电缆损坏	无损坏		是□ 否□
	检查分线箱状况	清洁无杂物		是□ 否□
	检查电缆井标牌	标牌齐全，字迹清晰		是□ 否□
	检查电缆井防护网是否牢固，更换已腐蚀损坏的防护网	防护网状况良好		是□ 否□
	整治损坏的井盖	井盖无破损		是□ 否□
	清除井内杂物	无杂物		是□ 否□
	整治电缆井内损坏的通信电缆支架	无损坏		是□ 否□
	绑扎松脱的通信电缆	牢固无松动		是□ 否□
备注				

区间通信电缆半年检表 **表 11-17**

设备	维修内容	验收标准	作业关键点	检查结果
	检查区间通信电缆放置位置	位置正确		是□ 否□
	检查区间通信电缆绑扎情况	牢固无松动		是□ 否□
	抽测区间通信电缆线间绝缘电阻和对地绝缘电阻（按 10%比例抽测）	线间和对地绝缘电阻大于 20MΩ		是□ 否□ 测量值：
备注				

区间通信电缆年检表 **表 11-18**

设备	维修内容	验收标准	作业关键点	检查结果
	检查区间通信电缆放置位置	位置正确		是□ 否□
	检查区间通信电缆绑扎情况	牢固无松动		是□ 否□
	抽测区间通信电缆线间绝缘电阻和对地绝缘电阻（按 10%比例抽测）	线间和对地绝缘电阻大于 20MΩ		是□ 否□ 测量值：
	检查区间通信电缆绑扎情况，以间隔不超过 20m 的密度，实施加强绑扎	牢固无松动		是□ 否□
备注				

（3）定期巡视的注意事项

1）直埋电缆的巡视

① 沿地下电缆线路的路由，巡视地面上有无挖掘的新痕迹，凹陷或其他异常。如发现疑点，必要时可掘开地面检查。着重检查特殊地段的电缆及装置，如公路、铁轨等处的电缆防护装置。

② 发现电缆线路附近有施工进行，应及时与施工单位联系，协商配合保护电缆设备，并加强巡视、监督工作。

③ 检查、核对电缆标桩、标石有无移动、歪倒、损坏或丢失，必要时对标石进行扶正、培固、补充和油漆。

④ 检查电缆井时，应看电缆井井盖是否丢失，破损或断裂，井盖上标志是否清晰、完整，正确；井内是否有水或渗水现象；井内电缆是否泡水，井内是否有垃圾需要清理；

井内电缆是否固定在托臂上，电缆是否有破损现象；井内电缆接头是否生锈；电缆管孔封堵是否完好，井内托臂是否损坏、丢失或生锈。

⑤ 巡视检查分线箱、盒是否牢固、布线整齐、干燥清洁。

2）管道电缆的巡视

① 管道部分的上方有无突出、下沉现象，人孔盖是否放置良好，有无丢失；人孔有无裂缝、穿洞，人孔盖上方或周围有无堆放物品或泥土等。

② 人孔内部电缆出入管孔及电缆弯曲部分电缆状态是否良好，电缆支架状态等。

3）隧道电缆的巡视

① 检查电缆有无破损、变形、挤压，电缆位置是否正确。

② 电缆是否绑扎固定，托臂有无脱落。

③ 检查隧道电话分线箱是否牢固、布线是否整齐、卫生是否清洁。

④ 检查隧道电话通话质量是否良好，电话机及线路是否清洁。

4）架空电缆的巡视

① 检查线杆是否有倾斜、裂痕、拉线是否牢固可靠，钢吊线垂度是否合适，吊线夹板是否松动，挂钩有否脱落，木质线杆有否腐烂等。

② 电缆经电力线、房屋、树木的地方的保护措施是否合适，电缆接头的挂带是否固定牢固。分线设备盒盖是否严密，内部有否尘土或昆虫。

③ 另外巡视中若发现有在线杆附近生火，晾晒衣物等情况应制止，同时宣传有关政策。

（4）定期测量电缆的电气特性

通信电缆直流特性测试项目见表 11-19。

通信电缆直流特性测试项目 **表 11-19**

线对位置		单根电阻（Ω）		环路电阻（Ω）			不平衡电阻（Ω）			绝缘电阻（MΩ）					测试人
排	对	L1	L2	标准值	实测值	质量	标准值	实测值	质量	L1～L2	L1～地	L2～地	不平衡%	质量	
被测线路位置			至						线路长度		（m/km）				
测试日期			年　　月　　日						温度天气情况		℃				

11.2.2 电缆的故障处理

电缆在使用过程中，随着时间的增长会出现性能下降的状态，需要对电缆的性能进行测试以便于确认电缆的工作状态是否正常，此外因各种外因导致电缆破损，如被鼠咬、被割伤或打钻钻断等造成线缆的破损等，都需要对电缆重新进行接续。设备维护人员需要不仅要掌握电缆常用的测试仪表和测试方法，还需要懂得对故障电缆的接续处理，下面我们重点从这几方面进行介绍。

1. 常用仪表和工具

（1）兆欧表

根据被测对象选用合适的输出电压和测量范围的兆欧表。当额定电压 500V 及 500V

以下者，应采用输出电压 500V 或 1000V 兆欧表；当额定电压在 500V 以上时，应采用输出电压 1000V 或 2500V 的兆欧表；10kV 及 10kV 以上者，应采用 2500V 兆欧表。兆欧表测量范围的选用，应注意一般不要使其测量范围过多的超出所需测定绝缘的电阻值，以免读数产生误差。在常温时，测定低压电器设备绝缘一般可选用 0～200MΩ 的兆欧表。

1）兆欧表使用注意事项见表 11-20。

兆欧表使用注意事项　　　　表 11-20

序号	注意事项
1	使用前应先检查兆欧表外观及测量连接线是否完好
2	使用前应做短路、开路试验检验兆欧表。开路试验是将兆欧表端子开路，以大约 120r/min 的速率转动手柄，兆欧表指针应指向“∞”位置；短路试验是将兆欧表的 L 端子和 E 端子短接，轻轻转动兆欧表的手柄兆欧表的指针应迅速回到“0”位。如果不能满足上面的要求，最好不要使用
3	被测设备必须停电。对于有大电容的设备，停电后还应彻底放电
4	取放兆欧表应轻拿轻放。因为它的构造相当精细，取放不当，会使内部机件受振动而损伤
5	兆欧表表面应保持清洁，干燥，尤其在测量接线柱间不应有任何尘垢或脏物。因为“L”端未装保护环，脏物及表面潮湿会引起“E”、“L”两接线柱间产生漏电回路，以致引起额外的泄漏电流流入电流线圈而造成误差
6	应注意静电电位对兆欧表读数的影响。当我们擦拭仪表表面玻璃时，玻璃上积聚起静电电荷，由于静电电荷的作用而产生吸引指针的力，使指针作一定的偏转。尤其在“∞”附近，这样的作用能使指针示数值与实际数值相差很多。在这种静电影响下，兆欧表空摇时，指针将不指向“∞”处。因此使用前，最好不要用干布擦拭，若擦拭后发现这种现象时应先消去静电后再测量绝缘电阻
7	应正确接线。兆欧表有 E、L、G 三个接线柱。测量时，E 端一般接电气设备的金属外壳，L 端接被测导体，G 端一般不用。测量电缆的绝缘电阻时，为了消除流经表面电阻的面电流给测量带来的误差，应将 G 端接于被测导体绝缘层上的屏蔽环
8	转动兆欧表的手柄时应保持一定的速度，切忌忽快忽慢，这样会使表针摆动，读不出正确的数据来。转速一般应保持在 120r/min，但最低不应低于 90r/min，最高不应超过 150r/min。在 120r/min 左右的转速下持续 1min，待指针稳定后读数并记录
9	对于有大电容的被测量对象，应先转动手柄至 120r/min 左右，再搭上 L 端，继续转手柄待指针稳定后读数、记录；然后，先撤下 L 端搭接，再停止转动手柄；经对被测对象再次放电后，再拆除测量接线
10	测量时如指针迅速跑向零位，表明被测绝缘已经击穿，应立即停止转动兆欧表的手柄

2）校验兆欧表

最简单校验兆欧表的方法是用标准电阻直接来校验。只要我们将标准电阻直接接到兆欧表的两个接线柱上去，然后转动兆欧表记下指示值即可。计算一下指示值的误差，只要不超出兆欧表的规定要求，就可以认为其合格。当临时没有标准电阻时，我们可采用一些质量好的炭质电阻来替代标准电阻。使用中应注意电阻的消耗功率不应超出电阻的允许瓦特数。标准电阻值小，所用电阻的瓦特数应大些，电阻值大时，瓦特数可用小一些的。例如，当我们需要 1 只校验 1000V 兆欧表的 1 兆欧标准电阻时，电阻上消耗的功率是 1W，为了避免电阻发热影响数值变化，我们可采用 0.5W、250kΩ 的电阻 4 只串联起来；也可用 0.5W、100kΩ 电阻 10 只串联起来。

（2）接地电阻测量仪

接地电阻测量仪简称地阻仪，它可以测量各种设备的接地电阻，也可以测量土壤的电阻率。它由手摇交流发电机、电流互感器、滑线电阻及检流计等组成。此外还有接地探针或联接导线等。仪表有 E、P、C 或 C2、P2、C1、P1 四个接线柱，E 端或 P2、C2 短接后作为被测接地电阻接线柱，P端或P1端为电压辅助探针接线柱，C端或C1端为电流辅助接线柱。下面我们以ZC-8型接地电阻测量仪为例，说明一下仪表的部件、性能和使用方法。

1）ZC-8型接地电阻测量仪面板的接线柱及其作用

ZC-8型接地电阻测量仪采用四个接线柱的结构，测量前调整旋钮校正检流计，使之指向零位；倍率盘用来显示倍率的数字，共分为1、10、100三挡，用倍率盘旋钮来调整；测量盘用均匀刻度表示，转动测量盘旋钮，可改变测量盘数值；摇把为手摇交流发电机的摇柄。

2）使用方法

将仪表接线柱的P2、C2端短接后与被测接地极E相连，P1端与电压探针P相连，C1端与电流探针C相连，并且使E、P、C三点在同一直线上，彼此之间距离大于20m。P处于E端和C端的中间位置。

断开设备与接地装置的联系，然后将仪表放于水平位置，使用检流计指针指到零位。将倍率旋钮旋至最大倍率上，缓缓摇动交流发电机的摇柄，及时调节“测量盘旋钮”使检流计指到零位，表示电路处于平衡状态。若测量盘读数小于1，应将倍率开关置于较小的一挡重新测量。当检流计接近平衡时，应加快交流发电机的转速（120r/min），使指针停留在零位处，并根据公式（11-3）计算出接地电阻值。

$$接地电阻值=倍率\times测量盘读数 \tag{11-3}$$

当使用0～1/10/100规格的仪表测量小于1Ω的接地电阻值时，应将P2、C2之间的连接片打开，并分别用导线接到被测接地体上，以消除测量时由于连接导线的电阻所引起的附加误差。

（3）万用表

万用表可用于测量交、直流电压或电流等的多用途测试仪表。万用表采用磁电系的测量机构，具有很高的灵敏度，用作电压表时，内阻可达2000Ω/V以上。万用表的结构形式、表面上的旋钮布局多种多样，使用时应根据仪表具体情况而定。正确使用万用表应注意以下几点。

1）正确选择表笔插孔

测量之前，首先检查表笔的位置，红色表笔应接在红色接线柱或标有“＋”的插孔内，黑色表笔应插在黑色接线柱或标有“－”的插孔内。测量电压时，应将仪表并联接入被测电路，测量电流时，则应串联接入电路。测量直流时，应使红色表笔接被测电路的正极，黑色表笔接被测电路的负极。

2）转换旋钮位置的确定

万用表的表盘上有一个或两个转换旋钮，用于选择测量对象和量程。要注意避免在测量电压时误将旋钮旋转到电流挡或电阻挡，否则会损坏表头。测量电流或电压时，如果不能确定被测量的大小，则应将转换旋钮旋至电压或电流的最高挡，读电流或电压值时，调整挡位，使指针在满刻度的1/2～2/3的范围内，这样测量结果比较准确。测量电阻时，应选择适当的倍率，并使指针指在刻度较稀疏的位置，以获得准确的读数。

3）安全操作方法

使用万用表时一般手持仪表及表笔进行测量，注意手不要接触表笔的金属部分，以保障人身安全及测量的准确性。测量高电压或大电流时，不能带电转动旋钮，避免在开关触点产生电弧，烧坏旋钮部分。对测量电路应考虑仪表转换旋钮的最高耐压值，防止旋钮触点及接线片之间的绝缘被击穿。万用表使用之后，应将旋钮旋至交流电压最高挡，这样可以防止转换旋钮在欧姆挡时表笔短路而损耗电池，或再次测量时因疏忽而烧坏仪表。

2. 电缆的测试

通信电缆线路的电气测试主要包括对使用中的电缆线路的电气性能进行定期抽测；对抢修后的电缆线路的电气性能测试和备用电缆线路的电气性能测试。在实际电缆线路维护中，对电缆线路的绝缘性能的测试是最简单、最基本的方法。

电缆的测试包括直流测试和交流测试。其中直流测试包括芯线绝缘电阻（芯线间及芯线对地间）；线对环路电阻、不平衡电阻等；交流测试包括：回路间近端串音衰耗和远端串音防卫度等测试。

（1）芯线绝缘电阻的测试

1）测试前的准备工作

首先按照兆欧表使用注意事项有关项目进行，确认其状态良好。然后将待测试电缆的A端剥除10～25cm的内、外护套、绕包带和屏蔽层，将所有的芯线的末端去除5～10cm的绝缘层，用金属导线将线头分组混在一起并与金属屏蔽层接在一起。然后用一根带夹子的绝缘测试引线将兆欧表的“L”端与从芯线束中抽出的某一根被测试芯线a相连接，随后将兆欧表的“E”端与金属屏蔽层相连，“G”端与绕包带相连。另外，电缆B端所有芯线应处于开路绝缘状态，不得互碰接地。这样就可测出芯线对地绝缘电阻，同理按上述步骤将兆欧表“E”端连到从电缆A端抽出的另一根芯线b，并确认两根芯线间及与金属屏蔽层之间绝缘良好，即可测出芯线间的绝缘电阻。

2）测量过程

测量时，兆欧表保持水平放置，因为摇表每倾斜10°，就会产生±1%的误差。测量遵循兆欧表的使用注意事项正确操作，等到摇速均匀并且指针稳定后才能读出正确的读数，并将测量结果记录在表11-21中。测量值应满足线间绝缘电阻、芯线对地间绝缘电阻均应大于30MΩ。

电缆线对绝缘电阻测试记录表 **表11-21**

测试日期：　年　月　日　环境温、湿度：　℃，　%　测试人员：				
电缆编号：		电缆类型：	电缆长度：　m	
电缆线对编号		绝缘电阻（MΩ·km）		
序号	线序	a-b（a/b线间）	a-地（a线对地）	b-地（b对地）

（2）芯线环路电阻测试

所谓芯线环路电阻，就是指一对芯线的a线与b线的电阻之和。芯线环路电阻受芯线的长度、截面积、电阻率及环境温度的影响，通常以20℃的环境温度为基准，当环境温度变化时，可根据计算公式（11-4）对测试结果进行修正。

$$R_{20℃} = Rt/[1+\alpha(t-20)] \tag{11-4}$$

式中　α——电阻温度系数，铜芯线的 α 值为 0.004～0.0043；

t——测试时的环境温度，℃。

一般可用万用表测量芯线的电阻，但误差较大。为了测得精确的结果，必须使用直流电桥。具体可按图 11-14 所示来进行。

将被测线路接至电桥的 X_1、X_2 端子上，将线路的对端局断开局内设备，在线路的引入处将两线短接。

1）正确设置电桥各开关，并按线路环路电阻的估算值，选择适当的比率臂倍率。按电桥使用方法使检流计达到平衡状态。

2）根据公式（11-5），此时环路电阻 $R_X=R_2+R_3$

$$R_X=\frac{R_a}{R_b}R_0 \tag{11-5}$$

比率臂的倍率 $K=R_a/R_b$，若使 $K=1$，则环路电阻阻值为 $R_X=R_0$

（3）不平衡电阻测试

不平衡电阻的含义即两根芯线电阻的差值，测试方法同测芯线环路电阻基本相同，不同之处在于测量不平衡电阻时利用地线构成一条导通的回路，具体测试方法见图 11-15。

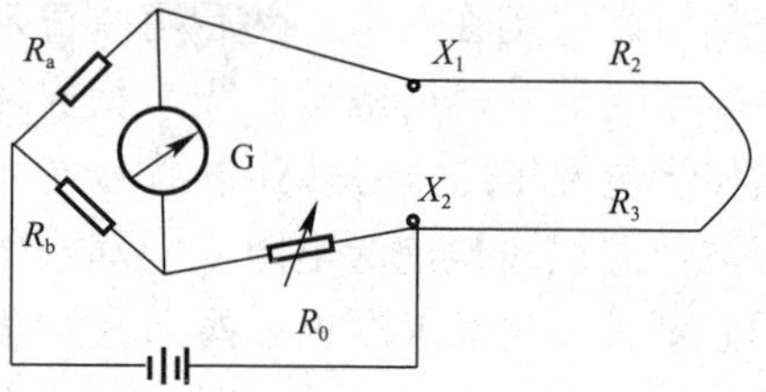

图 11-14　芯线环路电阻测试原理图

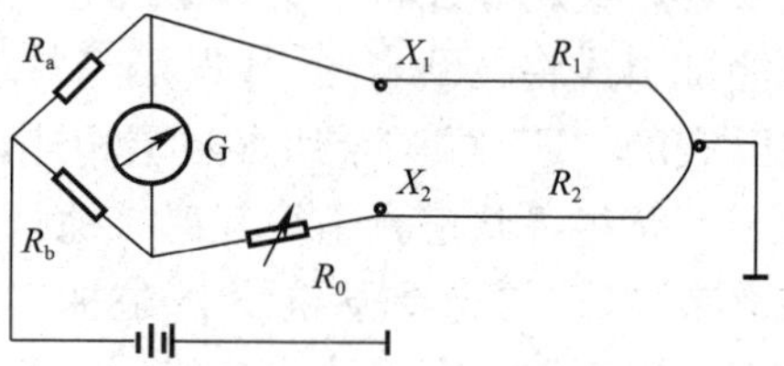

图 11-15　不平衡电阻测试原理图

假定我们设定比率臂 $K=R_a/R_b=1$

则可按如下步骤进行：

1）让对方先断开局内终端设备，在线路的引入端将两根芯线短接后接地。

2）将被测线路分别与电桥的 X_1、X_2 端子相连。

3）将电桥的“E”端子或接地端子接地。

4）正确设置电桥的各开关，并把比率臂调至 1 的位置上，按电桥的使用方法使之达到平衡。

则有公式（11-6）

$$\frac{R_a}{R_b}=\frac{R_1}{R_0+R_2} \tag{11-6}$$

而 $R_a/R_b=1$，则　$R_1=R_0+R_2$

即　$R_0=R_1-R_2$

结果，可变电阻旋钮 R_0 的读数即为 R_1-R_2 之差，也即两线间的不平衡电阻值。当 $R_2>R_1$ 时，应将接在 X_1、X_2 端子上的两线互换后再调整可变电阻 R_0，当电桥平衡后，不平衡电阻为 $R_0=R_2-R_1$。

以上是用比率臂 1∶1 的方法测量不平衡电阻的，它的优点是不需要计算，是线路定期测量和工程测量中常用的方法。此方法的缺点是当不平衡电阻小于 1Ω 时，测量的误差较大。

3. 电缆的故障处理

电缆出现破损伤的情况下，需要对该处线缆重新进行接续，制作电缆接头。

电缆接续前应做好接续场地、各种接续工具和材料、电气检查和线缆 A、B 端的检查等准备工作。充分做好各项准备工作会使接续工作的质量、速度和安全有可靠的保证。

（1）接续前的准备

1）接续场地的准备

根据电缆的敷设方式进行相应的准备工作，当开挖直埋电缆接头坑时，要对接续人员及电缆做好防护；当接续架空电缆时，应准备好需要登上高处的平台、架子、梯子等工具，并做好相应的安全措施；在人井内接续时要注意井上的安全措施、井下的清洁和其他电缆的检查以及选择接续的位置等。

2）接续工具和材料的准备

电缆接续常用工器具参考表 11-22；电缆接续常用材料参考表 11-23。

电缆接续常用工具 **表 11-22**

序号	名称	用途	序号	名称	用途
1	钢锯	割断电缆	7	钢卷尺	量长度
2	尖嘴钳	剥去钢带	8	压接钳	压接纽扣式接线子
3	美工刀	剥去电缆护层	9	喷灯	烘烤热缩套管
4	电缆割刀	横向开剥电缆	10	电工刀	纵剖电缆
5	剪刀	剪铠装	11	斜口钳	剪断接续余线，去绝缘皮层
6	斜口钳	剪掉防护层			

电缆接续常用材料 **表 11-23**

序号	名称	序号	名称
1	纽扣接线子	6	焊锡
2	B 型接线子	7	焊锡丝
3	砂纸	8	电池
4	汽油	9	热缩套管
5	绝缘胶带	10	棉纱

3）判断电缆的 A、B 端

作业人员观察两根电缆的横截面，判断电缆的 A、B 端，绿色芯线在红色芯线顺时针方向的一端为 A 端、绿色芯线在红色芯线逆时针方向的一端为 B 端，为防止接续后电缆芯线扭转，保证接续的工艺，将 A 端电缆与 B 端电缆对接。

4）确认电缆色谱

电话电缆的色谱由 5 种领示色和 5 种循环色共 10 种颜色组成，5 种领示色和 5 种循环色经过组合共组成 25 种色谱，无论电话电缆对数多大，通常大对数电话电缆都是按 25 对色为一小把标识组成。通常电话电缆分为 10 对，20 对，30 对，50 对，100 对，200 对，300 对甚至是上千对。5 种领示色分别为白色、红色、黑色、黄色、紫色，5 种循环色分别为蓝色、桔色、绿色、棕色、灰色。

① 25 对电话电缆色谱线序

组合扭绞成 25 种不同色标的线对，领示色（a 线）色谱排列顺序为：白、红、黑、黄、紫。循环色（b 线）色谱排列顺序为：蓝、橘、绿、棕、灰。每 25 对线为一个基本单位，线对序号及色谱如表 11-24：

25 对电话电缆芯线色谱对照表 **表 11-24**

线对编号	颜色		线对编号	颜色		线对编号	颜色		线对编号	颜色		线对编号	颜色	
	a	b		a	b		a	b		a	b		a	b
1		蓝	6		蓝	11		蓝	16		蓝	21		蓝
2		桔	7		桔	12		桔	17		桔	22		桔
3	白	绿	8	红	绿	13	黑	绿	18	黄	绿	23	紫	绿
4		棕	9		棕	14		棕	19		棕	24		棕
5		灰	10		灰	15		灰	20		灰	25		灰

② 30 对电话电缆色谱线序

30 对电话电缆色谱线序有 2 种白色的主色，线对大于 25 对就需要看领示线。30 对的电话电缆前 25 对电缆是用“白蓝"领示线，第 26 至 30 对线缆是用“白桔"领示线，线对的序号及色谱如表 11-25。

30 对电话电缆芯线色谱对照表 **表 11-25**

领示线	线对编号	颜色		线对编号	颜色		线对编号	颜色		线对编号	颜色		线对编号	颜色		领示线	线对编号	颜色	
		a	b		a	b		a	b		a	b		a	b			a	b
	1		蓝	6		蓝	11		蓝	16		蓝	21		蓝		26		蓝
	2		桔	7		桔	12		桔	17		桔	22		桔		27		桔
白蓝（编号 1～25）	3	白	绿	8	红	绿	13	黑	绿	18	黄	绿	23	紫	绿	白桔（编号 26～30）	28	白	绿
	4		棕	9		棕	14		棕	19		棕	24		棕		29		棕
	5		灰	10		灰	15		灰	20		灰	25		灰		30		灰

③ 50 对和 100 对电话电缆色谱线序

50 对电话电缆色谱线序：50 对通信电缆里有 2 种领示线，前 25 对是用“白蓝”领示线，后 25 对是用“白桔”领示线。

100 对的电话电缆里有 4 种领示线，第一个 25 对是用“白蓝”领示线，第二个 25 对是用“白桔”领示线，第三个 25 对是用“白绿”领示线，第四个 25 对是用“白棕”领示线。其余更大对数的电缆以此类推。

（2）电缆芯线接续类型及方法

1）电缆芯线接续类型

① 一字型接续

一字型接续又称直接接续，是把两条电缆方向相反芯线按相同线序号对接的一种接法，是芯线接续最常见最基本的方式。它同时要求 a 线接 a 线，b 线接 b 线，适合直通电缆的接续。

② Y（或 T）字形接续

Y（或 T）字形接续又称复接接续，把芯线接头的来线分歧成两条及以上去线的一种接续方式，适用于电缆分歧和复接配线掏接分线设备用，为提高电缆芯线利用率，常采用此法接续。

③ V字形接续

V字形接续又叫回头线接续，是两条同一方向电缆的芯线接续方式，常用于辅助配线的辅助线与分线设备尾巴电缆相接。

2）芯线接续的方法

① 压接法

压接法不用剥除芯线绝缘层，而是靠接线子进行压接的接续。这种方法手工接续方便，质量可靠，接续稳定，接触电阻低，不损伤导线。

② 焊接法

焊接法接续芯线捋一定长度绝缘层后按照扭接法扭接后，焊接芯线扭接末端约0.5～1cm，使互相扭接的导线形成良好的接触。这种接续方法接触良好、机械强度高、接触电阻不变，适用于电话、电报、局间中继或一般数据通信传输，使用范围较广。适用于铜芯线接续，不适用于铝芯线接续。

③ 扭接法

扭接法接续前必须捋去芯线的绝缘层，露出导线，然后把导线互相扭接，使导线表面直接接触连通。这种接续接头的接触，完全靠导线自身的缠绕扭力维持，接续不牢固，接触电阻有变化，常用于绝缘铜芯线接续，不宜于铝芯线接续，扭接接头另需加绝缘套管套封。通常扭接接续方法仅用于一般市话通信传输（模拟通信传输），不适用于低电平的信号传输或数据通信，使用范围有限。

④ 熔接法

熔接法多用于铝芯线接续，在铝芯线扭接接头末端加熔接，使接头末端的导线在高温下熔融，冷却后而形成一个整体。这种方法较复杂，工具较多，使用不方便。

（3）电缆接续

1）开剥电缆

首先将热缩套管穿入电缆，并移至远处，按电缆开剥长度至少是接续长度的1.5倍的距离，用美工刀或钢锯切除外护套，然后轻折几次，将切割处折断，然后从电缆端口处用力抽出电缆外护套。松解电缆护套内的塑料包层至外护套切口处，并用刀片或剪刀，将包装材料割除，露出电缆芯线，然后用棉纱或酒精棉擦去电缆芯线上的油膏。电缆芯线按线组区分，将非屏蔽线组上的彩色绳带绑扎在芯线组根部，作为芯线接续标识。两根电缆均做同样的处理。

2）芯线编组

按照主色序和循环色，用跳线将电缆芯线按色谱成排线状依次排列编组，并使芯线排列整齐，芯线间不得扭绞缠绕。对于一字型接续，可根据接续芯线对数的多少，按接续顺序将接续线对的位置分成1～3组或更多组。

3）芯线接续

芯线接续长度由热缩套管骨架的长度决定，接续长度应小于热缩套管骨架长度的100mm，按色谱依次抽出两端对应的芯线进行接续，两端芯线对折，根据电缆标称芯径大小选择接线子（K_1：0.4～0.7；K_2：0.4～0.9）将对应AB芯线在扭绞点上扭3～4花（0.5芯径以上扭2～3花），留长3～5cm，再距离扭绞处位置约30mm处，剪断多余的芯线。将这对芯线的两根线分别套入接线子的两个孔中，将芯线插入接线子的底部，然后用专用压接钳压接牢固。根据电缆芯线的对数，按照电缆的接续长度，各组接线子距离均匀，压接牢实到位且不能放错 A、B 线对。

① 一字型接续

a. 将两条电缆中准备接续的线对依同样的次序剪出，准备接续。

b. 搭线及去除塑料绝缘层。将两对芯线左压右放在一起，并留出适当的松度，以免先后接续的芯线松紧不匀。扭绞半转后，左手大拇指和食指捏住芯线互扭点，右手用斜口钳在距互扭点约 0.8cm 处去除芯线绝缘层。

c. 左手大拇指和中指捏住芯线的扭接点，食指托住芯线的交接点，同时用右手的大拇指和食指捏住芯线线头，形成曲柄摇把。然后右手顺时针方向转动摇把，为了达到前松后紧的要求，应在扭转开始时左手捏紧转 7～8 转，而后左手稍松再扭 2～3 转。使达到小扭花 5 个，大扭花 3 个。

d. 套上绝缘套管。芯线扭接完成后，将扭接部分留出 3～4cm，剪去线头余长，套上塑料绝缘套管后，再把扭接的芯线顺芯线方向倒向一侧。当其余的芯线接续后，将这组的线对套管尽量排列整齐，整个电缆的套管都倒向同一侧。各组套管间应有一定的间隔。

② Y 字型电缆接续

根据主干电缆与支电缆复接方式，接续情况分三种：

a. 一条主干电缆与两条支电缆同时复接。接续方法同一字形接续法。

b. 支电缆在主干电缆原有接头上复接。具体做法是先把主电缆芯线接头上的套管取下，露出芯线扭接部分，然后剥去支电缆芯线绝缘皮约 15cm，把支电缆的芯线缠在主电缆的扭接接头上，再将三根芯线合并扭紧，剪去余长，最后套回原套管并使接头末端位于套管中央。

c. 支电缆在主干电缆中间时的复接。做时首先将主干电缆芯线切断，然后把主干电缆的一端用相同线径的电缆接长，再采用 Y 字形接法扭接。

③ V 字型接续

a. 将两条电缆中要接续的线对依同样的次序剪出，准备接续。

b. 作芯线扭接准备。先将要接续的一条电缆的一对芯线穿过左手食指，将另一根电缆的一对芯线捏在左手心里，然后用右手的大拇指和食指捏住要被扭接的两根芯线线头。

c. 芯线扭接。操作方法同一字型接续中的摇转曲柄法，同理，对第二根芯线进行接续，接头留长度同一字型接续。

d. 加塑料套管。两根芯线均扭接好之后，即可套上一对塑料套管，并把它们扭三转。

如果电缆的位置及长度等条件许可的情况下，可将其中一根电缆弯曲成与另一根成相对方向的电缆，此时可按一字型方法进行接续。

4）接屏蔽线

将电缆两的屏蔽层用导线连接起来，并要压牢实并用胶带包好。

5）加装热缩套管骨架和隔热纸

芯线接续完毕后用纱布将接线子，和电缆均匀包扎，在纱布外层再用牛皮纸袋缠绕一圈，然后再用绝缘胶布依次缠绕一圈。取出热缩套管的金属骨架，套在接头处，以增加接头的强度，骨架的两端应套在电缆外护套上，再用绝缘胶带在骨架外再缠绕一层定型。在接头的两端分别用砂纸打毛，用酒精棉擦拭干净，并贴上隔热纸。

6）热缩定型

将热缩套管移至在接头骨架中心位置，距两端对称，喷灯进行烘烤，烘烤时应先烘烤热缩套管的中间位置，在中间热缩成型后再依次中间向两边移动烘烤定型。烘烤时要受热均匀，防止烧坏内部芯线和外部的热缩套管，烘烤完毕后将街头放平冷却，电缆接续完毕。

（4）芯线接续的注意事项

1）去芯线绝缘层时，剪刀或斜口钳不宜夹得过紧，过紧会损伤芯线，太松会使绝缘皮切口不齐。

2）接续工作应选择晴天进行，以免芯线受潮。

3）接续线对绝缘套管排列要整齐，各层套管无交叉重叠。接头末端要处理得平滑，以免刺破套管，产生故障隐患。

4）正处于使用中的线路在改接时，为避免影响通话，应剪一根接一根，重要线路更要速接速通，不得延误。

5）接续时手要保持清洁干燥，以防芯线氧化或降低绝缘。

11.3 泄漏同轴电缆的日常维护和故障处理

城市轨道交通无线通信系统通常包含有专用无线通信系统、民用无线通信系统和公安无线通信系统几部分，其中专用无线通信系统采用 TETRA 800MHz 无线数字集群或 1800M 的 LTE 长期演进技术系统用于行车指挥调度指挥等，民用无线通信系统的主要服务于乘客，将电信、移动、联通等运营商的 2G、3G、4G 无线系统延个伸到城市轨道交通区域中，随着科技的发展，第五代移动通信技术（简称 5G）移动通信正在研究、测试中，在未来将会投入实际应用。公安无线通信系统主要用于城市轨道交通执勤、消防等需求，这些通信系统在隧道内均采用泄漏同轴电缆实现无线信号的传输。下面对泄漏同轴电缆进行介绍。

11.3.1 泄漏同轴电缆简介

1. 泄漏同轴电缆的结构

泄漏同轴电缆（英文“Leaky Coaxial Cable”，简写为 LCX）是一种传输线，通常又简称为泄漏电缆或漏泄电缆（以下简称漏缆），其结构与普通的射频同轴电缆基本一致，如图 11-16，由内导体、绝缘介质和开有周期性槽孔的外导体以及外护套 4 部分组成。

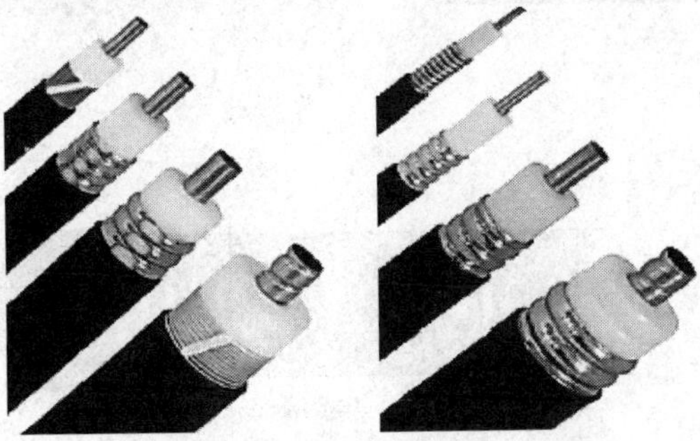

(*a*)　　(*b*)

图 11-16　泄漏电缆与射频电缆

（*a*）泄漏电缆；（*b*）射频电缆

漏缆的外导体采用皱纹铜管或铜箔，根据不同的直径内导体由实心圆铜线、铜包铝线、光滑铜管或者皱纹钢管组成，内导体外观应光亮、无氧化、无机械性能损伤、无变形；绝缘层通常采用高发泡度聚乙烯，护套层采用聚乙烯等材料或根据用户的要求，护套采用防水、防振、防紫外线老化、无卤、无烟、阻燃、低毒的材料制成。

2. 漏缆的优点

电磁波在泄漏电缆中纵向传输的同时通过槽孔向外界辐射电磁波；外界的电磁场也可通过槽孔感应到泄漏电缆内部并传送到接收端。目前，泄漏电缆的频段覆盖在 450MHz～5GHz 以上，适应现有的各种无线通信体制，应用场合包括无线传播受限的城市轨道交通、铁路隧道和公路隧道等。在国外，泄漏电缆也用于室内覆盖。

与传统的天馈系统相比，泄漏电缆天馈系统具有以下优点：

（1）信号覆盖均匀，尤其适合隧道等狭小空间安装使用。

（2）泄漏电缆价格较贵，但当多系统同时引入隧道时可大大降低总体造价。

3. 漏缆的分类

漏缆按结构不同，主要有辐射型、耦合型和泄漏型，如图 11-17 所示。

（1）辐射型：即电缆每隔一定距离在外导体开了一组周期性槽孔，分段的距离使电缆在某一频带内的线路损耗最小，并可随着电缆线路损耗的增加而增加开口数量，即不断增加泄漏量，从而增加传输距离。

（2）耦合型：在低损耗电缆的介质与外导体上进行连串相同的开口或开槽，专门用于室内覆盖系统。

（3）泄漏型：泄漏型可理解为在一根非漏泄电缆中，插入一段泄漏电缆，这一段漏缆等同于一个通过功率分配器与同轴电缆相连的定位天线。其中电缆内部只有一小部分的能量变为辐射能。选择相邻泄漏段之间的合适间距，以便为不同频段提供满意的效果。事实表明，10～50m 之间的间距可满足 1000MHz 内的所有情形的通信。这样设计的漏缆型电缆，在同样的条件下又可作为连续的补偿馈线，且具有更好的衰减常数和耦合损耗特性。

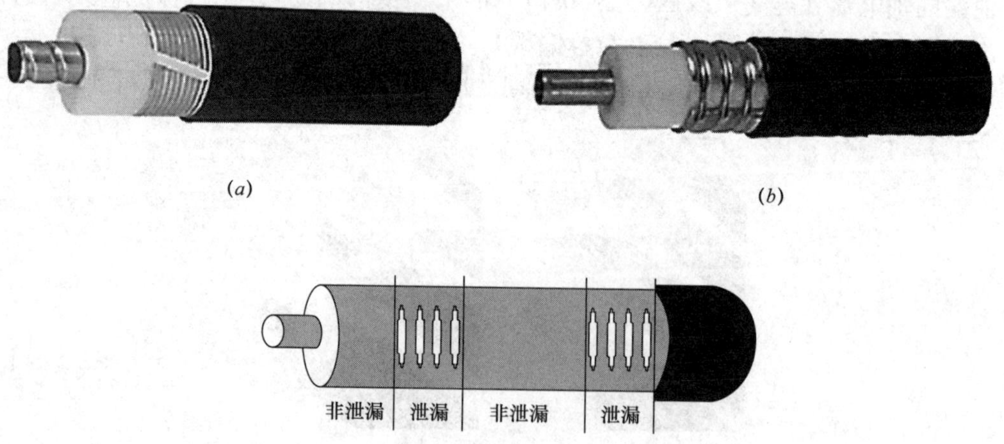

(c)

图 11-17　漏缆按结构分类

(a) 辐射型；(b) 耦合型；(c) 泄漏型

4. 漏缆的工作原理

漏泄同轴电缆绝大部分能量以内部波的形式在电缆中传输，但在外导体覆盖不好的位置点上，就会产生表面波，沿着电缆正向或逆向向外传播，且相互影响。无线电通信信号的质量通常因为电缆外界电波电平波动情况不同而相差很大。电缆敷设和敷设环境对电缆辐射效果也有影响。大部分隧道内还有各种各样金属导体，比如沿两侧墙面安装的电力电缆、铁轨、水管等，这些导体将彻底改变电磁场的特性。

当在漏缆内、外导体之间加上信号电压，则在内、外导体上将有电流流动。然而在外导体上由于开有槽孔，电流的分布将发生变化，伴随着这种变化，电磁场将从槽孔泄漏出来。

在未开槽孔的时候，电流在外导体的内表面沿电缆轴向流动，电缆内部的磁场与轴向垂直。在开有槽孔的时候，图 11-18（*a*）的电流分解为槽孔的长度方向和与其垂直的方向两部分，磁场也同样分解为两部分，如图 11-18（*b*）、（*b*′）、（*c*）、（*c*′）所示。在图 11-18（*b*）、（*b*′）中，由于槽孔的宽度很窄，电流不因槽孔而发生变化，并且在外导体下的磁场几乎不泄漏出来，也就是说，这种电流分布几乎不产生泄漏。在图 11-18（*c*）、（*c*′）中，电流分布大乱，并且磁场由于是沿槽孔的长度方向而大量泄漏到导体外面。当电流是交流的时候，泄漏到外面的磁场将产生与槽长度方向垂直的电场，如图 11-18（*c*″）所示。这样，与槽孔垂直的电流成分在槽面上产生磁场和电场，成为向电缆附近空间辐射电磁场的波源。图 11-18（*d*）定性地表示了电缆断面上电力线的分布。

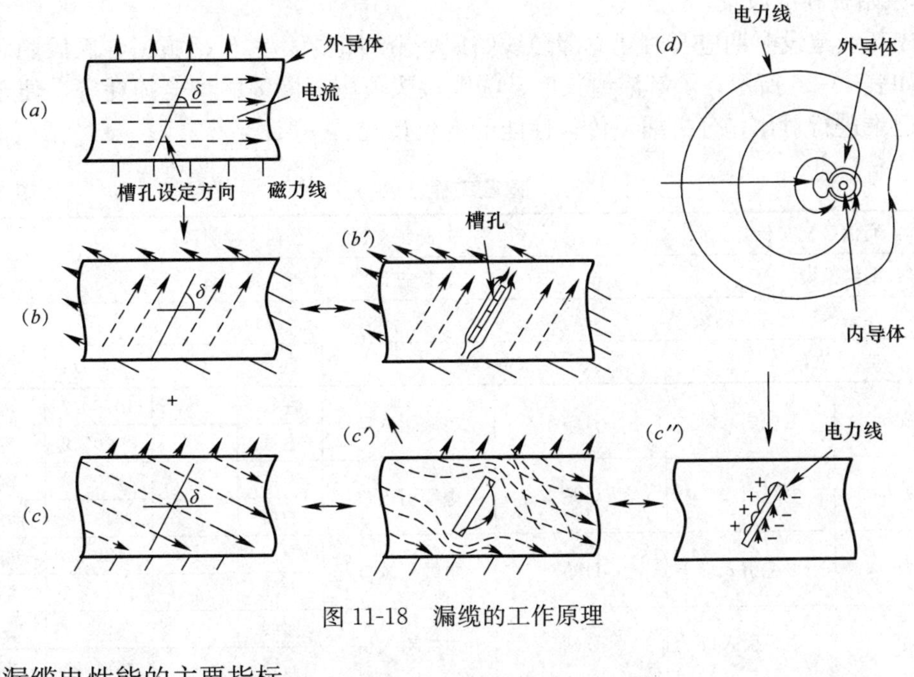

图 11-18　漏缆的工作原理

5. 漏缆电性能的主要指标

漏缆电性能的主要指标有纵向衰减常数和耦合损耗。

（1）纵向衰减常数

纵向衰减常数是考核电磁波在电缆内部所传输能量损失的重要特性。普通同轴电缆内部的信号在一定频率下，随传输距离而变弱。衰减性能主要取决于绝缘层的类型及电缆的大小。

对于漏缆来说，周边环境也会影响衰减性能，因为电缆内部少部分能量在外导体附近的外界环境中传播，因此衰减性能也受制于外导体槽孔的排列方式。

（2）耦合损耗

耦合损耗是漏缆区别于普通通信电缆的一个重要特性指标，表示电缆的泄漏能力，也即电缆外部因耦合产生且被外界天线接收能量大小的指标，它定义为：特定距离下，被外界天线接收的能量与电缆中传输的能量之比。由于影响是相互的，也可用类似的方法分析信号从外界天线向电缆内的传输。

耦合损耗受电缆槽孔形式及外界环境对信号的干扰或反射影响。耦合损耗小，泄漏能力强，电缆周围场强高，通信可靠性高，但由于泄漏能力强，使传输损耗大，造成传输距离近。相反耦合损耗大，泄漏能力弱，电缆周围场强低，通信可靠性差，但传输损耗小，传输距离远。宽频范围内，辐射越强意味着耦合损耗越低。为补偿由于传输衰减引起的场强不均匀分布，需采用多种耦合损耗的漏缆。根据信号与外界的耦合机制不同，主要分辐射型、耦合型和泄漏型三种漏缆。

某型号的漏缆，在1800MHz频段下衰减常数小于3.7dB/100m，耦合损耗50%情况下小于62，耦合损耗95%情况下小于65；在800MHz频段下，衰减常数小于2.2dB/100m，耦合损耗50%情况下小于69，耦合损耗95%情况下小于72。

11.3.2 漏缆的维护

1. 原始资料的收集

首先新线建设时期应及时建立漏缆线路原始资料记录，它包括施工各区段隐蔽工程记录等，如表11-26所示，了解漏缆长度、漏缆接头位置、漏缆的耦合损耗等，便于与以后测试的记录进行对比，分析漏缆传输性能的变化情况。

隐蔽工程记录 **表11-26**

工程名称：通信系统安装工程				施工单位：　公司　项目部			
施工内容：漏缆敷设				检查日期：　年　月　日			
施工地点：A站～H站左、右线							
起始位置		末端位置		区间	型号	长度（m）	防护方式
A站	电缆引入口	B站	电缆引入口	左线		1070×2	漏缆吊夹
				右线		1070×2	漏缆吊夹
B站	电缆引入口	C站	电缆引入口	左线		1840×2	漏缆吊夹
				右线		1840×2	漏缆吊夹
C站	电缆引入口	D站	电缆引入口	左线		1129×2	漏缆吊夹
				右线		1129×2	漏缆吊夹
D站	电缆引入口	E站	电缆引入口	左线		1614×2	漏缆吊夹
				右线		1614×2	漏缆吊夹
自检： 安质工程师：　主管工程师：　施工负责人：							
监理工程师意见： 监理工程师：							

2. 漏缆的维护

（1）漏缆的维修规程

为保证漏缆的正常工作，应经常检查漏缆各个部件的工作情况。列车通过时的振动会使漏缆吊夹发生松动，导致漏缆脱落，高架区间吊夹由于长期暴晒会发生老化松动造成脱落，检修人员需要定期检查漏缆吊夹的稳固性，使用钢丝绳吊挂架设时，漏缆受自身重力或扭力，槽孔会发生偏转，需及时检查及调整其他紧固件，对于表面热缩层发生卷边造成水汽渗入也会影响漏缆的性能，应及时进行排查。

检修人员通过积累一段时间对设备的检修经验，总结出比较适合漏缆维护的周期。通常情况下，采用小修、中修和大修的检修方式，检修周期对应半年检、5～6 年检和 9～10 年检，漏缆检修规程可参考表 11-27。

漏缆检修规程 **表 11-27**

设备名称	修程	检修周期	维修内容	验收标准	作业关键点
漏缆	小修	半年	（1）检查漏缆及漏缆吊夹有无松脱	（1）卡具紧固漏缆，无松脱； （2）卡具底座无爆开、松脱、损坏	
			（2）检查漏缆状况	漏缆及护套无损坏、无被腐蚀、无氧化	
			（3）检查钢丝绳处漏缆的吊挂情况	（1）钢丝绳完好、无破损、无腐蚀，钢支架完好、牢固； （2）漏缆悬挂情况良好、无下垂；漏缆吊夹完好，无爆开、松脱及损伤情况； （3）扎带完好，绑扎牢固	
			（4）检查漏缆连接头、接有的终端负载及跳线	漏缆连接头、终端负载及跳线无损坏、松脱及腐蚀	
			（5）对信号测试场强小于－103dBm 的区间漏缆进行重点检查和处理	场强大于－103dBm 且无存在掉话、通话不清晰区域	

（2）漏缆的检修记录

在城市轨道交通运营过程中列车的振动、列车运行过程中的活塞风以及漏缆的自重等原因导致漏缆吊夹松脱或破裂而使电缆下垂，或因隧道内施工、鼠噬、腐蚀等原因造成电缆外皮破损等，将会对行车安全或设备使用造成隐患，因此对漏缆进行巡视是非常必要的。漏缆半年检可参考表 11-28，主要是对隧道内漏缆吊夹、钢丝绳等的紧固情况进行检查，如果发现吊夹松脱或破损，则必须及时重新紧固或更换。根据漏缆安装的安装高度，视情况使用接触网工程车或类似具有高架作业平台的工程车配合作业。

漏缆半年检表 **表 11-28**

检查区段				
序号	检查项目	标准	检查结果	备注
1	检查漏缆及漏缆吊夹有无松脱	（1）吊夹紧固漏缆、无松脱		
		（2）吊夹底座无爆开、松脱、损坏		
2	检查及处理漏缆状况	漏缆及护套无损坏、无被腐蚀、无氧化		

续表

检查区段				
序号	检查项目	标准	检查结果	备注
3	检查钢丝绳处漏缆的吊挂情况	(1) 钢丝绳完好、无破损、无腐蚀，钢支架完好、牢固		
		(2) 漏缆悬挂情况良好、无下垂；漏缆吊夹完好，无爆开、松脱及损伤情况		
		(3) 扎带完好，绑扎牢固		
4	检查及处理漏缆连接头、接有的终端负载及跳线	漏缆连接头、终端负载及跳线无损坏、松脱及腐蚀		
5	对信号测试场强小于－103dBm的区间漏缆进行重点检查和处理	场强大于－103dBm且无存在掉话、通话不清晰区域		

(3) 漏缆维护中的注意事项

1) 进入隧道作业人员，须遵守各项安全管理规程，做好安全防护，例如在检修高度较高的漏缆时，需乘坐工程车、在操作升降台及在升降台上作业过程中必须注意安全，要戴好安全帽、系好安全带等，并且须确认该区间的接触网已经停电并挂好地线后才能进行作业。

2) 隧道顶部经常会有漏水情况，在检查漏缆时，也要注意是否会有水滴到漏缆上，因为隧道内的水具有强碱性，会腐蚀漏缆，特别应注意漏缆接头及漏缆与终端连接处是否存在这种情况，如果发现有类似情况，应立即上报，并通知有关部门进行妥善处理。

11.3.3 漏缆的故障处理

漏缆维护过程中最常见的故障主要是漏缆吊夹松脱、吊夹老化断裂，对于复杂的隧道环境，因长期受到漏水侵蚀等情况下，钢丝绳在隧道壁上的固定部位生锈等，此外漏缆接头性能下降，或在初期建设时无线信号覆盖不良，需重新增加覆盖等也需要重新制作接头或进行漏缆接续。下面我们就针对以上故障如何处理分别进行说明。

1. 漏缆吊夹松脱或老化断裂的故障处理

漏缆吊夹的结构和安装示意图如图 11-19、图 11-20，与吊夹有关的故障主要有以下几种情形：

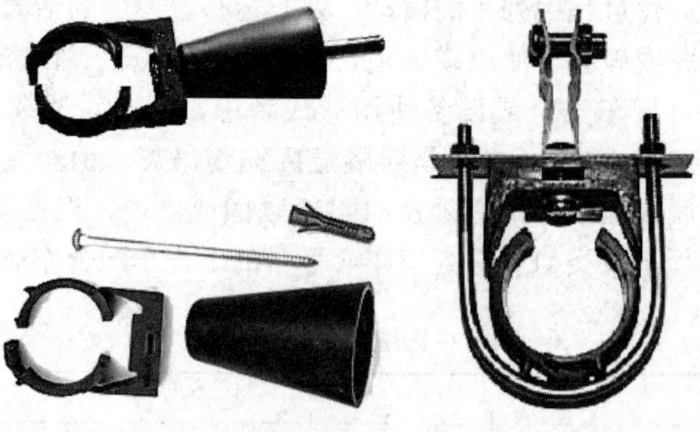

(*a*)　(*b*)

图 11-19　漏缆吊夹结构

(*a*) 漏缆吊夹；(*b*) 吊挂式防火漏缆吊夹

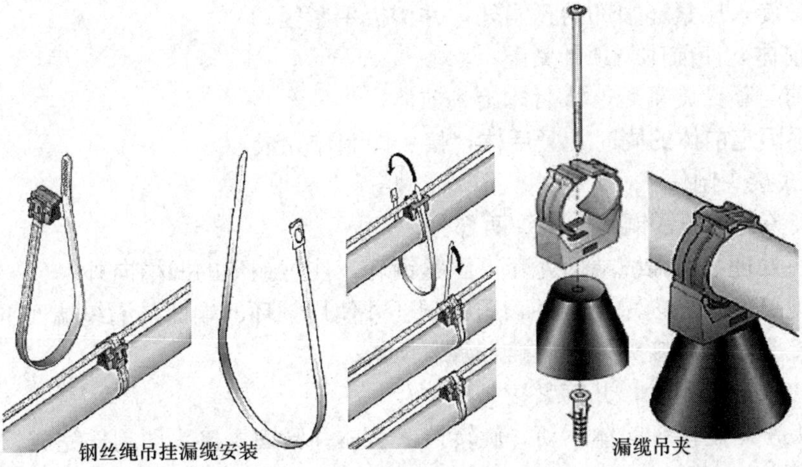

图 11-20 漏缆安装

(1) 底座未松动，漏缆从吊夹的卡口中松脱

如果吊夹本身完好，只是漏缆从吊夹的卡口中松脱，只需将漏缆重新推回卡口，并卡口卡到位即可。

(2) 底座松动脱落，漏缆仍在吊夹的卡口内

这种情况就需要重新在隧道壁打入新的膨胀胶塞，将原有的漏缆轻轻从卡口移出后，将长螺钉重新插入新的膨胀胶塞位置，将底座重新固定好，再重新将漏缆推回到卡口内并卡到位。

(3) 底座或卡口处破损，吊夹悬空

这种情况需要重新安装一个新的吊夹，重新打入膨胀胶塞后，将底座做好固定，并将漏缆放回卡口内，与第底座松动脱落后处理方法类似。

2. 漏缆接头的故障处理

在无线通信系统中，一旦确认该位置的漏缆接头性能下降，就需要重新制头。下面介绍一下漏缆接头的制作过程。

(1) 工具准备

根据需要，需要准备好手锯、活动扳手，大口径扳手，美工刀、钢丝刷，安全刀、钢尺、尼龙锤、平锉等工具。

(2) 漏缆端面处理

将要做接头的一端整理平直，用手锯把漏缆锯断，端面要切得平整，注意要美工刀削去漏缆的标志线 15cm 左右，用钢丝刷将端面碎屑清除干净，保证端面及内导体清洁。然后将热缩套管放入漏缆，按照接头包装盒中说明书标注的尺寸切除漏缆外皮，如果有裸露在外的包裹线和塑料薄膜也一并除去，用安全刀清除内导体的毛刺，使用平锉清除外导体的毛刺。

(3) 接头制作

1) 分体接头制作

分体接头分为后体、压紧环、顶针、前体几个部分。

a. 首先将处理好的漏缆端面处装入接头后体；

b. 将后体推向漏缆端面直至顶到底部并装入压紧环；

c. 将顶针旋入压紧环中部的孔洞处，并用扳手紧固；

d. 旋入前体，使前体与顶针紧配；

e. 接头前与顶针旋紧后，将后体旋入前体；

f. 用扳手固定前体的同时旋紧后体，接头即制作完成。

2）一体式接头制作

一体式接头分为压紧铜环、接头两部分。

a. 首先将处理好的漏缆端面处套入压紧铜环，注意铜环的凹槽向外；

b. 用尼龙钎轻轻向内敲击铜环，压紧铜环并使用铜环的端面与漏缆端面平齐；

c. 旋松接头，并将接头的后部推入漏缆顶紧；

d. 顶住接头前体不动，并旋紧接头后体；

e. 再用扳手固定接头前体不动，旋转接头后体并紧固，接头即制作完成。

（4）接头防水处理

制作好接头后，在接头与漏缆之间，缠好胶带和防水胶泥，清洁电缆外护套表面，再用热风枪或喷枪加热接头，然后将热缩套管移至接头位置，均匀地从接头至漏缆方向加热，使套管无空气，套管紧密地贴合在漏缆上即完成了接头的处理，如图 11-21。

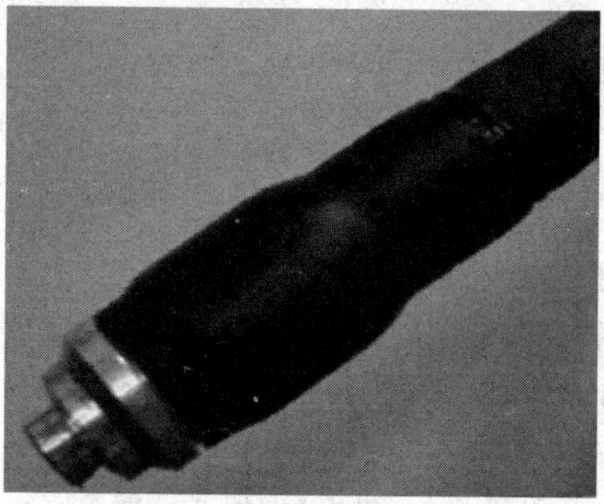

图 11-21　漏缆接头

如果接头做好不马上与跳线连接时，需对整个接头做好密封处理。如果立即与跳线连接还需要用防水胶带对跳线接驳部分进一步做防水处理。

首先，用扳手拧紧接头连接处，以确保内部密封完好和表面接点连接正确。然后用塑料胶带缠缆连接器一层，胶带在半宽处交迭。

然后根据不同型号的接头，根据相应的说明使用胶带，并根据需要拉伸胶带使之相互交叠，并沿着交迭方向压平胶带。缠绕至整个连接处并超出第一次缠绕的位置，将整个连接部位做好防水处理。

本章参考文献

[1] 《核心网用光缆-层绞式通信用室外光缆》. YD/T 901—2001.

第12章　通信系统维护检修的通用规定

前面各章分别介绍了通信系统中各子系统的原理、运行与维修的基本知识和具体做法，但对于有关安全和维护检修的通用规定一般未涉及或只是点滴提到，因其是通用的，为了不重复和缩小篇幅，在这里将它们归纳到一起收录在本章中，并写出来供读者参考。这些可能不一定全面，也可能不尽完善，但相信会对读者有所裨益。

12.1　通信系统安全规程

12.1.1　通则

通信专业工作人员须做到以下“五注意”、“六必须”、“七不准”、“八严禁”的要求，以确保人身安全。

1. 五注意

(1) 注意警示标志，谨防意外；

(2) 注意扶梯运作，谨防夹伤；

(3) 注意地面积水、积油，谨防滑倒；

(4) 注意高空坠物，谨防砸伤；

(5) 注意设备异常现象，及时发现，及时排除，谨防酿成事故。

2. 六必须

(1) 必须坚守岗位，遵章守纪；

(2) 必须按规定正确使用劳保用品；

(3) 跨越线路必须一站、二看、三通过；

(4) 施工前做好防护，施工后必须清理现场，出清线路；

(5) 堆放物品必须整齐、稳固；

(6) 发现违章操作，必须坚决加以制止。

3. 七不准

(1) 不准在线路附近舞动绿色、黄色、红色物品；

(2) 不准在站台边缘与安全线之间坐卧、行走、堆放物品；

(3) 不准发出违章指令；

(4) 不准在行车场所嬉戏、追逐打闹、打架斗殴；

(5) 不准使用有安全隐患的工具、设备；

(6) 不准臆测行事；

(7) 当班时不准饮酒、看报纸杂志、聊天和打盹等。

4. 八严禁

(1) 严禁擅自跳下站台和进入区间、隧道；

(2) 严禁携带易燃、易爆、剧毒等危险物品进站、乘车；
(3) 严禁上下行驶中的车辆；
(4) 严禁擅自进入行车部位和重要设备场所；
(5) 严禁擅自触动任何设备、设施；
(6) 严禁攀登到机车、车辆和车载货物顶部；
(7) 严禁擅自移动、改换防护装置、警示标志；
(8) 严禁顺着线路行走，严禁走道心、枕木头、脚踏轨面和道岔尖轨。

12.1.2 基本安全生产制度和作业纪律

通信专业工作人员在生产作业过程中，必须认真执行“三不动”、“三不离”、“四不放过”、“了解故障三清”、“三懂三会”等安全制度，以及公司的有关安全规章制度。

1. 三不动

(1) 未联系登记好不动；
(2) 对设备性能、状态不清楚不动；
(3) 正在使用中的设备不动。

2. 三不离

(1) 检修完不复查试验好不离；
(2) 发现故障不排除不离；
(3) 发现异状、异味、异声不查明原因不离。

3. 四不放过

(1) 事故原因分析不清不放过；
(2) 没有防范措施不放过；
(3) 事故责任者没有受到严肃处理不放过；
(4) 广大员工没有受到教育不放过。

4. 了解故障要三清：时间清；地点清；原因清。

5. 三懂三会

(1) 懂设备结构、会使用；
(2) 懂设备性能、会维修；
(3) 懂设备原理、会排除故障。

6. 凡进行危险性较大、影响行车和人身安全的工作时，必须事先制定施工方案，拟订技术安全措施，报备部门生产组织机构，由专人负责进行。

7. 对通信线路维护工具及安全防护用品，在出工前必须进行检查；在维护工作中，禁止使用不良工具和安全防护用品。

8. 日常维护工作中，要遵守通信电路纪律、通信保密制度及公司的有关安全规章制度。

9. 新员工或改职人员在上岗前，必须进行三级安全生产教育，考试合格，经公司批准后，方可上岗工作。

12.1.3 通信设备维护作业程序

通信的维护作业可分为计划性检修和临时性检修两种。其中计划性检修是指为了防止设备性能及精度劣化或降低，根据设备运转的周期和季节性等特点，按预先制定的设备检修周期与工作内容、技术要求和计划所进行的维修作业。对于计划性检修，必须制定相应的年度检修计划及月度检修计划，并根据计划进行安排和落实。临时性检修是指为了处理系统发生的故障或者临时对系统设备进行拆卸、更换、移位和测试等工作而申请的临时作业。对于临时性检修，如果涉及行车安全的检修作业，必须向调度按照相关规定申请临时施工进场作业令，申请批准后才能进行检修施工。

1. 进行通信维护作业须按下列规定执行：

（1）凡有计划对设备进行拆卸、更换、移位、测试等工作，需中断设备使用时，应申请施工进场作业令，并凭批准的施工进场作业令进场作业。

（2）计划性检修施工前应取得施工进场作业令，凭作业令向行车调度（车厂调度）请点，并在施工登记簿中登记或施工系统中登记，经车站行车值班员同意并签认后，方可作业；

（3）临时性检修施工前，必须经车站行车值班员同意并签认后，方可作业，如果申请了临时施工进场作业令的，还需向行车调度请点并经车站行车值班员同意后才能施工。

2. 检修作业的联系、要点和登记的要求：

（1）联系、要点前，作业负责人必须核对准确检修作业地点、需要检修的设备、检修内容及对其他设备的影响范围；

（2）联系、要点和登记工作，由作业负责人到各作业地点（车站、车厂调度、控制中心）办理；

（3）作业登记的工作时分、地点、作业性质、设备编号和影响范围等内容，一经车站行车值班员或车厂调度同意签认后，任何人不得任意涂改；

（4）登记要点的检修作业，一般应在给点的时间内完成，遇有特殊情况需要延长时间时，必须重新办理登记手续。

12.2 通信系统维护规程

12.2.1 总则

（1）通信系统设备是城市轨道交通运营的必备条件。为保证行车安全、提升运营水平、为乘客提供“安全、准点、舒适、快捷”的乘车环境，系统维护人员应坚持为一线服务的宗旨，坚持“安全第一、预防为主”的方针，贯彻国家的技术政策，维护好系统设备，做好本职工作，保证通信系统设备状态良好、正常运行。

（2）要加强对员工的政治思想教育与专业技能培训，不断提高员工的思想素质与业务素质，建立一支思想素质高、遵章守纪、专业技能过硬的维修队伍。

（3）通信系统各设备维护工作应结合本专业的特点，必须严格执行有关规章制度，加强基层班组管理与建设，推行标准化管理，保证行车、设备和人身安全。

（4）通信系统设备的维修工作必须贯彻预防与整修相结合，以预防为主的原则，按期进行计划性维修，在维修中采取多种手段进行检测，根据设备状态参数进行早期设备故障诊断，并逐步向状态维修的方向发展，为早日从计划维修向状态维修过渡创造条件。

（5）通信系统设备的维修管理包括维修安全管理、维修计划管理、维修技术管理、维修质量管理、设备管理及维修统计管理。

（6）通信系统设备的修程分为“日常保养”（一级维修）、“二级保养”（二级维修）、“小修”（三级维修）、“中修”（四级维修）、“大修”（五级维修）、“故障维修”（故障处理）。技术人员应根据原设计及使用实际情况，明确所辖系统设备维修工作必须具备的修程。

（7）在加强对系统设备的定期维修的同时，应加强对系统设备的管理。维修人员应执行“三定”（定设备、定人、定维修周期）、“四化”（维修工作制度化、维修作业标准化、维修手段现代化、维修记录图表化）的设备维修制度。

（8）在进行系统设备维修的过程中应严格控制维修成本与维修质量，在确保维修质量的条件下减少不必要的浪费，合理安排人力和物料消耗。

12.2.2 维修安全管理

除了前述的安全管理通则、规定之外，以下几点亦需做到。

（1）在安排（进行）维修作业时，应有安全防范措施，并在作业前由作业负责人对所有参与作业人员进行安全教育，要求大家严格遵守有关技术作业安全规定。

（2）通信工必须持证上岗，并进行必须的岗前培训，上岗证应按规定进行审验。

（3）应有专职安全员，负责安全工作及监控。各班组应设兼职安全员，形成安全管理网络。安全员负责组织安全培训、安全演练、安全检查、安全风险排查、劳保用品发放及使用情况检查。

（4）专职安全员每月组织安全检查，检查设备安全缺陷、作业安全防范、安全培训学习、演练、安全劳动防护用品管理等，并将检查结果形成报告发布，组织限时整改。

（5）安全员按时上报安全生产月报表。安全生产月报表应包括安全检查时间、安全检查情况、设备质量情况、设备隐患排查情况、安全演练情况等。

12.2.3 维修计划管理

（1）根据轨道交通运营管理部门的设备维修规程，制定相应的年度维修计划、月度维修计划、日计划。年度维修计划、月度维修计划、日计划申请表见表12-1～表12-3。

______年度设备检修计划表 表12-1

填报部门（分部）： 部 分部（室）

制表时间： 年 月 日

序号	设备名称	设备数量	单位	上次检修时间	检修周期	计划时间（月）												工作地点	备注
						1	2	3	4	5	6	7	8	9	10	11	12		
1					月														
					季														
2					日														
					月														
					季														
3					月														
					年														
4					日														
					月														
5					月														

编制： 部门领导： 技术部审核：

公司或总部分管领导审批： 审批时间：

公司或总部主管领导审批： 审批时间：

填表说明：

1. ①指一级修程（日检，周检）；②指二级修程（月检，双月检，季检）；③指三级修程（半年检，年检）；④指四级修程（中修）；⑤指五级修程。
2. 每条线路计划分别编制。

(　　）年度____月生产检修计划申报表　　　　表 12-2

分部　　　年　　月检修计划

制表日期：

序号	作业类别	作业部门	时间	作业项目	作业区域	供电安排	申报人	防护措施	备注	专业	作业等级	作业人数	上次作业时间
1													
2													
3													
4													
5													

制表：　　　专业工程师审核：　　　部主任审核：　　　　年　　月　　日

日计划申报表　　　　表 12-3

提报单位　　　部

填报人________　　　　　　　　年　　月　　日

作业代码	作业部门	作业时间	作业内容	作业区域	供电安排	申报人	防护措施	备注	审批意见

备注：

（2）设备年度检修计划应均衡安排，年底留有一定的余地，下一年度检修计划应由技术人员在本年度规定时间内完成编制、报批工作，待批准后执行。

（3）设备月度检修计划应由技术人员根据运营公司（或总部）的有关规定按时完成编制工作，经领导批准并报生产组织调度部门批复后执行。

（4）年度、月度检修计划中应有工时、材料等的消耗定额。

（5）年度、月度检修计划应严格认真执行，未经批准不得擅自更改，因客观情况变化影响计划执行时，应按审批程序申请修改。

（6）在执行维修计划的过程中，应严格按物资设施部作业任务书相关管理规定做好各项工作。

（7）通信专业每月按时上报作业完成情况分析月报表。作业完成情况分析月报表见表 12-4。

________车间（室）检修作业完成情况分析月报表　　　　表 12-4

专业	年度计划（项）	月度			说明
		计划（项）	完成（项）	统计（%）	
合计					

续表

申报日计划					申报临时计划				
专业	日期	内容及地点	申报原因	完成情况	专业	日期	内容及地点	申报原因	完成情况
取消作业					检修作业中发现的问题及处理情况				
专业	日期	作业令号	内容及地点	取消原因					

12.2.4 维修技术管理

（1）加强对技术文件、技术资料及相关标准化文本的管理，确保维修工作的需要。

（2）积极配合技术部门做好对所辖设备技术状态的检查工作。

（3）及时解决维修工作过程中出现的技术问题，并积极配合技术部门解决部门间的技术接口。

（4）应建立通信系统设备技术档案。

（5）档案中除通信系统设备的各项原始记录、参数等原始数据、内容外，还包括历次的维修记录、故障记录等运行中的有关数据、内容，直至该系统设备永久性退出使用为止。通信技术人员定期对各子系统设备的档案进行检查、整理、更新。

（6）未经上级批准，不得移动设备的安装位置，不得修改系统（设备）软件，不得在设备上添加其他设备。

（7）所选用的维修材料、备品备件等应是国家标准器材或技术部门统一要求的器材，新产品新型号设备上线前要通过测试，并按相关规章报批后才能上线运行。

（8）通信各工班应按通信系统设备的技术要求定期对系统设备进行全面测试，应使设备所有技术性能与机械性能符合原设计或技术部门的要求。

（9）通信各工班应做到系统设备的技术资料、图表等与实际情况相符，并妥善保管有关资料。

12.2.5 维修质量管理

（1）各项维修工作的进行过程中及完成后，工班应根据通信设备维修规程和检修工艺等标准的规定，立即对维修工作质量进行检查，并做好记录。

（2）工程师室应组织对维修工作质量进行检查，并做好记录；各检查记录由工程师负责保存。

（3）安全技术部门应组织对通信车间的维修工作进行必要的检查、鉴定、验收工作。

（4）积极配合技术部门组织进行的各类检查、鉴定、验收工作。

（5）车间根据运营分公司（总部）要求，每月按时上报故障情况分析月报表，每年上报年度事故统计表。故障情况分析月报表见表 12-5。

（6）具体维修质量管理事宜参照物资设施部相关质量管理规定。

＿＿＿＿部＿＿＿＿车间（室）故障情况分析月报表　　　　表 12-5

＿＿年＿＿月

故障及事故统计	故障统计	故障件数	修复件数	修复率	事故统计	事故件数	修复件数	修复率
故障（事故）分类	种类 专业							总计
故障（事故）原因分析								
采取对策措施								
备注								

制表：＿＿　审核：＿＿　部门领导：＿＿　填表日期：＿＿年＿＿月＿＿日

12.2.6　设备管理

（1）应建立所辖系统设备完整的台账，并保证固定资产的完好。主要设备台账见表 12-6。

（2）应根据运营公司（总部）的设备管理规定对系统设备进行管理，按时填报各类报表。

（3）应建立定期核查设备台账的制度及相关要求。

（4）对设备故障进行统计分析，并建立相应的设备故障统计报表，纳入设备台账。

（5）应明确通信各子系统设备修程及维修工作中的人力、材料、备品备件、工器具、仪表等的消耗及使用定额，并要求维修工作实施者按规定进行作业。

（6）各类试验、测试所应达到的目的及相关的技术要求见通信技术标准，实施者必须按规定进行相关操作。

＿＿＿＿系统主要设备台账　　　　表 12-6

序号	设备名称	数量	单位	备注
1				
2				
3				
4				

12.3　维修辅助平台

12.3.1　维修及实物资产管理系统维修管理模块

为实现设备全生命周期的精细化管理，利用信息化管理平台，做好设备故障维修、预防维修和设备综合管理等工作，可参考维修及实物资产管理系统。该系统通过“计划修指标”，“故障修指标”，“维修工时与成本信息”，“基础数据指标”，“直接加减分项”等几个模块的加权评分，对维修涉及的工时、物料消耗等关键信息进行统一的信息化处理，促进维修的精细化管理。

1. 计划修指标

计划修工单主要用来记录设备检修情况，约占工单总数的99%。该指标主要用来引导各单位做好工单排程（排定检修时间）、扫描、填报、上传、关闭等工作。

2. 故障修指标

故障修工单用来记录设备故障或不良技术状态，该指标主要用来引导各单位故障发生后及时创建工单、故障修复及时关闭工单。

3. 维修工时与成本信息指标

人力和财务类指标，主要用来促进各单位正确填报作业人员、作业时间，促进正确选用物料消耗工单（非计划修工单）、按规定要求填写工单。

4. 基础数据指标

基础数据关系到系统能否正常运行，设备信息、各类工单数据是否准确等，该指标主要用来促进各单位持续维护基础数据。

5. 直接加减分

该指标通俗来讲是对系统应用方面做得好直接加分，严重违反使用规范的直接扣分。

12.3.2　施工管理系统

城市轨道交通作为现代城市的一种主要交通工具，给人以方便、快捷的印象。但由于城市轨道交通的运营时间长、社会影响面广等原因，对城市轨道交通线路的作业、维护和维护等工作有着允许作业的时间短、安全性要求高、设计安全因素等特点。在安全作业的关键点上，充分考虑供电、行车等各种安全因素，争取宝贵的作业时间，做到既要安全第一，也要高效运作。

广州市城市轨道施工管理系统建设的目的就是为了实现对轨道交通作业管理、保证作业安全、高效利用有限的作业资源。该系统不单单是一套信息管理系统，根据业务性质，系统包括主业务信息管理系统、资源实时监控系统和冲突检测专家系统组成。

1. 主业务信息管理系统

实现城市轨道交通施工作业计划、现场作业请销点管理、停送电管理和地线拆挂管理等，以及业务工作流程管理；

2. 资源实时监控系统

根据各种施工资源的使用情况，实时地在图版上显示，能够给系统使用者直观而实时的信息展现；

3. 冲突检测专家系统

将原有资深人员的知识融合到制定施工计划、现场作业申请、停送电申请和拆挂地线申请时，对安全因素和作业资源推算和判断。

第 13 章　城市轨道交通通信系统的发展

随着现代网络通信技术的高速发展，整个城市轨道交通运营管理已经不再停留数据信息传输的初始阶段，已经进入互联网+、大数据、人工智能时代，各种多元化业务的应用对通信系统在高带宽、传输速率等方面有了更高的要求，尤其是在对移动通信方面。未来的城市轨道通信技术将具备宽带化、智能化、个人化和数字化等特征。

下面我们将就传输系统、无线系统、电话系统（包括公务电话、调度电话）、视频监控系统、广播系统、时钟系统、乘客信息显示系统、电源等主要系统的技术发展前景进行叙述。

13.1 传输系统

在通信系统的各个子系统中，传输系统是其中最为重要的子系统。它是指挥列车运行、进行运营管理、公务联络和传递各种信息的独立、完整的内部通信网；也是构成快速轨道交通各部门之间有机联系、实现运输统一指挥、行车调度自动化、列车运行自动化，提高运输效率的必备工具和手段。

从实现快速轨道交通综合自动化的角度出发，传输系统应以数字化、综合化和智能化为基础，具有可靠性高、功能齐全、扩展方便、组网灵活和集中监测监控和维护管理的特点。它不仅为通信本专业的其他子系统提供语音、声频、数据、图像传输通道，而且为信号 ATS、电力 SCADA、BAS、FAS 和 AFC 等系统提供可靠、灵活的通信信道，是快速轨道交通系统运营所必需的信息传输媒体。

根据当前传输技术的发展，适合城市轨道交通的传输技术有西门子 OTN、MSTP、增强型 MSTP、分组增强型光传送网（OTN），三种制式比较如下：

（1）西门子 OTN

西门子 OTN（Open Transport Network）称为开放的传输网络。西门子 OTN 的主要特点有：

采用一次复用机制，占用较少开销比特数（不到 2%）；可综合不同的网络传输协议；集成了多种接口，不需其他接入设备，设备可靠性高；提供的接口类型有 RS 232/422/485、2W/4W、E/M、2B+D、30B+D、E1、10M/100M/1000M 以太网、视频（M-JPEG）及宽带广播（15kHz）等接口；网络结构简单，自愈能力强，保护时间小于 50ms。

由于西门子 OTN 具有以上优点，能够完全满足轨道交通各种信息传输的要求，在国内的轨道工程中应用较多。

西门子 OTN 的 N50/N70 系列节点，实际上就是专门用来传输以太网业务的 OTN 节点。N50 用于 OTN-X3M-2500，N70 用于 OTN-X3M-10G，这两种节点可以与 OTN-X3M 产品的接口卡和以太接口用于同一网络。该产品能够提供侧重稳定性和可预测性的网络传送层、侧重灵活和独立性的业务层（SLAN），以及侧重易用性和可控性的静态管理控制层（OTN 网管系统 OMS）。

在此基础上，西门子 OTN 传输网络继续向支持 MPLS 技术的 XTran 方向演进，目前已推出 XT-2210、XT-2206、XT-1104 等一系列产品。

（2）MSTP

MSTP（Multi-Service Transport Platform）又称为基于 SDH 的多业务传送平台，它可通过多业务汇聚方式实现业务的综合传送。经过近几年的不断发展，MSTP 已经囊括 PDH、SDH、POS、以太网、ATM、RPR、MPLS-TP 等技术于一体，它可通过多业务汇聚方式实现业务的综合传送，通过自身对多类型业务的适配性实现业务的接入和处理，非常适应多业务和多种技术相融合的应用场合。

传统 MSTP 对以太网业务以 EoS（Ethernet over SDH）方式，采用多种适配容器（VC-12/3/4）对以太业务进行封装，可有效地避免封装的效率问题。

技术上的发展使 MSTP 可接入各种级别的 SDH 业务以及 ATM/IP 业务，实现了多业务的同平台传输；能够方便地实现传输网络的业务调度和带宽管理，可应用于各种层次的网络。

MSTP 发展第三代——内嵌 RPR 的 MSTP 技术。其与 MSTP（EOS）一样，基于 SDH 平台，同时融合了 RPR 技术对以太网数据业务高效、动态的处理功能，将不同业务最适合的承载方式集于一体。MSTP（RPR）实际上是在 SDH 环网的传输通道上，根据实际应用需要设定传送 TDM 话音业务的 VC 通道和传送 IP 等数据业务的 RPR 通道（N×VC-X）带宽。传送话音的 VC 通道仍保持所有的 SDH 特性，其保护倒换遵从标准的 SDH 环网保护方式，从而保证了话音业务的 QoS（时延和抖动）；传送数据业务的 VC 通道支持 RPR 技术，并在 RPR 带宽的业务接入点进行业务分类、公平控制、拥塞处理，以保证数据业务传输的 QoS。

由于 MSTP 对 TDM 业务和 IP 业务均有较好的支持，近些年来城市轨道交通传输系统较多采用此方案。

（3）增强型 MSTP

增强型 MSTP 是基于 MSTP 和 PTN 的双平面传输技术，吸取了 MSTP 和 PTN 的各类优势，可同时支持 ATM 业务、以太网业务、TDM 业务。

MSTP 可支持以太网业务，但是将以太网业务封装至 STM-N 中需要占用大量开销字节，并非最经济高效的传送方案；PTN 是基于分组交换的传送技术，但是对于 TDM 业务，只能通过电路仿真的方式实现帧结构的封装，在时延、抖动等方面效果并不理想，需要独立配置保护方案提高稳定性。

增强型 MSTP 通过 SDH 平面承载 TDM 业务，保留了 MSTP 的高可靠性、安全性；通过 MSLS-TP 平面以最高效的方式承载以太网业务。在环网保护方面也保留了 MSTP 与 PTN 的保护特性，支持 MSP 复用段保护、SNCP 子网连接保护、MPLS-TP 环网保护，对于不同的平面采用不同的保护方式，极大提高了多种不同类型数据在传送过程中的稳定性。

随着城市轨道交通各类业务数字化推进，尤其是公务电话使用软交换，无线通信使用 LTE 后，城市轨道交通内部仅存少量 TDM 业务，分组业务达到 95%以上，在此情况下采用增强型 MSTP 方案可极大提高传输效率和投资利用率。

（4）分组增强型光传送网（OTN）

分组增强型光传送网技术是在增强型 MSTP 的基础上引入 ODU 交叉、OCh 交叉，通过 OTN 电交叉及波分复用技术实现带宽的提升。

OTN 电交叉是以 ODUk 的帧结构进行映射、复用、交叉，通过将 SDH、以太网等数据帧适配到 ODUk 帧结构中进行封装、映射、复用。按照 ODUk 帧结构的组成方式，ODU4 颗粒可达到 100Gbit/s，即单波可达到 100Gbit/s 带宽，通过 DWM 技术及 OCh 交叉实现密集波分复用，复用后传输带宽可达到 800Gbit/s 甚至更高。环网保护支持多平面的不同保护方式。

分组增强型光传送网解决了城市轨道交通大数据、人工智能等业务拓展对传输网络的带宽需求，同时保留了对 TDM 业务的完美支持，可适应未来城市轨道交通传输系统往更高容量发展的需求。

13.2 无线集群调度系统

在目前国内的城市轨道交通领域，专用无线调度通信系统主要经历了常规无线通信、模拟集群、数字集群和 GSM-R，随着移动通信 4G 业务的普及，并逐渐向 5G 演进，轨道交通专用无线调度系统也开始引入 4G 网络。

按工作频道的使用方式可分为专用频道方式和共用频道方式两大类。

专用频道方式是根据用途来配置频率；共用频道方式是根据需要和使用情况临时分配频道。专用频道方式在铁路上有着广泛的应用。采用常规的专用信道方式可组成城市轨道交通专用无线通信系统，其通话功能、呼叫功能、录音功能、显示功能、检测功能等方面可以满足使用要求。各个系统占用各自的专用信道，设备简单，初期投资比较低。两种方式的主要技术比较如下：

（1）在呼叫方式上，专用频道方式采用通话频道兼作呼叫用，呼叫信号采用亚声频或语音，因此呼叫建立时间长，实现也比较困难，而共用频道方式呼叫建立时间小于 500ms，可以提供极为快速、稳定的呼叫发起连接。

（2）在数传应用上，专用信道方式在数传上实现较为困难，而共用频道方式可提供多种业务服务，可以传输用户数字、图像信息等，并与综合数字业务网 ISDN、LAN 等互连。

（3）在频道利用率上，专用频道方式频道利用率不好。而共用频道方式可实现频率复用，从而提高频谱利用率。

（4）在网络管理上，专用频道方式采用通话频道兼作检测用，检测功能较弱，而共用频道方式管理与控制依靠网内所传输的各种信令来实现，能够实现高质量的网络管理与控制。

（5）在冗余方式上，专用频道方式每个频道固定其用途，不互为备用，而共用频道方式可以在链路失效后具有故障弱化及直通工作模式。

共用频道方式包括模拟集群、数字集群和 GSM-R，是一种高级专用的移动指挥调度系统，能克服常规移动通信所存在的缺点，具有明显的优势。

根据技术的发展和轨道交通行业的应用，目前城市轨道交通无线集群系统可采用800M TETRA和LTE技术组建专用无线通信系统。国内当前开通的轨道交通专用无线通信系统均采用TETRA数字集群技术，该方案满足专用无线调度的功能需求，稳定可靠，但也一直面临国产化率低，不同厂家系统兼容性和互联性差的问题，不同厂家无线设备在换乘线路互联方案仍主要采用背靠背的语音互联方案，不能实现中心级全功能的互联互通。

由中国标准化协会（CCSA）制定、工业和信息化部批复基于LTE技术的宽带集群通信系统的相关标准，已成为国际电信联盟无线电通信组（ITU-R）的相关标准，成为国际化的宽带集群标准，支持该标准的国内设备商和芯片厂家众多，促进了基于LTE技术的宽带集群的发展和互联互通。基于LET技术的无线宽带集群系统采用多媒体手持终端，且能安装用于本系统日常维修的APP客户端，能记录与统计本系统所有设备的几何信息、调试维护信息等，辅助维修人员日常检修工作。

可见，基于LTE技术的宽带集群系统在互联互通和功能多样化方面体现了显而易见的优势。城市轨道交通通信无线集群系统可采用协议更加开放的，基于LTE技术的宽带数字集群通信系统，并可以尝试采用适应高速车地无线通信的成熟制式产品。

13.3 电话系统

城市轨道交通电话系统包括公务电话系统和专用电话系统。公务电话系统用于一般公务联络及公网通信；专用电话系统用于轨道交通运营调度，是提供指挥的重要通信手段。

公务电话与专用电话所采用的电话交换技术是一致的，由于所实现的功能、安全等级不同，所采用的方案也有所区别。

1. 公务电话

根据目前国内城市轨道交通的运营模式，公务电话系统能为城市轨道交通管理、运营、维修等部门提供一般公务联络，主要是电话业务和部分非话业务。系统能够提供各种新业务功能（热线、呼出限制、呼入限制、闹钟、呼叫等待、呼叫转移、缩位拨号、追查恶意呼叫、会议），能识别非话业务，能与分组交换网连接，能实现与无线集群系统连接，能与本地公用电话网互联，实现与公网市话用户（包括火警119、匪警110、救护120等）通话，还可以实现国内、国际长途通信。

结合公务电话在轨道交通的运营需求，适用于城市轨道交通公务电话系统方案主要有程控交换方案和软交换方案。

（1）程控交换方案

程控电话交换是基于电路交换技术，是采用面向连接的方式，在双方进行通信之前，需要为通信双方分配一条具有固定带宽的通信电路，在控制中心设置程控交换机，各车站设置1套小交换机。

（2）软交换方案

软交换是基于包交换的技术，其信道利用率高。系统在中心配置软交换中心控制设备，包括软交换网元设备（Softswitch）、中继网关（TG）、信令网关（SG）、应用服务器、网络管理和用户终端接入等设备。各车站、车辆段/停车场等处新设置用户终端接入设备，包括综合接入设备（IAD）、智能终端或接入网关（AG）等。通过传输系统的10M/100M接口建立承载网，构成完整的公务电话网。

软交换技术与程控交换技术对比如表13-1所示。

软交换技术与程控交换技术对比 **表13-1**

对比项目	软交换技术	程控交换技术
技术特点	基于分组网络的交换技术，呼叫控制功能与媒体处理功能相分离，并能通过纯软件方式实现	传统电路交换技术
可靠性	产品成熟，可靠性高	产品成熟，可靠性高
适用范围	适合集中或分散模式，组网方式灵活	适合集中型的模式
组网特点	组网灵活，可按需配置功能模块，工程实施方便，设备体积小，耗电量小	组网模式相对固定
技术先进性	作为新一代电话交换技术，符合通信技术发展趋势	采用传统电路交换技术
系统容量	大	较大
与支撑网络的接口	利用传输系统以太网接口	利用传输系统E1接口
性价比	高	中等

就技术发展而言，与程控交换技术相比，软交换技术具有组网灵活、性价比高、扩展性好、业务提供能力强等优点，不仅能满足本工程公务电话用户对系统扩展性、维护管理、业务提供等方面的需求，同时作为新一代的电话交换技术，软交换技术符合通信技术的发展趋势，能够更好地服务于城市轨道交通。

2. 专用电话

专用电话系统是调度员和车站、车辆段、停车场值班员指挥列车运行和下达调度命令的重要通信工具，是为列车运营、电力供应、日常维修、防灾救护、票务管理提供指挥手段的有线电话系统。专用电话系统主要包括调度电话、站间行车电话、站内（场）电话、数字录音设备等。专用电话系统作为指挥城市轨道交通运营的重要通信手段，目前主要采用以下几种方案。

（1）与公务电话完全合设

专用电话与公务电话共用一套交换设备，专用电话特有的功能通过交换机功能模块及配置调度数据实现。

（2）与公务电话部分合设

调度电话独立组网，而其他的直通电话、站间行车电话利用公务电话交换机的功能模块实现其功能。

调度电话独立组网通常在中心配置调度交换机＋调度服务器，调度分机通过传输配置的PCM通道延伸至车站、段场等。

（3）与公务电话完全分设

专用电话与公务电话完全独立建设，在结构上完全独立。

由于专用电话承担着轨道交通指挥调度的功能，因此其可靠性是首先要考虑的因素。国内轨道领域专用电话的建设大致分为两个阶段，第一阶段主要采用与公务电话部分合设方案，将调度电话独立组网，调度电话与公务电话互为后备，提升调度功能的可靠性；第二个阶段主要采用与公务电话完全分设的方案，专用电话独立组网，专用电话与公务电话互为后备。

随着软交换技术的大规模应用，其可靠性已在运营商和城市轨道交通公务系统得到充分验证，同时城市轨道交通通信保障手段已不再单一的依赖于专用电话系统，近年来基于软交换的公专合设方案也成为专用电话的发展方向，软交换方案极大丰富了专用电话功能，可实现可视通话、线网统一调度等多元化的调度功能。

13.4 视频监控系统

视频监视系统是保障城市轨道交通正常运营秩序，提升治安水平的重要手段，近年来随着视频监视技术、大数据的飞速发展，轨道交通对视频监视系统的功能需求已从视频查看转变为事前预警、事后取证。

数字视频技术是视频监视领域的发展方向，与早期的模拟视频相比，数字视频集视频采集和数字压缩处理于一体，视频图像的传输、存储均采用数字码流，极大提升图像质量，更有利于视频监视与各系统的互通互联。

目前数字视频图像分辨率已从1080P向4K发展，4K图像分辨率可达到4096×2160，是普通2K图像的四倍，在提升图像质量的同时有效降低摄像机布置密度。

随着图像处理技术的发展，视频监视系统可被赋予更多的功能，通过对数字码流的抓取、分析，可提供越界告警、人脸识别、客流预警等多种功能。随着硬件制造技术的发展，前端摄像机的硬件功能越来越强大，可实现在低照度、强光等极端环境下的正常使用，满足城市轨道交通各类复杂环境下的使用需求。

随着云计算技术的普及，视频存储方案已从IP-SAN向云存储发展，云存储通过对存储资源虚拟化，将零散的存储资源、计算资源、网络资源整合达到最大利用率，具备负载均衡能力，有极强的稳定性和可扩展性，同时通过整合资源可实现大数据分析，对车站客流管制、治安管理提供依据。

13.5 广播系统

广播系统主要用于轨道交通运营时对乘客进行语音广播，通告列车运行及安全、向导等服务信息；发生灾害时兼做救灾广播。系统保证了轨道交通运营的服务管理质量，为运营管理及维护人员提供了更灵活、快捷的管理手段。

目前城市轨道交通广播系统采用模拟广播和数字广播两种方案。

模拟广播所处理的语音信号均为模拟语音信号，从中心至车站的语音通过15kHz通道传送，而控制信令一般通过RS-422信道传送，传输需为广播配置PCM低速率接入设备。数字广播语音和控制信令均为数字信号，中心至车站的语音和控制信令均通过以太网通道传送，简化了传输设备的配置。近年来轨道交通广播系统的建设大多采用数字广播方案。

3～5W小功率扬声器是目前轨道交通领域普遍采用的前端方案，采用大密度的布置方式对车站公共区、设备区进行声场覆盖，在大规模应用的同时也凸显出了一些问题，由于扬声器密度较大，声场覆盖难以与建筑结构进行结合，造成交叉区域声场干扰，同时安装、配线、配管、后期维护工作量较大。

随着广播技术的发展，新型的平面扬声器也进入轨道交通领域，平面扬声器的原理与普通扬声器有较大差别，普通扬声器通过受音圈在磁场力的作用下带动音盆振膜振动来发生，由于结构的原因，音盆振膜的振动通常会造成前室效应、分割振动、相位差等引起声场频响特性变化、声音失真等。平面扬声器采用特殊材料制作的振动平板代替音盆振膜，可有效避免由于音盆振膜结构原因造成的声场问题，其产生的声场指向性好、声音衰减小、保真度高，同时由于其振膜为平面结构，外形一般较薄，安装可与导向、天花结合，提升车站整体美观程度。目前平板扬声器功率约 40～50W，单向覆盖距离可达到 20～25m，单侧站台只需 2～3 台即可覆盖，可大幅减少施工、维护工作量。

13.6 时钟系统

时钟系统是为控制中心调度员、车站值班员、与行车相关的工作人员及乘客提供统一标准时间信息的设备系统，同时它还能满足通信各子系统和其他系统（例如信号、AFC、各类自动化监控系统等）统一时间同步对时的需要。

中心母钟设备能接收 GPS 标准时间信号和北斗卫星标准时间信号。同时还要为工程的其他系统（信号、AFC、ISCS、FAS、BAS、PSCADA 等）设备提供统一的时间信号，使各系统定时设备与本系统同步。

中心母钟与车站二级母钟之间时间信号的传送可采用以太网传输方案和串口传输方案。采用基于 RJ45 接口及以太网通道进行互联，该方案的最大优点是传输系统不需要配置窄带 RS422 接口，传输系统可完全按照宽带传输系统建设模式考虑，将传统的 PCM 或接入网设备取消，节省投资，降低传输系统的故障率，方便运维管理。

采用传统的基于 RS422 接口及窄带传输通道进行互联模式，系统成熟，可靠。但传输系统需要配置 PCM 或接入网设备，投资增加，且增加了传输系统的故障率，运维管理相对复杂。

目前城市轨道交通时钟系统多采用 NTP 时钟方案。

子钟，根据运营需求，在各车站、车辆段、停车场和控制中心等与行车、运营管理有关的及面向乘客的场所设置子钟。

根据需要，子钟可选数字式子钟或指针式子钟。子钟从母钟接收标准时间信息，并对自身校准。子钟自身带高稳晶振，在接收不到母钟的标准时间信号时，可由自身高稳晶振带动运行。

随着北斗系统已发射第 46 颗导航卫星，覆盖能力和服务性能进一步提升，目前以 GPS 为主，北斗为辅的标准时间信号源，将可能变更为以北斗为主，GPS 为辅的运作模式。

13.7 乘客信息显示系统

乘客信息显示系统是实现以人为本、进一步提高城市轨道交通为乘客服务质量、加快各种信息（如：乘客行车、城市轨道交通公益广告、安防反恐、运营紧急救灾、天气预报、新闻、交通信息等）传递及实现列车视频监控的重要设施，是提高城市轨道交通运营管理及经营开发水平，扩大对乘客服务范围的有效工具。

乘客信息显示系统主要包含有线传输和无线传输两大部分，其中有线传输部分主要为线网总编播中心、线路中心、车站显示及车载显示、车载视频监视系统组成；无线传输部分主要为区间及段场的列车与地面之间的无线传输。

乘客信息显示系统以有线和无线相结合的方式最大化提高对乘客的服务质量、保证各类重要信息传递的准确性、有效性、及时性，是提高运营管理、扩大城市轨道交通服务范围的有效工具。随着终端显示技术和无线通信技术的飞速发展，乘客信息显示系统在信息显示及发布、车地无线通信、列车视频监控等方面技术性能也随之都有了大幅度提升。

1. 车站显示

乘客信息显示系统主要通过在车站的出入口、出入口通道、站厅公共区、站台以及列车上，播放车站运营信息、列车到站及发车信息、城市轨道交通客流信息、广告节目等各类文字、图片及视频内容。根据设置区域及为乘客所提供的信息类型的不同，相应设置的显示终端选型亦不同。

在车站出入口处，设备处于室外环境，光照较强，为了给乘客提供更清晰、直观的信息显示效果，通常选择具备高亮度显示的 LED 显示终端，随着 LED 显示技术的不断发展，其分辨率也越来越高，目前 LED 显示屏可做到 P1.0 甚至更小点间距的高分辨率效果，这样就能够使乘客在进入车站前就可以清晰的看到对应车站的一些运营信息。

在车站出入口通道、站厅公共区、站台及列车上，均处于室内环境，无需很高的显示亮度即可满足乘客观看需求，相对室外环境，其显示终端的可选择类型相对较多，对应环境下的使用的范围较广，因此显示技术的发展速度亦是很快。较早的 CRT（玻璃显像管显示器）作为第一代显示技术，由于体积较大，分辨率低等缺点，已被淘汰；随着技术的发展，乘客信息显示系统显示终端进入到了第二代的 PDP 和 LCD 技术，而 PDP 显示终端由于长时间停留一个画面容易灼伤屏幕，并不适用于长时间播放需求的乘客信息显示系统；而 LCD 显示终端，随着技术的不断发展，由于其体积小、分辨率高、功耗低、易维护等优点，已成为主流应用产品，目前其分辨率已达到 4K。目前新一代的 OLED 显示终端已逐步进入应用，OLED 将兼具目前 LCD 以及 LED 的高分辨率、可高亮度显示等诸多优点，同时，将更适合城市轨道交通环境下乘客信息显示终端设置样式的多样化及美观性，从而为乘客带来更高的信息接收体验感。待其技术发展成熟后，未来城市轨道交通将会采用新一代 OLED 显示终端或者激光显示终端。

2. 车地无线通信

乘客信息显示系统的车地无线通信子系统在区间及列车上设置无线接收及发送装置，为车载视频监视系统及车载乘客信息系统在中心与运营列车之间建立稳定、安全且避免冲突的实时无线数据传输通道。

车载 CCTV 系统通过车地无线系统提供的上传数据传输通道，将所选取的列车的视频信息实时上传至中心；车载乘客信息显示系统通过车地无线系统提供的下传数据通道，将列车乘客信息显示的视频信息从中心下传到运营列车上，在车载显示终端上进行实时播放。

随着城市的发展，城市轨道交通列车运行的最高设计时速由 80km/h 逐步提高至

120km/h，甚至部分线路列车最高运行速度将提升至160km/h。随着列车运行速度的不断提高，对车地传输移动场景下的网络传输性能相应也带来了更大的考验。

为了给列车上的乘客提供及时有效的信息显示效果及更好的体验感，自中心下发至列车的视频流数据均为高清且实时在车载显示终端进行显示播放。

因此乘客信息显示系统车地无线通信子系统对传输带宽、高速切换可靠性、时延等性能指标有了更高的要求。

乘客信息显示系统车地无线通信子系统较早采用的基于IEEE 802.11g、IEEE 802.11n技术标准的无线局域网技术已经无法满足当前的业务需求。目前无线局域网技术在同样基于IEEE 802.11标准下，已发展至成熟稳定的IEEE 802.11ac技术标准，其在传输带宽、高速切换可靠性等性能指标上已大大超越了较早的IEEE 802.11g、IEEE 802.11n等技术。目前各地城市轨道交通乘客信息显示系统车地无线子系统主要采用的即是基于IEEE 802.11ac技术标准的无线局域网技术，部分城市引入了LTE、EUHT技术，这几项车地无线通信技术的特性对比详见表13-2。

车地无线通信技术特性 表13-2

	EUHT	WLAN（IEEE 802.11ac）	LTE
信道带宽	40MHz、80MHz、160MHz	40MHz、80MHz、160MHz	1.4M、3M、5M、10M、15M、20M
频率资源	5G公共频率，可用频率资源丰富，只需向国家无线电委员会报备	4G、5G公共频率，可用频率资源丰富，只需向国家无线电委员会报备	1.4MHz～20MHz，可用频率资源少
专用频段	可申请	不可申请	可申请
频率资源	地面段可使用80MHz频宽	地面段可使用80MHz频宽	20MHz频宽可用（但具体需根据申请可用）
无线速率	理论静态吞吐率1.28Gbps	理论静态吞吐率大于1Gbps	理论静态吞吐率50～100Mbps
	理论120km/h运行速度下，80MHz频宽下采用4×4天线约为320Mbps，可适用于300km/h的高速运行速度	理论120km/h运行速度下，80MHz频宽下2×2天线约为300Mbps	理论120km/h运行速度下，20MHz频宽上下行峰值速率目标分别为50Mbit/s和100Mbit/s
高速移动情况下的切换可靠性	可靠性高，99.99%	可靠性低，百公里以上时速情况下性能显著下降	可靠性高
数据时延、切换时延	20ms	30ms	100ms
覆盖范围	500～1000m	150m	漏泄电缆覆盖
运营维护量	区间设备量少，相对维护量较小	较大	较大
城市轨道交通业务	可实现单列车所有车载视频图像的全部上传；可预留乘客上网业务	可实现单列车所有车载视频图像的全部上传；可预留乘客上网业务	单列车部分车载视频图像的上传
国产化及应用程度	我国自主知识产权技术，完全国产化，技术较单一	进口标准，技术成熟，竞争力强	进口标准，技术成熟，竞争力强
系统安全性	高	中	高
建设成本	高	中	较高

结合以上特点，由于LTE受限于频率带宽批复资源较少，一般城市往往批复带宽为

10M左右，并不适用于乘客信息显示系统，它的高可靠性可以适用于通信无线调度系统。在一般低速（不超过120km/h）的城市轨道交通线路从节约成本的角度可以考虑采用802.11AC无线局域网技术，如果高于120km/h的速度，则建议采用高可靠性的EUHT超高速无线局域技术。

13.8 电源系统

通信电源系统是保障通信网络正常运行的重要系统，一旦某节点通信电源发生故障，必将造成该点通信系统的中断，从而影响行车。因此，电源系统必须确保能提供给通信各系统不间断高质量配电。

目前城市轨道交通通信系统的供电方案有集中供电和独立供电两种方案。

1. 集中供电

集中供电方案有两种形式。

(1) 由车站集中UPS系统为车站内通信系统、综合监控系统、计算机网络系统等集中配电。

(2) 由通信系统自建UPS为专用通信、公安通信、乘客信息显示系统集中配电，车站其他系统自建独立UPS。

2. 独立供电

专用通信、公安通信、乘客信息显示系统按照系统分别设置UPS配电。

无论采用何种供电方案，必须确保通信系统配电采用一级负荷，UPS设备可考虑按照1+1冗余配置方式设置，提高UPS设备可靠性。同时UPS设备设置监测模块，对UPS主机、配电柜、电池的状态进行实时监测。

通信系统设备应可靠接地，确保人身和设备安全，保障设备的正常工作，在车站、段场由低压专业设置综合接地，设备室设置综合接地排，接地电阻不大于1Ω。